Verhandlung und Mediation

Die Alternative zum Rechtsstreit

von

Dr. Fritjof Haf

o. Professor an der Universität Tübingen

Mit einer Einführung
von
Frank E. A. Sander
Bussey Professor and Associate Dean
Harvard Law School
Cambridge, Massachusetts, USA

2., erweiterte Auflage

Verlag C. H. Beck München 2000

Die Deutsche Bibliothek – CIP-Einheitsaufnahme

Haft, Fritjof:
Verhandlung und Mediation : die Alternative
zum Rechtsstreit / von Fritjof Haft. Mit einer
Einf. von Frank E. A. Sander. – 2., erw. Aufl. –
München : Beck, 2000
    1. Aufl. u. d. T.: Haft, Fritjof: Verhandeln
    ISBN 3 406 46105 0

ISBN 3 406 46105 0

© 2000 C. H. Beck'sche Verlagsbuchhandlung Oscar Beck oHG
Wilhelmstraße 9, 80801 München
Satz und Druck: Firmengruppe Appl
Senefelderstraße 3–11, 86650 Wemding

Gedruckt auf säurefreiem, alterungsbeständigem Papier
(hergestellt aus chlorfrei gebleichtem Zellstoff)

Vorwort

Die vorliegende Ausgabe bringt den unveränderten Text der
1. Auflage. Da die Mediation als Unterstützung der Verhandlung
durch einen neutralen Dritten in den letzten Jahren zunehmend an
Bedeutung gewonnen hat, habe ich ein Kapitel über die Mediation
hinzugefügt. Ich danke Herrn Rechtsanwalt Dr. Christian Duve
M. P. A. Harvard Univ., Frankfurt/Main für die Erlaubnis, seine
wertvollen Ausführungen in diesem Rahmen wiedergeben zu dürfen.

München/Tübingen, im April 2000   Fritjof Haft

Vorwort zur 1. Auflage

Dieses Buch lehrt, wie man optimal verhandelt. Es wendet sich an Juristen, aber es ist kein juristisches Buch im herkömmlichen Sinne. Paragraphen und Gerichtsentscheidungen kommen darin nicht vor. Gleichwohl steht es der Sache «Recht» näher als ein traditionelles rechtsdogmatisches oder rechtstheoretisches Werk. Es handelt nämlich von den Konflikten, welche die Menschen bedrängen, und von den Möglichkeiten, diese Konflikte friedlich, ohne Streit, ohne «Rechtsstreit», zu lösen. Es handelt damit vom eigentlichen Anliegen der Juristen. Wann immer ein Jurist gerufen wird, dann deshalb, weil Menschen in einen Konflikt geraten sind, den sie aus eigener Kraft nicht lösen können. Der Jurist soll ihnen zur Lösung ihres Konfliktes verhelfen. Aber oft genug verschärft er ihren Konflikt und treibt sie in den Streit. Am Ende eines nach allen Regeln der juristischen Kunst ausgetragenen Rechtsstreites gibt es immer einen, oftmals aber zwei (und mehr) Verlierer. Dann hat der Jurist seinen Auftrag zwar erfüllt. Aber er hat seine Aufgabe nicht optimal gelöst. Denn besser als ein Streit mit Siegern und Verlierern wäre in den meisten (nicht allen) Fällen eine friedliche Konfliktlösung, bei der möglichst alle Beteiligten etwas gewinnen, bei der nicht zusätzliche Gräben aufgerissen, sondern vorhandene Gräben zugeschüttet werden, und bei der auf kreative Weise Lösungen gefunden werden, durch welche allen Betroffenen möglichst viel gegeben und ihnen möglichst wenig genommen wird. Dazu muß die Fähigkeit der einvernehmlichen Konfliktlösung durch Verhandeln beherrscht werden. Hieran fehlt es aber bei den meisten Juristen.

Verhandeln ist eine Tätigkeit, die heutzutage im deutschsprachigen Raum nicht nur bei den Juristen in jeder Beziehung unterschätzt wird. Dies betrifft die theoretischen Grundlagen des Verhandelns ebenso wie die dazu erforderlichen praktischen Fähigkeiten; von einer «Wissenschaft» des Verhandelns kann an den deutschsprachigen Hochschulen ebensowenig die Rede sein wie von einer «Verhandlungslehre» oder gar von einem intensiven «Verhandlungstraining». Und es betrifft auch die Einschätzung der Bedeutung des Verhandelns in der Praxis. Durch keine andere Tätigkeit kann man in kurzer Zeit und mit minimalem Aufwand soviel gewinnen – oder verlieren – wie durch Verhandeln. Das wird aber kaum irgendwo gesehen. Dementsprechend gering ist die Einschätzung der Bedeutung dieser Tätigkeit. Die Zurückhaltung der Wissenschaft gegenüber dem Thema Verhandeln ist umso erstaunlicher, als wir in einem Zeitalter der «Wissensexplosion» leben. Auf nahezu allen Gebieten besitzt unsere heutige Generation viel mehr Fachwissen als alle früheren Generationen. Aber auf dem Gebiet des Verhandelns verhält es sich gerade umgekehrt. Unserer heutigen Ignoranz stehen die Anstrengungen früherer Zeitalter gegenüber, in denen man bemüht war, dem Verhandeln eine wissenschaftliche Grundlage zu geben. Rhetorik, Dialektik, Scholastik – diese Begriffe aus Antike und Mittelalter stehen auch für das Bemühen, dem friedlichen, kooperativen Aushandeln von Interessengegensätzen und Konflikten unter Menschen, also dem Verhandeln, eine tragfähige Basis zu verschaffen. Noch die Erziehungsanstrengungen der frühen Neuzeit von Thomasius bis hin zu Gottsched sahen (auch) ein Bemühen um Hilfen für die Bewältigung dieser Aufgabe vor. Sie gaben Anleitungen «Über den Umgang mit Menschen», wie der Freiherr von Knigge das in seinem sprichwörtlich gewordenen Buchtitel ausgedrückt hat, und dazu gehörte an vorderster Front die Fähigkeit, einen Konfliktstoff friedlich, durch Verhandlungen, aus der Welt zu schaffen.* Und diese Hilfen wurden auch praktisch genutzt. So erreichten beispielsweise die byzantinische Diplomatie des Mittelalters oder die französische Diplomatie des 17. und 18. Jahrhunderts einen bis heute nicht wieder erreichten Stand in der Beherrschung der Kunst des Verhandelns. Der Name Talleyrand steht für diesen Gipfel.

Im 19. Jahrhundert ist diese rhetorische Tradition freilich abgebrochen. Seit damals dominiert das positive Fachwissen. Es ist inzwischen auf vielen Gebieten zu Informationslawinen angeschwollen. Computergestützte Datenbanken sollen seine Beherrschung ermöglichen. Alle Anstrengungen richteten und richten sich auf die Bewältigung dieser Aufgabe. Darüber wurden unsere methodischen Verhaltensfähigkeiten vernachlässigt. Das Thema Verhandeln geriet in Vergessenheit. Nirgendwo hält man es heute im deutschsprachigen Raum auch nur für möglich, daß dieses Thema ernsthafte wissenschaftliche Anstrengungen lohnt. An keiner Universität ist Verhan-

---

* Lesenswert dazu Ueding/Steinbrink, Grundriß der Rhetorik, Geschichte, Technik, Methode, Stuttgart 1986.

deln ein Gegenstand der Forschung. Man wüßte nicht einmal, an welcher Fakultät man dieses Fach ansiedeln sollte. Es ginge ja nicht nur die Juristen, sondern auch Angehörige anderer Fakultäten etwas an, die Betriebswirte etwa ebenso wie die Psychologen und die Rhetoriker. Und auch die Mathematiker wären betroffen. Die Verhandlung kann auch als ein Spiel begriffen werden, welches den mathematisch geschulten Spieltheoretiker herausfordert. Diese Schwierigkeit, das Thema fachlich zuzuordnen, schreckt zusätzlich ab. Da alle betroffen sind, hält keiner sich dafür zuständig. (Die einzige Ausnahme im deutschsprachigen Raum ist, soweit ersichtlich, das von mir an der juristischen Fakultät der Universität Tübingen gegründete Tübinger Verhandlungsseminar.*)

Der Forschungsabstinenz entspricht ein totales Defizit in der Lehre. Von einer «Verhandlungslehre» oder gar einem intensiven «Verhandlungstraining» kann an unseren Hochschulen keine Rede sein. Die Gründe dafür liegen auf der Hand. Ein Thema, welches die Forschung nicht interessiert, spielt natürlich auch in der Lehre keine Rolle. Private Anbieter, die eine fliegende «Hoteluniversität» betreiben, füllen gelegentlich diese Lücke. Freilich wenden sie sich nicht an die Studenten, sondern nur an Berufspraktiker. Diese müssen einen erheblichen Aufwand treiben, um eine Fähigkeit zu erwerben, deren Lehre man ihnen in ihrer Erstausbildung an den Hochschulen vorenthalten hat. Manche dieser Angebote sind überdies fragwürdig. Ihnen fehlt nicht selten ein theoretisch brauchbarer Hintergrund. Solche Fragwürdigkeiten wirken zusätzlich abschreckend auf potentielle Lehrende wie Lernende.

Das Manko in der Aus- und Fortbildung wird freilich in der Berufspraxis als solches kaum empfunden. Es ist eine Vorstellung weit verbreitet, welche besagt, daß man das Verhandeln ganz von selbst beherrsche, und daß man es so wenig eigens erlernen müsse wie etwa das Atmen und Reden. Diese Vorstellung korrespondiert mit einer weiteren Meinung, welche das Verhandeln für eine im Grunde nicht erlernbare Kunst hält. Man glaubt, die Begabung dazu bekäme man eben in die Wiege gelegt, oder nicht. Demgemäß habe man sie, oder man habe sie nicht. Wer diese Begabung nicht habe, der müsse sich halt einen Beruf suchen, in welchem er nicht in die Verlegenheit komme, Verhandlungen führen zu müssen.

---

* Vgl. dazu näher Gottwald/Haft (Hrsg.), Verhandeln und Vergleichen als juristische Fertigkeiten, 2. Aufl. Tübingen 1992.

Entsprechend gering ist die Einschätzung der Bedeutung des Verhandelns. Zwar sieht man, daß tüchtige Verhandler Erfolge «herausholen». Aber man sieht in diesen Erfolgen eher eine zusätzliche Belohnung für den besonders begabten, den gerissenen Verhandler, eine Prämie für besonderes Geschick, die mit der eigentlichen Substanz der Verhandlung nichts zu tun habe. Diese, so meint man, hänge von anderen, objektiven Faktoren und nicht von der Art und Weise des Verhandelns ab. Daß ein solcher Zusammenhang aber besteht, daß also die Frage, ob ein Interessengegensatz in der Substanz selbst sachgerecht ausgeglichen oder ein Konflikt optimal gelöst wird, auch und wesentlich von der Art und Weise des Verhandelns abhängt, wird durchweg nicht einmal gesehen, geschweige denn für möglich gehalten.

Diese Geringschätzung des Verhandelns ist in jeder Beziehung nachteilig. Dies läßt sich am Beispiel der USA zeigen. Dort ist «Verhandeln» ein ernsthaftes Thema, welches von Wissenschaft und Praxis ernsthaft behandelt wird. Angehörige verschiedener Disziplinen – Juristen, Ökonomen, Rhetoriker, Mathematiker, Psychologen, Politologen – mühen sich an zahlreichen Universitäten um eine wissenschaftliche Klärung der Grundlagen des Verhandelns. So entstanden beispielsweise an der Harvard Universität ein «Negotiation Roundtable» und ein «Negotiation Project», und es wurden wissenschaftlich anspruchsvolle Bücher zum Thema veröffentlicht.* Auch existieren in den USA eigene wissenschaftliche Fachzeitschriften, so zum Beispiel die Zeitschriften «Negotiation Journal» und «Journal of Conflict Resolution».

Diesem theoretischen Interesse in den USA entspricht die Einführung von Lehrveranstaltungen zum Verhandeln an den dortigen Universitäten. Diese Entwicklung wurde in den letzten Jahrzehnten wesentlich durch frühere Absolventen ausgelöst, die sich bei den regelmäßigen Treffen der «Alumni» mit ihren alten Hochschulen zwar meistens zufrieden über ihre Fachausbildung äußerten, jedoch bemängelten, daß sie keine Verhandlungsfertigkeiten erlernt hätten, obwohl sie diese in ihren Berufen als Rechtsanwälte, Manager, «Executives» oder Ingenieure doch tagtäglich benötigten. Die Professoren

---

* Ich nenne hier exemplarisch Howard Raiffa, The Art and Science of Negotiation, Cambridge, Massachusetts (USA) und London (England), 1982; David A. Lax/James K. Sebenius, The Manager as Negotiator. Bargaining for Cooperation and Competitive Gain, New York, 1986.

griffen den Wunsch auf. Heutzutage findet an mehr als zwei Dritteln der US-amerikanischen Universitäten schon während der Ausbildung der Studenten eine intensive Verhandlungsschulung statt. Auch wurden zahlreiche Fortbildungsveranstaltungen für Praktiker eingeführt, so etwa die Sommerkurse «Negotiation» der Harvard Universität. Das alles führt noch nicht notwendig zu dem Schluß, daß man den Amerikanern hier nacheifern solle. Aber es gibt doch zu denken. Nach einem bekannten Ausspruch soll man die Amerikaner nicht kopieren, sondern kapieren. Wenn man das tut, sieht man rasch, daß die bei uns zu beobachtende Geringschätzung des Verhandelns verfehlt ist. Verhandeln ist ein Thema, dessen Grundlagen weder trivial noch bedeutungslos sind. Gutes Verhandeln verlangt Fähigkeiten, die nicht angeboren sind, und die nicht von selbst vorhanden sind. Die Methoden, die beim intuitiven «Darauflosverhandeln» verwendet werden, etwa die «Basarmethode»,* sind durchweg nicht sachgerecht und oftmals gefährlich.

Bei Juristen kommt eine Besonderheit hinzu. Die juristische Ausbildung ist der Ausbildung von Verhandlungsfähigkeiten diametral entgegengesetzt. Die jungen Juristen lernen vom ersten Tag ihres Studiums an, daß man die Lösung eines Falles «nach Anspruchsgrundlagen» aufbauen muß. Ansprüche sind Positionen. Anspruchsdenken ist Positionsdenken. Positionsdenken verhindert die einvernehmliche Konfliktlösung und führt zum Streit. Den Streit kann nur ein Dritter, der Richter, lösen. So ist das Studium einseitig auf die Tätigkeit des Richters hin orientiert. In der rechtstheoretischen Literatur dominiert das Bild des Rechtsanwenders, der einen im Gesetz nicht vorgesehenen Sachverhalt zu entscheiden hat und mittels einer geheimnisvollen Hermeneutik aus der Norm doch noch herausholt, was in in ihr nun einmal nicht enthalten ist. Die Unzulänglichkeit dieses Bildes ist in einer Zeit, in der nur noch die wenigsten Juristen Richter werden können und in der die große Mehrzahl der Absolventen den Anwaltsberuf wählen muß, aus berufspolitischer Sicht schon oft kritisiert worden. Aber es wurde nicht bemerkt, daß diese Richterfixierung der Juristen eine viel mißlichere Folge hat. Sie bewirkt, daß Anwälte ihre eigentliche Aufgabe – Linderung der sozialen Konflikte – verfehlen und dabei noch an ihrer eigenen Entmündigung mitwirken. Sie betätigen sich als Zulieferer der Justiz, und sie lassen sich hierfür

---

* Ich komme hierauf ausführlich zurück, siehe unten Teil B.

auch noch als Verursacher einer vielbeklagten «Überlastung der Justiz» kritisieren.

Wenn der römische Prätor, der das Denken in Ansprüchen erfunden hat, zu Beginn seiner Amtszeit die «actiones» bekanntgab, die unter seiner Amtsgewalt zulässig sein sollten, dann nicht, um einen Beitrag zur Lösung der sozialen Konflikte der römischen Bürger zu leisten, sondern deshalb, weil er diese Klagearten kannte und wußte, was er mit ihnen anfangen würde, wenn sie daherkamen. Er wollte nicht den Bürgern Roms helfen, sondern sich selbst. Zugleich wollte er sicher sein, daß die Bürger Roms im Streitfall zu ihm kamen und nicht ihre Fälle untereinander austragen. Er war faul, weil er nicht lange nachdenken wollte, und zugleich machtbewußt, weil er, und nur er, entscheiden wollte.

Bis in die heutige Zeit ist uns dieses Erbe geblieben. Wenn heute jemand im Laden eine Ware gekauft hat, die ihm hinterher nicht gefällt, und die er deshalb wieder zurückgeben möchte, dann kennt das Bürgerliche Gesetzbuch in § 462 nur die «Wandelung». Entweder die Sache hat einen Mangel, dann muß sie der Verkäufer zurücknehmen. Oder sie hat keinen Mangel, dann muß der Käufer sie behalten. Die Entscheidung darüber liegt beim Prätor. Er heißt heute Amtsrichter. Aber das dient doch den armen Leuten nicht, und weil der Fall häufig vorkommt, und weil die Geschäftswelt aus leidvoller Erfahrung weiß, welches Schicksal sie in den Amtsgerichten erwartet, und weil sie insbesondere weiß, daß sie auch im Falle eines Obsiegens etwas wesentliches, nämlich diesen Kunden, verliert, hat sie längst eine besserer Lösung gefunden: die Ware wird zurückgenommen und der Kunde erhält einen Gutschein. Im Bürgerlichen Gesetzbuch hat der Gutschein freilich keinen Platz gefunden. Er macht ja den Prätor überflüssig. Das darf nicht sein!

Juristen sind also durch ihre Ausbildung und durch die pure Existenz des Justizsystems besonders ungeeignet, wenn es darum geht, durch Verhandlungen friedliche und kreative Lösungen nach dem Vorbild des «Gutscheines» zu finden. Hinzu kommt die Schriftlichkeit ihrer Methode. Schon die Studenten sehen die juristische Tätigkeit als einen Vorgang an, bei dem es vor allem darum geht, Papier mit Zeichen zu bedecken. Papier ist geduldig. Es wehrt sich nicht. Hier kann man ungehemmt den Drang zum Positionsdenken ausleben. Später, als Anwälte, werden sie sich in ihren Schriftsätzen geradezu an ihren eigenen Positionen berauschen. Der Gegner tut natürlich das gleiche. Damit ist das Ende vorherbestimmt. Eines grauen Morgens finden sie sich im Sitzungssaal X wieder, und was dort geschieht, entscheidet allein der Prätor – siehe oben.

In den USA hat man sich in den letzten Jahren eingehend mit der Frage befaßt, ob es eine Alternative zur gerichtlichen Konfliktlösung gibt. In aufwendigen Forschungsprogrammen mit der Bezeichnung «Alternative Dispute Resolution (ADR)»* wurde dieser Frage nachgegangen. Die Antwort lautet, kurz gesagt: Es gibt eine Alternative, und sie heißt: «Ausbildung von Verhandlungsfertigkeiten».** Dabei ist das Stichwort «Ausbildung» wichtig. Von selbst erwirbt man nicht nur keine Verhandlungsfähigkeiten. Vielmehr erwirbt man auf intuitiver Basis oder gar durch die juristische Fachausbildung Fähigkeiten, welche das Verhandeln erschweren, wenn nicht gar unmöglich machen. Man muß sich also um die Einübung von Verhandlungsfertigkeiten bemühen.

Nur durch rationales Bemühen um das Verhandeln können die oben aufgezeigten Gefahren abgewehrt und wirklich gute, das heißt sachgerechte, Verhandlungsergebnisse erzielt werden. Ohne dieses Bemühen wird es auch weiterhin bei dem heutigen Mißverhältnis zwischen einem hochentwickelten Fachwissen auf der einen Seite und einem unterentwickelten Verhandlungskönnen auf der anderen Seite bleiben. Und das gilt nicht nur für Juristen. Wenn heute in der Wirtschaft sachlich anspruchsvolle Verhandlungen etwa über ein Finanzierungsmodell, über ein Joint Venture oder über eine Unternehmensfusion geführt werden, dann besitzen die Teilnehmer zwar durchweg exzellente Kenntnisse in den betroffenen Fachgebieten wie Recht, Betriebswirtschaft, Technik, Steuern, Finanzwesen. Aber ihre Verhandlungsfähigkeiten sind oftmals unzureichend. Sie wenden Techniken und Methoden an, die im Prinzip schon in der Steinzeit praktiziert wurden, als es etwa darum ging, über den Zugang zu einem Wasserloch zu verhandeln – und die schon damals unbrauchbar waren; das Zugangsproblem wurde mit der Keule gelöst, und die menschliche Geschichte wurde eine Geschichte von Kriegen.

---

* Lesenswert hierzu Goldberg/Green/Sander, Dispute resolution, Boston/Toronto, 1985.

** Genau besehen ruht das ADR-Programm auf drei Säulen, nämlich Arbitration (Schiedsgerichtsbarkeit), Mediation (Vermittlung in Verhandlungssachen) und Negotiation (Verhandeln). Hiervon kennen wir nur die Schiedsgerichtsbarkeit.

Es kann einem Unternehmen nicht gleichgültig sein, ob etwa die Konditionen eines Leasingmodelles durch «Basarmethoden» oder durch rationales Verhandeln gefunden werden. Und für den Freiberufler, der in jedem Gespräch mit Mandanten, in jeder Auseinandersetzung mit Behördenvertretern, in jedem Auftritt vor Gericht auch, ob er es will oder nicht, eine Verhandlung über sein Image führt, eine Verhandlung, in der sein Ansehen und sein Ruf immer wieder neu geprägt werden, ist die Beherrschung des rationalen Verhandelns von geradezu existenzieller Bedeutung. Sein beruflicher Erfolg oder Mißerfolg hängen entscheidend von seinen Verhandlungsfähigkeiten ab.

Die Bedeutung des Themas «Verhandeln» reicht aber noch weiter. Interessengegensätze und Konflikte treten überall auf, nicht nur im Wirtschaftsleben, wenn Verkäufer und Käufer einen Interessenausgleich suchen oder wenn Lieferanten und Kunden Probleme mit Lieferterminen oder Sachmängeln haben, sondern überall im Gemeinwesen. Die Art und Weise, wie sie ausgetragen werden, ist bestimmend für das Schicksal unserer Demokratie. Im Idealfall findet ein sachgerechtes «Verhandeln» aller sozialen Interessengegensätze und Konflikte statt. Von diesem Idealfall sind wir weit entfernt. Interessengruppen, Parteivertreter und Lobbyisten kämpfen mit Tricks und Finessen für die Durchsetzung ihrer und ihrer Klientel Ziele. Daß das so ist, hat seine Ursache nicht zuletzt darin, daß wir nicht gelernt haben, solche Konflikte rational auf eine Weise auszutragen, bei der alle Beteiligten möglichst viel gewinnen und möglichst wenig verlieren. An der Frage, ob es uns künftig gelingt, eine rationale Verhandlungskultur zu schaffen, mag sich nicht zuletzt das Schicksal unserer Demokratie entscheiden.

Wenn die Juristen sich mit dem Thema «Verhandeln» beschäftigen, so kehren sie damit übrigens an den Ursprung ihrer Tätigkeit zurück. Am Anfang gab es all die heutigen Hilfsmittel ja nicht. Es gab keine Gesetze, keine Gerichte, keine Präzedenzfälle, keine Erläuterungsbücher. Es gab nur den Konflikt und den juristischen Helfer, der bemüht war, Rationalität anstelle der Keule zur Lösung des Konfliktes einzusetzen. Dazu bedurfte er methodischer Fähigkeiten – er mußte imstande sein, das jeweilige Sachproblem zu strukturieren, er mußte eine Verfahrensordnung finden und durchsetzen, und er mußte das gemeinsame Interesse der Betroffenen an einer friedlichen Konfliktlösung gegenüber dem Trennenden des Streites hervorheben. Aber sehr bald häuften sich die juristischen Materialien an – Wahrsprüche,

Responsa, Gesetze. Bei der Archivierung und Bearbeitung dieses Stoffes entdeckten die Juristen, daß es viel bequemer war, mit Positionen umzugehen, welche in abstrakten Rechtssätzen formuliert waren, als sich auf die Vielschichtigkeit und Brüchigkeit von konkreten Interessenkonflikten einzulassen. Also konzentrierten sie sich auf die Rechtssysteme. Auf diese Weise entstand der schon erwähnte «Anspruch». Schon in der Antike wurden die methodischen Fähigkeiten zur Konfliktlösung weithin aufgegeben zugunsten des Wissens und der Fähigkeit zur Beherrschung des juristischen Systems. Was als Hilfe gedacht war, wurde zum Selbstzweck.

Heute, im Zeitalter der «Informationslawine» im Recht, ist eine Rückbesinnung auf die ursprünglichen methodischen Fähigkeiten der Juristen zur Lösung von Konflikten erforderlich. War es am Beginn ein Zuwenig an juristischem System, welches zur Methode führte, so ist es heute ein Zuviel. Hinzu kommen praktische Gesichtspunkte. Die Justiz ist überlastet. Rechtsstreitigkeiten dauern lange, sind oftmals unkalkulierbar und immer teuer. Anwälte, die nur den Gang zum Gericht kennen, geben die Entscheidung ihres Falles ohne Not aus der Hand. Auch ist der «Gerichtsmarkt» – im Unterschied zum «Beratungsmarkt», zu welchem das Verhandeln gehört – kein Wachstumsmarkt.

Aus all diesen Gründen sollten die Juristen sich für das Thema «Verhandeln» interessieren. Von selbst sind aber die dazu erforderlichen Kenntnisse und Fähigkeiten nicht vorhanden. Aus vielen Seminaren weiß ich aus unmittelbarer Anschauung, wie groß das Verhandlungsdefizit bei den Juristen (wie bei den Angehörigen aller Berufe) ist. Um einen Beitrag zur Behebung dieses Defizites zu leisten, habe ich das vorliegende Buch geschrieben.

München/Tübingen, im Oktober 1992 Fritjof Haft

Inhaltsverzeichnis

Einführung

Im vergangenen Jahrzehnt wurden in den Vereinigten Staaten von Amerika mit erhöhtem Interesse alternative Wege zur Lösung von Streitigkeiten betrachtet. Eine erfreuliche Folge dieser Entwicklung ist eine Aufwertung des Verhandelns, der grundlegenden Methode, Konflikte in unserer Gesellschaft auszugleichen. Ob es sich nun um einen Streit zwischen einem Vermieter und einem Mieter über den Inhalt ihres Vertrages handelt oder um Meinungsverschiedenheiten zwischen zwei Unternehmen über die Struktur ihrer Zusammenarbeit in einem zukünftigen Projekt oder etwa um Uneinigkeiten in einer Familie über das nächste Urlaubsziel – in diesen Fällen und in vielen anderen aus dem öffentlichen und dem privaten Spektrum ist Verhandeln das Mittel, das üblicherweise zuerst angewandt wird, um zu einer Lösung zu kommen.

Angesichts dieser grundlegenden Bedeutung des Verhandelns und seiner verbreiteten Übung ist es sehr verwunderlich, daß man für eine so lange Zeit der Meinung war, Menschen seien entweder als Verhandler geboren oder dazu untauglich. Heute wissen wir, daß dies nicht zutrifft. Die Fähigkeit eines Menschen, zu verhandeln, kann durch stetes Üben mit anschließender Reflexion beträchtlich gesteigert werden. So wird es an der *Harvard Law School* praktiziert. Der Hauptteil unseres diesbezüglichen Lehrangebots findet während des sehr intensiven 3-wöchigen Winter-Trimesters statt. In kleinen Gruppen von 20–24 Personen beschäftigen sich unsere Studenten im Januar mit kaum etwas anderem. Sie machen ungefähr ein Dutzend verschiedener Planspiele durch in wechselnder Parteienstärke (1 gegen 1, 2 gegen 2, etc.) und mit einem breiten Themenspektrum. Nach jeder Übung wird verglichen, wie unterschiedlich die einzelnen Teams die gleiche Übung absolvierten und erhalten so eine wertvolle Rückkopplung *(feedback)*. Manchmal verhandeln zwei verschiedene Teams nacheinander über dasselbe Thema vor der ganzen Gruppe. Auch das verschafft in aller Regel lehrreiche Einsichten. Es gibt ebenso die Möglichkeit für jeden Studenten, sich mehrmals auf Videoband aufnehmen zu lassen. Dies wurde durchweg als sehr hilfreich empfunden, insbesondere wenn die Aufnahme zusammen mit dem Dozenten durchgesehen wurde. Die Planspiele sind das Herz des Übungskurses. Sie werden ergänzt durch Literaturstudium, Filme und andere Übungen. Von den Studenten wird verlangt, detaillierte Tagesberichte zu schreiben, in denen die Erfahrungen des Tages reflektiert werden und die insbesondere auch die gemachten Fehler, die gelernten Lektionen und schließlich die verbleibenden Fragen umfassen. Wir halten diese Berichte für besonders wertvolle Lernquellen.

All diese Übungen wären jedoch unvollständig ohne ein theoretisches Gerüst, das bei der Analyse der Verhandlungen zum Einsatz kommt. Hierzu gibt es inzwischen viele einsichtsreiche Materialien. (Siehe z.B. *S. Goldberg, F. Sander, N. Rogers:* Dispute Resolution, Boston [2]1992, Kapitel 2). Meine Harvard-Kollegen *Lax* und *Sebenius* haben zum Beispiel in ihrem Buch «*The Manager as Negotiator*» die beiden ganz verschiedenen Phasen jeder Verhandlung – «Werte schaffen» (d.h. den Kuchen vergrößern) und «Werte beanspruchen» (d.h. den Kuchen teilen) – und die unvermeidlichen Spannungen, die zwischen beiden Phasen bestehen, sehr lehrreich dargestellt. *Roger Fisher* und *William Ury* haben in ihrem vielgelesenen Buch «Das Harvard-Konzept»[1] den Lesern vier grundlegende Maximen an die Hand gegeben:

1. Das Augenmerk auf die zugrundeliegenden *Interessen* der Parteien legen, nicht auf ihre eingenommenen *Positionen*.
2. Entscheidungsmöglichkeiten zum beiderseitigen Vorteil entwickeln (die z.B. die Interessen der Parteien in Einklang bringen).
3. Objektive Kriterien miteinbeziehen (wie z.B. der steuerrechtlich geschätzte Wert einer Sache, die verkauft werden soll).
4. Die eigene *BATNA* («*B*est *A*lternative to *a* *N*egotiated *A*greement», Beste-Ausstiegs-Alternative, d.h. das Ergebnis, das nach einem Fehlschlag der Verhandlung zu erwarten ist) und das des Gegners nicht aus den Augen verlieren.

Die Studenten merken beim Erlernen dieser und anderer Maximen und bei ihrer Anwendung auf jeden Fall, daß eine sorgfältige und systematische Vorbereitung die beste Garantie für den Erfolg ist. Sie lernen auch, sehr skeptisch mit den vereinfachenden Daumenregeln mancher Verhandlungs-Spezialisten (wie z.B. «Immer viel fordern» oder «Kooperation ist immer der beste Weg») umzugehen. Sie erkennen, daß ein guter Verhandler in der Lage sein muß, sich auf ver-

---

[1] *Roger Fisher, William Ury*, Das Harvard Konzept: «Sachgerecht verhandeln – erfolgreich verhandeln», übers. von Werner Raith, Frankfurt [2]1984.

schiedene Situationen einzustellen, angefangen vom Teppichkauf im Bazar von Istanbul (den Professor *Haft* beschreibt) bis hin zur Besprechung mit dem Ehepartner, welche Stadt als Wohnsitz gewählt werden soll. Es macht beispielsweise einen erheblichen Unterschied, ob die Verhandlung ein einmaliges Ereignis wie beim Teppichkauf ist, oder ob eine andauernde Beziehung zwischen den Verhandlungspartnern wie bei obigen Eheleuten besteht. Genauso wichtig sind andere vergleichbare Punkte wie der, inwieweit der Verhandelnde selbst Geschäftsherr ist oder ob es sich um einen Beauftragten (wie z.B. einen Anwalt) handelt.

Angesichts der Wichtigkeit des Verhandelns und der Spärlichkeit anspruchsvoller Schriften zu diesem Thema ist es mir eine besondere Freude, dieses gedankenvolle neue Werk von Professor Dr. *Fritjof Haft* willkommen heißen zu dürfen. Solche Bücher werden dringend benötigt, wenn wir unser Wissen über Verhandlungen vertiefen wollen. Die deutschen Leser dürfen sich glücklich schätzen, mit solch kompetenter Hilfe die Rätsel dieses vitalen Prozesses entschlüsseln zu können.

Cambridge, Massachusetts Juli 1992

Frank E. A. Sander
Bussey Professor and
Associate Dean
Harvard Law School

A. Überblick

Die Welt, in der wir leben, ist eine Welt der Interessengegensätze und Konflikte. Ständig und auf vielfältige Weise kollidieren unsere Interessen mit den Interessen anderer. Die zu verteilenden Güter sind begrenzt. Unsere Wünsche kollidieren mit den Forderungen anderer. So geraten wir in Konflikte mit anderen und sind gezwungen, diese Konflikte auszutragen.

Interessengegensätze und Konflikte kommen überall vor, im Privatleben ebenso wie im Beruf. Es gibt Konflikte zwischen Ehemännern und Ehefrauen, zwischen Eltern und Kindern, zwischen Freunden und Konkurrenten, zwischen Produzenten und Kunden, zwischen Bürgern und Behörden, zwischen Individuen und Unternehmen, zwischen Unternehmen und Unternehmen, zwischen Nationen und Nationen. Überall kollidieren Interessen, überall kommt es zu Konflikten.

Konflikte trennen und verbinden zugleich. Sie trennen die Parteien, weil deren Wünsche und Ziele unterschiedlich sind. Sie verbinden die Partner, weil diese nicht einfach auseinandergehen können, sie vielmehr genötigt sind, beisammenzubleiben und sich auf eine Auseinandersetzung einzulassen, also auf etwas Gemeinsames. So stören Konflikte unser Zusammenleben, und so befördern sie es gleichzeitig.

Konflikte und Interessengegensätze können auf zwei prinzipiell verschiedene Weisen ausgetragen werden: durch Streit und durch Zusammenarbeit. Beim Streit stellen sich die Beteiligten gegeneinander. Sie kämpfen. Ihr Ziel ist es, ihre jeweiligen Positionen durchzusetzen und Sieger der Auseinandersetzung zu werden. Bei der Zusammenarbeit bemühen sich die Partner dagegen um ein Miteinander. Sie kooperieren. Ihr Ziel ist es, den Konflikt auf eine Weise zu lösen, die allen Beteiligten möglichst große Vorteile und möglichst geringe Nachteile bringt. Es geht ihnen nicht um Sieg oder Niederlage, sondern um die kreative Lösung eines gemeinsamen Problemes.

Auf den ersten Blick könnte es so scheinen, als seien Streit und Zusammenarbeit zwei prinzipiell verschiedene Veranstaltungen, vergleichbar mit Krieg und Frieden. Im Krieg sprechen die Waffen und schweigen die Diplomaten. Im Frieden ruhen die Waffen und verhandeln die Diplomaten. Demgemäß ginge es in Verhandlungen nur um die friedliche Zusammenarbeit der Partner. Indessen würde dieser erste Blick täuschen. Jede Verhandlung kann auch nach dem Prinzip Streit geführt werden, und im Regelfall, überraschend genug, geschieht das auch. Die Parteien nehmen Positionen ein und versuchen, diese durchzusetzen. Sie arbeiten nicht miteinander, sondern gegeneinander. Sie tragen einen Streit aus. Freilich wird das meist nicht sichtbar, weil die Atmosphäre regelmäßig verbindlich ist und die äußerlichen Attribute eines Kampfes – Waffengeklirr, Schüsse, Pulverdampf – fehlen.

Ich werde dieses Streitverhalten in Verhandlungen als Verwendung des «intuitiven Verhandlungsmodelles» bezeichnen, weil ihm das intuitive, rational nicht überlegte Verhalten bei der Lösung eines Interessenkonfliktes zugrunde liegt, und ich werde es an einer Verhandlungssituation verdeutlichen, welche als die Verhandlungssituation schlechthin angesehen wird, nämlich der Basarverhandlung. Im Basar wird typischerweise nach dem «intuitiven Verhandlungsmodell» vorgegangen. Anhand der Basarsituation werde ich die Vor- und Nachteile dieses Modelles untersuchen. Ich werde zu dem Ergebnis kommen, daß die Nachteile überwiegen, und daß dieses Modell deshalb für den Regelfall nicht zu empfehlen ist. Im Basar mag es noch angehen, aber bei anspruchsvollen Verhandlungen ist es regelmäßig untauglich. (Damit will ich nicht sagen, daß man hier den Basar vermeiden kann, aber man sollte jedenfalls nicht zu früh in ihn hineingehen.)

Sodann werde ich mich mit einem besseren Verhandlungsmodell beschäftigen. Dieses bessere Modell wird auf einer systematischen Analyse des Verhandlungsprozesses beruhen und dessen rationale Beherrschung ermöglichen. Ich werde es daher das «rationale Verhandlungsmodell» nennen. Dieses Modell setzt auf Zusammenarbeit, nicht auf Streit. Es vermeidet die Nachteile des «intuitiven Verhandlungsmodelles». Zugleich eröffnet es den Weg zu einer dem jeweiligen Sachproblem angemessenen Verhandlung. Wegen dieser Vorteile werde ich die Einübung und Verwendung des «rationalen Verhandlungsmodelles» empfehlen.

Mit diesen Empfehlungen will ich freilich nicht sagen, daß der Weg der Zusammenarbeit immer und ausnahmslos der richtige Weg der Konfliktlösung wäre. Auch der Streit hat seinen legitimen Platz. Er gehört notwendig zum menschlichen Zusammenleben. Er aktiviert Kräfte und Energien. Er führt oft zu klaren Entscheidungen. Manche privaten, ökonomischen, sozialen Interessengegensätze können überhaupt nur durch Kampf beendet werden. So muß die Wirtschaft auf Wettbewerb setzen, wenn sie erfolgreich sein will; ein Souverän, der wie Friedrich der Große, seinen Untertanen verordnen würde, Berliner Porzellan zu kaufen, wäre ein schlechter Unternehmensberater. Und so wurden viele soziale Errungenschaften buchstäblich «erstritten». Auf friedliche Weise wären sie nicht zustandegekommen.

Ich will damit auch nicht sagen, daß wir die Methode des Streites im Unterschied zur Methode des kooperativen Verhandelns von selbst beherrschten, so daß wir uns um jene, anders als um diese, nicht zu bemühen bräuchten. Unsere Streitfähigkeiten sind oft genug unterentwickelt. Wir können nur schwer Nein sagen, sind leicht zu nett zu anderen und werden von diesen dann ausgebeutet und manipuliert. Auch streiten will gelernt sein. Darauf kommt es vor allem dann an, wenn man sich gegen solche Gegner wehren muß, die ihrerseits auf Kampf, nicht auf Zusammenarbeit, aus sind. Die Zusammenarbeit setzt ja gleichgesinnte Partner voraus. Wenn der eine auf Kooperation setzt, der andere dagegen einen Streit führen will, wird der erstere die Auseinandersetzung leicht verlieren. Er muß sich deshalb in solcher Lage wehren können. Er muß seinerseits ein Kämpfer sein.

Ich will damit auch nicht sagen, daß das Basarverhalten immer und ausnahmslos zu verdammen und zu vermeiden ist. Auch bei anspruchsvollen Verhandlungen gerät man irgendwann in den Basar. Wenn es etwa darum geht, in einem Konfliktfall zu entscheiden, ob der zu zahlende Schadensersatz den Betrag von X DM oder von Y DM ausmachen soll, und ob das Mitverschulden des Geschädigten mit dreißig oder mit fünfzig Prozent zu bewerten ist, dann landet man zwangsläufig im Basar, und dann ist es notwendig und hilfreich, auch die Spielregeln des Basars zu kennen und zu beherrschen. Eine Auseinandersetzung mit dem Streitverhalten in Basarverhandlungen hat daher auch den Sinn, deren Kenntnis zu vermitteln.

Ich will damit nur sagen, daß die Methode des Streites in Verhandlungen im Prinzip nicht sachgerecht ist. Und dennoch wird sie unentwegt und überall von Anfang an praktiziert – mit beklagenswert schlechten Ergebnissen. Das führt zu der Frage, warum diese Methode so verbreitet ist. Woran liegt es, daß in Verhandlungen regelmäßig das «intuitive Verhandlungsmodell» befolgt wird, obwohl doch dessen Nachteile nicht schwer zu erkennen sind? Liegt es vielleicht an der Situation? Ohne Zweifel gibt es typische Streitsituationen. Wer

etwa eine strittige Forderung durchsetzen muß, der wird ohne
(Rechts-)Streit nicht weiterkommen; eine Zusammenarbeit mit dem
Schuldner wird ihm kaum helfen. Aber dann müßte das «intuitive
Verhandlungsmodell» in anders gelagerten, nicht auf Streit ausgerich-
teten Situationen vermieden werden. Wer etwa einen neuen Mandanten gewinnen will, der muß auf Zusammenarbeit setzen. Er kann
doch mit seinem Kunden keinen Streit führen. Aber auch in solchen
Situationen verhandeln die Parteien durchweg nach dem «intuitiven
Verhandlungsmodell», obwohl dieses Modell hier ersichtlich unangemessen ist. Auch wenn es um die Gewinnung eines neuen Kunden
geht, stehen einander strukturell Position («Ich will Sie als Mandanten
gewinnen») und Gegenposition («Ich will aber nicht Ihr Mandant
werden») gegenüber. Dies wird freilich oft nicht bemerkt, weil der äußere Rahmen verbindlich und für einen Streit atypisch sein wird.

Ich werde zeigen, daß die Frage, warum die Beteiligten sich für das
«intuitive Verhandlungsmodell» und damit für den Kampf entscheiden, nicht von der Situation abhängt. Sie hängt vielmehr von uns
Menschen selbst ab, von der Art und Weise, wie wir Informationen
in komplexen Situationen verarbeiten. Verhandlungen überfordern
uns rasch. Das «intuitive Verhandlungsmodell» wird von uns deshalb
befolgt, weil es uns einen bequemen Weg eröffnet, auf welchem wir
dieser Überforderung begegnen können. Der Weg ist bequem, aber
er führt uns nicht zum Ziel.

Verhandlungen überfordern uns. Jede Form der Zusammenarbeit
bei der Lösung eines Konfliktes setzt die Fähigkeit zur sprachlichen
Darstellung und Bewältigung dieses Konfliktes voraus. Diese Fähigkeit ist aber nur begrenzt, oftmals überhaupt nicht, vorhanden. Konflikte sind regelmäßig komplex. Komplexität beherrschen wir aber in
unserer verbalen Sprache nur unzureichend. Unsere «Hardware» Gehirn und unsere «Software» Sprache lassen uns bei dieser Aufgabe
rasch im Stich. Deshalb entscheiden wir uns bei der Austragung von
Konflikten für das «intuitive Verhandlungsmodell.

Bei diesem Modell gibt es keine methodischen Schwierigkeiten.
Der Streit setzt keine besonderen verbalen Fähigkeiten voraus. Er
ist nicht einmal exklusiv menschlich. Kämpfe gibt es schon in der
Tierwelt. Soweit der Streit aber verbal, in der Sprache, geführt wird,
wird er durch eine wenig beachtete Eigenart unserer Sprache außerordentlich begünstigt. Unsere verbale Sprache ist eine Geschichtensprache, die uns dazu verführt, auch komplexe Konfliktsituationen

als Geschichten, im «Geschichtenmodus», zu behandeln. Wir erzählen dann nicht ein Problem, sondern die Geschichte des Problems, und wir lassen unsere Erzählung in diejenige Fortsetzung münden, welche wir uns wünschen. Diese künftige Idealgeschichte ist dann identisch mit unserer Position. Andere verhalten sich ebenso. Damit stehen Positionen gegen Positionen. Da nur eine dieser idealen Zukunftsgeschichten Realität werden kann, sind wir dazu gezwungen, einen Streit auszutragen. Wir streiten, um unser Bild von der Zukunft Wirklichkeit werden zu lassen, und um die Hoffnungen des anderen zu zerstören.

Die menschliche Geschichte zeigt im Kleinen wie im Großen, wohin dieser Befund führt, und wie sehr alle Beteiligten darunter leiden. Kinder streiten miteinander, Ehegatten lassen sich scheiden, Arbeitskämpfe verursachen Verluste, Nationen führen Kriege. Unzählige mögliche Konfliktlösungen zum Vorteil aller Beteiligten wurden in der Vergangenheit nicht gefunden. Unzählige gefundene Konfliktlösungen waren nicht optimal und trugen den Keim zu neuen Konflikten in sich. Und das wird auch in der Zukunft so sein, wenn wir nichts tun, um diesen Befund zu ändern.

Ich zweifle nicht daran, daß das menschliche Unvermögen zur Beherrschung der Komplexität von Interessengegensätzen und Konflikten die Hauptursache für diesen betrüblichen Befund bildet. Wenn man Abhilfe schaffen will, muß man hier ansetzen. Das Verhandeln will gelernt sein. Dazu ist zweierlei erforderlich. Zum einen muß man sich mit dem theoretischen Hintergrund des Verhandelns beschäftigen. Man muß die genannte Überforderung analysieren. Zum anderen muß man ein «rationales Verhandlungsmodell» entwickeln, welches zur Beherrschung von Komplexität taugt und dabei von uns Menschen methodisch beherrscht werden kann. Dementsprechend ist es erforderlich, praktisches Verhandlungsgeschick zu erwerben, zu trainieren und zu optimieren.

Über praktisches Verhandlungsgeschick ist bislang schon einiges geschrieben worden. Der theoretische Hintergrund wurde dagegen eher vernachlässigt oder einseitig aus der Sicht bestimmter Disziplinen und hier wiederum eingeengt auf jeweils spezifische Fragestellungen dargestellt. Das Thema «Verhandeln» geht ja Angehörige vieler Disziplinen etwas an – Juristen, Ökonomen, Politikwissenschaftler, Mathematiker, Psychologen, Rhetoriker... Entsprechend zerstreut ist die Literatur zum Thema. Ihr Zugang wird dadurch er-

schwert, daß die wichtigsten Arbeiten im Ausland, insbesondere in
den USA, erschienen sind, während die deutschsprachige Wissenschaft diesen Gegenstand, wie schon erwähnt, eher meidet.
Mein Anliegen ist es, in diesem Buch sowohl den theoretischen
Hintergrund als auch die Praxis des Verhandelns zusammenfassend
darzustellen. Der theoretische Hintergrund wird durch das Stichwort
«Informationsverarbeitung» geprägt sein. Die Entwicklung der modernen Computertechnik hat uns in das Zeitalter der Informationsverarbeitung geführt. Viele der auf diesem Weg gewonnenen Einsichten sind auch dann hilfreich, wenn man den Computer wegläßt und
sich auf die Informationsverarbeitung im menschlichen Kopf konzentriert. Das Verhandeln beherrschen heißt, die Informationsverarbeitung im eigenen Kopf so zu organisieren, daß man auf die Informationsverarbeitung in den Köpfen anderer einen optimalen Einfluß
nehmen kann. Dabei existieren die genannten Schwierigkeiten des
Umganges mit Komplexität. Je besser es gelingt, diese Schwierigkeiten bei uns selbst zu bewältigen, desto größer wird der Einfluß sein,
den wir auf die Informationsverarbeitung in den Köpfen anderer
nehmen können. Und zwar meine ich damit eine faire, da offene
Art der Einflußnahme. (Es gibt auch manipulative, unfaire Methoden. Ich werde auch auf diese zu sprechen kommen.)
An dieser Stelle kommt die Erfahrung des Juristen ins Spiel. Juristen haben die längste praktische Erfahrung im Umgang mit Komplexität bei der Austragung von inhaltlichen Konflikten. Seit sie in
der Antike die ersten Rechtssysteme konstruierten, verfügen sie
über eine zur Lösung dieses Problemes taugliche Praxis. Die Rechtssysteme wurden geschaffen, um Präzedenzfälle und -entscheidungen
finden zu können und das Recht lehrbar zu machen. Sie dienten
also der Lösung eines dokumentarischen und eines didaktischen Problemes. Beide Probleme waren schwierig zu lösen, weil unser «Ge-
schichtenerzählmodus» dafür nicht taugt. Wenn man einen Präze-
denzfall sucht, kann man ja nicht alle existierenden Fälle in zufälliger
Reihenfolge durchlesen. Und wenn man das Recht lehrt, kann man
sie nicht vorlesen. Man muß sich etwas einfallen lassen und dabei berücksichtigen, daß man ein Komplexitätsproblem zu lösen hat. Die
Juristen haben sich etwas einfallen lassen.
Diese Erfahrungen der Juristen lassen sich mit Nutzen auch auf
nichtjuristische Konflikte übertragen. Und sie lassen sich mit den Er-
kenntnissen anderer Disziplinen verbinden. So hat etwa die moderne

Sozialpsychologie die Methoden erforscht, durch welche Menschen manipuliert werden können. Dieser sogenannte «Machiavellismus» zeigt, wie unsere Überforderung beim Umgang mit Komplexität ausgenutzt werden kann. Wenn man diese Methoden kennt, kann man sich nicht nur vor derartigen Manipulationsgefahren schützen. Man kann auch positive, faire, nichtmanipulative Techniken zur Überwindung der genannten methodischen Schranken entwickeln. Und man begreift besser, was die Juristen zur Lösung dieses Problemes auf intuitiver Basis geschaffen haben.

Ich bin selbst im Hauptberuf als Rechtslehrer tätig. Seit ich mich mit den genannten Einsichten anderer Disziplinen beschäftigt habe, hat sich mein Verhältnis zur juristischen Dogmatik verändert. Ich habe einerseits weniger Respekt vor ihr als früher; die Zauberformeln sind nichts anderes als das unbeholfene Bemühen, eine untaugliche «Hardware» doch noch irgendwie brauchbar zu machen. Ich habe andererseits viel mehr Respekt vor ihr als zu den Zeiten, da ich noch selbst Aufsätze über Themen wie «Der doppelte Irrtum im Strafrecht» schrieb. Es ist schon bemerkenswert, wie weit wir mit unserer begrenzten informationstechnischen Ausrüstung gekommen sind, und wie wir einen selbstregulierenden Mechanismus in Gang gesetzt haben, der dazu führt, daß alle Fehler ausgemerzt werden und unsere Programme letztlich auch laufen, und dies mit recht gutem Erfolg.

Die praktische Seite dieses Buches beruht auf Erfahrungen, die ich in meiner eigenen Berufspraxis in der Wirtschaft und in der Rechtsberatung sowie an der Universität, in der Lehre, in Experimenten und vor allem auch in zahlreichen Verhandlungsseminaren mit Angehörigen verschiedener Berufe im Rahmen von Fortbildungsveranstaltungen gewonnen habe. Sie ermöglichen es mir, den theoretischen Hintergrund des Verhandelns anhand von konkreten Fällen zu verdeutlichen, die durchweg aus der Verhandlungspraxis stammen.

Verhandeln ist freilich kein exklusiv wissenschaftlicher Gegenstand. Es gibt auch eine «Kunst» der Verhandlung. Dies bringt der amerikanische Mathematiker Howard Raiffa im Titel seines Buches über das Verhandeln «The Art and Science of Negotiation» zum Ausdruck. Und er erläutert auf ansprechende Weise, wie er den Unterschied versteht: «There is an art and a science of negotiation. By «science» I loosely mean systematic analysis for problem solving. . . The «art» side of the ledger . . . includes interpersonal skills, the ability to convince and be convinced, the ability to employ a basketful of bargaining ploys, and the wisdom to know when and how to use them.»[1] Ich will auch diesen Aspekt im Auge behalten. Kunst kann letztlich nicht gelehrt werden. Aber im deutlichen Unterschied zu anderen Künsten, zu Literatur, Malerei oder Musik, kann man doch sagen, daß der größte Teil der Verhandlungsfertigkeiten lehrbar ist. Der alte rhetorische Satz, wonach der Autor geboren, der Redner aber gemacht wird, gilt auch hier. Der Verhandler wird nicht geboren. Er wird gemacht. Der Anteil, den Genie und Talent hier leisten können, ist nicht so groß, daß normale Sterbliche auf diesem Felde den Mut verlieren müßten.

---

[1] Howard Raiffa, The Art and Science of Negotiation, Cambridge, Massachusetts (USA) and London (England), 1982, S. 8.

B. Intuitives und rationales Verhandeln

1. Ein Besuch im Basar

Es gibt eine Situation, welche gemeinhin als die Verhandlungssituation schlechthin empfunden wird. Das ist die Basarsituation. Statten wir also dem Basar einen Besuch ab, und sehen wir, wie es dort zugeht. In einem Laden mit Teppichen stehen ein Tourist (T) und ein Händler (H). H zeigt T einen Teppich und nennt ihm dafür einen Preis. Er schwört beim Leben seiner Kinder, daß dies ein viel zu niedriger Preis sei, ein Preis, weit unter dem wahren Wert des Teppiches, ein wahrer Freundschaftspreis, ein Preis, der ihn, den H, ruinieren werde, ein Preis, den er keinem anderen als seinem guten Freund T (den er noch nie im Leben gesehen hat) berechnen würde. T glaubt ihm kein Wort von alledem. Er hat zwar keine Ahnung, welchen Wert ein solcher Teppich haben mag, aber er ist sicher, daß H ihm einen weit überzogenen Betrag genannt hat. Zum Glück weiß er, wie man sich im Basar zu verhalten hat. Er macht dem H ein Angebot, welches wesentlich niedriger als dessen Forderung ist, ein geradezu lächerlich niedriges Angebot, welches, so hofft er jedenfalls, auch erheblich unter dem wahren Wert des Teppiches liegt. Einen Augenblick ist er im Zweifel, ob H beleidigt reagieren und ihn hinauswerfen wird. Aber H nimmt ihm das Angebot nicht übel. Er schildert vielmehr blumenreich das Elend, in welches seine Familie geraten werde, wenn er seine ohnehin schon viel zu niedrige Forderung noch weiter herabsetzen werde, und dann verringert er diese um einen geringen Betrag. T erhöht daraufhin sein Angebot ein wenig. Und so geht es weiter, bis sich die beiden ungefähr in der Mitte zwischen den beiden Ausgangspositionen treffen und dort zu einem Abschluß kommen werden. T wird glauben, er habe den Teppich günstig erstanden. H wird es besser wissen.

Bei uns finden solche Verhandlungen nur selten im institutionalisierten Basar, etwa auf dem Flohmarkt, statt. Aber es gibt auch bei uns wichtige Verhandlungen, die mehr oder weniger offen als Basarverhandlung geführt werden müssen, so etwa beim Verkauf eines Hauses oder eines gebrauchten Autos. Und ein Stück Basar ist regelmäßig auch bei anspruchsvollen, komplexen Verhandlungen inmitten. Überall, wo über Werte verhandelt wird, welche auf einer Skala bewegt werden können – also bei Verhandlungen etwa über Geldbeträge, Zinskonditionen, Termine, Gewährleistungsbedingungen – ist ein Stück Basar inmitten. Das müssen übrigens nicht Geldbeträge sein. Basare werden auch eröffnet, wenn es um die Prognose geht, wie ein Rechtstreit wohl ausgehen würde, oder um die Frage, welches Schmerzensgeld angemessen ist, oder um die Frage, ob eine Verjährung nach § 852 Abs. 2 BGB wegen schwebender Verhandlungen gehemmt war. Zwar werden bei uns nicht die blumigen Geschichten des Orientes erzählt. Aber es wird auf prinzipiell gleiche Weise verhandelt. Jeder bezieht eine Extremposition, von der er dann schrittweise abgeht, ein Vorgang, welcher wechselseitig stattfindet und sich wiederholt, bis eine Einigung mehr oder weniger in der Mitte zwischen den beiden Extrempositionen erzielt worden ist.

Dieses Basarverhalten wird also nicht nur im Orient, sondern auch in unserer Kultur als ein selbstverständliches Verhalten beim Verhandeln vorausgesetzt. Zwar empfinden wir bei diesem Verhalten im Unterschied zu den Angehörigen orientalischer Kulturen ein deutliches Unbehagen. Wir spüren, daß bei solchem «Feilschen» etwas Unerlaubtes geschieht. Wir vermeiden dieses Verhalten soweit wie möglich. Deshalb haben wir in unserer Kultur ein weitreichendes System der festen Preise geschaffen. Würde jemand im Lebensmittelladen auf die Auszeichnung eines Joghurtbechers mit, sagen wir, 79 Pfennigen mit einem Gegenangebot von, sagen wir, 38 Pfennigen reagieren, würde er beim Verkäufer Panik auslösen. In dessen Augen würde ein solcher Kunde nicht einfach etwas Unübliches, sondern etwas Unheimliches, Bedrohliches tun. Er würde die Basis seines Geschäftes in Frage stellen. Gleichwohl stellen wir das Basarverhalten als solches nicht in Frage. Überall da, wo keine festen Preise existieren, auf dem Grundstücksmarkt etwa oder auf dem Gebrauchtwagenmarkt, lassen wir uns ganz selbstverständlich auf diese Art des Verhandelns ein. (Mangels Übung sind wir dabei freilich meistens schlechte Verhandler. Der Teppichhändler oder der Gebrauchtwagenhändler hat kaum Mühe, uns dabei zu übervorteilen.)

Man kann das Basarverhalten als ein Spiel sehen, welches überall auf der Welt gespielt werden kann. Zwar ist es unterschiedlich beliebt. Aber seine Regeln sind überall bekannt. Niemand braucht sie zu lernen. Alle Menschen beherrschen von Natur aus die Regeln dieses Spieles. Es verwundert nicht, daß auch die Spieltheoretiker sich

für dieses so weit verbreitete Spiel interessieren. Der amerikanische Mathematiker Howard Raiffa hat es eingehend analysiert und dafür die Bezeichnung «Negotiation Dance» gefunden. Ausgangspunkt seiner Überlegungen war eine Fallstudie, welche eine Verkaufsverhandlung betraf, den Verkauf von «Elmtree House».[2] Da dieser Fall exemplarische Bedeutung hat, sei in aller Kürze skizziert, worum es ging.
«Elmtree House» war ein Heim für behinderte Jugendliche in einem Vorort von Boston. Ein Bauträger, vertreten durch Mr. Wilson, wollte das Haus erwerben, um es abzureißen und an seiner Stelle ein Appartmenthaus zu errichten. Das Kuratorium des Heimes war einem Verkauf nicht abgeneigt, weil ihm die bisherige Umgebung von «Elmtree House» für die Bewohner nicht optimal geeignet erschien. Von einem neuen Haus in einem anderen Wohngebiet versprach man sich bessere Therapiebedingungen. Für das Heim verhandelte Steve, ein Harvardprofessor, welcher Mitglied des Beirates von «Elmtree House» war. Steve war Ökonomieprofessor, aber er hatte keine besonderen Kenntnisse und Erfahrungen im Verhandeln. Wilson war dagegen ganz offensichtlich ein erfahrener Verhandler, der mit allen Wassern des Immobiliengeschäftes gewaschen war. Um dieses Manko auszugleichen, ließ sich Steve von Howard Raiffa, einem der Verhandlungsexperten der Harvard Universität, beraten. Das hatte für Wilson natürlich einige Überraschungen zur Folge.
Zunächst mühte sich Steve um Informationen. Er ermittelte den eigenen «Reservation Price» (RP). Dies war der Mindestbetrag, den «Elmtree House» in einem Verkaufsfalle benötigte. Er entsprach dem notwendigen Mindestaufwand für den Erwerb eines anderen, günstiger gelegenen Hauses. Er wurde mit 220.000 Dollar festgestellt. Sodann suchte Steve nach anderen Interessenten für «Elmtree House». Diese Bemühungen blieben jedoch erfolglos. Durch Befragung von Maklern versuchte er, herauszufinden, welcher Betrag bei einem freihändigen Verkauf von Elmtree House wohl zu erzielen gewesen wäre. Die Schätzungen lag nur zwischen 110.000 und 145.000 Dollar. Nunmehr versuchte Steve, Wilsons «RP», also den Höchstbetrag, den er zu bezahlen bereit war, einzuschätzen. Verschiedene Experten wurden danach gefragt, wie sie Wilsons Situation beurteilten. Das sich er-

[2] Howard Raiffa, The Art and Science of Negotiation, Cambridge, Massachusetts (USA) and London (England), 1982, S.35 ff.

gebende Bild war uneinheitlich und vage. Steve schätzte schließlich, daß Wilsons «RP» irgendwo zwischen 250.000 und 475.000 Dollar lag. Sodann legte Steve seine Verhandlungsstrategie fest. Da Wilsons vermuteter «RP» sich in einem breiten Unsicherheitsspielraum befand, fürchtete Steve, einen Fehler zu machen, wenn er die Verhandlung mit einer Forderung eröffnete. Er hatte Angst, entweder einen geringeren Betrag als Wilsons RP zu fordern oder das Verhandlungsklima durch eine weit darüberliegende Forderung zu verderben. Deshalb nahm er sich vor, zu versuchen, Wilson zu einem ersten Angebot zu bewegen. Falls ihm dies nicht gelänge, wollte er eine erste Forderung von 750.000 Dollar nennen. Dabei nahm er sich vor, diesen Betrag auf weiche, vorläufige Weise vorzubringen. Steve überlegte auch eine Alternative. Sie bestand darin, 400.000 Dollar zu fordern und hieran eine Weile festzuhalten. Er verwarf diese Idee aber wieder, weil er eine vierzigprozentige Chance schätzte, daß dieser Betrag unter Wilsons «RP» lag.

Die erste Verhandlungsrunde entwickelte sich in Steves Augen zu einem Disaster. Wilson begann mit der humorvoll vorgetragenen Aufforderung an Steve, seine Minimalforderung zu nennen; er würde dann versuchen, noch etwas daraufzulegen. Steve erwiderte, Wilson solle ihm lieber sein Maximalangebot nennen; er würde dann sehen, ob er ihm einen Nachlaß gewähren könne. Nach diesem Geplänkel machte Wilson ein erstes Angebot: 125.000 Dollar. Steve setzte dem eine Forderung von 600.000 Dollar entgegen; er wählte diesen Betrag in der Überlegung, daß die Mitte zwischen den beiden Positionen bei 375.000 Dollar und damit deutlich über seinem «RP» von 220.000 Dollar, also klar in seiner Wunschzone, lag. Wilson erwiderte, Steves Forderung sei außer jeder Diskussion. Die Verhandlung wurde vertagt.

Steve nahm sich vor, Wilson eine Woche später anzurufen und ihm zu sagen, das Kuratorium habe eine Senkung seiner Forderung auf 500.000 Dollar beschlossen. Doch schon zwei Tage später kam Wilson Steve mit einem Anruf zuvor. Er sagte, er habe über die sozialen Aufgaben von «Elmtree House» nachgedacht und wolle der Tatsache Rechnung tragen, daß Elmtree House eine wichtige Aufgabe für die Gesellschaft erfülle. Er erhöhe deshalb sein Angebot auf 250.000 Dollar.[3] Steve ermäßigte daraufhin seine Forderung auf 475.000 Dollar.

---

[3] Dieses Bemühen, ein Zugeständnis beim «Negotiation Dance» durch ein rational klingendes Argument zu erklären, ist typisch für Basarverhandlungen. Es erklärt sich aus dem Wunsch, die hier angewandte Manipulationstechnik zu verdecken. – Ich komme auf diesen Punkt zurück.

In den folgenden Tagen erhöhte Wilson sein Angebot über 275.000 und 295.000 schließlich auf ein «festes letztes Angebot» von 300.000 Dollar. Steve ging im Gegenzug von 475.000 über 425.000 und 400.000 auf 350.000 Dollar herunter. An dieser Stelle erreichte die Verhandlung ihren toten Punkt. Um es Wilson zu ermöglichen, von seinem «festen letzten Angebot» auf gesichtwahrende Weise wieder wegzukommen,[4] schlug Steve ihm nunmehr vor, zusätzlich eine steuerbegünstigte Spende von 25.000 Dollar an Elmtree House zu gewähren.[5] Wilson akzeptierte diesen Vorschlag. Als sich dann herausstellte, daß einem solchen Vorgehen rechtliche Hindernisse im Wege standen, wurde der Kaufpreis schließlich auf 325.000 Dollar festgesetzt. Mit diesem Ergebnis war Steve zufrieden. Er hatte einen Kaufpreis erzielt, der immerhin 105.000 Dollar über seinem «RP» lag. Die Frage, wie zufrieden Wilson war, blieb offen.

Es sind also durchaus nicht nur orientalische Teppichhändler oder in einem Wohnwagen sitzende Gebrauchtwagenverkäufer, sondern auch Harvardprofessoren, welche das Basarverhalten als völlig selbstverständliche Methode des Verhandelns praktizieren. Ist dieses Verhalten aber wirklich so selbstverständlich in Ordnung, wie es scheint? Nehmen wir an, wir hätten einem außerirdischen Erdenbesucher (AE) zu Besuch, und er würde Zeuge einer solchen Basarverhandlung. Beim Versuch, ihm das Geschehen zu erklären, gerieten wir rasch in Schwierigkeiten.

«Wozu dient diese Veranstaltung?» würde AE uns fragen.

«Die Parteien wollen den richtigen Kaufpreis ermitteln.»

«Was ist das, der richtige Kaufpreis?»

«Das ist schwer zu sagen. Da spielen viele Faktoren eine Rolle – die objektive Marktsituation, die Bedürfnisse der Parteien, ihre jeweiligen «Reservation Prices», das Streben nach einem maximalen Ergebnis, der Wunsch, nicht über das Ohr gehauen zu werden...»

«Warum nennen die Parteien diese Faktoren nicht?»

«Sie trauen einander nicht.»

«Sie sind also Feinde?»

---

[4] Dies ist übrigens nicht nur beim «festen letzten Angebot» so. Mit jeder neuen Position entsteht immer wieder die Schwierigkeit, von dieser eben noch so fest begründeten und verteidigten Stellung wieder wegzukommen. Im Basar muß man sich ständig selbst dementieren. Beim «Negotiation Dance» erleidet man einen permanenten Glaubwürdigkeitsverlust.

[5] Ein solches Verhalten kann als «Kuchenvergrößerung» bezeichnet werden. – Ich komme darauf zurück.

«Jedenfalls sind sie keine Freunde.»

«Warum verhandeln sie dann miteinander?»

«Es gibt sachliche Interessen, welche sie verbinden. Steve möchte, daß seine Schützlinge in ein besseres Haus umziehen. Wilson benötigt Elmtree House für ein Bauprojekt.»

«Warum verhandeln sie nicht über diese gemeinsamen Interessen?»

«Ich sagte doch schon, sie trauen einander nicht.»

«Wie wollen sie zu ihrem Ziel, dem «richtigen Kaufpreis», finden, wenn sie einander mißtrauen?»

«Sie glauben, sie hätten eine brauchbare Methode gefunden. Der eine fordert erheblich zu viel, der andere bietet viel zu wenig, und sie treffen sich dann mehr oder weniger in der Mitte. Deshalb hat Wilson 125.000 Dollar geboten und Steve 600.000 Dollar gefordert. Die rechnerische Mitte zwischen beiden Ausgangspositionen beträgt 125.000 + 600.000 = 725.000/2 = 362.500. Das in der Verhandlung gefundene Ergebnis von 325.000 ist nicht allzu weit von dieser Mitte entfernt. Es erklärt sich daraus, daß Wilson die größere Erfahrung besaß und die Mitte leicht zu seiner Position verschieben konnte.»

«Das ist eine seltsame Methode. Die Ausgangspositionen werden doch willkürlich festgesetzt. Wie wollen die Parteien auf diese Weise zum richtigen Ziel kommen?»

«Sie glauben jedenfalls, daß ihnen dies gelingt.»

«Welchen Sinn hat dieses komplizierte Verfahren?»

«Ich weiß es nicht.»

«Wäre es nicht besser, die Parteien würden sich von Anfang an auf ihr Ziel konzentrieren, statt diese seltsamen Umwege zu gehen?»

«Die Parteien sind nicht dieser Meinung.»

«Das verstehe wer will», würde AE kopfschüttelnd das Gespräch schließen.

Was geschieht wirklich im «Negotiation Dance»?

2. Die Spielregeln der Basarverhandlung

Die Frage, was im Basar beim «Negotiation Dance» geschieht, kann zunächst aus spieltheoretischer Sicht gestellt werden. Man akzeptiert dann das Spiel so, wie es ist, analysiert die Regeln und sucht nach optimalen Spielstrategien. Eben dies hat Howard Raiffa in seinem schon erwähnten Buch «The Art and Science of Negotiation» getan.

Dazu hat er zunächst «reine» Spielbedingungen hergestellt, indem er alle für das Spiel nicht nötigen, in der Realität aber vorhandenen und dort den Spielverlauf störenden Einflußgrößen hinweggedacht hat.

Dazu ist er zunächst davon ausgegangen, daß jeder Verhandler monolithisch handelt, was bedeutet, daß keine Hintermänner existieren, welche die Verhandlung beeinflussen können oder das Ergebnis bestätigen müssen. Im Teppichfall wäre hier etwa die Ehefrau unseres Touristen zu nennen. Weiter hat er angenommen, daß es keine anderen Beziehungen zwischen den Parteien gibt als den gerade anstehenden «Deal»; weder gibt es Verbindungen zu anderen, ähnlichen Fällen der Parteien in der Vergangenheit noch existieren sonst irgendwelche Präzedenzfälle. Ferner hat er unterstellt, daß der Zeitfaktor keine Rolle spielt; beide Parteien können unbegrenzt lange verhandeln. Auch die Faktoren der äußeren Umgebung, also Sprache, Kleidung undsoweiter hat er hinweggedacht. Er hat ferner angenommen, daß die Verhandler ehrenhafte Leute sind. Ein erzieltes Abkommen ist gültig und bindend. Neutrale Dritte sind an der Verhandlung nicht beteiligt. Drohelemente existieren nicht; die einzige Drohung, welche den Verhandlern möglich ist, ist die Drohung mit dem Abbruch der Verhandlung.

Jede Partei hat ferner eine Vorstellung davon, was ein objektiv sachgerechtes Ergebnis ist. Sie hat weiter ihre Ausstiegsalternative festgelegt, ihre «BATNA» («*Best Alternative To Negotiated Agreement*»),[6] also den Punkt, an dem ein Abbruch der Verhandlung günstiger ist als eine Einigung. In einer einfachen Kaufverhandlung ist er identisch mit ihrem «Reservation Price (RP)», also dem Betrag, den die Partei mindestens erzielen möchte (so beim Verkäufer) oder den sie höchstens bezahlen möchte (so beim Käufer). Jede Partei hat eine gewisse Vermutung, aber kein sicheres Wissen über die «BATNA» beziehungsweise den «RP» der anderen Seite. Die beiden «RP's» liegen so, daß eine «Zone of Agreement» entsteht, ein Überschneidungsbereich, in welchem eine Einigung möglich ist. Wenn zum Beispiel der Verkäufer eines Gebrauchtwagens mindestens 300 Einheiten erzielen

---

[6] Dieser Begriff geht zurück auf Roger Fisher und William Ury, Getting to Yes: Negotiating Agreement Without Giving In, Boston (USA), 1981. Er ist insofern irreführend, als es keine «beste Alternative» gibt. Es gibt sprachlich keine Mehrzahl von Alternativen, sondern nur «die» Alternative. Gemeint ist eine Analyse der verschiedenen Ausstiegsmöglichkeiten, um die beste dieser Möglichkeiten zu finden. Diese ist dann «BATNA».

möchte, und wenn der Verkäufer bis maximal 550 Einheiten zu geben
bereit ist, dann liegt die «Zone of Agreement» zwischen 300 und 550.
In diesem Bereich ist also eine Einigung möglich. Und jede Partei
möchte natürlich ein günstiges Ergebnis erzielen, also den Abschluß-
punkt auf der Skala zu ihren Gunsten verschieben. Der Verkäufer
wünscht sich ein Ergebnis bei 550, der Käufer ein Resultat bei 300.
In der Realität werden die genannten «reinen» Bedingungen natürlich niemals herrschen. So wird der Käufer im erwähnten orientalischen Teppichbasar nur eine sehr ungenaue Vorstellung von seinem
«RP» haben, ja, er wird nicht einmal wissen, ob er den Teppich überhaupt kaufen möchte. Noch weniger wird er eine Vorstellung vom
«RP» der Gegenseite haben. Wer kennt sich schon im orientalischen
Teppichhandel aus. Auch wird er, im Unterschied zum Händler, keine
Vorstellung vom wahren Wert des Teppichs haben. Nach einem Abschluß wird der Stolz auf seine Verhandlungskunst rasch einem Gefühl der Ernüchterung weichen. (Auf der Rückreise werden ihm weitere Zweifel kommen. Aufgrund dieser Zweifel und aus weiteren, hier
nicht zu vertiefenden Gründen wird er den ausgehandelten Betrag gegenüber dem Zoll mit nur noch einem Drittel der in Wahrheit bezahl-
ten Summe angeben. Der Zollbeamte, der Erfahrung mit diesen Dingen hat, wird ihn dann freilich darüber informieren, daß auch dieser
Betrag noch immer weit über dem wahren Wert des Teppichs liegt.)

Den Spieltheoretiker interessiert nun die Frage, welche Spielstrategien im Basar erfolgversprechend sind. Soll man als Teilnehmer am
«Negotiation Dance» als erster eine Forderung nennen? Soll man bejahendenfalls eine realistische Größe nennen oder eine Maximalposition einnehmen? Und wie soll man gegebenenfalls auf ein entsprechendes Verhalten des anderen reagieren? Das sind theoretische Fragen mit deutlicher praktischer Relevanz. Steve mußte beispielsweise
hierauf Antworten finden.

In Experimenten suchte Howard Raiffa nach Antworten auf diese
und weitere Fragen.[7] Sie zeigten etwa, daß sich die Partner durch-
schnittlich auf die Mitte zwischen ihren beiden Ausgangspositionen
einigen, sofern diese Mitte in die genannte «Zone of Agreement»
fällt. Liegt diese Mitte dagegen außerhalb dieser Zone, was bei extremen Forderungen einer Seite der Fall ist, so wirkt sich das überra-
schenderweise nicht zugunsten des Extremisten aus. Wenn etwa bei

---

[7] Raiffa a. a. O. S. 48 ff.

den erwähnten Ausgangsdaten der Käufer zu Beginn 250 Einheiten bietet und der Verkäufer den überzogenen Betrag von 2 Einheiten fordert, in welchem Falle die Mitte zwischen beiden Positionen 250 + 2.000 = 2.250/2 = 1.125 beträgt, also weit außerhalb der «Zone of Agreement» (zwischen 300 und 550) liegt, so wird die Verhandlung eher bei 300 als bei 550 Einheiten enden. Der Grund dafür liegt in den großen Konzessionen, zu denen der Verkäufer durch die Wahl seiner Spielstrategie einseitig gezwungen ist.

Raiffa suchte auch eine Antwort auf die Frage, ob es eine gute Strategie ist, mit einem Angebot zu beginnen, welches man für sachlich angemessen hält, und dann an diesem Angebot in der Verhandlung ohne Konzessionen festzuhalten. In den USA hat sich dafür der Ausdruck «Boulware-Strategie»[8] eingebürgert. Die Antwort ist ein klares Nein. Diese Methode verärgerte bei den erwähnten Experimenten von Raiffa regelmäßig die Partner. Sie führte in vielen Fällen zum Scheitern der Verhandlung. Wer sich nicht an die Regeln des «Negotiation Dance» hält, macht sich den Partner zum Feind und riskiert das Scheitern der Verhandlung. Raiffa merkt dazu an: «Advice: don't embarrass your bargaining partner by forcing him or her to make all the concessions.»[9]

Viele Versuche haben diese Erkenntnis bestätigt. So berichtet Raiffa von einem Experiment, welches Richard Zeckhauser veranstaltet hat. Versuchspersonen sollten in einer Verhandlung jeweils 2 Dollar zwischen sich aufteilen. Kam keine Einigung zustande, bedeutete dies, daß keiner Geld erhielt. Erwartungsgemäß einigten sich praktisch alle Partner rasch auf den Durchschnitt von jeweils 1 Dollar. Nun wurde das Spiel verändert. Eine Partei erhielt die Anweisung, 1.20 Dollar für sich zu fordern und von dieser Position nicht abzugehen. Erwartungsgemäß führte dies regelmäßig zum Scheitern der Verhandlung. Der andere blieb ebenfalls fest und zog das Resultat Nichts dem möglichen Ergebnis von 80 Cents vor. Beide Parteien verzichteten also insgesamt auf die möglichen 2 Dollar, was ein völlig irrationales Verhalten war.[10]

---

[8] Nach Lemuel Boulware, einem früherem Vizepräsidenten der General Electric Company. Er pflegte in Lohnverhandlungen mit einem von ihm als fair empfundenen Angebot zu beginnen und Konzessionen zu verweigern. Vgl. Raiffa a.a.O. S.48.

[9] a.a.O. S.49.

[10] Diesen Satz kann man natürlich in Frage stellen, wenn man auch immaterielle Werte wie den Stolz der Spieler in Rechnung stellt.

Hieran zeigt sich, daß die Teilnehmer in Schwierigkeiten geraten, wenn sich ein Partner nicht an die Spielregeln hält. Sie sind nicht imstande, auf die darin liegende Störung des Spielverlaufes rational zu reagieren. Eine solche rationale Reaktion läge darin, den Regelverstoß zu thematisieren und über das in der weiteren Verhandlung anzuwendende Verfahren zu verhandeln. Es liegt ja auf der Hand, daß ein Spiel nicht gespielt werden kann, wenn die Teilnehmer unterschiedliche Regeln anwenden. Ein Fußballspieler darf den Ball nicht mit den Händen in das gegnerische Tor befördern. Würde er das tun, würde der Schiedsrichter eingreifen und den Regelverstoß ahnden. In Verhandlungen gibt es aber keinen Schiedsrichter, und die Spieler tun im allgemeinen nichts, um ihn zu ersetzen. Sie verhalten sich deshalb so, weil sie das Spielgeschehen nicht wirklich beherrschen. Sie werden vielmehr von diesem Geschehen beherrscht. Sie verhandeln nicht rational, sondern intuitiv. Bei Störungen sind sie darum nicht zu rationalem Verhandeln imstande.

Ihre Hilflosigkeit ist natürlich dann besonders groß, wenn sie es mit einem Partner zu tun haben, der sich deshalb nicht an die Regeln des Basars hält, weil er im rationalen Verhandeln geschult wurde und aus diesem Grunde andere, bessere Regeln anwenden möchte.[11] Dies mag eine kleine Geschichte illustrieren, welche einem Absolventen des Verhandlungskurses an der Harvard Universität widerfahren ist, und die mir Professor Frank Sander, der Leiter des Harvard Negotiation Project erzählt hat. Der Student war in einen Autounfall verwickelt. Sein Auto, ein älteres Modell, hatte einen Totalschaden erlitten. Unstreitig konnte er vom Haftpflichtversicherer des Unfallgegners Schadenersatz fordern. Es ging lediglich um die Bewertung seines Autos, also um die Höhe des ihm zu erstattenden Schadensersatzes – eine typische Basarsituation.

Der Student begann mit einer Technik, die im Harvardprogramm als «Anchoring» bezeichnet wird. Die Legitimität eines Ergebnisses

---

[11] Dies heißt nicht, daß die im folgenden zu besprechenden Methoden des rationalen Verhandelns nur dann zum Erfolg führen, wenn man es mit einem ungeschulten Partner zu tun hat. Im Gegenteil, sie sind umso wirkungsvoller, je besser auch der Partner in diesen Methoden geschult ist. Darin liegt ein wesentlicher Unterschied zu den ebenfalls noch zu besprechenden Manipulationstechniken. – An dieser Stelle will ich nur zeigen, daß der Basarverhandler mit seinem Latein am Ende ist, wenn er es mit einem Partner zu tun hat, der das Basarverhalten hinter sich gelassen und durch bessere Methoden ersetzt hat.

wird hiernach durch formale Ableitung aus nicht bezweifelbaren Prämissen gewonnen. Man wirft, bildlich gesprochen, Anker in einem möglichst guten Ankergrund. Dementsprechend begann der Student (S) die Verhandlung mit dem Referenten des Versicherers (V) ungefähr wie folgt:

S: «Ich habe mich im Anzeigenteil von Zeitungen über die Marktpreise informiert («Anker»). Außerdem habe ich mit verschiedenen Gebrauchtwagenhändlern gesprochen («Anker»). Es hat sich gezeigt, daß Autos vom gleichen Typ und Jahrgang wie mein Auto mit Beträgen zwischen 3.000.– und 3.500.– Dollar gehandelt werden. Mein Auto befand sich in einem normalen Erhaltungszustand. Deshalb schlage ich vor, wir entscheiden uns für die Mitte zwischen diesen beiden Beträgen («formale Ableitung»). Das ergibt 3.250.– Dollar. Sie zahlen mir diese Summe. Das scheint mir ein fairer Vorschlag zu sein. Was halten Sie davon?»

V erwiderte: «Ich biete Ihnen 2.000.– Dollar.»

«Interessant», sagte S. «Ich bin gerne bereit, über dieses Angebot zu sprechen. Wie kommen Sie auf diesen Betrag?»

V: «Ich biete Ihnen 2.200.– Dollar.»

«Auch das ist eine interessante Zahl», sagte S. «Aber wie kommen Sie darauf. Woraus leiten Sie diesen Betrag ab?»

V: «2.400.– Dollar!»

S: «Auch darüber können wir sprechen. Aber wie in aller Welt kommen Sie zu dieser Summe?»

V: «2.500.– Dollar!»

S: «Auch darüber spreche ich gerne mit Ihnen. Aber wie kommen Sie jetzt gerade auf diesen Betrag?»

An dieser Stelle brach V die Verhandlung ab und sagte: «Ich muß mit meinem Vorgesetzten sprechen.»

Es ist offensichtlich, daß S sich hier sachgerecht verhalten hatte. Er hatte eine brauchbare, vernünftige und nachvollziehbare Methode zur rechnerischen Ermittlung seines Schadens vorgeschlagen. Wenn V damit nichts anfangen konnte und das Verhalten des S für ihn eine Regelverletzung war, an welcher er scheitert, dann waren die von ihm benutzten Spielregeln des Basars ebenso offensichtlich nicht sachgerecht. Und wenn V sich nicht anders als durch Abbruch der Verhandlung helfen konnte, dann zeigt dies, daß der Basarspieler am Ende ist, wenn er auf einen rational handelnden Partner stößt. Also sollte man den Basar hinter sich lassen.

Damit stellen sich Fragen, die jenseits der Spieltheorie liegen. Warum spielen die Teilnehmer überhaupt das Basarspiel? Warum halten sie sich im Normalfall des intuitiven Verhandelns (also wenn sie keine gegenteiligen Anweisungen erhalten haben oder wenn sie nicht geschult wurden) an das Ritual der Einnahme von einander entgegengesetzten Extrempositionen und der anschließenden gegenseitigen Gewährung von Zugeständnissen? Warum erwarten sie, daß ihre Partner sich ebenfalls an dieses Ritual halten? Warum lassen Menschen die Verhandlung lieber scheitern und bekommen nichts, als auf den «Negotiation Dance» zu verzichten? Die Antwort auf diese Frage ist nicht trivial. Die Spieler wissen zwar, daß man sich in dieser Situation so verhält, wie sie sich eben verhalten. Aber die Gründe dafür kennen sie nicht. Zugleich empfinden sie das schon genannte Unbehagen, welches sie, jedenfalls in unserem Kulturkreis,[12] das Basarspiel möglichst meiden läßt. (Eine deutsche Hausfrau, die bei ihren täglichen Einkäufen im Supermarkt ständig den «Negotiation Dance» aufführen müßte, wäre ziemlich bald reif für das Irrenhaus.)

Warum also das geschilderte Basarverhalten? Und warum das damit verbundene Unbehagen?

3. Intuitives und rationales Verhandeln

Ich möchte jetzt die Gründe für das Basarverhalten aufzeigen. Das dem Basarverhalten zugrundeliegende Verhandlungsmodell werde ich das «intuitive Verhandlungsmodell» nennen. Es ist immer von selbst, eben auf intuitive Weise, vorhanden. Ich werde zeigen, warum das so ist. Anschließend werde ich seine Vorteile und seine Nachteile aufzeigen. Ich werde zu dem Ergebnis kommen, daß die Nachteile überwiegen, und daß dieses Modell grundsätzlich nicht zu empfehlen ist. Ich werde dazu raten, den Basar möglichst zu meiden.[13] Anschließend werde ich eine erste Skizze des «rationalen Verhandlungsmodelles» zeichnen. Dieses Modell wird die von mir empfohlene Alternative sein. Ich werde es im weiteren Verlauf dieses Buches behandeln.

---

[12] In diesem Punkt gibt es natürlich deutliche Unterschiede zwischen den Angehörigen verschiedener Kulturen.

[13] Ganz wird das nicht gelingen. Der Basar ist letztlich unvermeidlich. Aber man sollte ihn nicht ihne Not und vor allem nicht zu früh betreten.

Zunächst also das «intuitive Verhandlungsmodell». Warum verhalten sich Menschen im Basar auf die oben geschilderte Weise? Die Antwort liegt, kurz gesagt,[14] in folgendem: Jede Verhandlung überfordert die Teilnehmer wegen der in ihr zu bewältigenden Komplexität. Aus dieser Überforderung hilft die Einnahme von extremen Positionen («Positionsdenken»). Positionen sind aber nicht verhandelbar. Sie stehen einander unversöhnlich gegenüber. Um diese Erstarrung wieder aufzuweichen, wenden die Partner gegenseitig Manipulationstechniken an («Machiavellismus»). Das Resultat dieser Manipulationen ist der «Negotiation Dance». Im einzelnen:

«Positionsdenken»: In jeder Verhandlung muß ein vielschichtiger Interessenkonflikt verhandelt werden. Das ist auch dann der Fall, wenn es, wie im Teppichbasar, oberflächlich betrachtet «nur» um den Preis geht. Der richtige Preis ist nicht nur ein simpler Punkt auf einer Skala irgendwo zwischen Null und Unendlich. Er ist vielmehr das Resultat zahlreicher auf höchst komplizierte Weise miteinander vernetzter Faktoren (Herstellungskosten der Ware, Marktlage, objektive und subjektive Bedürfnisse der Parteien, finanzielle Möglichkeiten der Parteien . . .) Entsprechend verhält es sich in allen anderen Verhandlungsfällen. Immer ist der zu verhandelnde Interessenkonflikt komplex. Komplexität kann von uns Menschen methodisch aber nur schlecht bewältigt werden. Sie überfordert uns, weil wir keine passende Sprache für die Darstellung und Bearbeitung von Komplexität haben. Wir sind geborene Geschichtenerzähler. Als «Geschichte» kann man aber Komplexität nicht erzählen. Sie findet ja nicht in der Zeit als Kette von Ursachen und Wirkungen statt. Sie ist vielmehr ein komplexes Gebilde aus sich wechselseitig beeinflussenden Faktoren, etwas, was man vielleicht in einer mathematischen Formel abbilden kann, was man aber bestimmt nicht als erlebtes Ereignis beschreiben kann.

Aus dieser methodischen Not finden wir nicht wirklich heraus. Deshalb helfen wir uns mit einer Vereinfachungstechnik. Wir «erzählen» nicht das zu verhandelnde Problem (was unmöglich wäre), sondern wir «erzählen» die Geschichte des Problemes. Und wir verlängern diese Geschichte in die Zukunft, indem wir diejenige Fortsetzung der Geschichte «erzählen», die wir uns wünschen. Das ist dann die extreme Position, die wir in der Verhandlung einnehmen.

---

[14] Ich gebe hier nur eine kurze Skizze. Später werde ich sie im Detail ausführen.

Positionen sind nichts anderes als in die Zukunft projizierte Wunschfortsetzungen der Geschichte des jeweiligen Problemes. Das kann man am Teppichfall anschaulich zeigen. Wenn der Verkäufer seine überzogene Preisforderung nennt, dann «erzählt» er seine Wunschfortsetzung der Geschichte des Teppichhandels. In dieser tritt ein Käufer auf, der ihm einen hohen Preis bezahlt. In entsprechender Weise ist das zu niedrige Kaufangebot nichts anderes als die vom Käufer ausgedachte Geschichte einer Zukunft, in welcher er den Teppich zum günstigsten Preis erwirbt. Beide verhalten sich wie Kinder, die sich in ihren Träumen ausmalen, wie schön die Welt sein wird. Daß Träume nie in Erfüllung gehen, wissen sie noch nicht.

Positionen sind also nichts anderes als Geschichten. Und da wir geborene Geschichtenerzähler sind, finden wir ganz von selbst zu unseren Positionen. Wir stören uns nicht daran, daß es sich um erdachte Geschichten handelt, und daß ihre Realisierung ganz unwahrscheinlich ist. Wir verhalten uns dabei sogar noch kindlicher als das Kind. Dieses sieht kein Hindernis auf dem Weg vom Traum zur Wirklichkeit, während wir ein höchst reales Hindernis vor uns haben, nämlich unseren Verhandlungspartner, der eine ganz andere Vorstellung von der Zukunft hat, und der uns diese auch in seiner Extremposition mit aller Deutlichkeit vor Augen führt. Und trotzdem malen wir uns unsere erträumte Zukunft aus!

Verhandlungen sind bei solchem Verhalten nicht möglich. Es geht ja um ein Entweder-Oder, um Sieg oder Niederlage. Das sind die Kategorien des Kampfes, nicht die der Verhandlung. Den Beteiligten stehen aber keine äußeren Machtmittel für die Führung eines Kampfes zur Verfügung. Verhandlungspartner sind gleichberechtigte Menschen, die ihre Positionen weder mit Gewalt noch mit Drohungen durchsetzen können.[15] Positionen erschweren also nicht nur die Verhandlung, sondern machen sie, besieht man die Sache genau, sogar im Grunde unmöglich. Folglich muß etwas geschehen, um die erstarrten Fronten wieder in Bewegung zu bringen. An dieser Stelle kommen die Manipulationstechniken ins Spiel.

Manipulationstechniken: Die Positionskämpfer manipulieren sich gegenseitig. Dies geschieht durch die Aktivierung von Verhaltensprogrammen. Derartige Programme existieren in jedem Menschen. Sie

---

[15] Ich verkenne dabei nicht, daß es die Kategorie der Verhandlungsmacht gibt. Hierauf gehe ich noch ein. Siehe unten Teil G 7.

ermöglichen es uns, auf Ereignisse in komplexen Umgebungen rasch, ohne Nachdenken, richtig zu reagieren. Nachdenken würde viel zu lange dauern. Auch würde es uns regelmäßig überfordern. An die Stelle einer rationalen Analyse der Situation und einer daraus abgeleiteten Verhaltensentscheidung tritt die Aktivierung und Befolgung von gespeicherten Verhaltensprogrammen. Dies geschieht durch Eingabe von Reizen, die als Auslöser der Programme fungieren. Auf diese automatische Weise werden schnelle Reaktion möglich. Wir besitzen einen großen Vorrat an derartigen Verhaltensprogrammen. Dank dieses Vorrates verhalten wir uns in alltäglich wiederkehrenden komplexen Situationen automatisch richtig. So existiert beispielsweise ein Verhaltensprogramm, welches besagt, daß Geschenke zu erwidern sind. Es beruht auf der Erfahrung, daß wir Menschen nicht allein, sondern immer nur zusammen mit anderen existieren können, und daß ein wechselseitiges Geben und Nehmen für dieses Zusammenleben notwendig ist. Wer nur nimmt, aber nicht gibt, der stört dieses Zusammenleben. Also reagieren wir auf Geschenke mit Gegengeschenken. Im Alltag ist das auch in Ordnung. Es ist aber nicht in Ordnung, wenn wir ein Scheingeschenk erhalten, welches uns zu keinem anderen Zweck als dem gegeben wird, uns zu einem echten Gegengeschenk zu veranlassen.

Eben dies geschieht im Basar.[16] Die wechselseitigen Zugeständnisse, die durch die Einnahme von Extrempositionen möglich werden, sollen jeweils als «Geschenke» empfunden werden und den Partner jeweils zu «Gegengeschenken» veranlassen. Aber es ist offensichtlich, daß keine echten Geschenke vorliegen. Es handelt sich ja um nichts anderes als um willkürliche Nachlässe von willkürlich festgesetzten Ausgangspositionen. Das machen sich die Beteiligten freilich nicht klar, weil sie sich nicht rational verhalten. Sie befolgen das «intuitive Verhandlungsmodell». So manipulieren sie sich gegenseitig und überwinden dadurch die Schwierigkeiten, in die sie sich zuvor durch ihr Positionsverhalten gebracht haben.[17]

Welche Vorteile hat nun das «intuitive Verhandlungsmodell»? Und welches sind seine Nachteile?

---

[16] Neben diesem Verhaltensprogramm können beim Basarverhalten weitere Programme aktiviert werden. Ich komme darauf zurück. Siehe unten Teil G 3.

[17] Mit dem Thema «Manipulationen» befaßt sich ein Zweig der Sozialpsychologie, für welchen der Name «Machiavellismus» geprägt wurde. Ich werde hierauf noch im einzelnen zu sprechen kommen. Siehe unten Teil G 3.

Ich beginne mit den *Vorteilen*. Für dieses Modell spricht zunächst einmal die Tatsache seiner Existenz. Es ist ein allseits praktiziertes Modell. Man muß es nicht erst aufwendig einführen, sondern kann es überall als gegeben voraussetzen. Manche Menschen spielen es besser, manche schlechter, aber im Prinzip spielen es alle Menschen in allen Kulturen. Das ist ein sehr gewichtiger Vorteil. (Übrigens kann man sich auch hier auf ein populäres Verhaltensprogramm stützen, welches besagt: «Was alle tun, kann unmöglich falsch sein!»)

Was spricht noch dafür? Man kann die Regeln dieses Spieles studieren und erfolgreich daran arbeiten, ein besserer Spieler als andere zu werden. Die Untersuchungen der Spieltheoretiker haben gezeigt, daß hier deutliche Erfolge durch Verbesserung des Spielverhaltens erzielt werden können. Steve, der im oben[18] geschilderten Fall für das Kuratorium von «Elmtree House» verhandelte, war professionell beraten und konnte mit dem erzielten Kaufpreis wohl zufrieden sein. Auch das ist ein gewichtiger Vorteil.

Was noch? Weitere Vorteile sind nicht ersichtlich. Das Modell ist eingeführt. Die Regeln werden akzeptiert. Man kann versuchen, es besser als andere zu spielen. Das sind schon die ganzen Vorteile des «intuitiven Verhandlungsmodelles». Sie sind gewichtig. Wenn ich im folgenden die Nachteile aufzähle und für ein besseres Modell, das «rationale Verhandlungsmodell» plädiere, möchte ich dennoch betonen, daß es Situationen gibt, in denen man mit dem «intuitiven Verhandlungsmodell» gut leben kann. Trotz aller Anstrengungen wird auch das «rationale Verhandlungsmodell» oftmals Spielräume offenlassen, die letztlich nur mit der Basartechnik zu bewältigen sind. Aber man sollte hierin die letzte und nicht die erste Möglichkeit der Verhandlung sehen. Keinesfalls darf der Basar zu früh eröffnet werden. – Ich komme darauf zurück.

Wie steht es nun mit den *Nachteilen*? Ich sehe hier eine lange Liste. Ich will sie durchgehen, indem ich jeweils die einzelnen Stichworte auf dieser Liste abhake. Zunächst nenne ich die Stichworte. Sie lauten «Verfehltheit und Untauglichkeit des Spieles», «Kampf», «Mißtrauen», «Mangelnde Ökonomie», «Fehlende Kreativität», «Manipulationen», «Abhängigkeit von fremder Entscheidungshilfe», «Irrationalität».

Verfehltheit und Untauglichkeit des Spieles: Mit dem Stichwort «Spiel» meine ich, daß schon der Ansatz des «intuitiven Verhand-

---

[18] Siehe oben Teil B 1.

lungsmodelles» verkehrt ist. Es ist nicht sachgerecht, die Verhandlung als Spiel zu führen. Spiele dienen dem Vergnügen. Verhandlungen sind aber keine Veranstaltungen zur Unterhaltung der beteiligten Personen. In Verhandlungen geht es vielmehr um die Lösung sachlicher Probleme. Das ist eine andere Veranstaltung als ein Spiel. Das ist Arbeit. In der Anlage der Verhandlung als «Spiel» liegt der erste gravierende Nachteil des «intuitiven Verhandlungsmodelles». (Ich will damit nicht leugnen, daß manche Menschen am Basarspiel Vergnügen empfinden. Aber ich bestehe darauf, daß dieses Vergnügen immer nur eine Begleiterscheinung der Verhandlung sein darf.)

Dieser Nachteil ist eng mit dem weiteren Stichwort «Untauglichkeit» verbunden. Die Regeln des Basarspieles taugen nicht zur Lösung des zu verhandelnden Sachproblemes. Hier geht es durchweg um einen vielschichtigen Interessenkonflikt, der durch die erwähnten Stichworte «Komplexität» und «Überforderung» gekennzeichnet ist. Das eindimensionale Basarspiel taugt nicht zur Bewältigung einer solchen mehrdimensionalen Situation. Das «Positionsdenken» reduziert die Komplexität der Situation in nicht akzeptabler Weise, und der «Machiavellismus» ist kein tauglicher Ausweg aus der Falle, in die man dabei gerät. Auch wenn die Parteien zu einem Ergebnis gelangen, so wenden sie mit den Regeln der Basarverhandlung Regeln an, welche nur sehr indirekt etwas mit dem jeweiligen Sachproblem zu tun haben. Das Ziel etwa des «richtigen» Preises wird über fragwürdige Strecken erreicht. So bin ich nicht sicher, ob im oben geschilderten Fall «Elmtree House» wirklich der für beide Parteien «richtige» Kaufpreis gefunden wurde. Wilson hatte bereits in der Nachbarschaft Land aufgekauft. Möglicherweise befand er sich in einer Zwangslage und akzeptierte deshalb einen höheren als den für ihn eigentlich «richtigen» Preis. Immerhin bezahlte er fast das Dreifache des Marktpreises. Wilson hätte aber im Laufe der Verhandlung auch ein anderes Grundstück finden können. Die Verhandlung hätte dann leicht an der Forderung von Steve scheitern können. Alle diese Umstände konnten im Pokerspiel des Basars nicht berücksichtigt werden. Ein Spiel, das für die wesentlichen Aspekte eines Problems keinen Platz vorsieht, ist aber ein ungeeignetes Spiel.

Das Basarspiel beruht auf einer Grundannahme, welche besagt, daß nur dieses Spiel gewissermaßen als selbstregulierendes System zu einem ausgewogenen Ergebnis ungefähr in der Mitte zwischen den beiderseitigen «RP's» führt. Dabei ist natürlich eine sorgfältige

Bestimmung des eigenen «RP» und eine möglichst solide Schätzung des «RP» der anderen Seite vorausgesetzt. – Hier liegt die Schwachstelle des Spieles. Im übrigen braucht man nur diese Ausgangsdaten zu verändern, um zu zeigen, daß es Fälle gibt, in denen dieses Spiel überhaupt nicht sinnvoll gespielt werden kann.

Nehmen wir an, ein Geschädigter macht aufgrund eines Verkehrsunfalles Schmerzensgeldforderungen gegen den Haftpflichtversicherer des Unfallgegners geltend. Nehmen wir an, der objektiv angemessene Betrag liegt bei 5.000 DM. Nehmen wir weiter an, daß der Geschädigte das Spiel eröffnet, indem er 15.000 DM fordert. Wie soll der Schadenreferent des Versicherers auf diese Forderung reagieren? Um auf den sachgerechten Betrag 5.000 zu kommen, müßte er nach der Regel, die eine Einigung in der Mitte zwischen den Ausgangspositionen vorhersagt, eine Anfangsposition von minus 5.000 DM einnehmen. Nur dann hat er dieselbe Verhandlungsmasse zu «verschenken» wie der Geschädigte, nämlich 10.000 DM. Aber natürlich kann er das Spiel nicht mit einer Forderung an den Geschädigten beginnen. Sobald er aber ein noch so niedriges positives Anfangsangebot macht, ist er im Nachteil. Sagen wir, er bietet 2.000 DM. Die Mitte zwischen 15.000 und 2.000 liegt bei 15.000 + 2.000 = 17.000/2 = 8.500 DM. In dieser Gegend wird der Geschädigte eine Einigung erwarten. Das heißt aber, daß der Geschädigte 3.500 DM zu viel erwartet.

Aus vielen Seminaren mit Versicherungsreferenten weiß ich, daß diese sich ungern auf das Basarspiel einlassen. Die normale und typische Reaktion auf eine überzogene Forderung eines Anspruchstellers ist ein realistisches Angebot des Versicherers, zu welchem vielleicht noch ein geringer Kulanzzuschlag (oder «Lästigkeitszuschlag») kommt. Der Versicherungsreferent wird also auf die Forderung von 15.000 DM mit einem Angebot von 5.000 DM plus vielleicht 500 DM Kulanz, insgesamt also 5.500 DM, reagieren. Dies wird beim Geschädigten aber regelmäßig zu der Erwartung führen, ein Ergebnis in der Größe von 5.500 + 15.000 = 20.500/2 = 10.250 sei möglich. Vielleicht läßt sich der Versicherungsreferent durch dessen hartnäckiges Bemühen noch zu einem weiteren Zuschlag von 500 DM bewegen. Das Ergebnis – 6.000 DM – müßte vom Geschädigten nicht nur als sachgerecht (in Höhe von 5.000 DM), sondern auch als überaus kulant (in Höhe von 1.000 DM) empfunden werden. Gleichwohl wird der Geschädigte in aller Regel unzufrieden sein. Ihm fehlen ja nach seiner Meinung 4.250 DM. Damit hat die Kulanz ihr Ziel verfehlt. Einen unzufriedenen Geschädigten kann man billiger bekommen. Dieses mißliche Resultat kommt nur zustande, weil die Parteien ein asymmetrisches Spiel spielen. Der Geschädigte will das «intuitive Verhandlungsmodell» verwenden, der Versicherungsreferent setzt auf das rationale Verhalten, ohne freilich das «rationale Verhandlungsmodell» wirklich zu beherrschen.[19] Der rationale Spieler verliert das Spiel. So ist es immer, wenn Rationalität auf Irrationalität trifft.

Kampf: Auf meiner Liste der Nachteile folgt nun das Stichwort «Kampf». Obwohl im Basar regelmäßig eine Partei – in den genannten Beispielen der Teppichhändler beziehungsweise Wilson – mehr am Erfolg der Verhandlung interessiert ist als die andere Partei, und obwohl diese Partei sich deshalb besonders um ein werbendes, auf Zusammenarbeit angelegtes Verhalten bemühen müßte, gibt sich diese Partei kämpferisch. Sie beginnt die Verhandlung mit einer weit überzogenen Position. Das müßte den anderen eigentlich abschrecken. Aber durch die Anwendung von Manipulationstechniken wird der andere dann doch dazu gebracht, das Spiel zu beginnen.

Der Kampf verschärft einen Konflikt. Dies gilt auch dann, wenn die äußeren, unschönen Seiten eines Streites wie persönliche Angriffe, Beschimpfungen, Beleidigungen undsoweiter ausbleiben. Seiner Struktur nach ist der Kampf auf die Durchsetzung von Positionen angelegt. In ihm geht es um Sieg oder Niederlage. Man will gewinnen, und zwar auf Kosten des anderen. Die Möglichkeiten einer Zusammenarbeit bei der Lösung des Konfliktes werden verschüttet. Regelmäßig werden «intuitiv» geführte Verhandlungen damit eröffnet, daß die Parteien wechselseitig ihre Positionen darlegen und begründen. Damit legen sie das Verhandlungsspiel als Kampfspiel an. Das ist nachteilig. Nach ihren jeweiligen Einleitungsstatements sind sie in größeren Schwierigkeiten als zuvor. Der Konflikt ist schärfer als vor Beginn der Verhandlung. Seine Lösung erscheint jetzt nur noch in der Weise denkbar, daß einer nachgibt. Er ist dann der Verlierer, der andere der Gewinner.

Ist aber die Ausbeutung des anderen wirklich das Ziel der Verhandlung? Besteht das Ziel nicht darin, den je nach den konkreten Umständen des Falles sachgerechten, für beide Partner tragbaren und akzeptablen Kaufpreis zu ermitteln? Man wende nicht ein, hier werde ein Idealismus gepredigt, der in der rauhen Wirklichkeit des

---

[19] Auf die Frage, wie der Versicherungsreferent angemessen reagieren kann, gehe ich später ein, siehe unten Teil G 2.

Geschäftslebens nicht standhalte. Gute Geschäfte sind auf Dauer nur solche Geschäfte, die beide Seiten zufriedenstellen. Angenommen, Wilson hätte es geschafft, einem unerfahrenen Kuratorium «Elmtree House» für 125.000 Dollar abzujagen. Die Konsequenzen für seinen Ruf wären möglicherweise verheerend gewesen. Nein, Kampf darf nicht die Methode, Ausbeutung darf nicht das Ziel sein.

Mißtrauen: Nun kommt das Stichwort Mißtrauen. Die Parteien trauen einander nicht. Sie halten deshalb ihre Karten verdeckt. Insbesondere verraten sie dem anderen ihre jeweiligen Limits, ihre «RP»s nicht. – Muß das so sein? Kämen die Parteien nicht mit gegenseitigem Vertrauen möglicherweise weiter als durch Mißtrauen? Im Fall «Elmtree House» meinte Steve, mit 325.000 Dollar ein gutes Ergebnis erzielt zu haben, aber einer der befragten Experten hielt eine über 25%ige Chance für gegeben, daß Wilson bis zu 600.000 Dollar gegangen wäre. Nehmen wir an, dies entspräche den Tatsachen. Nehmen wir weiter an, die Partner hätten sich gegenseitig über ihre jeweiligen «RP»s von 220.000 Dollar (Steve) und 600.000 Dollar (Wilson) ehrlich informiert und eine Einigung in der Mitte verabredet. Dann hätte Steve ein Ergebnis von 220.000 + 600.000 = 820.000/2 = 410.000 Dollar erzielt, also einen gegenüber dem tatsächlich erzielten Resultat (325.000) um 85.000 Dollar höheren Kaufpreis.

Übrigens ist es für die Begründung von Vertrauen nicht erforderlich, dem jeweiligen Partner den eigenen «RP» zu nennen. Dieser ist ja das Resultat tiefer reichender Interessen. Über diese kann man sich offenbaren. Für Wilsons Interesse an Elmtree House spielte zum Beispiel die Frage eine Rolle, ob er noch andere Grundstücke in der fraglichen Gegend gekauft hatte. Für Steve spielte die Überlegung eine Rolle, daß eine andere Umgebung den behinderten Jugendlichen gut tun würde. Solche objektiven Fakten brauchen in den meisten Fällen nicht geheimgehalten zu werden. Manche Menschen meinen freilich, sie müßten in Verhandlungen alles geheimhalten. Das ist ein Irrtum. Am Schicksal von Metternich, der sein Leben lang alles geheimhielt, kann man sehen, wie es ihnen ergeht. Als er starb, bewegte die europäischen Höfe nur eine einzige Frage: «Was führt er damit wieder im Schilde?»

Mangelnde Ökonomie: Die Verhandlungspartner arbeiten unökonomisch. Sie nennen sich gegenseitig ihre Extrempositionen und verbinden diese mit Geschichten und Ansprachen, die der Sache nicht dienlich sind. Das beginnt mit den einleitenden Statements, und das setzt sich in der Verhandlung fort. Zwischenergebnisse, aus denen ein Endergebnis abgeleitet werden kann, kommen nicht zustande. Sollte der Partner je ein unangenehmes Argument nennen, wird der Spieler es einfach durch Themenwechsel umgehen. Wenn die Partner dennoch am Schluß zu einer Einigung finden, dann aus anderen Gründen (Manipulation, Verstrickung, Ermüdung...). Mit dem, was während der Verhandlung an Sachargumenten vorgetragen wird, hat es nichts (oder kaum etwas) zu tun.

Fehlende Kreativität: Die Parteien sind nicht kreativ. Im Kampf wird die Komplexität eines vielschichtigen Interessenkonfliktes notgedrungen auf ein schlichtes Gegenüber von entgegengesetzten Positionen verengt. Wenn der eine Beteiligte vom anderen den Wert X fordert, und wenn der andere diese Forderung X ablehnt, und wenn dann beide über diese einander entgegengesetzten Positionen streiten, dann ist der Weg zu den neuen, weiterführenden Lösungsideen Y und Z versperrt. Es geht ja um das Haben oder Nichthaben von X, und man hat alle Hände voll zu tun, sich in diesem Kampf zu behaupten. Das Kampfspiel ist, in der Sprache der Spieltheoretiker ausgedrückt, ein Nullsummenspiel, bei dem der aufzuteilende Kuchen begrenzt ist. Was der eine bekommt, muß der andere ihm geben, und umgekehrt. Möglichkeiten, die außerhalb dieses begrenzten Kuchens liegen, haben hier keinen Platz. Sie werden nicht einmal als Möglichkeit gesehen.

Manipulationen: Beim «intuitiven Verhandlungsmodell» wird, wie schon erwähnt, notgedrungen mit Manipulationstechniken gearbeitet. Gegen Manipulationen sprechen aber moralische wir praktische Gründe.

Die Moral verbietet es, Menschen bewußt zu manipulieren. Wer einen anderen manipuliert, benutzt ihn als Instrument zu seinen Zwecken, ohne ihn als Persönlichkeit zu achten. Die Moral verlangt, daß die Persönlichkeit jedes Menschen geachtet wird, daß dieser «nie bloß als Mittel zu den Absichten eines anderen gehandhabt» wird (Kant), daß dieser nicht «wie ein Hund, gegen den man den Stock erhebt» sondern «als Vernünftiges geehrt» wird (Hegel). Dabei geht es übrigens nicht nur um die Behandlung des anderen. Es geht auch um die Behandlung der eigenen Person. Wer tagsüber Verhandlungen unter Anwendung aller machiavellistischen Schlichen und Listen führt, wird sich abends im Spiegel nicht gerne ansehen wollen.

Was moralisch richtig ist, ist immer auch praktisch gut. Wer auf faire Weise verhandelt, wird letztlich zu besseren Ergebnissen finden als sein manipulierender Kollege. Das mag der Manipulateur bestreiten. In der Tat kann es durchaus geschehen, daß dieser im Einzelfall aus einer Verhandlung maximale Ergebnisse zu seinen Gunsten herausholt, die er niemals auf faire Weise hätte erzielen können. Aber das gilt nur für den Einzelfall. Per saldo, bei Betrachtung einer Vielzahl von Fällen, wird er schlechter abschneiden als sein fairer Kollege. Immer beschädigt er die Beziehungen zu anderen Menschen. Diese sind ihm nicht Partner, sondern Ausbeutungsobjekte. Das erzeugt Mißtrauen und Ablehnung. Dauerbeziehungen werden irreparabel beschädigt. Das mag dem Teppichhändler im Basar, der weiß, daß dieser eine Tourist ihm nie wieder begegnen wird, gleichgültig sein. Jedem, der einen anspruchsvollen Beruf ausübt, kann diese Konsequenz aber nicht gleichgültig sein. Dauerbeziehungen sind durchweg wichtiger als der mögliche Erfolg im Einzelfall.

Der Manipulateur ist im übrigen mit seiner Weisheit am Ende, wenn er auf Partner stößt, die das «rationale Verhandlungsmodell» beherrschen. Seine Manipulationstechniken versagen, sobald der andere die Manipulation durchschaut. Aber auch wenn dies nicht geschieht, wenn also die Tricks Erfolg haben, wird das Opfer der Manipulation nachträglich spüren, daß es manipuliert worden ist. Manipulationen sind also nicht nur moralisch verwerflich, sondern auch praktisch nachteilig.

Ich meine deshalb, daß es nicht darum gehen kann, die Tricks und Schliche des erfolgreichen Verhandelns kennenzulernen, um diese dann praktizieren zu können. Das Ziel kann nicht darin gesehen werden, in einer Welt der Manipulateure der gerissenste Manipulateur zu werden. Vielmehr geht es darum, Manipulationen zu erkennen, zu vermeiden und durch etwas Besseres als Tricks, Schliche und Kniffe zu ersetzen.

Abhängigkeit von fremder Entscheidungshilfe: Wenn die Verhandlung scheitert, müssen die Parteien fremde Entscheidungshilfe in Anspruch nehmen. Ihre eigene Macht ist ja regelmäßig begrenzt. Sie können den Kampf allein nicht gewinnen. Gewinnen sie ihn aber, so entscheidet die physische Stärke und nicht das Gewicht der Sachargumente. Wie unbefriedigend das ist, hat die historische Erfahrung mit dem Faustrecht gezeigt. Diese Epoche ist lange vorbei. Heute wendet man sich an das Gericht. Der amerikanische Rechtshistoriker

William Seagle hat die Erfindung des Gerichtes als «die erste, vielleicht auch die letzte große Erfindung auf dem Gebiet des Rechts» bezeichnet. Das ist sie, in der Tat. So bedeutsam die Ersetzung des Faustrechtes durch das zivilisierte Gerichtsverfahren in der Antike auch war, so verwunderlich ist es freilich, daß den Juristen bis heute nichts anderes, besseres als das Gericht eingefallen ist. Der Gang zum Gericht ist risikoreich. Er kostet Zeit, Geld und Nerven. Er führt zu einer weiteren Verschärfung des Konfliktes, und er ermöglicht nur ausnahmsweise – bei einem wirklich guten Vergleich, der selten ist – eine kreative Problemlösung. – Erst in der Gegenwart zeichnet sich in den USA ein Wandel ab. Dort denkt man über «Alternative Dispute Resolution» nach, also über eine Alternative zum staatlichen Gerichtsverfahren. Bei diesen Überlegungen spielt die Entwicklung eines besseren, eben eines «rationalen» Verhandlungsmodelles als Alternative zum «intuitiven Verhandlungsmodell» eine Hauptrolle. Hierauf habe ich schon hingewiesen.

Irrationalität: Die Wahl von extremen, unrealistischen Positionen bewirkt einen Verlust an Sachargumenten. Wer eine Forderung nur zu dem Zwecke stellt, um von ihr wieder abrücken und dem anderen einen Nachlaß gewähren zu können, kann dieses Vorgehen mit keinem Sachargument rechtfertigen. Er müßte allenfalls ausführen, daß er den anderen manipulieren will. Aber das kann er nicht, weil eine solche Aufklärung die Manipulationstechnik wirkungslos machen würde. So werden Scheinargumente verwendet. Eine typische Redewendung im Basar bei der Gewährung eines Nachlasses lautet: «Weil Sie es sind!» – Welch ein Unsinn![20] Im Falle «Elmtree House» benutzte Wilson ein solches Scheinargument, als er sein erstes Angebot unter Hinweis auf die sozialen Aufgaben des Heimes drastisch erhöhte. Als ob ein solches Argument einen Bauträger zu einem Preiszugeständnis bewegen könnte!

Aber die Irrationalität reicht noch tiefer. Die Verhandlungspartner wissen überhaupt nicht, was sie tun. Deshalb bleiben ihnen die genannten Nachteile des intuitiven Modelles weitgehend verborgen. Sie können ihr Verhalten nicht kontrollieren und letztlich nicht wirklich beherrschen. Auch der orientalische Teppichhändler weiß nicht,

---

[20] Ich habe einmal in Zeitungsanzeigen ein Haus gesucht. Daraufhin rief mich ein mir völlig unbekannter Hausbesitzer an und bot mir sein Haus mit der Bemerkung an: «Ich mache Ihnen einen Sonderpreis!»

was er bei seinem Verhalten eigentlich tut. Aufgrund seiner Erfahrung weiß er nur, daß seine Technik funktioniert. Er beherrscht den Vorgang aber nicht wirklich, und er kann darum selbst jederzeit zum Opfer eines anderen, noch gerisseneren Manipulateurs werden. (Ein solcher wird ihm kaum unter den Touristen, wohl aber unter seinen Kollegen oder Lieferanten begegnen.)

Alles in allem ist das eine stattliche Liste von Nachteilen. Sie disqualifizieren das «intuitive Verhandlungsmodell» und die Frage stellt sich, welches andere, bessere Modell an seine Stelle treten soll. Damit bin ich beim «rationalen Verhandlungsmodell». Ich werde das weitere Buch benötigen, um dieses Modell zu beschreiben. An dieser Stelle kann ich nur eine erste Skizze entwerfen.

Das «rationale Verhandlungsmodell» vermeidet, soweit möglich, die genannten Nachteile. In ihm ist die Verhandlung kein Spiel, sondern ernsthafte Arbeit. Die Parteien führen keinen Kampf, sondern sie mühen sich um Zusammenarbeit. Sie ersetzen Mißtrauen durch Vertrauen. Sie verhandeln ökonomisch. Sie sind kreativ. Sie meiden Manipulationen. Sie machen sich nicht von fremder Entscheidungshilfe abhängig. Und sie verhalten sich rational.

Das klingt natürlich zu schön, als daß man wirklich daran glauben könnte. Es muß doch auch hier Nachteile geben, und es gibt sie. Zum einen können die genannten Ziele immer nur näherungsweise erreicht werden. Zum anderen muß das «rationale Verhandlungsmodell» erst einmal installiert werden, ehe man damit arbeiten kann. Das kostet Mühe, und das kann immer nur unvollständig gelingen. Eine perfekte Verhandlungsmathematik wird bei all diesen Anstrengungen nicht herauskommen.

Die genannten Ziele – Vermeidung des Spieles, Zusammenarbeit undsoweiter – können immer nur näherungsweise erreicht werden. So ist eine wirkliche Beherrschung von Komplexität angesichts der Begrenztheit des menschlichen informationsverarbeitenden Systemes nicht erreichbar. Man muß sich also mit Anäherungen an die Ziele begnügen. Diese freilich sollten auch angestrebt werden. Teilerfolge sind immer noch besser als überhaupt keine Erfolge.

Gewichtiger ist der zweite Nachteil. Das «rationale Verhandlungsmodell» ist ein ungewohntes Modell, welches in Verhandlungen erst einmal aufwendig installiert werden muß, ehe man danach arbeiten kann. Das bringt zusätzliche Schwierigkeiten mit sich in einer Situation, die ohnehin schwierig genug ist. Aber die Mühe lohnt sich. Sie wird auch von Erfolg gekrönt sein. Der Nutzen des «rationalen Verhandlungsmodelles» wird auch dem intuitiv handelnden Partner sofort einleuchten. Er wird sehen, daß der Konflikt durch rationale Zusammenarbeit gemildert wird. Auch wenn die Interessenlagen zunächst völlig unvereinbar erscheinen, wird der Partner begreifen, daß er deswegen doch nicht zum Streit und zur Verschärfung des Konfliktes gezwungen wird. Der Konflikt trennt die Partner nicht nur, er verbindet sie auch. Rationales Verhandeln macht diese Gemeinsamkeiten sichtbar. Die Partner erkennen, daß sie ein gemeinsames Problem haben, welches sie gemeinsam lösen können.

Bei einer solchen auf Zusammenarbeit angelegten Verhandlung verhalten sich die Partner ökonomisch. Sie meiden Manipulationen. Sie machen sich nicht von fremder Entscheidungshilfe abhängig. Und sie sind kreativ. Sie spielen jetzt ein Nicht-Nullsummenspiel, bei dem es nicht um die Aufteilung eines begrenzten Kuchens geht, sondern um die gemeinsame Erarbeitung neuer Ideen, um die Entdeckung zusätzlicher Möglichkeiten der Konfliktlösung, um «Kuchenvergrößerung». – Ich werde auf diesen Begriff zurückkommen.

C. Verhandeln als Informationsverarbeitung

1. Informationsverarbeitung im Menschen

Verhandeln ist ein Vorgang, bei welchem man versucht, auf das Geschehen im Kopf des Partners Einfluß zu nehmen. Man will den anderen überzeugen, sein «Ja» zu den eigenen Ideen, Argumenten und Lösungsvorschlägen erhalten. «Getting to Yes» – so bezeichnen Roger Fisher und William Ury diesen Vorgang.[21]

Das, was im Kopf des anderen (wie im eigenen Kopf) geschieht, ist eine Verarbeitung von Informationen. Man muß sich also der Frage zuwenden, auf welche Weise die Informationsverarbeitung in Verhandlungen stattfindet. Zwangsläufig muß man sich dabei mit dem wesentlich weiter gefaßten Thema «Informationsverarbeitung im Menschen» beschäftigen. Das ist natürlich ein sehr anspruchsvolles Thema, und ich will die Proportionen gleich zurechtrücken. Die folgenden Ausführungen beruhen nicht etwa auf einer ausgearbeiteten «Theorie des Gehirnes». Wenn ich es richtig sehe, sind wir weit davon entfernt, eine solche Theorie zu besitzen. Wir besitzen nur Ansätze, und für diese wäre ich fachlich auch nicht kompetent.[22] Nein, meine Überlegungen sind viel einfacher. Sie beruhen schlicht auf Analogien zur Informationsverarbeitung im Computer. Ich betrachte ein wohlbekanntes technisches Gerät, welches ebenso wie der Mensch Informationen verarbeitet, nämlich den Computer, und ich überlege, ob angesichts vergleichbarer Aufgaben dem Computer vergleichbare «Hardware»- und «Software» – Komponenten wohl auch im Menschen vermutet werden können. Solche Analogieschlüsse zu ziehen, ist eine zwar vergröbernde, aber hilfreiche und aufschlußreiche Methode. Sie erlaubt es, die Gründe für die oben genannte Überforderung des Menschen durch den Umgang mit Komplexität zu analysieren und Verhaltensweisen zu entwickeln, welche dieser

---

[21] Roger Fisher, William Ury, Getting to Yes: Negotiating Agreement Without Giving In, Boston (USA), 1981.

[22] Es gibt freilich Autoren, die ihre Kompetenz und die daraus folgenden Ergebnisse weit höher einschätzen. Ich nenne etwa Tony Buzan, Use Your Head, 1982 (1974), London.

Überforderung im Rahmen des Möglichen entgegenwirken können. Der Grundgedanke der folgenden Ausführungen wird sein: Wer seine eigene Informationsverarbeitung beim Umgang mit komplexen Problemen gut organisieren und damit sich selbst helfen kann, der kann auch anderen, eben seinen Verhandlungspartnern helfen. Er gewinnt die formale Verhandlungs«führung». Darin liegt dann die beste und zugleich die fairste Chance, sich auch in den jeweiligen Inhaltsfragen durchzusetzen.

Ich bin mir der Tatsache bewußt, daß diese Vorgehensweise sofort auf den Einwand stößt, der Mensch unterscheide sich prinzipiell vom Computer, weshalb jeder Vergleich hier unzulässig und irreführend sei. Eine vergleichbare Problematik wurde in den Anfangsjahren der Informatik diskutiert, als das Reizwort «Denkmaschinen» aufkam und die Gemüter bewegte. Euphorische Datenverarbeiter behaupteten damals, es gebe keine geistige Leistung des Menschen, die nicht auch ein genügend leistungsstarker und gut programmierter Computer erbringen könne. Philosophen und Geisteswissenschaftler hielten dem entgegen, es gebe so etwas wie ein spezifisches Humanum, welches sich jeder Automatisierung entziehe. Heute weiß man, daß diese Diskussion aus einer verfehlten Fragestellung entstanden war. Es geht nicht darum, ob die Maschine dem Menschen insgesamt gleichen oder ihn gar ersetzen kann; darauf ist natürlich mit Nein zu antworten. Es geht, sehr viel nüchterner, um die Frage, ob einzelne menschliche Tätigkeiten, darunter auch anspruchsvolle Tätigkeiten, auf den Computer übertragen werden können, und ob diese vielleicht sogar auf den Computer übertragen werden sollten, weil dessen Leistungsfähigkeit in spezifischer, nämlich formaler Hinsicht weit größer ist als die des Menschen; hierauf kann je nach der untersuchten Tätigkeit auch mit Ja zu antworten sein.

Bei dieser nüchternen Betrachtung wiegt der genannte Einwand nicht mehr sehr schwer. Ich vergleiche ja nicht den Menschen als solchen mit dem Computer, sondern ich betrachte eine bestimmte Aufgabe, die der Mensch erfüllen muß, nämlich die Aufgabe der Verarbeitung von komplexen Informationen in Verhandlungen, und ich überlege mir von einem technischen Gerät her, das eine vergleichbare Aufgabe erfüllen muß, wie die «Hardware» und «Software» des Menschen möglicherweise konstruiert sein mag. Über das spezifische Humanum sage ich damit nichts aus, weshalb eine solche Vorgehensweise prinzipiell zulässig erscheint. Dem Wunderwerk «menschliches Gehirn» tue ich damit gewiß keine Gewalt an.

Die Vorgehensweise, technische Systeme zu studieren und von da aus Rückschlüsse auf andere, biologische und auch soziale, Systeme zu ziehen, ist übrigens für die Entwicklung der jungen Computerwissenschaft geradezu typisch. Schon Norbert Wiener, einer ihrer Väter, hatte auf diesen Befund hingewiesen. So wurde das universale Prinzip der Rückkoppelung zunächst in technischen Geräten entdeckt und studiert, ehe seine Wirksamkeit auch in Lebewesen und in sozialen Gebilden aufgezeigt wurde. Ein früher technischer Rückkoppelungsmechanismus ist beispielsweise der Fliehkraftregler einer Dampfmaschine, welcher bewirkt, daß die Umdrehungszahl der Dampfmaschine bei wechselnden Druckverhältnissen konstant bleibt. Eine der ersten Arbeiten, welche dies beschreibt, ist ein Aufsatz von Clerk Maxwell aus dem Jahre 1868. Das englische Wort «governor» für Fliehkraftregler leitet sich aus dem griechischen «kybernetes» (Steuermann) ab. All diese Zusammenhänge hatte Wiener bei der Schaffung des neogriechischen Kunstwortes «Kybernetik» vor Augen. Sein berühmtes Buch trägt den Titel «Cybernetics – or Control and Communication in the Animal and the Machine».[23]

Der Weg vom Computer zum Menschen ist keine Einbahnstraße. Auch in der umgekehrten Richtung kann man fruchtbare Einsichten gewinnen. Ein aktuelles Beispiel, auf das ich noch zurückkommen werde, bietet die «Entdeckung» des menschlichen Regelwissens im Zusammenhang mit Forschungen auf dem Gebiet der sogenannten «Artificial Intelligence (AI)».[24] In diesem Forschungszweig der Informatik müht man sich unter anderem um den Bau von sogenannten Expertensystemen. Das sind computergestützte Systeme, welche beispielsweise medizinisches, technisches oder juristisches Fachwissen für Konsultationen in Anwendungsfällen zur Verfügung stellen sollen. Menschliches Wissen besteht aus Faktenwissen und Regelwissen. Das letztere ist zum größten Teil noch unerforscht. Bislang bestand auch kaum ein Anlaß, sich mit diesem Teil des menschlichen Wissens eingehender zu beschäftigen. Die Selbstverständlichkeit und Sicher-

---

[23] New York (USA), 1948.

[24] Die im Deutschen verbreitete Übersetzung «Künstliche Intelligenz» ist der Sache nicht angemessen. Der US-amerikanische Begriff «Intelligence» meint nicht die deutsche «Intelligenz», sondern die Erfassung und Sammlung von Nachrichten, wie das etwa in der Bezeichnung «Central Intelligence Agency (CIA)» zum Ausdruck kommt. Was in der «Künstlichen Intelligenz» geschieht, ist viel schlichter als das, was dieser Ausdruck vermuten läßt.

heit, mit der dieses Regelwissen von allen Menschen beherrscht und angewandt wird, hatte zuvor verhindert, daß Forscher auf die Idee kamen, sich näher damit zu beschäftigen. Erst der Bau von Expertensystemen hat zu solcher Beschäftigung Anlaß gegeben. Wenn man Regelwissen in einen Computer eingeben will, muß man es zunächst einmal erkennen und beschreiben. Deshalb hat man nun erstmals damit begonnen, sich über dieses Regelwissen Gedanken zu machen. Ein ganz neuer Bereich des menschlichen Wissens – das sogenannte «Common-Sense-Wissen» – wurde auf diese Weise entdeckt.[25]

Es ist also sinnvoll und legitim, den Blick zwischen dem Computer und dem Menschen hin und her wandern zu lassen. Man muß dabei nur stets die Tatsache im Auge behalten, daß es sich bei den festgestellten Ähnlichkeiten um sehr grobe Analogien handelt. Das Gehirn ist kein Computer, und kein Computer wird jemals ein Gehirn sein.

Bei diesem Hin- und Herwandern des Blickes muß man den Gedanken akzeptieren, daß nicht nur dem Computer, sondern auch dem Gehirn Grenzen gezogen sind. Eigentlich sollte uns das nicht schwer fallen. Wir erleben diese Grenzen tagtäglich und manchmal sehr deutlich. Man denke nur an Examenssituationen oder an Redesituationen. In einem Lehrbuch der Rhetorik las ich einmal folgende Sätze: «Das menschliche Gehirn ist das gewaltigste Wunderwerk der Schöpfung. Es vollbringt die großartigsten Leistungen bis zu dem Augenblick, da man aufstehen und vor einem Publikum eine Rede halten muß.» Gleichwohl fällt es uns offensichtlich schwer, den Gedanken zu akzeptieren, daß unser Gehirn zu irgendwelchen Leistungen aus prinzipiellen Gründen nicht imstande sein soll. Wir sehen zwar, daß wir Schwierigkeiten haben, aber wir schieben dies auf besondere Umstände. Daß die Schwierigkeiten prinzipieller Natur sind, wollen wir einfach nicht glauben.

---

[25] Dazu ein einfaches Beispiel. Wie bezeichnet man einen Ball, welcher rot ist, und welcher groß ist. Man sagt, und zwar in allen Sprachen: «Dies ist ein großer, roter Ball!» Niemand sagt: «Dies ist ein roter, großer Ball!» – Im Wissen jedes Menschen existiert also eine Regel, welche besagt, daß man bei der Verwendung von Adjektiven eine bestimmte Reihenfolge einzuhalten hat. Adjektive, welche die Größe bezeichnen, müssen vor solchen verwendet werden, welche für Farben stehen. – Woher stammt diese Regel? Wie wird sie erworben? In keinem Lehrbuch der Sprache steht sie, aber trotzdem befolgen alle Menschen auf der Erde diese Regel.

Auch den Leuten, die sich professionell mit diesem Thema befassen, den Erkenntnistheoretikern, ist diese Einsicht schwer gefallen. Von der frühen Antike bis ins 18. Jahrhundert herrschte völlig selbstverständlich eine optimistische Erkenntnistheorie, die dem Glauben huldigte, das menschliche Gehirn sei ohne jedwede Begrenzung zu aller nur denkbaren Erkenntnis fähig. Man glaubte sogar, zur Gotteserkenntnis, ja, zum Gottesbeweis, gelangen zu können. Alles, was dazu erforderlich schien, war lediglich eine gehörige Anstrengung unseres Geistes sowie der Gebrauch der rechten Mittel und Methoden.

Erst im 18. Jahrhundert hat sich das geändert. In seinen großen Vernunftkritiken wies Immanuel Kant nach, daß unserem Erkenntnisstreben Grenzen gezogen sind, Grenzen, die wir aus prinzipiellen Gründen nicht überschreiten können. Dieser «Hardwarekritik» folgte im späten 19. Jahrhundert eine «Softwarekritik», also eine Sprachkritik. Die Wiederentdeckung der schon in der Antike diskutierten Paradoxien durch Bertrand Russell und die Auseinandersetzung mit den dadurch aufgeworfenen Problemen bescherte uns die Einsicht, daß auch die Leistungsfähigkeit unserer Sprache prinzipiell begrenzt sei. Das 20. Jahrhundert begann daher als Jahrhundert der Sprachkritik. In unserer Zeit entstand daraus die Epoche der Informationsverarbeitung. All dies geschah in einem Lernprozeß, in welchem die Erkenntnistheoretiker langsam, und auf jeder Station schmerzhaft, die dem Menschen gesteckten Grenzen bemerkten.

Von der modernen Erkenntnistheorie bis zum Alltag ist es ein weiter Weg. Wir halten es intuitiv immer noch mit den Alten. Wir leben zwar mit der Tatsache, daß wir vieles nicht wissen und noch mehr Wissen nicht anwenden können. Aber wir schreiben das unseren unzureichenden Anstrengungen und Mitteln zu. Daß uns prinzipielle Grenzen gezogen sind, die wir selbst bei größter Mühe und Begabung nicht überschreiten können, wollen wir nicht akzeptieren.

Ein einfaches Beispiel mag verdeutlichen, was ich meine. Jeder Rechtsstreit ist komplex. Sobald die ersten Schriftsätze gewechselt sind, sobald über Tatsachen und Rechtsfragen Streit entstanden ist, ist eine Komplexität entstanden, die niemand mehr im Kopf wirklich beherrschen kann. Wenn dann die Beteiligten – Anwälte und Richter – im Gerichtssaal zusammentreffen, werden sie diese Überforderung auch sehr deutlich empfinden. Aber sie werden das auf ihre Überlastung schieben, auf ihre unzureichende Vorbereitung, auf ihre Zeitnot. Daß sie die Komplexität des Falles selbst dann nicht beherrschen könnten, wenn sie perfekt vorbereitet wären, wird ihnen nicht bewußt.

Ein Kollege hat mir einmal über seine Erfahrung bei der Korrektur einer strafrechtlichen Examensklausur berichtet. Er mußte mehr als einhundert Arbeiten korrigieren, in denen schwierige Probleme des entschuldigenden Notstandes, § 35 StGB, eine Hauptrolle spielten. Über einhundertmal mußte er sich die Struktur dieser Vorschrift klarmachen und die Lösungen der Studenten damit vergleichen. Intensiver kann man sich mit dieser komplexen Vorschrift nicht beschäftigen. Es kam hinzu, daß er ein Lehrbuch des Allgemeinen Teiles des Strafrechtes geschrieben hatte. Darin hatte er natürlich auch § 35 StGB eingehend behandelt. Und trotz alledem wäre er nach dieser Korrekturarbeit nicht imstande gewesen, die komplexe Struktur des § 35 StGB auf Anhieb darzustellen. Immer wieder mußte und muß er sich diesen komplexen Gegenstand mühsam neu erarbeiten. – Mir selbst geht es nicht besser, und ich zweifle nicht daran, daß es allen anderen Strafrechtlern ebenso ergeht.

Wir müssen das einsehen, daß uns prinzipielle Grenzen gezogen sind, und der Vergleich des Gehirnes mit dem Computer lehrt uns eine solche Einsicht. Erst von da aus sind wir imstande, das Wenige, das wir innerhalb dieser Grenzen leisten können, voll auszuschöpfen.

Dieser Ausflug in die Erkenntnistheorie scheint vom Thema «Verhandeln» weit abgeführt zu haben. Aber er führt unmittelbar zum Thema. Bei allen Verhandlungen geht es darum, Gegenstände zu verhandeln, welche sich in einem Punkt gleichen: sie sind komplex. Für die Bewältigung von Komplexität ist aber unsere «Hardware», also unser Gehirn, ebensowenig geeignet wie unsere «Software», also unsere verbale Sprache. Hier ist unser informationsverarbeitendes System insgesamt überfordert. Diese Überforderung erklärt es, warum wir das «intuitive Verhandlungsmodell» mit all seinen Nachteilen wählen. Man muß dies sehen und diese Überforderung analysiert haben, ehe man daran gehen kann, Verbesserungen vorzunehmen und das «rationale Verhandlungsmodell» zu verwirklichen.

2. Die menschliche «Hardware»

Nach der langen Vorrede nun also zunächst der Blick auf die «Hardware», wobei ich absprachegemäß den Blick zwischen Computer und Mensch hin- und herwandern lasse. Ich will es kurz machen und mich auf das Nötigste beschränken.

In jedem Lehrbuch der Datenverarbeitung findet man zu Beginn eine Skizze, welche deutlich machen soll, daß der Computer nicht einfach eine Maschine ist, sondern ein System, welches aus mehreren Komponenten zusammengesetzt ist. In der Mitte befindet sich ein Kästchen, welches die Zentraleinheit darstellt. In ihr befindet sich der Arbeitsprozessor (AP), also der Teil, der die eigentliche Informationsverarbeitung durchführt. Er verfügt über ein Rechenwerk, welches logische Operationen durchführen kann, und einen Speicher, welcher Daten und Programme aufnehmen kann. Neben diesem zentralen Kästchen befinden sich Symbole für verschiedene weitere Speicher innerhalb oder außerhalb des Computers wie Festplatten, Disketten, Magnetbänder und dergleichen mehr. Dort können Daten und Programme gespeichert werden. Die Symbole sind durch Pfeile mit der Zentraleinheit verbunden. Die Pfeile symbolisieren den Datenfluß. Schließlich bezeichnen weitere Symbole die Ein- und Ausgabeeinheiten des Computers, also Tastatur, Bildschirm, Drucker und ähnliches.

Damit will ich es schon bewenden lassen. Wie sieht es nun mit den Entsprechungen im Menschen aus? Fangen wir mit dem Offensichtlichen an. Daß wir über Ein- und Ausgabeeinheiten verfügen, brauche ich nicht weiter auszuführen. Ebenso ist evident, daß wir eine Zentraleinheit mit einem «AP»[26] besitzen, in welchem informationsverarbeitende Prozesse stattfinden. Hier wird formuliert, argumentiert, begründet, abgeleitet, deduziert, gerechnet und anderes mehr. Schließlich ist leicht zu sehen, daß wir auch externe Informationsspeicher, etwa Aufzeichnungen, Aktenstücke, Bücher, Datenbanken, verwenden.

Nicht so ohne weiteres ist dagegen zu erkennen, daß wir auch interne Externspeicher besitzen, Speicher also, welche sich zwar in unserem Gehirn, aber außerhalb unseres «AP» befinden. Das Langzeitgedächtnis (LG) ist ein solcher Speicher. Es muß mit Informationen

---

[26] Der Leser wird bemerken, daß ich in diesem Kapitel nach Art der Datenverarbeiter dem Aküfi (Abkürzungsfimmel) huldige, dies freilich in Grenzen. Ausdrücke wie «Arbeitsprozessor» oder «Ultrakurzzeitgedächtnis» sind so schwerfällig, daß ich sie nicht ständig wiederholen möchte. – Der Leser wird um Nachsicht gebeten.

beschickt werden. Wir nennen diesen Vorgang «Lernen» und wissen, daß er Mühe bereitet und oft genug mißlingt. Die Informationen im «LG» können auch nicht unmittelbar verarbeitet werden. Sie müssen jeweils erst abgerufen werden. Wir nennen diesen Vorgang «Erinnern» und wissen, daß auch dieser Vorgang Mühe bereitet und oft genug mißlingt. Man denke nur an die wohl jedem Juristen vertraute Examenssituation, in der man sich an eine bestimmte BGH-Entscheidung zu erinnern versucht. Man sieht sie geradezu vor sich, und man weiß auch, daß sie in der NJW links oben stand. Aber man weiß nicht mehr, wie der BGH entschieden hat. Hat er sich nun für die subjektive oder für die objektive Theorie ausgesprochen? Man erinnert sich einfach nicht mehr daran.

«Lernen» und «Erinnern» sind also mühsame, oftmals mißlingende Vorgänge. Dabei interessiert natürlich vor allem das «Lernen». Forscht man näher nach, warum das «Lernen» solche Schwierigkeiten bereitet, stößt man auf die Existenz von zwei weiteren internen Externspeichern oder Zwischengedächtnissen, welche sich zwischen «AP» und «LG»» befinden. Diese sind das (nichtverbale) Ultrakurzzeitgedächtnis (UKG) und das (verbale) Kurzzeitgedächtnis (KG). Sie repräsentieren zwei entwicklungsgeschichtlich unterscheidbare Stufen der Entwicklung unseres informationsverarbeitenden Systemes, denen jeweils unterschiedliche Sprachen (Software) entsprechen. Das «UKG» ist die älteste Stufe, die wir auch mit anderen verhaltensfähigen Lebewesen gemein haben. Ihr entspricht die Körpersprache, unsere Primärsprache, in der wir uns auch mit Tieren verständigen können. Das «KG» ist jünger und exklusiv menschlich. Dieser Stufe entspricht unsere verbale Sprache. Auf das «KG» kommt es im hier entscheidenden Zusammenhang an. Aber man begreift seine Funktion am besten, wenn man zunächst das «UKG» betrachtet.

Das «UKG» ermöglicht uns das richtige Verhalten in komplexen Umgebungen, obwohl wir die jeweilige Situation nicht wirklich erfassen und geistig verarbeiten können. Dazu dienen Verhaltensprogramme, die sogenannten Automatismen. Diese sind teils von Geburt an vorhanden, teils werden sie eintrainiert. Beispiele für die Wirksamkeit angeborener Verhaltensprogramme bieten die Reaktionen, mit denen wir blitzschnell auf einen Angriff reagieren. Wenn wir in solcher Lage nicht automatisch, ohne jedes Nachdenken, richtig, etwa durch Flucht oder Abwehr, reagieren würden, wäre unser

Überleben gefährdet. Beispiele für eintrainierte Programme sind demgegenüber die Automatismen des Autofahrens oder des Sportes, etwa des Skifahrens. Niemand kommt auf die Welt und kann bereits Skifahren. Aber wir alle[27] besitzen die Fähigkeit, die dazu erforderlichen Verhaltensprogramme durch Übung zu erwerben.

Diese Verhaltensprogramme befinden sich in unserem «LG». Das «UKG» dient nun als Zwischenspeicher für Informationen, etwa die Information, daß ein Fußgänger vor das Auto läuft. Es hat dann die Funktion, das jeweils zugehörige Verhaltensprogramm aus dem «LG» abzurufen, im Beispiel also ein Bremsprogramm. Dieses wird sofort befolgt. Ohne nachzudenken, «automatisch», wird gebremst. Sofort danach wird die Information im «UKG» wieder gelöscht. Es hätte ja keinen Sinn, sie in das «LG» einzuspeichern. Sie wäre dort nur «Informationsmüll». Das «UKG» ist also nicht nur ein Zwischenspeicher, sondern zugleich ein Filter, der das «LG» vor überflüssigen Informationen bewahrt.

Bereits auf dieser ältesten Stufe unseres informationsverarbeitenden Systemes ist alles angelegt, was auch die nächste, höhere und exklusiv menschliche Stufe der verbalen Informationsverarbeitung kennzeichnen wird: Zwischen «AP» und «LG» befindet sich ein Zwischenspeicher «UKG», welcher die Funktion hat, Verhaltensprogramme aus dem «LG» abzurufen, und welcher zugleich als Informationsfilter dient. Der externe Hauptspeicher, das «LG», ist primär ein Programmspeicher. In ihm befindet sich vor allem Regelwissen.[28] Da Programme auch Daten sind, besitzt er auch die Fähigkeit zur Datenspeicherung. Aber diese Fähigkeit ist sekundär. Das «LG» ist seinem Ursprung nach nicht für die Einspeicherung von Faktenwissen[29] geschaffen. Anders gesprochen: Wir können sehr gut unsere Verhaltensfähigkeiten trainieren und verbessern. Aber wir sind unbrauchbar, wenn es etwa darum gehen würde, das Telefonbuch aus-

---

[27] Es mag Ausnahmen geben. Manchmal liest man in der Zeitung von Fahrschülern, die trotz hunderter Übungsstunden durch die Prüfung fallen.

[28] Regelwissen hat eine «Wenn-dann»-Struktur: Wenn die Information X eingegeben wird, dann soll die Folge Y ausgelöst werden.

[29] Faktenwissen ist Wissen über Ereignisse (Geschichten). Es hat eine Aussagestruktur und entspricht dem Informationsteil (Information X) des Regelwissens (Wenn X, dann Y).

wendig zu lernen.[30] Also konzentriere man sich auf die Verbesserung seines Regelwissens.[31]

Nun zum «KG». Mit der Entstehung der verbalen Sprache, unserer sekundären Sprache nach der primären Körpersprache, entstand ein weiterer Speicher, das «KG». Zu dieser Zeit war die Architektur unseres informationsverarbeitenden Systemes bereits festgelegt, weshalb das «KG» parallel zum «UKG» konstruiert wurde. Das «KG» wurde also ebenfalls als Zwischenspeicher konstruiert, und ihm wurden in gleicher Weise zwei Funktionen zugewiesen: Es aktiviert bei Bedarf passende Verhaltensprogramme im «LG», und es ist ein Filter, welcher das «LG» vor Informationsüberflutung bewahren soll.

Die dem «KG» entsprechenden Verhaltensprogramme unterscheiden sich nicht prinzipiell von den Automatismen, welche auf der Ebene des «UKG» wirksam sind. Ebenso wie diese haben sie eine «Wenn-dann»-Struktur: «Wenn die Information X vorkommt, dann erfolgt die Reaktion Y». X und Y können jetzt zwar auch an sprachlich mitgeteilte Informationen gebunden sein. So besagt das schon erwähnte Verhaltensprogramm «Gegenseitigkeit»,[32] daß Geschenke zu erwidern sind, und ein Geschenk kann auch sprachlich, etwa in Form eines (Schein-)Zugeständnisses im Basar, gemacht werden. Aber das ist keine wirkliche Besonderheit. Zwischen dem Verhaltensprogramm «Gegenseitigkeit» und dem vorhin erwähnten Bremsprogramm besteht kein prinzipieller Unterschied.

Ebenso wie das «UKG» hat das «KG» eine Filterfunktion. Im «KG» können wir sprachliche Äußerungen, typischerweise Geschichten, zwischenspeichern, um Gesprächs-, Diskussions-, Rede- oder eben auch Verhandlungssituationen zu bestreiten. Diese gespeicherten Informationen müssen länger verfügbar sein als die im «UKG» zwischengespeicherten Informationen. Während im

---

[30] An dieser unserer Schwäche setzen manche Gedächtniskünstler an. Auf Eisenbahnfahrten finde ich manchmal einen Prospekt, in welchem ein Buch mit dem Titel «Die ewigen Gesetze des Erfolges» (oder so ähnlich) angepriesen wird. Darin wird eine wunderbare Methode angepriesen, nach der man sich auf Anhieb Telefonbücher merken kann. – Ich bin hier sehr im Zweifel, ob das möglich ist. Ganz abgesehen davon: Was fange ich damit an, wenn ich das Telefonbuch im Kopf habe?

[31] Man kann von hier aus ein ganzes juristisches Lernprogramm entwickeln. Ich habe dies getan in meinem Buch «Einführung in das juristische Lernen», 5. Aufl., Bielefeld 1991.

[32] Siehe oben Teil B 3 sowie unten ausführlich Teil G 3.

«UKG» Informationen nur für wenige Sekunden benötigt werden
und entsprechend rasch wieder gelöscht werden können, müssen sie
im «KG» für längere Zeit, ungefähr für fünfzehn bis zwanzig Minuten, verfügbar sein. Danach werden die Informationen ebenfalls wieder gelöscht, falls sie nicht durch besondere Anstrengungen, durch
«Lernen», in das «LG» gelangen.

Die Struktur unseres informationsverarbeitenden Systemes blieb
also bei dem entwicklungsgeschichtlichen Sprung von der Körpersprache zur verbalen Sprache prinzipiell unverändert. Zwischen
«AP» und «LG» wurde lediglich ein weiterer Zwischenspeicher,
eben das «KG», eingebaut, dessen Funktionen im Prinzip denen des
«UKG» entsprechen. Der externe Hauptspeicher, das «LG», ist
nach wie vor primär ein Regel- (Programm-) speicher, und es gilt unverändert, daß die darin enthaltenen Programme automatisch befolgt
werden. Die Entwicklung der verbalen Geschichtensprache hat hieran nichts geändert. Sie zielte nicht auf unser Regelwissen, also unsere
Verhaltensprogramme, sondern auf unser Faktenwissen, welches wir
speicherbar und abrufbar machen wollten. Sie nutzte damit die Fähigkeit des LG aus, auch Faktenwissen zu speichern, aber sie verbesserte diese Fähigkeit nicht prinzipiell. Vielmehr stützte sie sich auf
die sinnliche Anschauung, um die Schwäche unseres «LG» bei der
Einspeicherung von Faktenwissen möglichst zu überwinden. Anders
gesprochen: Wir können uns die Geschichte unseres letzten Urlaubes
merken, und wir können diese erzählen, weil wir den Urlaub im Geiste nochmals erleben können. Wir können uns dagegen das Telefonbuch nicht merken, weil wir bei dessen Lektüre nichts erleben.

Ich möchte nun den «AP» etwas näher betrachten. Die Tatsache,
daß der «AP» mit externen Speichern verbunden ist, deutet darauf
hin, daß er selbst nur über eine geringe Speicherkapazität verfügt.
Tatsächlich verhält es sich so. Vor wenigen Jahrzehnten entdeckte
ein amerikanischer Psychologe namens Miller, daß unser «AP» lediglich maximal sieben (plus/minus zwei) «Items» gleichzeitig aufnehmen und verarbeiten kann.[33] «Items» sind dabei irgendwelche Einheiten, also z. B. Stichwörter, Vokabeln, Aspekte, Namen... Diese
geringe Speicherkapazität unseres «AP» wird uns im allgemeinen
nicht bewußt, weil wir auf die dahinterliegenden verbalen Gedächt-

---

[33] Miller, G. A., The magical number seven, plus or minus two. Some limits on
our capacity for processing information. Psychological Review, 63, S. 81 ff.

nisse «KG» und «LG» zurückgreifen können, deren Speicherkapazität sehr viel größer als die des «AP» ist. Deshalb hat es auch so lange gedauert, bis die «magische Sieben» entdeckt wurde. Erst heute wissen wir um diese Begrenzung unseres «AP». Sie erklärt sich daraus, daß unser informationsverarbeitendes System niemals für die Aufgabe geschaffen wurde, Komplexität zu verarbeiten. Auf der Ebene der Körpersprache war das von vornherein unmöglich; hier ging es nur darum, auf Informationen rasch und richtig zu reagieren. Aber auch auf der Ebene der verbalen Sprache ging es niemals um diese Aufgabe. Hier ging es darum, Geschichten erzählen zu können, eine Vergangenheit (und eine Zukunft) zu haben, kurz, die geschichtliche Dimension zu gewinnen. Dafür reicht die Kapazität unseres «AP» im Verbund mit «KG» und «LG» aus. Komplexität zu bewältigen war dagegen nie ein Ziel. Diese Aufgabe wurde von Anfang an und bis heute durch die automatische, unreflektierte Anwendung von Verhaltensprogrammen gelöst, ein Vorgang, für welchen keine aufwendige Informationsverarbeitung nötig ist.

Man könnte sich eine Weiterentwicklung unseres informationsverarbeitenden Systemes vorstellen. Man könnte sich eine dritte Stufe vorstellen, in der es nicht mehr darum geht, Geschichten zu erzählen, sondern Komplexität zu verarbeiten. Ob freilich eine entsprechende Weiterentwicklung in diese Richtung denkbar ist, erscheint – von den langen Zeiträumen der Evolution einmal abgesehen – aus prinzipiellen Gründen fraglich. Unsere Systemarchitektur dürfte von ihrer Anlage her kaum für eine solche Entwicklung geeignet sein. Der «AP» müßte sehr viel leistungsfähiger werden, das «LG» müßte anders konstruiert werden, ein neues Zwischengedächtnis müßte entstehen.[34] Nein, das alles wäre keine sinnvolle Spelulation mehr. Aber man kann sich etwas anderes vorstellen. Man kann sich vorstellen, daß die moderne Computertechnik Hilfen für den Umgang mit Komplexität bei der Lösung inhaltlicher Probleme in Verhandlungen bereitstellt. Doch diesen Gedanken will ich hier nicht weiter verfolgen.

Ich fasse die wesentlichen Ergebnisse zur menschlichen «Hardware» zusammen: Der «AP» hat nur eine geringe Speicherkapazität («magische Sieben»). Das «LG» ist primär zur Speicherung von Re-

---

[34] Ich vermute, daß Dr. Spock vom Raumschiff Enterprise eine entsprechende Systemarchitektur besaß. Jedenfalls läßt seine Neigung, dreidimensionales Schach zu spielen, darauf schließen. Aber Dr. Spock war kein Mensch.

gelwissen geeignet. Verbales Faktenwissen kann im «LG» und im «KG» nur begrenzt, als Geschichtenwissen, gespeichert werden. Zur Bewältigung von Komplexität taugt das gesamte System schlecht. Insgesamt ist die Leistungsfähigkeit unserer «Hardware» begrenzt. Das müssen wir zunächst einmal sehen. Dann können wir zusehen, wie wir das Beste aus diesem nur begrenzt leistungsfähigen System machen.

Ich möchte an dieser Stelle noch einmal auf die oben getroffene Feststellung zurückkommen, daß es uns schwer fällt, die Grenzen unseres informationsverarbeitenden Systems zu sehen, geschweige denn zu akzeptieren. Ich kann diese Feststellung jetzt präzisieren. Wir haben Verhaltensprogramme im Kopf, deren Wirksamkeit wir spüren und nach denen wir uns richten, ohne daß unsere Geschichtensprache, unser rationales informationsverarbeitendes Instrumentarium, diese Programme erreicht. Das ist ein Befund, der seit altersher die Denker bewegt hat. Die Suche nach dem «Gesetz in uns» hat zu vielen abenteuerlichen Spekulationen geführt, zu Spekulationen über «Ontologie» und «Metaphysik», über «Naturrecht» und «Sittengesetz», über ein platonisches Ideenreich, über eine aristotelische «Entelechie», über eine hegelianische Herrschaft der «Vernunft» im Entwicklungsgang der menschlichen Geschichte, über die marxistische Gesetzlichkeit des Klassenkampfes, und vieles andere mehr von dieser Art. Aus nicht wenigen dieser Spekulationen ist unendliches Leid entstanden. Durchweg sind sie uns Heutigen eine Mahnung zu Nüchternheit, Selbsterkenntnis und Bescheidenheit.

3. Die menschliche Software

Unter «Software» versteht man beim Computer alles, was nicht «hart» ist, was nicht angefaßt werden kann, also die Computersprachen, die Programme einschließlich der Betriebssysteme und die Daten. Wie steht es mit diesen Dingen beim Menschen.

Zunächst zu den Sprachen. Beim Computer gibt es verschiedene Sprachen, und zwar nicht nur verschiedene «Fremdsprachen» wie Pascal, Cobol, «C», Prolog undsoweiter, sondern auch (bislang) drei verschiedene Spracharten, welche die unterschiedlichen Stufen der Computerentwicklung repräsentieren. Auf der ältesten Stufe stehen die echten Maschinensprachen. Ihnen folgten die maschinenorientierten Assemblersprachen. Wieder eine Stufe höher findet man die problemorientierten Sprachen. Gibt es Entsprechungen beim Menschen?

Es gibt sie. Auch in der menschlichen «Software» kann man verschiedene Sprachen unterscheiden, und zwar nicht nur verschiedene Fremdsprachen (Deutsch, Englisch, Französisch undsoweiter – in diesen Zusammenhang gehören auch die Kunstsprachen, etwa die Logikkalküle), sondern auch verschiedene Spracharten, welche die verschiedenen Stufen der Entwicklung unseres informationsverarbeitenden Systemes repräsentieren. Wie beim Computer kann man hier drei Spracharten unterscheiden: Körpersprache, verbale Geschichtensprache und Struktursprache.

Die Körpersprache ist unsere Primärsprache. Sie findet sich, wie schon erwähnt, auf der ältesten Stufe unseres informationsverarbeitenden Systemes. Diese Stufe haben wir mit anderen verhaltensfähigen Lebewesen, welche ebenfalls Informationen verarbeiten müssen, gemeinsam. Deshalb können wir uns körpersprachlich mit Tieren, etwa mit Hunden, verständigen. – Übrigens bildete sich die im letzten Kapitel beschriebene Architektur unserer «Hardware» auf dieser Stufe heraus. Diese Architektur änderte sich später prinzipiell nicht mehr, obwohl sie allenfalls noch für die folgende Stufe (Geschichtensprache), nicht aber mehr für die dritte Stufe (Struktursprache) geeignet ist.

Die Körpersprache wird mit Hilfe des oben beschriebenen Ultrakurzzeitgedächtnisses (UKG) verarbeitet. Ihre Zeichen sind analoge Abbilder von bestimmten Verhaltensweisen und Empfindungen. So steht die Geste der geballten Fäuste für das Schlagen. Die Geste wird deshalb als Aggression, als Drohung empfunden. Sie soll beim anderen ein entsprechendes Verhaltensprogramm, etwa ein Fluchtprogramm, auslösen. Es kann aber auch sein, daß die Drohung ein nicht gewolltes Verhaltensprogramm, ein Abwehrprogramm oder gar ein Angriffsprogramm, aktiviert. Die Körpersprache ist also auf einzelne Situationen bezogen, die durch Aktivierung von situationsgerechten Verhaltensprogrammen bewältigt werden müssen. In der Körpersprache gibt es demgemäß nur die Gegenwart, keine Vergangenheit und keine Zukunft. Es fehlt hier die geschichtliche Dimension. Und die Programme beherrschen uns, nicht umgekehrt. Wir wissen nicht einmal, daß wir programmiert sind. Dieser Zustand änderte sich mit der Entwicklung der exklusiv menschlichen verbalen Geschichtensprache. Wir wissen kaum etwas über ihren Entstehungsprozeß, aber wenn wir darauf achten, zu welchem Zwecke wir unsere verbale Sprache im Alltag überwiegend verwenden, ist kaum zweifelhaft, aus welchem Wunsch heraus sie entstanden ist. Wir wollten uns unsere Erlebnisse merken können, diese speichern und sie wieder abrufen können. Und zwar wollten wir uns die besonderen, aufregenden Erlebnisse merken können, die Sensationen, nicht die Normalität des Alltages. Den Sprachwissenschaftlern ist schon längst der Befund aufgefallen, daß die Sprachentwicklung immer durch das Bemerken von atypischen Besonderheiten angestoßen wurde. Eine Parallele hierzu findet sich übrigens im juristischen Informationswesen, wo ebenfalls nur «Probleme», also juristische Sensationen, verbreitet werden. Ein Marsbewohner, der sich anhand der veröffentlichten Rechtsprechung des Bundesgerichtshofes über das Wesen der Sachbeschädigung informieren wollte, stieße auf lediglich zwei Fälle, nämlich das Luftablassen aus Autoreifen und das unbefugte Plakatieren von Telefonverteilerkästen der Bundespost. Wollten wir ihm wirklich weismachen, diese beiden Fälle seien für die Sachbeschädigung des § 303 StGB kennzeichnend?[35]

Wir lernten also sprechen, weil wir (sensationelle) Geschichten erzählen können wollten. Wir wollten eine Vergangenheit und eine Zukunft haben. Wir wollten die geschichtliche Dimension unserer Existenz gewinnen.

Geschichten sind eindimensional, durch die Zeit, strukturiert. Sie sind Ketten von Stationen. Ursachen werden zu Wirkungen. Wirkungen werden wieder zu Ursachen für andere Wirkungen – undsofort. Natürlich kann man bei der Erzählung einer Geschichte auch springen, Seitenstränge eröffnen, sich im Kreise drehen, einzelne Stationen auslassen, und dergleichen mehr. Man kann Geschichten schlecht erzählen, und die meisten Menschen sind schlechte Geschichtenerzähler. (Das merkt man vor allem dann, wenn sie Bücher

---

[35] Auch die Lehrbücher enthalten ausschließlich Sensationen. Im Strafrecht existiert beispielsweise eine vielbestaunte Lehrbuchkriminalität, die in der Realität niemals vorkommt. Welcher Erbneffe schickt schon seinen Erbonkel auf Flugreise (adäquat kausale Ursache) in der Hoffnung (Vorsatz), das Flugzeug werde abstürzen, was dann auch wider alle Statistik geschieht (Mord). – Es gehört zu den großen Irrtümern beim juristischen Lernen, daß praktisch alle Studenten glauben, sie müßten alle diese «Sensationen» lernen. Würden sie sich auf die Normalität und hier wieder auf das Regelwissen konzentrieren, könnten sie sich viel Mühe und viele Enttäuschungen ersparen. Ausführlich dazu mein schon erwähntes Buch «Einführung in das juristische Lernen», 5. Aufl. Bielefeld, 1991.

schreiben, wozu sie in manchen Berufen, etwa dem des Wissenschaftlers, wider ihre Natur gezwungen sind.) Aber das ändert nichts daran, daß wir alle geborene Geschichtenerzähler sind. Die Geschichte handelt immer vom erlebten (oder ausgedachten) Einzelfall. Über diesen, so sagen es uns die Sprachwissenschaftler, können wir sagen, was wir nur sagen wollen. Unser informationsverarbeitendes System zieht uns hier keine Grenzen. Beim Geschichtenerzählen gehen uns die Wörter nicht aus. Notfalls erfinden wir neue Ausdrucksformen. Sehr sprachmächtige Geschichtenerzähler, die Schriftsteller und Dichter, sind hier besonders erfinderisch, und genießen deshalb besondere Verehrung. Sie erweitern unseren geschichtenmäßigen Horizont. Aber auch der unbegabte Geschichtenerzähler kann prinzipiell sagen, was immer er sagen möchte. Die Geschichte überfordert niemanden.

Jede Geschichte wird durch den chronologischen Ablauf der einzelnen Stationen zusammengehalten. Das ergibt eine sehr einfache Struktur, die von unserer «Hardware» mit ihrem begrenzt speicherfähigen Arbeitsprozessor (Stichwort «magische Sieben») gut bewältigt werden kann. Es werden jeweils zwei, drei Stationen einer Geschichte als «Items» in den Arbeitsprozessor (AP) geladen und erzählt. Dann werden die nächsten «Items» gespeichert und verarbeitet, undsofort. Wenn wir die Geschichte unseres letzten Urlaubes erzählen wollen, benötigen wir nur die entsprechenden «Items». Auf die erste Station («Wir packen die Koffer und bemerken, daß der Kofferraum des Autos zu klein ist») folgt die zweite Station («Wir erreichen die Grenze und stellen fest, daß wir unsere Reisepässe vergessen haben») und die dritte Station («In Mailand wird uns das Auto gestohlen»). Und so geht es weiter. Unser einziges Problem besteht darin, Zuhörer zu finden.

Die Geschichtensprache stößt freilich da auf Grenzen, wo wir nicht mehr über einzelne Ereignisse, sondern über komplexe Zusammenhänge reden müssen. In der archaischen Welt gab es dazu nur wenig Anlaß. Soweit die Komplexität der Welt bewältigt werden mußte, geschah dies durch die geschilderten, automatisch ablaufenden Verhaltensprogramme. Heute werden diese Programme zwar noch immer verwendet. Aber diese genügen den Anforderungen der modernen Welt nicht mehr. Die Welt ist kompliziert und verletzlich geworden. Deshalb stehen wir unentwegt vor der Notwendigkeit, mit Komplexität rational umzugehen. Hierzu benötigen wir eine dritte Sprache, die Struktursprache.

Ich werde auf das Wesen von Komplexität noch näher eingehen. Hier begnüge ich mich mit einer ungefähren Beschreibung. Komplexität muß immer dann bewältigt werden, wenn an die Stelle der Einzelfallgeschichte die Zusammenfassung vieler verschiedener Geschichten unter bestimmten Aspekten tritt.

Ein jüdischer Witz mag verdeutlichen, was ich meine. Ein Sohn möchte heiraten und präsentiert seinem Vater eine in Aussicht genommene Braut.

«Nein», sagte der Vater. «Diese ist zwar hübsch, aber sie hat kein Geld.»

Schweren Herzens beendet der Sohn die Beziehung zu dem jungen Mädchen. Die nächste potentielle Braut ist reich, wie vom Vater gefordert, und der Sohn sieht den Vater erwartungsvoll an.

«Nein», entscheidet der Vater. «Diese ist geizig. Sie hat einen schlechten Charakter.»

Der Sohn macht sich erneut auf die Suche und präsentiert eine weitere Kandidatin.

«Nein», spricht der Vater. «Diese ist dumm. Du würdest es mit ihr nicht aushalten.»

So geht es weiter. An jeder in Aussicht genommenen Braut findet der Vater etwas anderes auszusetzen. Schließlich fragt ihn der Sohn entnervt: «Wie soll denn die Braut sein?»

Der Vater denkt eine Weile über dieses komplexe Problem nach.

«Anständig soll sie sein», erklärt er dann.

Ein Begriff wie «anständig» kann nicht näher erklärt werden. Man mag zwar Exempel für «Anständigkeit» bringen, aber man kann nicht abstrakt sagen, was unter diesem Begriff zu verstehen ist. Diese sprachliche Überforderung wird sofort sichtbar, wenn wir vom Einzelfall der Geschichtensprache (einzelnes Exempel für «Anständigkeit») zur Zusammenfassung vieler Fälle von «Anständigkeit» und damit zur Struktursprache übergehen müssen. Wir können dann allenfalls auf das einzelne Exempel weisen und sagen: «Das *und ähnliches* ist «Anständigkeit».

Diese Überforderung ist freilich nicht total. Es gibt Ansätze zur Beherrschung der Struktursprache. Diese sollten gesehen, aufgegriffen und ausgebaut werden. Bei diesem Bemühen kann man sich die Erfahrungen der Juristen zunutze machen. Die Juristen besitzen unter den Angehörigen aller Berufe die längste Praxis in der Verwendung der Struktursprache zur Lösung komplexer, inhaltlicher Probleme. Sie haben diese Erfahrung, seitdem sie damit begonnen haben, Rechtssysteme zu bilden, also schon seit der römischen Spätantike. Die Römer schufen ihre Rechtssysteme nicht, um einzelne Rechtsfälle lösbar zu machen. Für die Entscheidung von Rechtsfällen benötigte (und benötigt) man kein Rechtssystem; hierfür genügte (und genügt) ein gutes Judiz. Die Rechtssysteme wurden vielmehr geschaffen, um das Recht lehrbar zu machen und um das in früheren Präzedenzfällen niedergelegte Wissen erschließen zu können. Die antiken Juristen wollten also, modern gesprochen, ein didaktisches Problem und ein Retrievalproblem lösen. Beide Aufgaben setzten die Bewältigung von Komplexität voraus. In der Geschichtensprache war dies nicht möglich. Also wurden die Ansätze zur Struktursprache entwickelt. Von der damals entwickelten, im Prinzip noch heute verwendeten Methode kann man auch noch heute, und auch bei der Bewältigung von nichtjuristischen Aufgaben, profitieren.

Die Beschäftigung mit dem Rechtssystem ist keine Beschäftigung mit dem Recht, auch wenn sie heute ganz im Vordergrund aller juristischer Anstrengungen steht. Das wird deutlich, wenn man einen Blick auf die Rechtsgeschichte wirft. In der klassischen Zeit der römischen Jurisprudenz gab es noch keine Rechtssysteme. Die berühmten Juristen dieser Epoche hüteten sich sorgsam vor allen Strukturanstrengungen. Sie ahnten, welche Schwierigkeiten darin lagen, und achteten sorgfältig darauf, die Grenzen der Geschichtensprache nicht zu überschreiten. Deshalb gingen sie durchweg in der Weise vor, daß sie zunächst die Geschichte des gerade anstehenden Falles auf die knappest mögliche Weise, eingeleitet durch das Wort «wenn», erzählten:

«Wenn ein Ehemann verstirbt und hinterläßt seiner jungen Witwe sein Vermögen unter der Bedingung, daß diese nicht wieder heiratet...» So begann etwa ein Fall des Juristen Mucianus, aus dem sich die berühmt gewordene Cautio Muciana entwickeln sollte.

Nachdem so der Sachverhalt formuliert war, überlegten sie, welche verschiedenen Fortsetzungen der Geschichte möglich waren. Im Beispiel konnte man etwa daran denken, der Witwe den Nachlaß erst dann auszuhändigen, wenn diese so alt war, daß mit einer Wiederverheiratung sicher nicht mehr zu rechnen war. Aber würde die Witwe dann noch viel von dem Vermögen haben? Andererseits erschien es auch nicht sachgerecht, ihr den Nachlaß sofort auszuhändigen. Schließlich war eine junge, vermögende Witwe sehr begehrenswert, so daß mit ihrer Wiederverheiratung gerechnet werden mußte. Was sollte geschehen? Als begabter Jurist fand Mucianus nun eine Lösung des Problems, die von der Witwe und allen Beobachtern als sachgerecht empfunden wurde, und er formulierte sie als Fortsetzung der begonnenen Geschichte, eingeleitet durch das Wort «dann».

«. . .dann soll die Witwe das Vermögen sofort erhalten, es aber wieder herausgeben müssen, falls sie wieder heiratet.» Er deutete also die aufschiebende Bedingung in eine auflösende Bedingung um.[36] Zum Schluß setzte der Jurist nur noch seinen Namen darunter. Mucianus. Das war es. Kein Wort der Begründung. Kein Verweis auf den römischen Kassationsgerichtshof und die herrschende Meinung. Die Eleganz der Lösung und der gute Name des Mucianus hatten Begründung genug zu sein. (Mancher heutige Jurist möchte sich in diese heile Welt zurücksehnen.) Und auch kein Aufsatz in der Römischen Juristischen Wochenschrift. Mucianus wußte, daß dies nur seine Kollegen dazu herausgefordert hätte, ihm zu widersprechen. Warum sich das antun?

Das war die gute alte Zeit. Als aber die Zahl der entschiedenen Rechtsfälle von der Art der Cautio Muciana sehr groß geworden und gleichzeitig die Begabung der Juristen sehr gering geworden war, entstand die Notwendigkeit, in neuen, ähnlichen, Fällen auf die bereits entschiedenen Präzedenzfälle zurückzugreifen und die Lösung von dort übertragen zu können.[37] Es hatte ja keinen Sinn, das Rad immer wieder neu zu erfinden, zumal die Erfinder immer unbegabter wurden. Auch wollte man junge Juristen mit den vorhandenen Problemlösungen der Väter von der Art der Cautio Muciana vertraut machen.

Beide Aufgaben konnten aber nicht mehr im Geschichtenmodus bewältigt werden. Man konnte ja im Bedarfsfall nicht Tausende von Fällen, die völlig unterschiedliche Sachverhalte betrafen, und die chronologisch, also in sachlich völlig zufälliger Reihenfolge, im Archiv

---

[36] Die Cautio Muciana fand Eingang in alle modernen Zivilgesetzbücher. So bestimmt § 2075 BGB: «Hat der Erblasser eine letztwillige Zuwendung unter der Bedingung gemacht, daß der Bedachte während eines Zeitraumes von unbestimmter Dauer etwas unterläßt oder fortgesetzt tut, so ist, wenn das Unterlassen oder das Tun lediglich in der Willkür der Bedachten liegt, im Zweifel anzunehmen, daß die Zuwendung von der auflösenden Bedingung abhängig sein soll, daß der Bedachte die Handlung vornimmt oder das Tun unterläßt.»
[37] Mir fällt hier die Geschichte von dem Amtsrichter in Passau ein, der auf jeden neuen Akt schrieb: «Bitte Simile!» Kam ein «Simile», schrieb er die Entscheidung ab. Kam kein «Simile», schrieb er auf den Akt: «Bitte Wiedervorlage, wenn Simile vorhanden!»

lagen, nacheinander durchlesen. Das wäre so gewesen, wie wenn man heute angesichts eines neuen Falles alle Bände mit BGH-Entscheidungen durchlesen wollte.[38] Auch konnte man das Rechtsstudium nicht so organisieren, daß den Studenten diese Fälle nacheinander erzählt wurden. Man mußte sich eine andere Methode einfallen lassen. Und man ließ sich etwas einfallen. Man fand eine neue Methode und ging mit ihr von der Geschichtensprache zur Struktursprache über. Dies geschah erstmals in den Institutionen des Gaius (um 160 nach Christus).

Unter Rückgriff auf Erkenntnisse der griechischen Wissenschaftstheorie steigerte man den Abstraktionsgrad der verwendeten Begriffe, bis sehr elementare Zwei- und Dreiteilungen entstanden, aus denen man dann Strukturen bilden konnte. So nannte man etwa alle (rechtsfähigen) Menschen ohne Rücksicht auf ihre individuellen Besonderheiten wie Geschlecht, Alter, Geisteszustand und dergleichen mehr einfach «Personen». Alles, was man anfassen konnte, und was nicht «Person» war, nannte man in entsprechender Weise «Sachen». Alles, was man nicht anfassen konnte, was aber insofern wirksam war, als es Personen mit anderen Personen oder Sachen verband, nannte man «Rechte». Damit hatte man bereits die elementaren Grundlagen für ein Bürgerliches Recht geschaffen, in dem es ein Schuldrecht (Beziehungen zwischen Personen und Personen) und ein Sachenrecht (Beziehungen zwischen Personen und Personen sowie Sachen) gibt.

Ich will hier nicht die juristische Dogmatik durchbuchstabieren, sondern nur auf das Prinzip hinweisen. Unsere Sprache bietet abstrakte Begriffskonzepte wie «Personen», «Sachen», «Rechte», die gewissermaßen die Summe vieler erlebter (oder gedanklich vorgestellter) Geschichten sind, und mit denen man im Strukturmodus arbeiten kann. Das geschieht nicht um seiner selbst willen, sondern zur Lösung einer bestimmten Aufgabe. Bei den juristischen Strukturen geht es, von der Didaktik abgesehen, um ein Retrievalproblem. Man will einen neuen Fall so in das System der durch Gesetzgebung und/oder Rechtsprechung vorentschiedenen Präzedenzfälle einstellen, daß die Ähnlichkeit im rechtlich entscheidenden Punkt berücksichtigt wird, womit man die dort gespeicherte Lösung übernehmen kann.

---

[38] Der Computer des juristischen Informationssystemes «Juris» arbeitet auf diese Weise, aber er ist ein Computer und kein Mensch. Übrigens ist diese Methode auch beim Computer nicht sehr sinnvoll.

Bei Verhandlungen geht es zwar um eine andere Aufgabe. Diese ist aber der geschilderten Aufgabe insofern vergleichbar, als hier wie dort Komplexität verarbeitet werden muß. Der einzige Unterschied besteht darin, daß der Jurist fertige Strukturen und Verfahrensordnungen vorfindet, während man in Verhandungen taugliche Strukturen im allgemeinen erst einmal herstellen und durchsetzen muß. Von diesem nicht sehr wichtigen Punkt abgesehen, gibt es keinen Unterschied. Hier wie dort sucht man nach einem sprachlichen Modell, welches zur Bewältigung der anstehenden komplexen Aufgabe taugt. Man kann also von der Methode der Juristen etwas lernen. Ich werde hierauf im Abschnitt «Strukturen» näher eingehen.

4. Die Überforderung des Menschen durch Komplexität

In Verhandlungen muß Komplexität bewältigt werden. Komplexität überfordert den Menschen. Das ist ein Befund, den die moderne Psychologie in eindrucksvollen Untersuchungen erhoben hat. Diese Überforderung hat viele Nachteile zur Folge – in Wirtschaft, Verwaltung, Politik, Militärwesen... Wenn unsere Welt in vieler Hinsicht einen beklagenswerten Zustand erreicht hat, so liegt hier (auch) eine Ursache dafür. Was ist Komplexität?

Komplexität kann zunächst, wie das schon oben getan wurde, negativ beschrieben werden. Sie ist etwas, was nicht im Geschichtenmodus – als Erlebnis, also als Kette von Ursachen und Wirkungen – beschrieben werden kann. Komplexität entsteht, wenn an die Stelle der einzelnen Geschichte eine Zusammenfassung vieler Geschichten unter bestimmten Aspekten gesetzt wird. Der Begriff «Anständigkeit» beschreibt beispielsweise im vorhin erzählten Witz diesen Befund. Der Vater will nicht eine konkrete Braut, sondern den Typus einer bestimmten Braut beschreiben, also die Summe einer Erfahrung, die er in einem langen Leben mit ganz verschiedenen Menschen gewonnen hat. Dieser Typus kann in unserer Geschichtensprache nur sehr allgemein und unscharf beschrieben werden. Diese Sprache taugt prinzipiell nicht zur Bewältigung von Komplexität. Wir benötigen dafür die Struktursprache. Diese ist aber nur unzureichend ausgebildet. Auch taugt unsere «Hardware», wie dargelegt, schlecht für die Arbeit mit einer solchen Sprache.

Ins Positive gewendet ist Komplexität die Bezeichnung für eine Erscheinung, die folgende Merkmale aufweist: Es existiert ein Gegenstand, welcher durch eine *Mehrzahl von Aspekten* gekennzeichnet ist. Den Aspekten sind jeweils Unteraspekte mit weiteren Unter-Unteraspekten zugeordnet, so daß insgamt eine *Hierarchie von Aspekten* existiert. Regelmäßig sind die Aspekte und Unteraspekte keine Ja-Nein-Aspekte, sondern abstufbare *Mehr-oder-Minder-Aspekte.* Auch sind sie durchweg untereinander «*vernetzt*». Sie bilden ein *System.* Der so gekennzeichnete Gegenstand ist in irgendwelcher Hinsicht problematisch, und es müssen Lösungen für diese Probleme gefunden werden. Diese Problemlösungen finden in einer Situation statt, welche typischerweise *intransparent* und *eigendynamisch* ist. Regelmäßig steht auch für jedes Teilproblem nicht nur eine einzige Lösung, sondern eine *Mehrzahl von möglichen Lösungen* zur Auswahl. Nur ein Teil von ihnen ist den beteiligten Personen bekannt. Andere, oftmals bessere Lösungen sind *unbekannt.* Die verschiedenen Lösungen sind auch oftmals miteinander *unverträglich,* was bis hin zum völligen Gegensatz reichen kann.

Das klingt natürlich sehr abstrakt. Deshalb will ich das Gesagte an einem Beispiel verdeutlichen. Im «Computerfall»[39] verhandeln ein Computerhersteller und dessen Kunde über ein komplexes Problem. Zunächst der Sachverhalt:

Kunde K hat bei Computerhersteller C eine auf seinen Bedarf zugeschnittene Anlage des Modells «180» (Wert: 5 Mio DM) bestellt. Zum vereinbarten Termin kann C infolge von Produktionsengpässen diese Anlage nicht liefern. Zum Ausgleich installiert C bei K vorübergehend eine doppelt so leistungsfähige Anlage Modell «360» (Wert: 10 Mio DM), wobei verabredet wird, daß K, der ja nur die halbe Leistung einer «360» benötigt, dafür nur den Preis einer «180» bezahlt, und daß die «360» so bald wie möglich gegen eine «180» ausgetauscht werden soll.

Vier Monate später steht bei C für diesen Zweck eine «180» bereit. Inzwischen ist jedoch der Bedarf an Computerleistungen bei K gewachsen. Die «180» ist jetzt für K zu klein geworden. Gegenwärtig wäre für K eine zwischen der «180» und der «360» liegende Anlage des Modells «270» (Wert: 8 Mio DM) passend. Eine solche Anlage ist jedoch erst in sechs Monaten lieferbar.

---

[39] Dieser Fall stammt aus der Praxis eines großen Computerherstellers. Er wurde mehrmals im Tübinger Verhandlungsseminar durchgespielt.

K möchte nun seine «360» noch weitere sechs Monate wie bisher zum Preis der halb so teuren «180» benutzen und dann eine «270» installieren oder gar – falls sein Geschäftsumfang weiter wächst – die «360», dann allerdings zum regulären Preis, behalten. C benötigt die «360» dagegen dringend für einen anderen Kunden X. C verhandelt nun auf dessen Wunsch mit K über dieses Problem. Ich will die Komplexität dieses Falles aufzeigen, indem ich die Situation aus der Sicht des C beleuchte.

C muß zunächst *viele Aspekte* bedenken. Da sind die Wünsche des K, und da ist die Bedeutung des K als Kunde des C. Da sind aber auch die Wünsche des X, und die Bedeutung des X als Kunde des C. Da sind ferner die Produktions- und Liefermöglichkeiten des C. Da ist die Frage, ob sich C intern mit etwaigen Vorschlägen zugunsten des K wird durchsetzen können – und anderes mehr. Diesen Aspekten sind jeweils Unteraspekte zugeordnet, so daß insgesamt eine *Hierarchie von Aspekten* existiert. So lassen sich etwa die «Wünsche des K» in technische, finanzielle, zeitliche und sonstige Wünsche untergliedern. Entsprechendes gilt für die Würdigung der Bedeutung des K. K ist einmal in seiner Bedeutung als einzelner Kunde zu sehen. Zum anderen muß er aber auch in seiner etwaigen Ausstrahlung auf andere Kunden gewürdigt werden. Gleiches gilt für X. Die Produktions- und Liefermöglichkeiten des C hängen wiederum von den Kapazitäten des C wie von den Kapazitäten verschiedener Zulieferer, aber auch von der Auftragslage und weiteren Faktoren ab. Undsofort

Diese Aspekte und Unteraspekte sind durchweg *abstufbare Mehr- oder-Minder-Aspekte*. Wünsche sind nicht einfach Ja-Nein-Wünsche. Wünsche sind vielmehr große oder kleine Wünsche, mit Abstufungen zwischen groß und klein. Ebenso ist die Bedeutung eines Kunden abstufbar; es gibt wichtige Kunden, es gibt weniger wichtige Kunden, und es gibt unwichtige Kunden – mit allen nur möglichen Abstufungen dazwischen. Manche sind auch für sich gesehen unwichtig, in ihrer Außenwirkung aber höchst wichtig. Wenn K zwar ein unbedeutender Kunde, aber Vorsitzender des Verbandes unbedeutender Kunden und zugleich Bundestagsabgeordneter ist, muß C das gebührend berücksichtigen.

All diese Aspekte und Unteraspekte bilden auch ein *vernetztes System*. Sie beeinflussen sich gegenseitig. So wird ein bedeutender Kunde andere Wünsche als ein unbedeutender Kunde äußern. Die objektiven Möglichkeiten des C hängen auch vom Bedarf anderer Kunden ab. Und so fort.

Die *Intransparenz* der Situation liegt darin, daß C nicht alle Informationen hat, die er für die Lösung des Falles bräuchte. Er weiß beispielsweise nicht, was K wirklich braucht. Gleiches gilt in bezug auf X. C weiß auch nicht genau, welche Produktions- und Liefermöglichkeiten er hat, und welche Vorschläge er intern gegenüber seinem Vorstand durchsetzen kann. Und so weiter.

Die Situation ist auch, wie so oft, *eigendynamisch*. Es geschieht etwas, und wenn die Parteien in diesen laufenden Prozeß nicht eingreifen, so wird er eben einfach weiterlaufen. Im Computerfall wird dann die vertragsgemäße Lösung durchgesetzt werden. Die Parteien haben also nicht die Wahl, ob sie etwas tun wollen; sie stehen nur vor der Frage, ob sie in einen laufenden Prozeß eingreifen und diesen abändern wollen. Wenn die Verhandlung scheitert, ist das also auch eine Entscheidung, nämlich eine Entscheidung für das in Gang befindliche Geschehen.[40]

Der Fall birgt auch eine *Mehrzahl von möglichen Lösungen*, und nur ein Teil von diesen ist bekannt. Da ist zunächst die im Vertrag vorgesehene Lösung, und da ist die von K beschriebene Wunschlösung. Damit erschöpft sich das Repertoire möglicher Lösungen aber noch nicht. Es sind weitere, bislang nicht gesehene, noch *unbekannte Lösungen* denkbar – etwa die Lieferung einer anderen Anlage durch C oder die vorübergehende Vergabe von Buchungsaufträgen an ein externes Rechenzentrum durch K. Hier ist die Phantasie der Parteien gefordert.

Etliche *Lösungen* sind schließlich miteinander *unverträglich*. Das gilt besonders für die einander jeweils völlig entgegengesetzten Wunschlösungen von K und C. Es liegt auf der Hand, daß diese nicht miteinander zu vereinen sind, und daß zwischen diesen beiden Positionen auch kein Kompromiß möglich ist. Entweder setzt sich K durch oder C. Keiner von beiden kann sich ein bißchen durchsetzen.

Dies alles macht die Komplexität der Situation aus, welche C (ebenso wie natürlich auch K) bewältigen muß. Dafür ist er aber, wie jedermann sonst auch, schlecht gerüstet. Das kann die Verhandlung nachteilig beeinflussen. Im ungünstigsten Fall verliert C nicht

---

[40] Hierin liegt ein Nachteil für diejenige Partei, welche das laufende Geschehen abändern möchte, also für K.

nur den Kunden K, sondern auch den Kunden X – weil er schlecht verhandelt hat. Will man es besser machen, muß man die hier exemplarisch aufgezeigte Überforderung analysieren und dann nach einer grundlegenden Abhilfe suchen.

Eine der eindrucksvollsten Analysen dieser Überforderung hat das Lohhausen-Experiment ergeben, welches der Psychologe Dietrich Dörner mit seinen Mitarbeitern an der Universität Bamberg durchgeführt hat.[41] Lohhausen ist eine fiktive Kleinstadt mit der typischen Infrastruktur einer solchen Kommune, die nur eine einzige Besonderheit aufweist. Sie existiert nicht wirklich, sondern wurde nur als Computermodell geschaffen. Versuchspersonen sollten diese Kleinstadt als Bürgermeister regieren und die Gesamtsituation der Stadt durch einzelne Maßnahmen verbessern. Insbesondere sollten einige Mißstände wie Jugendarbeitslosigkeit und Wohnungsnot behoben werden. Der Computer errechnete nun die jeweiligen Auswirkungen ihrer Entscheidungen auf das gesamte System. Es zeigte sich, daß die Menschen durch die Komplexität, wie sie in Lohhausen exemplarisch vorhanden ist, rasch überfordert werden. Sie trafen in bester Absicht Entscheidungen, die sich auf die Gesamtsituation der Stadt nachteilig auswirken. Kurz, sie regierten Lohhausen in Grund und Boden, etwas, was ja auch in der wirklichen Politik nicht ganz ungewöhnlich ist. Woran liegt das?

Dörner zählt die Gründe auf. An erster Stelle nennt er die «bislang herrschenden Denktraditionen», die der «Notwendigkeit, in *Problemnetzen* zu denken, nur wenig gerecht werden. Die Tendenz zum monokausalen Denken in Wirkungsketten statt in Wirkungsnetzen ist nicht verträglich mit der Notwendigkeit, ‹vernetzt› zu denken.»[42] Sodann nennt er ein Merkmal der «motivationalen Organisation des Menschen», das er als «Prinzip der Überwertigkeit des aktuellen Motives» bezeichnet. Kurz ausgedrückt besagt es: «Menschen bemühen sich um die Beseitigung derjenigen Mißstände, die sie haben und kümmern sich nicht um diejenigen Mißstände, die sie nicht haben».[43] Schließlich nennt er die Unfähigkeit, mit der Eigendynamik von Systemen umzugehen. «Ein status-quo-Denken, welches den vorhandenen Zustand als in alle Ewigkeit extrapolierbar ansieht

---

[41] Dörner, Kreuzig, Reither, Stäudel (Hrsg.): Lohhausen. Vom Umgang mit Unbestimmtheit und Komplexität. Bern, Stuttgart, Wien, 1983.
[42] a.a.O. S.23.
[43] a.a.O. S.23f.

und den Wandel und seine Gesetzmäßigkeiten nicht berücksichtigt, scheint uns eher die Regel als die Ausnahme.»[44] Die Unfähigkeit, mit vernetzter Komplexität vernünftig umzugehen, kann auch, so vermutet er, «Effekte haben, die über die geringe Qualität der Handlungen selbst weit hinausgeht. Die Folge der Unfähigkeit können Deformationen des Denkens sein...»[45]

«Die bislang herrschenden Denktraditionen» – das verweist auf unsere «Software», unsere Sprache, die als Geschichtensprache zum Geschichtenerzählen taugt, zum «monokausalen Denken in Wirkungsketten». «Die Überwertigkeit des aktuellen Motives» – das verweist auf unsere «Hardware», insbesondere unseren «Arbeitsprozessor», der nur wenige (maximal sieben, plus/minus zwei) «Items» gleichzeitig einspeichern kann. Das «status-quo-Denken» verweist auf den sinnlich erlebten (oder vorgestellten) Einzelfall, welcher der Geschichte zugrundeliegt. Mit dieser Ausstattung taugt unser menschliches System der Informationsverarbeitung insgesamt nur schlecht für die Bewältigung von Komplexität. Das zeigte sich in der Kommunalpolitik von Lohhausen. Das zeigt sich aber auch in Verhandlungen, denn in praktisch jeder Verhandlung – mit Ausnahme des echten Basars, wo es nur um den Preis für den Teppich und nichts sonst geht – muß Komplexität bewältigt werden.

5. Positionsdenken – die intuitive Reaktion auf die Überforderung des Menschen durch Komplexität

Ich habe gesagt, daß Komplexität den Menschen überfordert. Und ich habe weiter gesagt, daß in praktisch jeder Verhandlung Komplexität bewältigt werden muß. Ich möchte jetzt zeigen, wie sich diese Überforderung im normalen Verlauf einer «intuitiven» Verhandlung auswirkt. Dazu verwende ich den oben geschilderten «Computerfall» und gebe zunächst den Beginn einer typischen Verhandlung dieses Falles im Wortlaut wieder:[46]

---

[44] a.a.O. S.24.
[45] a.a.O. S.24.
[46] Ich habe diesen Fall, wie erwähnt, mehrfach in Verhandlungsseminaren durchgespielt. Der hier wiedergegebene Verhandlungsbeginn ist typisch für die Art und Weise, wie die Partner in solchen Situationen sprechen und argumentieren.

Kunde K: «Sie müssen zugeben, daß Sie für diese Situation verantwortlich sind. Sie haben damals die «180» nicht wie verabredet geliefert. Hätten Sie das getan, dann hätten wir uns rechtzeitig darauf eingestellt, daß die Anlage den gestiegenen Geschäftsumfang nicht mehr bewältigt. Wir hätten dann frühzeitig eine «270» bestellt, und falls das nicht geklappt hätte, hätten wir andere Übergangslösungen gefunden. So aber haben wir mit der «360» gearbeitet, die ja alles wunderbar bewältigt hat. Die können Sie uns jetzt nicht einfach wegnehmen und durch eine «180» ersetzen. Wir brauchen die «360» noch für eine Übergangszeit von sechs Monaten, natürlich zum bisherigen Preis.»

Computerhersteller C: «Es tut mir leid, aber das geht nicht. Daraus, daß Sie in den vergangenen Monaten die volle Kapazität der «360» zum Preis einer «180» genutzt haben, können Sie doch keine Forderungen ableiten. Sie haben immer gewußt, daß die «360» nur übergangsweise aufgestellt wird, bis die vertragsgemäße «180» geliefert werden kann. Das ist jetzt der Fall. Wir müssen auf der Einhaltung unseres Vertrages bestehen. Die «360» wird für einen anderen Kunden benötigt.»

Wenn andere Personen diesen Fall verhandelten, wählten diese natürlich andere Formulierungen und Argumente. Strukturell geschah aber in allen Experimenten das Gleiche. Alle Seminarteilnehmer praktizierten eine Denkmethode, die man als *Positionsdenken* bezeichnen kann. Sie erzählten einander *Geschichten*, leiteten daraus *Argumente* ab und ließen ihre Geschichten in *Positionen* münden (wobei diese Reihenfolge beliebig abänderbar ist). Man kann sicher sein, daß dieses Verhalten auch in allen anderen «intuitiven» Verhandlungen zu beobachten wäre. Darauf habe ich bereits im Zusammenhang mit der Besprechung des «intuitiven Verhandlungsmodelles» hingewiesen. Ich bin jetzt imstande, dieses Verhalten genauer zu analysieren. Es erklärt sich aus den geschilderten Eigenheiten der menschlichen Informationsverarbeitung. Man muß diese Zusammenhänge in aller Deutlichkeit sehen, ehe man sich um Verbesserungen bemühen kann.

Geschichten: Beide Verhandler erzählen einander Geschichten. Sie erzählen sich wechselseitig, wie es zu dem zwischen ihnen stehenden Problem gekommen ist. Das Problem selbst kommt darüber zu kurz. Es wird nicht geschildert, und es wird damit auch nicht für die Verhandlung aufbereitet.

So erzählt K dem C, daß dieser die bestellte «180» nicht rechtzeitig geliefert hat (Geschichte). Er erzählt, was geschehen wäre, wenn K rechtzeitig geliefert hätte (weitere, fiktive Geschichte), und er setzt dann die ursprüngliche Geschichte fort, indem er aus seiner Sicht erzählt, was geschah, nachdem die «180» nicht rechtzeitig geliefert worden war. C erzählt dem K daraufhin ebenfalls Geschichten. Er beschreibt aus seiner Sicht, was K getan hat, und was K gewußt hat, und er verlängert diese Geschichten in die Zukunft, indem er erzählt, was künftig geschehen wird, nämlich die strikte Durchführung des Vertrages.

Argumente: Beide Partner leiten aus ihren Geschichten Argumente ab. Argumente haben die Eigenschaft, die bereits genannten Verhaltensprogramme zu aktivieren.[47] Und natürlich erzählt jeder seine Geschichten auf eine solche Weise, daß solche Programme aktiviert werden, die für ihn möglichst günstig sind.

So leitet K aus der Geschichte der nicht rechtzeitigen Lieferung der «180» das Argument der prinzipiellen Verantwortlichkeit des C für die Situation ab. (Verhaltensprogramm: «Wenn jemand seine Vertragspflichten nicht erfüllt, muß er alles tun, um daraus folgende Nachteile vom Vertragspartner abzuwenden».) Weiter gewinnt K aus der Geschichte seiner Gewöhnung an die «360» das Argument des Verbotes einer plötzlichen Änderung dieses Zustandes durch C. (Verhaltensprogramm: Wenn jemand sich an einen Zustand gewöhnt hat, darf ein anderer diesen Zustand nicht plötzlich ändern.)

Dagegen argumentiert C. Er lehnt es ab, dem K aufgrund der Nutzungsgeschichte der «360» das Recht auf zusätzliche Forderungen zuzugestehen. (Verhaltensprogramm: «Wenn jemand zu einem anderen kulant ist, darf der andere keine Forderungen daraus ableiten».) Ferner leitet C seinerseits aus der Geschichte der jetzt möglichen Lieferung der «180» das Argument der zu fordernden Vertragstreue des K ab. (Verhaltensprogramm: «Wenn jemand selbst seine Vertragspflichten erfüllt, kann er von seinem Vertragspartner ebenfalls Vertragstreue verlangen».)

Diese Verhaltensprogramme, deren «Stimmigkeit» ohne weiteres einleuchtet, werden bei der «Evidenz» von Argumenten unentwegt aktiviert, ohne daß wir uns dessen bewußt sind. Ich sagte ja schon, daß unsere Regelsysteme noch weitgehend unerforscht im dunkeln liegen. Ich komme gleich darauf zurück.

---

[47] Näher zum Wesen der Argumente im gleich folgenden Text.

Positionen: Aufgrund ihrer Argumente beziehen beide Personen ihre Positionen. Die Position des K steht am Ende seines Statements: Er fordert, C solle ihm die «360» noch sechs Monate zum bisherigen Preis belassen. Die Position des C steht am Beginn seiner Ausführungen, und sie wird am Schluß nochmals im Detail bekräftigt: C lehnt die Forderung des K ab und besteht auf der Einhaltung des Vertrages.

Es lohnt sich, noch genauer zu analysieren, was bei der Anwendung dieses Modelles «Geschichte – Argumente – Positionen» geschieht.

Zunächst fällt bei den *Geschichten* auf, daß die Partner einander nichts Neues erzählen. Sie langweilen einander gegenseitig mit Geschichten, die sie jeweils schon kennen. Deshalb hören sie einander nicht (oder kaum) zu. Daß die Sprache zum Sprechen, nicht zum Zuhören gemacht ist, sagt schon ihr Name. Wäre es anders, hieße sie «Höre». In den USA gibt es eigene Seminare, in denen das Zuhören gelehrt wird.

Warum erzählen die Partner einander Geschichten, die der andere schon kennt? Sie tun das, weil sie die Geschichten in Wahrheit nicht dem anderen, sondern sich selbst erzählen. Natürlich können sie von sich selbst nichts Neues erfahren, aber das wollen sie auch nicht. Es geht ihnen um etwas anderes. Sie «laden» sich selbst mit ihren Geschichten, indem sie diese aus ihrem Langzeitgedächtnis (oder aus anderen Externspeichern, z. B. Akten) in ihren Arbeitsprozessor einspeichern. Und sie «laden» sich deshalb, weil die Geschichte den Boden bildet, aus dem sie jeweils ihre Argumente und Positionen gewinnen können. Von deren Richtigkeit überzeugen sie nicht den anderen, sondern sich selbst. So ist das eben erwähnte Verhaltensprogramm: «Wenn jemand seine Vertragspflichten nicht erfüllt, muß er alles tun, um daraus folgende Nachteile vom Vertragspartner abzuwenden» ein fragwürdiges Programm, welches einer genauen Betrachtung nicht standhält. Das Wort «alles» ist viel zu weit und umfaßt nicht die von K erhobene Forderung. K will aber an dieses Programm glauben. Also erzählt er sich selbst seine eigene Geschichte, bis er an sein eigenes Argument glaubt. Das nützt ihm aber nichts, weil sein Partner C nicht daran glaubt.

Sodann fällt auf, daß die Parteien unterschiedliche Geschichten erzählen. Das hat zunächst nichts mit Informationsmängeln oder Beweisschwierigkeiten zu tun. (Natürlich können diese erschwerend hinzutreten.) Ein- und derselbe Fall wird von verschiedenen Menschen unterschiedlich erlebt und deshalb auf verschiedene Weise als

Geschichte erzählt. Jeder Mensch «produziert» seine eigene Wirklichkeit. Dieser sprachliche «Konstruktivismus» hat viele zeitgenössische Denker bewegt. Er ist auch in Verhandlungen zu beobachten. So erzählt K die Geschichte eines Kunden, der ungewollt und unschuldig in den Besitz eines zu groß dimensionierten Computers kam, und der dadurch an rechtzeitigen Anpassungsmaßnahmen gehindert wurde. C erzählt dagegen die Geschichte eines Lieferanten, der sich weit über seine Verpflichtungen hinaus kulant gezeigt hat, und der jetzt vom anderen Teil wenigstens Vertragstreue erwarten kann. Beide sehen und erzählen jeweils einen anderen Ausschnitt aus der Realität. Es besteht kein sachlicher Dissens zwischen ihnen, aber die Ausschnitte sind weit voneinander entfernt. Keiner ist bereit, die «Wirklichkeit» des anderen zu akzeptieren. Auch dies ist ein Grund dafür, daß die Parteien einander nicht zuhören.

Es kommt hinzu, daß die Parteien in ihren jeweiligen Arbeitsprozessoren keinen Speicherplatz für Geschichte ihres Partners haben. Sie können dort immer nur eine einzige Geschichte einladen, und das ist regelmäßig ihre eigene Geschichte, also die Geschichte, welche sie sich selbst erzählen, und an die sie glauben wollen. Niemand kann zwei Geschichten gleichzeitig «laden». Auch wegen dieser Kapazitätsüberforderung hören die Parteien einander nicht zu. So halten sie im Grunde einsame Monologe, deren Zuhörer nur sie selbst sind. Mit einer Verhandlung hat das nichts zu tun.

Betrachtet man sodann die *Argumente* genauer, so sieht man, daß alle Argumente im Grunde aus der Evidenz von Fällen, und das heißt Geschichten, gewonnen werden. Man betrachtet einen anderen Fall, bei dem die gewünschte Folgerung evident richtig erscheint, und behauptet, der konkret anstehende Fall sei ebenso wie dieser andere Fall gelagert (oder ganz anders gelagert). Damit kann man die dort gültige Lösung auf den gerade anstehenden Fall übertragen (oder dies ablehnen). Aus der Evidenz des anderen Falles leiten sich die erwähnten Verhaltensregeln ab, auf die man sich bei dieser Vorgehensweise beruft. Darum kommt man in der öffentlichen Verwaltung mit nur drei Argumenten aus: «Das haben wir schon immer so gemacht!» «Das haben wir noch nie so gemacht!» «Da könnte ja jeder kommen!»[48]

---

[48] Diesen drei Argumenten entspricht ein dreistufiges Lösungsschema für Probleme: «Da machen wir erst einmal nichts! Dann schauen wir! Und dann werden wir schon sehen!»

In der juristischen Argumentationslehre gibt es den Analogieschluß (argumentum a simile), den Umkehrschluß (argumentum e contrario), das argumentum a fortiori (argumentum a maiore ad minus, argumentum a minore ad maius) und das argumentum ad absurdum. Ferner gibt es die Interpretationsargumente.[49] Letztlich geht es dabei immer um den Fallvergleich. Wenn ein Fall nicht evident für eine bestimmte Deutung steht, so wird ein anderer, evidenter Vergleichsfall herangezogen, und es wird dessen Ähnlichkeit (argumentum a simile) oder Unähnlichkeit (argumentum e contrario) mit dem gerade anstehenden Fall behauptet. Ein unmittelbarer Fallvergleich kann dabei freilich nicht durchgeführt werden. Dazu müßte eine Komplexität bewältigt werden, welche die methodischen Fähigkeiten des Menschen aus den genannten Gründen bei weitem übersteigt. Die Juristen helfen sich hier, indem sie aus den Einzelfällen Regeln ableiten. Diese Regeln entsprechen den erwähnten Verhaltensprogrammen. Sie haben eine «Wenn-dann-Struktur». Wenn der Fall X vorkommt, soll die Lösung Y gewählt werden. Nun kommt ein neuer Fall, und es wird gefragt, ob er zum Typus der Fälle X gehört (dann wird die Lösung Y gewählt) oder nicht (dann wird die Lösung Y nicht gewählt).

Im Computerfall arbeiten K und C in diesem Sinne mit der «Evidenz» ihrer jeweiligen Geschichten. Die Geschichte des K ergibt nach seiner Auffassung evident die Verantwortlichkeit des C und das daraus abgeleitete Verbot für C, dem K die «360» jetzt wegzunehmen. Die Geschichte des C ergibt dagegen nach dessen Auffassung ebenso evident, daß K aus der in der Vergangenheit gezeigten Kulanz keine Forderungen für die Zukunft ableiten kann, und daß K sich nunmehr vertragstreu verhalten müsse, weil C dies ebenfalls tue. Letztlich kommen die Verhandler hier nicht weiter, weil sie nicht über die Verhaltensprogramme selbst verhandeln, sondern diese nur intuitiv verwenden. Die aktivierten Regeln scheinen stimmig zu sein, aber sie passen nicht wirklich und helfen deshalb nicht. Dies bleibt aber im Dunkeln, weil über die Regeln nicht gesprochen wird.

Die *Positionen* sind schließlich nichts anderes als fiktive Geschichten. Sie beschreiben eine Zukunft, in der die Geschichte des anstehenden Problems diejenige Fortsetzung gefunden hat, welche sich die Parteien jeweils wünschen. Es ist dies das Wunschdenken, wie es

---

[49] Vgl. näher Ulrich Klug, Juristische Logik, 3. Aufl., Berlin – Heidelberg – New York, 1966, S. 97 ff.

Kinder praktizieren, die sich eine heile Welt vorstellen. Aber es sind Erwachsene, die hier ihre künftige Wunschwelt beschreiben.

So beschreibt K in seiner Forderung eine für ihn heile Welt, in der er die «360» noch sechs Monate weiter benutzen darf und dafür nur den Preis einer «180» bezahlen muß, während C in entsprechender Weise seine eigene künftige Idealgeschichte formuliert. In ihr verhält sich K vertragstreu, akzeptiert die angebotene «180» und gibt dem C die ihm kulanterweise von diesem überlassene «360» zurück.

Im Kern beruht also alles auf der Geschichte. Wir benutzen in Verhandlungen eine Methode, die für eine ganz andere Veranstaltung – das Geschichtenerzählen – geschaffen ist. Dieses Verfahren ist zur Bewältigung von Komplexität, wie sie in Verhandlungen geleistet werden muß, nicht geeignet und daher wenig hilfreich. Ich will seine wesentlichen Nachteile in vier Stichworten zusammenfassen: *Fehlendes Zuhören, geringe Ökonomie, Verschärfung des Konfliktes* und *mangelnde Kreativität*. Im einzelnen:

Fehlendes Zuhören[50]: Dieser Nachteil ergibt sich einfach aus der Tatsache, daß die Parteien einander mit Geschichten langweilen. Unsere Geschichtensprache ist, man kann es nicht oft genug sagen, zum Sprechen, nicht zum Zuhören gemacht. Die meisten Geschichtenerzähler glauben zwar, daß die anderen Menschen sich für ihre Erzählungen interessieren, aber dies ist ein Irrtum. Regelmäßig sind nur sie selbst ihr eigenes interessiertes Publikum. Die anderen sind vielleicht höflich, aber gewiß nicht interessiert, und wahrscheinlich hören sie überhaupt nicht zu. Wenn sie ausnahmsweise zuhören, so merken sie sich das Gehörte nicht, oder sie merken sich nur einzelne Punkte, die ihnen angreifbar erscheinen. Dies deshalb, weil die Verhandler einander regelmäßig, wie schon gesagt, nichts Neues erzählen. Damit ein Geschichtenerzähler ein fremdes Publikum findet, muß er schon ein begnadeter Redner oder Schriftsteller sein. Die wenigsten Menschen besitzen diese Gabe. Sie erzählen schlecht, und niemand hört ihnen zu. Einer dieser armen Teufel lief in seiner Verzweiflung einmal zu seinem Arzt.

«Was fehlt Ihnen?» fragte dieser.

«Ich habe ein Problem, Herr Doktor. Niemand hört mir zu.»

---

[50] Große Unternehmen haben dieses Problem erkannt und für ihre Mitarbeiter eigene «Besser-Zuhör-Programme» entwickelt. In den USA werden sogar körpersprachliche Zuhörtechniken gelehrt (Hand hinter das Ohr, Oberkörper zum Partner vorgebeugt, usw.)

«Der Nächste bitte!» rief der Arzt.

Bei Verhandlungen kommt hinzu, daß die Geschichte des jeweiligen Partners durchweg diejenige Version eines Falles ist, die man selbst am wenigsten hören möchte. Im Computerfall möchte K alles hören, nur nicht die Geschichte eines Lieferanten C, welcher sich weit über seine Verpflichtungen hinaus kulant gezeigt hat, welcher jetzt vertragstreu ist, und welcher jetzt von seinem Kunden ebenfalls Vertragstreue erwartet. Genau das erzählt C ihm aber. C wiederum ist unter allen möglichen Geschichten des K am allerwenigsten an der Geschichte eines Kunden interessiert, der ungewollt und unschuldig, ja, gerade zwangweise in den Besitz eines viel zu großen Computers gekommen ist und dadurch an rechtzeitigen Anpassungsmaßnahmen gehindert wurde. Und genau das bekommt er von K zu hören. Nirgendwann sonst außer in Verhandlungen erzählen die Parteien sich mit so großer Sicherheit gegenseitig genau das, was sie auf keinen Fall hören wollen. Es gibt kein verläßlicheres Mittel, um einen anderen am Zuhören zu hindern.

Und noch etwas kommt hinzu. Die Geschichten geraten uns regelmäßig viel zu lang. Wir sind ja geborene Geschichtenerzähler. Deshalb verlieren wir den Faden beim Geschichtenerzählen nicht. Die Worte gehen uns nicht aus. Auch wissen wir nicht, wann wir wieder zu Wort kommen werden, und ob uns nach der Geschichte des anderen noch alles einfallen wird, was wir jetzt im Kopf haben. Also erzählen wir alles, was uns bewegt, ohne Rücksicht darauf, ob es den Partner erreicht. In Verhandlungen kann man es immer wieder erleben, daß der eine sein Statement zu Ende führt («Lassen Sie mich ausreden!»), obwohl der andere ihm mit Worten und voller Körpersprache signalisiert, daß er schon lange nicht mehr zuhören und statt dessen ungeduldig ist, selbst zu Worte zu kommen. Die Geschichte wird zu Ende erzählt, koste es, was es wolle.

Geringe Ökonomie: Dies meint zunächst die Tatsache, daß es nicht ökonomisch ist, Geschichten zu erzählen, wenn der andere sie schon kennt und/oder nicht zuhört, und daß es nicht ökonomisch ist, den anderen Geschichten erzählen zu lassen, wenn man selbst sich dabei langweilt und/oder nicht zuhört. Es meint sodann die Tatsache, daß im System «Geschichte – Argumente – Positionen» zwar regelmäßig Argumente gebracht, aber nicht verwertet werden. Argumente sollten eigentlich dazu dienen, die Lösung des Falles vorzubereiten. So stehen im Computerfall die Argumente des K (Verschuldensargument,

Gewöhnungsargument) gegen die Argumente des C (Kulanzargument, Vertragsargument). Über deren Richtigkeit und deren Rangverhältnis wäre zu verhandeln (falls nicht die Argumentationsbasis durch Kuchenvergrößerung zu verbreitern wäre – darauf komme ich noch zurück.) Aber da die Argumente ihrerseits an Fällen, und das heißt, wiederum an Geschichten, festgemacht sind, hat man es leicht, die Argumente des jeweiligen Partners garnicht erst an sich heranzulassen: Man hört ja ohnehin der Geschichte des anderen nicht zu. Damit läßt man die Geschichten, aus denen Argumente folgen, nicht erst an sich herankommen. Das Argument erreicht einen dann erst recht nicht.

So kann man es denn in Verhandlungen beobachten, daß Argumente eher wie Kanonenkugeln benutzt werden. Man feuert sie ab, wartet, bis der Pulverdampf sich verzogen hat und lugt nach drüben, ob das feindliche Schlachtschiff ein Leck zeigt und womöglich zu sinken beginnt. Aber die Antwort wird eine Salve von Gegenargumenten sein, und dann wird die feindliche Mannschaft ihrerseits erwartungsvoll Ausschau halten. Beim Schiffeversenken mag dies die richtige Methode sein. In Verhandlungen ist sie das nicht.

Die geschilderte Vorgehensweise wird noch dadurch begünstigt, daß es außerordentlich bequem ist, gegnerische Argumente einfach zu ignorieren. So wird dieses Ignorieren denn auch unentwegt praktiziert. Der eine bringt ein sehr gutes Argument. Der andere hört nicht zu und bringt seinerseits ein sehr gutes Argument, das mit dem ersten Argument überhaupt nichts zu tun hat. Darauf reagiert wieder der erste nicht und bringt statt dessen ein weiteres Argument. Und so geht das fort. Daß dieser ständige Themenwechsel nicht ökonomisch ist, liegt auf der Hand.

So gut wie nie geschieht es, daß Argumente zu Ende diskutiert werden, daß daraus Zwischenergebnisse gewonnen werden, und daß aus diesen Zwischenergebnissen dann zum Schluß das Gesamtergebnis der Verhandlung abgeleitet wird. Genau dies müßte aber geschehen.

Verschärfung des Konfliktes: Dies meint die Gegenüberstellung und Befestigung von unverträglichen Positionen im System «Geschichte – Argumente – Positionen». Angesichts eines komplexen Problemes schreiben wir die Geschichte des Problemes in eine fiktive Zukunft fort, in der das Problem ganz in unserem Sinne gelöst ist. Diese Lösung ist aber ganz und gar nicht im Sinne unseres Partners. Er malt sich vielmehr in seiner Gegenposition seine ideale Zukunftsgeschichte aus, die wiederum mit unserer Vorstellung völlig unverträglich ist. Es

kann ja nur eine Geschichte Wirklichkeit werden. Je mehr diese unverträglichen Positionen bezogen werden, desto schärfer wird der
Konflikt. Am Anfang haben die Parteien ein gemeinsames Problem.
Nach ihren einleitenden Statements haben sie ein größeres Problem
als zuvor. Sie haben sich nämlich jetzt auf unvereinbare Positionen
festgelegt, von deren Richtigkeit sie sich selbst überzeugt haben, und
von denen sie nur schwer wieder ohne Gesichtsverlust wegkommen.
Es ist ein Grundfehler der meisten Verhandlungen, daß die Partner
zu Beginn ihre Positionen nennen. Positionen sind mögliche Lösungen, und sie sind, wie noch zu zeigen sein wird, regelmäßig nicht
die einzigen möglichen Lösungen. Die Lösung eines Problemes steht
nicht am Anfang, sondern am Schluß der Arbeit. Wer sofort mit der
Nennung von möglichen Lösungen beginnt, der zäumt das Pferd
vom Schwanz her auf.

Mangel an Kreativität: Positionsdenken ist kreativitätsfeindlich.
Wenn die Parteien über ihre Positionen «verhandeln», so findet, genau besehen, keine Verhandlung, sondern ein Machtkampf statt. Damit verbauen sich die Partner den Weg zu etwaigen anderen, besseren, weiterführenden Lösungen. Jede andere Lösung würde ja ein
Aufgeben der eigenen Position voraussetzen. Das aber wird mit einer
Niederlage gleichgesetzt und darf daher nicht sein. So finden nur die
jeweiligen Positionen Platz im Kopf der Parteien. Jede mögliche
Kreativität ist damit schon im Ansatz versperrt.

Es wird mitunter gesagt, Kreativität sei eine Gabe, die nur besonderen Menschen, vor allem den Künstlern, gegeben sei. Im normalen
Alltag habe Kreativität keinen Platz. Und Verhandlungen gehörten
nun einmal zum normalen Alltag. Diese Auffassung ist irrig. Jeder
Mensch kann kreativ sein. Er benötigt nur die richtige Umgebung
und die richtige Einstellung. Picasso hat einmal gesagt, alle Kinder
seien kreativ; die Kunst bestünde nur darin, auch als Erwachsener
kreativ zu bleiben. Zu dieser Kunst kann man als Erwachsener finden.
In Verhandlungen kann man so weit kommen, daß alle Beteiligten
kreativ sind. Ich werde das noch unter der Überschrift «Kuchenvergrößerung» zeigen.[51] Man muß freilich die Hindernisse aus dem Weg
räumen, die der Kreativität im Wege stehen. Ein Haupthindernis ist
das System «Geschichte – Argumente – Positionen», und es entsteht
immer dann, wenn man den Dingen ihren «intuitiven» Lauf läßt.

---

[51] Siehe unten Teil D 8.

D. Strukturdenken – der Weg zur rationalen Bewältigung von Komplexität in Verhandlungen

1. Was ist eine Struktur?

Aus den bisherigen Ausführungen ergibt sich, daß der Strukturbegrif beim Bemühen um die Verwirklichung des rationalen Verhandlungsmodelles eine Hauptrolle spielt. Die Struktursprache ist die Sprache, in welcher Komplexität verarbeitet werden kann. Sie ist unsere tertiäre Sprache, nach der primären Körpersprache, und nach der sekundären Geschichtensprache. Was aber ist eine Struktur? Diese Frage will ich jetzt beantworten. Im Anschluß daran will ich verschiedene Strukturtypen aufzeigen und die Prinzipien der Strukturbildung behandeln.

Eine Struktur besteht aus (irgendwelchen) sprachlichen Elementen («Items»), die durch (irgendwelche) Beziehungen (Relationen) miteinander verbunden sind. Die Elemente können beispielsweise Begriffe sein. Als Beziehungen kommen beispielsweise die Und-Beziehung oder die Oder-Beziehung in Frage. Die einfachste Struktur besteht aus zwei Elementen, welche durch eine Beziehung miteinander verbunden sind. Schon mit einer solchen Struktur kann man etwas anfangen. Der Bankräuber, welcher «Geld oder Leben!» ruft, arbeitet mit einer solch elementaren Struktur. Und er zeigt dabei, daß er das Strukturdenken nicht beherrscht. Korrekterweise müßte er nämlich rufen «(Geld) oder (Geld und Leben)», wobei er die Klammern mitrufen müßte, um die Struktur eindeutig aufzuweisen und seinem Opfer klarzumachen, daß die erste Variante unbedingt vorzugswürdig ist. Aber das weiß und kann er nicht, weil er das Strukturdenken nicht beherrscht. (Nicht umsonst ist er Bankräuber geworden.) – Wenn sich der Kassierer in falschem Heroismus für die Variante «Leben» entscheidet, so verkennt er ebenfalls die Struktur, aber er ist entschuldigt, weil er aufgeregt ist.

Von welcher Art die Elemente und Relationen einer Struktur sind, ist gleichgültig. Die Elemente können konkrete Wörter, abstrakte Begriffe oder umfangreiche gedankliche Konzepte sein. Die Relationen können einfache aussagenlogische Verbindungen (z.B. «Und»,

«Oder», «Wenn – dann») sein, aus denen komplex verzweigte Gebilde entstehen können. Sie können aber auch für andere Beziehungen zwischen den Elementen stehen, etwa für Kausalitätsbeziehungen, zeitliche Beziehungen oder örtliche Beziehungen. Darauf kommt es hier nicht an. Entscheidend ist nur, daß ein irgendwie sinnvoll geordnetes Gebilde entsteht, welches zur gedanklichen Bewältigung irgendeiner komplexen Realität taugt. Und zwar handelt es sich dabei immer um eine solche Realität, die nicht als Geschichte erzählt werden kann.

Jede Sprache, übrigens auch die Geschichtensprache, arbeitet mit Strukturen. Freilich ist die Struktur der Geschichte sehr einfach, nämlich linear. Jede Geschichte besteht aus einzelnen Stationen (Elementen), welche durch das Medium der Zeit als Ketten von Ursachen und Wirkungen verbunden sind. Die Wirkungen werden wieder zu Ursachen, undsofort. Dabei sind auch Verzweigungen und Parallelketten (Parallelgeschichten) möglich. Es können auch Sprünge, Vorgriffe und Rückblicke, hypothetische Alternativen, Kreisverkehr und chaotische Erzählweisen aller Art vorkommen. (Gute Geschichtenerzähler sind, wie schon gesagt, rar.[52]) Aber immer liegt der Geschichte letztlich die einfache lineare Zeitstruktur zugrunde. Und nur für diese sehr einfache Art der Strukturierung wurde das menschliche informationsverarbeitende System, wie oben ausgeführt, geschaffen.

Für die Bewältigung von Komplexität in Verhandlungen werden anspruchsvollere Strukturen benötigt. Das zeigt der oben besprochene Computerfall. Praktisch jede Verhandlung betrifft einen vergleichbar komplexen Gegenstand. Nehmen wir etwa die Verhandlung eines

---

[52] Der Leser achte einmal auf die Erzähltechnik bedeutender Schriftsteller. Deren Kunst besteht darin, aus dem Fluß und der Fülle des Lebens unter Weglassung fast aller Details genau die Stationen auszuwählen, die als «Items» die Phantasie des Lesers in Gang setzen, so daß dieser, angeregt durch die Anstöße des Autors, sich die Geschichte im Grunde selbst erzählt. Der Laie, der einen Roman schreiben möchte, wird an dieser Aufgabe – welche Stationen soll er wählen und was soll er weglassen – verzweifeln. Wie soll er beispielsweise ein Haus beschreiben? Wo soll er anfangen, wo aufhören? Jeder Schriftsteller muß diese Aufgabe lösen. Der Leser erinnere sich an große Romane, in denen ein Haus beschrieben wurde, etwa das Buddenbrookhaus, oder das «Haus mit den sieben Giebeln». Und dann lese er bei Thomas Mann oder Nathaniel Hawthorne nach, wie diese bedeutenden Autoren ihre Aufgabe jeweils gemeistert haben. Er wird feststellen, daß viel weniger über das Haus im Roman steht als er davon in Erinnerung hat. Das Buddenbrookhaus steht jedem Leser von Thomas Mann leibhaftig vor Augen, aber im Roman findet sich so gut wie keine Beschreibung davon.

Fabrikanten mit einem Bauunternehmer.[53] Dieser soll für jenen ein
neues Produktionsgebäude errichten. Bei dieser scheinbar so simplen
Verhandlung geht es um viele komplex vernetzte Dinge. Ich greife
drei zentrale Punkte (Elemente, Aspekte, «Items») heraus: die *Kosten*
der Errichtung des Gebäudes, den *Zeitplan,* der für die Durchführung der Bauarbeiten vorgesehen ist, und die *Qualität* des Bauwer-
kes. Es ist offensichtlich, daß diese drei Aspekte einander gegenseitig
beeinflussen, daß also zwischen ihnen Relationen existieren. Die
Qualität hängt (auch) von den Kosten ab, und diese wiederum werden durch den Zeitplan beeinflußt, der sich natürlich seinerseits auf
die Qualität auswirkt. Ebenso ist es evident, daß die drei Elemente
skalierbar sind. Die Kosten können irgendwo zwischen «niedrig»
und «hoch» liegen, der zur Verfügung stehende Zeitrahmen liegt zwischen den Terminen «nah» und «fern», und die Qualität kann von
«miserabel» bis «exzellent» reichen. Die Punkte auf den einzelnen
Skalen können dabei auch als solche unterschiedlich zu gewichten
sein. So kann es beispielsweise für den Auftraggeber wichtig sein,
daß das Gebäude vor einem bestimmten Termin bezugsfertig wird,
wobei es keinen großen Unterschied macht, ob dieser Termin knapp
oder erheblich unterschritten wird, während auf der anderen Seite
die Nachteile einer Terminüberschreitung mit jedem Tag exponentiell
anwachsen würden. Entsprechend kann es bei den Kosten so sein,
daß ein bestimmter Finanzrahmen zwar beliebig unterschritten, nicht
aber überschritten werden darf, und daß die Nachteile im Falle einer
Überschreitung ebenfalls exponentiell wachsen. Schon diese wenigen
Umstände ergeben insgesamt eine komplexe Struktur, die im Kopf
auch bei größter Anstrengung nicht mehr beherrscht werden kann.
In der Realität treten natürlich noch viele weitere Faktoren hinzu.

Bei der Verhandlung über einen solchen Gegenstand muß jede Seite
versuchen, die einzelnen Punkte so zu gestalten, daß für sie ein opti-
males Gesamtergebnis herauskommt? Aber welches Gesamtergebnis
ist optimal? Und wie bildet und beherrscht man die dafür erforderli-
che komplexe Struktur? Es ist klar, daß man hier mit der Geschichte
nicht weiterkommt. Die einfache lineare Auflistung und Abarbeitung
der einzelnen Elemente, wie sie in der Praxis alltäglich ist, und wie sie

---

[53] Dieses Beispiel verwende ich im Anschluß an Dörner, Kreuzig, Reither,
Stäudel: Lohhausen – Vom Umgang mit Unbestimmtheit und Komplexität, Bern
– Stuttgart – Wien, 1983, S. 19 ff. Dort findet sich eine ausführliche Besprechung
der psychologischen Aspekte dieses Falles.

letztlich aus der simplen Geschichtenstruktur stammt, ermöglicht es zwar, letztlich zu Resultaten zu kommen. Aber diese sind der Komplexität des Problemes nicht angemessen und darum nicht optimal. Für einen Mathematiker mag das Problem einfach erscheinen. Zu seiner Bewältigung existieren verschiedene Verfahren.[54] Auch in der betriebswirtschaftlichen Entscheidungslehre existieren Methoden zu seiner Lösung. Aber in der Realität einer Verhandlung wird nicht mathematisiert. Die Anwendung mathematischer Methoden setzt eine vollständige Formalisierung voraus, also eine Loslösung von allen Inhalten, wie sie in der Verwendung von Symbolen zum Ausdruck kommt. Der auf Leibniz zurückgehende Begriff Kalkül bringt das zum Ausdruck. Kalkül kommt vom «calculus ratiocinator», dem Kalksteinchen, mit dem man formal rechnen kann, ohne darüber nachdenken zu müssen, wofür es steht. In Verhandlungen kann man von diesen inhaltlichen Bezügen aber nicht absehen. Mathematische Methoden sind darum nur begrenzt anwendbar. In der Realität herrscht die Geschichte, und das Leben bequemt sich nun einmal nicht der Mathematik. Albert Einstein hat das zum Ausdruck gebracht, als er einmal sagte: «Insofern die Sätze der Mathematik sicher sind, haben sie nichts mit der Wirklichkeit zu tun, und insofern sie mit der Wirklichkeit zu tun haben, sind sie nicht sicher.»

Ich will damit nicht sagen, daß die Mathematik hier keine Hilfen anbieten kann. Aber diese müssen praktikabel sein. Ich denke, die Verwendung des Computers wird zur Praktikabilität dieser Hilfen führen. Gegenwärtig fehlt es freilich noch an universell einsetzbaren und leicht zu bedienenden Werkzeugen, die man etwa im erwähnten Baufall unmittelbar in einer Verhandlung benutzen kann. Solche Werkzeuge wird es schon in naher Zukunft geben. Die Mathematiker und Programmierer müssen nur erfahren, welcher Bedarf auf diesem Sektor vorhanden ist. (Vielleicht lesen sie dieses Buch.)

Was läßt sich nun tun, um diese Situation mit den heute verfügbaren Mitteln zu verbessern?

Zunächst ist ein Verzicht erforderlich, der Verzicht auf den Einsatz des meistverwendeten Hilfsmittels beim Umgang mit Komplexität, nämlich des menschlichen Daumens. Man hebt den Daumen, peilt darüber, veranschlagt die Kosten des neuen Gebäudes mit X DM,

---

[54] Howard Raiffa setzt sich in seinem schon erwähnten Buch «The Art and Science of Negotiation» eingehend mit diesem Problem auseinander.

setzt den Zeitpunkt der Einweihung auf den Tag Y fest, legt für die Qualität den Gütegrad Z fest, und befindet das Resultat für gut. – So mag es zwar häufig geschehen, aber optimal ist das nicht. Sodann ist es wichtig, der Neigung zum Geschichtenerzählen zu widerstehen. Es mag zwar reizvoll sein, dem Bauunternehmer das Elend zu schildern, in das man bei einer etwaigen Überschreitung des Termines zur Fertigstellung gerät (lange Geschichte, ergänzt durch die Geschichte der den Bauunternehmer in diesem Fall treffenden Konventionalstrafen). Und es mag den Bauunternehmer jucken, seinerseits etwa die Geschichte der unzuverlässigen Lieferanten und Subunternehmer zu erzählen, die ihm jede Terminplanung erschweren. Aber das alles ist nur Zeitvertreib und hilft bei der Verhandlung des Sachproblemes nicht weiter.

Stattdessen muß man das Verhandlungsproblem strukturieren. Dazu muß man sämtliche Aspekte und Unteraspekte des Problemes bestimmen und die zwischen ihnen bestehenden Relationen klären. Zur Lösung dieser Aufgabe existieren verschiedene Strukturtypen. Unter ihnen spielen die hierarchischen Strukturen eine Hauptrolle. Wenn man mit Strukturen arbeitet, erlangt man die formale Führung und damit etwas, was die Sprache im Begriff Verhandlungs-«führung» zum Ausdruck bringt. Wer Komplexität beherrscht, kann führen, und Führung ist ein Ja-Nein-Begriff: Man hat sie, oder man hat sie nicht. Wenn man sie hat, hat man auch die beste Chance, sich in den anstehenden Inhaltsfragen durchzusetzen. Auf all diese Punkte will ich im folgenden eingehen.

2. Das Prinzip «Formale Führung»

Strukturen sind formale Gerüste, die aus zwei Gründen regelmäßig akzeptiert werden. Zum einen betreffen sie nur «Formales», sind also unverdächtig. Wachsam ist man nur bei den Inhaltsfragen. Formale Punkte, etwa die Reihenfolge, in der man über die verschiedenen Aspekte eines Problemes verhandelt, erscheinen zweitrangig. Ob man erst über den juristischen und dann über den ökonomischen Aspekt eines Problemes spricht oder umgekehrt, erscheint unwichtig; wichtig scheint nur, welche Inhalte sich jeweils mit diesen Aspekten verbinden. Zum anderen eröffnen Strukturen einen Ausweg aus der permanent vorhandenen Überforderung der menschlichen Informationsverarbeitung durch Komplexität. Wer juristische und ökonomische (und sonstige) Aspekte samt Unteraspekten und Unterunteraspekten verarbeiten muß, mag auf all diesen Gebieten ein Experte sein, und er ist dennoch überfordert, insoweit es um die Bewältigung der daraus entstandenen Komplexität geht. Jede Hilfe, sofern sie unverdächtig erscheint, wird in solcher Lage dankbar angenommen, und sei sie noch so gering. Schon eine simple Tagesordnung, eine Agenda, bietet hier Hilfe, wieviel mehr ein Strukturvorschlag. Auch aus diesem Grunde wird er (meistens[55]) akzeptiert.

Wie mächtig der Drang ist, «Formales» zu akzeptieren, kann man daran sehen, daß normale Menschen dazu neigen, auf Fragen (= formale Aufforderungen zu Antworten) Antworten zu geben. Der erste Mensch, der diesen Umstand erkannte und ausnutzte, war Sokrates. Er lief den ganzen Tag durch Athen und verwickelte die Leute in Gespräche. Sein Schüler Platon schrieb diese Dialoge auf. Durch seine berühmte Fragetechnik zwang Sokrates seine Gesprächspartner nicht nur zu Antworten; er führte sie auch zu Ergebnissen, zu denen sie keineswegs geführt werden wollten. In ihrer Verzweiflung wußten sie sich keinen anderen Ausweg mehr als den, Sokrates den Prozeß zu machen, ihn mit der Begründung, er verderbe die Jugend, zum Tode zu verurteilen und hinzurichten. (Freunde wollten ihn retten, aber durch Anwendung seiner berühmten Fragetechnik gelang es Sokrates, sie von diesem Plan abzubringen.)

Auf die Idee, einfach die Antworten zu verweigern, kamen die Zeitgenossen des Sokrates nicht. Auf diese Idee kamen erst die neuzeitlichen Politiker, die insoweit keine «normalen» Menschen mehr sind. Jeder Politiker lernt zu Beginn seiner Karriere, daß er Fragen nicht zu beantworten braucht. Das erleicht nicht nur sein Leben; das ermöglicht oftmals erst das Geschäft. Wenn ein Journalist etwa eine simpel mit «Ja» zu beantwortende Frage stellt («Haben Sie Ihr Wahlversprechen gebrochen, keine Steuern zu erhöhen?»), kann man mit dieser Technik auf höchst bequeme Weise das sagen, was einem gerade in den Sinn kommt («Wir sollten in diesen schweren Zei-

---

[55] Es gibt natürlich Leute, die wissen, wie wichtig Tagesordnungen sind. Politiker lernen beispielsweise sehr früh, daß Versammlungen mit der Tagesordnung manipuliert werden können.

ten vor allem an das Schicksal der Bauern in der Europäischen Gemeinschaft denken...»). Normale Menschen beherrschen diese Technik freilich nicht und bleiben deshalb von der Politik ausgeschlossen. Politiker wissen auch, daß Strukturen Kompetenz suggerieren. Es gibt Politiker, die sich angewöhnt haben, zu jedem Thema eine einfache Zweier- oder Dreierstruktur zu bilden. («Zu diesem Thema gibt es drei Dinge zu sagen, nämlich erstens..., zweitens... und drittens...). Es ist ziemlich gleichgültig, was sie dabei inhaltlich sagen. Auch wenn ihre Aussagen trivial oder sogar unsinnig sind, demonstrieren sie doch durch die Struktur, daß sie ein komplexes Thema beherrschen. Es entsteht der Eindruck von Kompetenz. Hier liegt die Erklärung für die unglaubliche Geschwindigkeit, mit der sie zu einer Zeit, zu der andere Menschen noch versuchen, herauszufinden, worum es eigentlich geht, mit fertigen Stellungnahmen an die Öffentlichkeit treten. Übrigens ist ein solches Verhalten nicht auf Politiker beschränkt. Man trifft es auch anderswo an, etwa im Kollegenkreis der Hochschullehrer. Wenn beispielsweise irgendwo in einem Prozeß ein aufsehenerregendes Urteil geht, wird die Stellungnahme eines Rechtsprofessors rascher vorliegen als die schriftlichen Urteilsgründe.

Man kann nun die Mächtigkeit von Strukturen ausnutzen, um die formale Führung zu erlangen. Führung ist ein Ja-Nein-Begriff. Man hat sie, oder man hat sie nicht. Ein bißchen Führung gibt es sowenig wie ein bißchen Schwangerschaft. Führung erhebt einen totalen Anspruch. Wer formal führt, führt auch in der Bewertung und Entscheidung von Inhaltsfragen. Er hat damit die beste Chance, sich auch in diesem Bereich durchzusetzen.

Menschen, die Führernaturen sind, wissen das und praktizieren das auf intuitive Weise. Konrad Adenauer war beispielsweise ein solcher Mensch. Er wurde einmal in einer Kabinettssitzung heftig von seinem Finanzminister attackiert, einem FDP-Mitglied namens Starke. Adenauer unterbrach den Minister, wies auf das offenstehende Fenster und sagte: «Starke, machen Se dat Fenster zu!» Starke befolgte die Aufforderung (natürlich tat er das – formale Aufforderungen werden immer befolgt, siehe oben). Als er seinen Platz wieder einnahm und in seinen Angriffen fortfuhr, stand dem ganzen Kabinett wieder einmal deutlich vor Augen, wer das Sagen hatte. Starkes finanzpolitische Vorstellungen verschwanden in der Versenkung.

Die Geschichte könnte den Eindruck erwecken, als setze die Anwendung des Prinzipes «formale Führung» voraus, daß der andere dieses Prinzip nicht kennt. Dieser Eindruck wäre falsch. Das Prinzip «formale Führung» funktioniert auch dann, wenn alle Beteiligten das Prinzip kennen, beherrschen und ihrerseits praktizieren. (Hierin liegt ein Unterschied zu den noch zu besprechenden Manipulationstechniken, die gewissermaßen die Kehrseite der Strukturierungstechniken bilden, und die nur dann Erfolg haben, wenn die Opfer die Manipulationstechnik nicht kennen.) Strukturen sind prinzipiell neutral und unverdächtig. Die Hilfe, die sie bieten, ist real. Zwar kann die Anlage einer Struktur dem einen Verhandlungspartner einen strategischen Vorteil bieten. Aber wenn der andere dies erkennt, wird er deswegen nicht die Struktur als solche ablehnen. Er wird vielmehr eine andere, ihm günstigere Struktur vorschlagen, und die Verhandlung wird auf ein Niveau gehoben werden, welches mit formal unerfahrenen Partnern nicht erreicht werden kann. Davon profitieren letztlich alle Beteiligten.

Aber auch beim Umgang mit ungeschulten Partnern ist die Methode der Strukturierung eine faire Methode. Die Überforderung des anderen wird nicht ausgenutzt. Vielmehr wird ihr auf eine Weise abgeholfen, bei der jederzeit mit offenen Karten gespielt wird. Darin liegt ein wesentlicher Unterschied zu den noch zu besprechenden Manipulationstechniken.

Die Mächtigkeit des Strukturierens erweist sich an seiner Umkehrung. Wenn man, statt positiv formale Hilfen anzubieten, den Partner formal kritisiert, wird eine solche Kritik diesen viel mehr verletzen als eine inhaltliche Kritik. Sie trifft ihn nämlich an einer Stelle, an der er schwach ist, nämlich bei seiner formal begrenzten Leistungsfähigkeit. Diese Schwäche empfindet er, und deshalb reagiert er mit Ärger und Aggressivität. Eine inhaltliche Kritik wird dagegen längst nicht als vergleichbar verletzend empfunden.

Wenn jemand also zu seinem Gesprächspartner sagt, dieser rede Unsinn (inhaltliche Kritik), so wird das den Partner nicht sehr treffen. Erstens ist diesem der Gedanke schon selbst gekommen, zweitens hört er das täglich von seiner Frau und seinen Kindern, und drittens überhaupt. Wenn man ihm dagegen sagt, er rede zu lange (und ihm dies womöglich noch körpersprachlich durch einen Blick auf die Uhr sagt), dann wird er sehr empfindlich reagieren. Denn in diesem Punkt ist er schwach. Er kann sich nun einmal einfach nicht kurz fassen.[56] Er ist schließlich ein Geschichtenerzähler. Er kann Komplexität nicht knapp darstellen. Er verheddert sich in ihr. Das alles spürt er, darunter leidet er, und wenn man ihm seine Schwäche auch noch vor Augen führt, verletzt man ihn viel mehr, als wenn man ihn inhaltlich kritisiert.

Ich werde auf diesen Punkt im Zusammenhang mit der Phasenstruktur der Verhandlung zurückkommen. Wenn man mit Strukturen arbeitet, muß man darauf achten, bei ihrer Durchsetzung keine formale Kritik am Partner zu üben. Der Schlüssel zur Lösung dieses Problemes liegt im Abschluß von Verhandlungsverträgen. Ohne solche Verträge müßte man den undisziplinierten Verhandlungspartner ständig formal kritisieren und ihn dadurch ständig verletzen. Das kann man nur vermeiden, indem man zuvor Verträge über die Verwendung von Strukturen schließt. Wenn man dann auf deren Einhaltung besteht, kritisiert man den anderen nicht, sondern erinnert ihn an die Einhaltung eines Abkommens, dem er zuvor selbst zugestimmt hat. Auf diese Weise vermeidet man die sonst unvermeidliche formale Kritik. Ich komme auf diesen Punkt, wie gesagt, zurück.[57]

3. Hierarchische Strukturen

Hierarchische Strukturen (Baumstrukturen) spielen bei der Organisation von komplexem Wissen eine Hauptrolle. Um das zu erkennen, brauchen wir uns nur die Hilfsmittel anzusehen, die wir für die Speicherung und Verwaltung extern gespeicherten Wissens verwenden, also etwa Karteien, Kataloge, Inhaltsverzeichnisse, Register. Diese Mittel sind durchweg hierarchisch strukturiert. Auf der ersten Ebene werden beispielsweise Hauptschlagworte nach irgendeinem Ordnungskriterium, etwa nach dem Alphabet, zusammengestellt. Auf der zweiten Ebene werden jedem Hauptschlagwort wieder in entsprechender Weise Unterschlagworte zugeordnet – undsofort. Über drei Ebenen gehen wir dabei im allgemeinen nicht hinaus, weil auch bezüglich der Zahl der Ebenen die durch das Stichwort

---

[56] Ein Philosoph entschuldigte sich einmal bei einem Freund für einen langen Brief mit dem Hinweis, er habe für das Schreiben des Briefes nur wenig Zeit gehabt.

[57] S. unten Teil F 1.

«magische Sieben» gekennzeichnete Kapazitätsbegrenzung unseres Arbeitsprozessors wirksam ist.

Jeder, der eine private Ablage, etwa für eine wissenschaftliche Untersuchung oder für die Verwaltung seiner Angelegenheiten, organisieren muß, wird in entsprechender Weise hierarchisch vorgehen. Er wird also beispielsweise Ordner für die Hauptgebiete (Versicherungen, Steuern, Wohnung...) anlegen. Innerhalb der Ordner wird er Trennblätter für die Untergebiete (z. B. Krankenversicherung, Lebensversicherung, Haftpflichtversicherung...) anlegen, und-sofort. Dies geschieht so selbstverständlich, daß sich der Schluß auf analoge Techniken der Wissensspeicherung im menschlichen Gehirn geradezu aufdrängt. Offensichtlich entspricht die hierarchische Verwaltung von komplexem Wissen der Art und Weise, wie unser Gehirn organisiert ist. Läßt sich dieser Befund nachprüfen? Etliche Psychologen bejahen dies, und sie stützen sich dabei auf Experimente.

Ein in der Lernpsychologie durchgeführtes Experiment ging beispielsweise von der Annahme aus, daß Informationen über Tiere hierarchisch im Langzeitgedächtnis gespeichert werden. So fressen alle Tiere. Also wird diese Information vermutlich nicht immer wieder neu bei den einzelnen Tierarten, sondern einmal für alle Tiere gemeinsam auf einer abstrakten Ebene der Hierarchie beim Begriff «Tiere», gespeichert. Nur einige Tiere, insbesondere die Vögel, können dagegen fliegen. Also wird diese Information wohl auf einer konkreteren Ebene der Hierarchie, nämlich beim Begriff «Vögel» gespeichert. Von den Vögeln wiederum sind nur einige wenige Arten, so die Kanarienvögel, gelb. Folglich ist anzunehmen, daß diese Information auf einer noch konkreteren Ebene der Hierarchie beim konkreten Begriff «Kanarienvögel» gespeichert wird.

Wenn diese Hypothese zutrifft, muß die Antwort auf die Frage «Ist ein Kanarienvogel gelb?» rascher erfolgen als die Antwort auf die Frage: «Fliegt ein Kanarienvogel?» Und die letztere Antwort muß wiederum rascher erfolgen als die Antwort auf die Frage: «Frißt ein Kanarienvogel?» Denn bei der letztgenannten Frage muß der Antwortende ja das in seinem Langzeitgedächtnis gespeicherte Wissen über zwei Ebenen der Hierarchie, also zeitaufwendig, erschließen, während er bei der davor genannten Frage nur über eine zusätzliche Ebene suchen muß und bei der erstgenannten Frage gar unmittelbar und damit ohne Zeitverlust auf das beim Begriff «Kana-

rienvögel» gespeicherte Wissen «Gelb» zugreifen kann. Tatsächlich
haben Experimente diese Vermutung bestätigt. Die Frage nach der
Farbe wurde von Versuchspersonen im Schnitt schon nach
1.300 Millisekunden beantwortet, während die Frage nach dem Fressen deutlich mehr Zeit, nämlich 1.500 Millisekunden, in Anspruch
nahm.[58]
Hierarchische Strukturen entsprechen dem begrifflich-definitori-
schen Ja-Nein-Denken. Dieses Denken arbeitet mit Begriffspyramiden. Ein höherer (abstrakterer) Begriff ist «erfüllt», wenn die Merkmale einer niedrigeren (konkreteren) Begriffsdefinition zu bejahen
sind. So ist der abstrakte Begriff «Schimmel» dann «erfüllt», wenn
die konkreten Begriffe «Pferd» und «weiß» erfüllt sind. In der Wissenschaftstheorie der griechischen Antike spielten Begriffspyramiden
eine große Rolle. Man glaubte, mit ihnen einen Weg gefunden zu haben, um das Wesen der Dinge, ihr eigentliches Sein, ihre «Ontologie»
erfassen zu können. Das war ein Irrtum. Aber dessenungeachtet
spielt diese Denkweise auch heute eine Hauptrolle. Wenn etwa die
Juristen Gesetze «auslegen», dann arbeiten sie vorzugsweise mit hierarchischen Strukturen. Hierarchische Strukturen können in der Tat
als Arbeitsprogramme verwendet werden, indem man sie von oben
nach unten, von links nach rechts abarbeitet. Das will ich an einem
juristischen Beispiel verdeutlichen.

Nehmen wir an, ein Reisender hat in einem Eisenbahnabteil eine
Brieftasche gefunden, die ein anderer Fahrgast dort vergessen hat.
Er wollte sie sich aneignen und steckte sie ein. Die Frage ist, ob er einen Diebstahl oder eine Unterschlagung begangen hat. Dies hängt
davon ab, ob er die Tasche dem anderen im Sinnd des § 242 StGB
«weggenommen» hat oder nicht; im ersteren Fall hat er einen Diebstahl, im letzteren eine Unterschlagung begangen.

Der Jurist prüft dieses komplexe Problem, indem er eine Baumstruktur bildet, deren Dach durch das Tatbestandsmerkmal «Wegnahme» gebildet wird. Unter dieses Dach hängt er eine aus drei
«Items» bestehende Unterstruktur, welche die Wegnahme näher kon-
kretisiert, nämlich erstens das «Item» «fremder Gewahrsam», zweitens das «Item» «Bruch des fremden Gewahrsams» und drittens das
«Item» «Begründung neuen Gewahrsams». Unter das «Item» «Ge-

---

[58] Nach A. Collins und R. Quillian, zit. nach Mednick/Pollio/Loftus, Psychologie des Lernens, München 1975, S. 169.

wahrsam» hängt er eine weitere Unterstruktur, die aus zwei «Items» besteht, nämlich «Sachherrschaft» und «Herrschaftswille». Damit kann er die Strukturarbeit beenden. Er ist jetzt beim problematischen Punkt «Sachherrschaft» angelangt, und er kann leicht, etwa über einen strafrechtlichen Kommentar, zu den einschlägigen Präzedenzfällen finden. Auf diese weitere, spezifisch juristische Tätigkeit kommt es hier nicht an.[59] Es soll nur das Prinzip verdeutlicht werden: Hierarchische Strukturen können als Anwendungsprogramme für konkrete Arbeitssituationen verwendet werden.

Wie das Beispiel zeigt, arbeitet der Jurist eine Baumstruktur von oben nach unten und von links nach rechts ab. Dabei speichert er jeweils nur einen Teilausschnitt in seinen Arbeitsprozessor ein. Beim ersten Prüfschritt speichert er das Dach «Wegnahme» und die drei «Items» «(fremder) Gewahrsam», «Bruch des fremden Gewahrsames», «Begründung neuen Gewahrsames» in seinen Arbeitsprozessor ein. Insgesamt besteht diese Struktur aus vier Elementen; sie kommt damit der aufgezeigten Kapazitätsgrenze des Arbeitsprozessors (sieben Elemente plus/minus zwei)[60] schon nahe. Beim zweiten Durchgang wird diese Viererstruktur im Kurzzeitgedächtnis zwischengespeichert; an ihrer Stelle wird eine Unterstruktur, und zwar eine Dreierstruktur, bestehend aus den «Items» «(fremder) Gewahrsam» als Dachbegriff und «Sachherrschaft» und «Herrschaftswille» als Unterbegriffe, eingespeichert. Damit hat der Jurist das Problem in der Gesamtstruktur lokalisiert.[61] Er kann jetzt zu

---

[59] Die Methode, die der Jurist jetzt verwendet, besteht in einem Fallvergleich. Da sein Fall kein Normalfall der «Wegnahme» ist, muß er am problematischen Unter-Unter-Merkmal «Sachherrschaft» prüfen, ob der anstehende Problemfall noch zum Normalfalltypus der Wegnahmefälle gehört oder nicht. Das erstere ist der Fall, wenn der Besitzer der Brieftasche lediglich in den Speisewagen gegangen war, seine Sachherrschaft also lediglich räumlich gelockert war. Das letztere ist anzunehmen, wenn der Eigentümer die Brieftasche vergessen hatte und aus dem Zug ausgestiegen war. Dann hatte er die Sachherrschaft endgültig verloren. Leser, die sich für die juristischen Strukturprobleme interessieren, verweise ich auf mein Buch «Einführung in das juristische Lernen», 5. Aufl., Bielefeld, 1991.

[60] Siehe oben Teil C 2.

[61] Man kann die gesamte juristische Dogmatik als eine Veranstaltung begreifen, die sich aus der Architektur des menschlichen informationsverarbeitenden Systems erklärt. So wird die Unterstruktur «Gewahrsam» nur wegen der Kapazitätsbegrenzung des menschlichen Arbeitsprozessors gebildet.

seiner eigentlichen juristischen Aufgabe, der Entscheidung des Falles, schreiten.[62]

Diese Methode kann man auch in Verhandlungen mit Nutzen verwenden. Dabei ist auf die folgenden Punkte zu achten:

Man muß zunächst und vor allem auf den Dachbegriff achten, weil an ihm die ganze Struktur hängt. Jeder Fehler an dieser Stelle wird fatale Konsequenzen haben. In Verhandlungen ist dieser Dachbegriff identisch mit dem Thema der Verhandlung. Es kommt also darauf an, zu Beginn jeder Verhandlung das Thema präzise zu bestimmen. Dies geschieht durch eine Themenverhandlung. Anders gesagt, die wichtigsten Ereignisse in einer Verhandlung finden zu Beginn statt, also zu einer Zeit, zu der man sich herkömmlicherweise von allen kritischen Punkten noch weit entfernt wähnt und darum nicht aufpaßt. Ich komme hierauf zurück.[63]

Nächst dem Thema muß man auf die Hauptaspekte der ersten Strukturebene achten. Hier drohen vier typische Fehler. Es werden *zu viele Hauptaspekte* gewählt, es werden *Äpfel und Birnen vermengt,* es werden unter ein Dach gehörende *Aspekte weggelassen* und es wird ein *offener Katalog von Aspekten* aufgestellt. (Diese Fehler drohen natürlich auch auf den tieferen Stufen der Hierarchie, doch sind ihre Auswirkungen dort nicht so schwerwiegend.)

Zu viele Hauptaspekte: Aus dem Thema sollten zwei bis maximal vier Hauptaspekte des Verhandlungsproblemes gewonnen werden (Stichwort «magische Sieben»). Eine größere Zahl überfordert die Verhandler. Ideal ist die Zahl drei. Zusammen mit dem Thema ergeben sich daraus vier «Items», die den im Arbeitsprozessor verfügbaren Speicherplatz gut ausnutzen, ohne an seine Grenze zu stoßen. Das bringt zwei wesentliche Vorteile mit sich. Es werden die richtigen Dinge im Arbeitsprozessor des Partners plaziert, und es wird verhindert, daß die falschen Dinge sich dort ausbreiten. Wenn man etwa in einer Verhandlung sagt: «Unser Thema X hat die drei Aspekte A, B und C», dann füllt man den Arbeitsprozessor des Partners mit den richtigen Informationen (X, A, B, C) und verhindert, daß dort die falschen Informationen (Gegengeschichte – Gegenargumente – Gegenposition) eingespeichert werden.

---

[62] Ich habe schon darauf hingewiesen, daß das hier angesprochene rechtssystematische Arbeiten nicht der eigentlichen Fallösung, sondern dokumentarischen und didaktischen Zwecken dient, vgl. oben Teil C 3.

[63] Siehe unten Teil F 4.

Schon die antiken Rhetoriker verwendeten mit Vorliebe die Dreierstruktur, das «Trikolon». Sie schufen universell anwendbare Rede- und Argumentationsschemata von der Art: «Was war, was ist, was wird sein?» (Vergangenheit – Gegenwart – Zukunft) oder «Was ist, was sollte sein, was ist zu tun?» (Ist-Analyse, Soll-Analyse, Weg vom Ist zum Soll). Da das menschliche Gehirn sich in den vergangenen zweitausend Jahren nicht verändert hat, sind ihre intuitiv gewonnenen Einsichten auch heute noch unverändert gültig und hilfreich.

Vermengung von Äpfeln und Birnen: Die Begriffe einer Strukturebene müssen auch wirklich zur selben Ebene gehören. Gegen diesen Grundsatz wird oft gesündigt. Es werden dann Äpfel und Birnen vermengt. Diesen Fehler begeht zum Beispiel der oben[64] erwähnte Schadenreferent des Versicherers, wenn er zum Versicherungsnehmer sagt: «Die Frage einer Leistung an Sie (Thema) hängt zum einen davon ab, ob Sie Schmerzen erlitten haben (erster Aspekt), und zum anderen davon, ob wir uns aus Kulanzgründen zu einer Zahlung entschließen können (zweiter Aspekt).» «Schmerzen» und «Kulanzgründe» liegen auf verschiedenen Ebenen. Der richtige Gegenbegriff zu «Kulanzgründe» wäre «Rechtsgründe». – Es ist nicht kleinlich, auf diesem Punkt zu beharren. Strukturen müssen dem anderen einleuchten. Dieser soll sie ja akzeptieren, und das wird er nicht tun, wenn sie ihm suspekt vorkommen. Das aber werden sie tun, wenn sie «schief» sind.[65]

Es werden Aspekte weggelassen: Strukturen taugen nur dann etwas, wenn sie vollständig sind. Alle Aspekte, die zu einem Dachbegriff gehören, müssen in ihnen erscheinen. Nehmen wir an, ein Thema X hat drei Aspekte A, B und C. Bei A und B fühlt man sich stark, während man bei C schwach ist. Dann ist man geneigt, bei der Strukturierung von X den Aspekt C einfach wegzulassen. Mag der andere ihn zur Sprache bringen. Vielleicht hat man Glück und der andere vergißt C. So denkt man. Aber man denkt falsch. Der andere wird den Punkt nicht vergessen, und die Struktur wird unvollständig und

---

[64] Teil B 3.

[65] Viele juristische Strukturen sind in diesem Sinne «schief». So arbeitet man im Strafrecht traditionell mit dem Trikolon «Tatbestand», «Rechtswidrigkeit» und «Schuld». Der letztgenannte Begriff liegt auf einer höheren Ebene als die beiden erstgenannten Begriffe. Der richtige Gegenbegriff zu «Schuld» wäre «Unrecht». Übrigens ist die Struktur auch unvollständig. Es fehlt die «Handlung». All diese Mängel erklären sich aus der besonderen menschlichen Vorliebe für das Trikolon, die Dreierstruktur.

damit wertlos sein. Also bringe man auch den ungünstigen Aspekt C selbst zur Sprache.

Gerade Juristen neigen hier aufgrund ihrer Ausbildung zu Fehlern. So tragen viele Anwälte im Zivilprozeß nur das vor, was ihrer Partei günstig ist. Sie überlassen es dem Gegner, das Ungünstige vorzutragen. Ein Anwalt sagte mir einmal, er würde niemals die Arbeit des Gegners verrichten. Das ist auch vor Gericht ein Fehler. Dieses Verhalten beschädigt die eigene Glaubwürdigkeit, und da Glaubwürdigkeit, ebenso wie Führung, ein Ja-Nein-Begriff ist, verliert man auf diese Weise nicht ein bißchen Glaubwürdigkeit. Man verliert die Glaubwürdigkeit ganz.

Bildung eines offenen Katalogs von Aspekten: Wenn man die Aspekte eines Problemes aufzählt, sagt man gerne: «Dieses Problem hat ja so viele Aspekte. Da ist der A-Aspekt, und da ist der B-Aspekt, und da ist der C-Aspekte, und dann gibt es noch viele weitere Aspekte...» Wenn man so vorgeht, fordert man den anderen dazu auf, in seinem Arbeitsprozessor freie Speicherplätze für weitere Aspekte zur Verfügung zu halten und jederzeit auf Überraschungen gefaßt zu sein. Zwangsläufig wird man bei solcher Vorgehensweise einen unaufmerksamen Zuhörer haben, weil der andere ja ständig überlegt, was noch alles kommen mag.

Ein Witz mag diesen Punkt illustrieren. Ein Hotelgast kehrt nach einem feuchtfröhlichen Abend nachts um drei Uhr in sein Zimmer zurück. Geräuschvoll fängt er an, sich auszuziehen. Er nimmt den linken Schuh und wirft ihn gegen die Zimmerwand. Da fällt ihm ein, daß ja nebenan andere Gäste schon schlafen. Leise zieht er den anderen Schuh vom Fuß, stellt ihn unter das Bett und geht schlafen. Eine Stunde später kommt ein gequälter Aufschrei aus dem Nebenzimmer. «Wann, bitte, kommt der andere Schuh?»

Der Grund für die häufige Bildung eines offenen Kataloges von Aspekten liegt in der aufgezeigten Überforderung beim Umgang mit Komplexität. Man ist nicht sicher, ob man alle Aspekte gesehen hat, und ob man sie richtig formuliert hat. Die Welt ist ja so komplex, daß man immer nur einzelne Ausschnitte sehen und behandeln kann. Also geht man exemplarisch vor und beschränkt sich auf einzelne, beispielhaft aufgeführte Punkte. Bei solcher Vorgehensweise demonstriert man freilich nur seine eigene Überforderung. Den Nutzen der Strukturierung kann man auf diese Weise nicht gewinnen.

Es gibt eine sehr einfache Lösung des hier angesprochenen Problems, nämlich die Hinzufügung eines (letzten) Aspektes «Sonstiges». Man sagt also etwa: «Unser Thema X hat drei Aspekte, nämlich A..., B... und C «Sonstiges».

4. Sonstige Strukturen

Es ist unvermeidlich, daß jetzt die sonstigen Strukturen behandelt werden. Hierarchische Strukturen spielen zwar, wie gesagt, eine Hauptrolle. Sie bieten jedoch nicht die einzige Möglichkeit, komplexe Probleme zu strukturieren. Hier gibt es weitere Möglichkeiten, unter denen zwei besonders wichtig sind: die *Abbildstruktur* und das *Konto*. – Darüberhinaus gibt es noch weitere Strukturen, etwa Flußdiagramme oder Programmablaufpläne, die freilich für Verhandlungen keine große Bedeutung haben.

Bei der *Abbildstruktur* werden die Elemente und Relationen eines Problemes optisch sichtbar dargestellt. Es wird «gemalt». Das ist eine gute Methode, und sie setzt hier keine besonderen künstlerischen Talente voraus. – Die Abbildstruktur entspricht dem anschaulichen Denken des Menschen. Sie knüpft unmittelbar an den erlebten Einzelfall an und ermöglicht es, komplexe Beziehungen darzustellen, ohne eine Geschichte erzählen zu müssen.

Diese Art der Visualisierung von Zusammenhängen ist etwa bei unübersichtlichen Personenbeziehungen hilfreich. So lassen sich viele rechtliche Verhältnisse ohne Abbildstrukturen kaum oder überhaupt nicht verständlich darstellen. Erbrechtliche Beziehungen, Grundpfandrechte wie Hypotheken und Grundschulden, Bürgschaften, Forderungsabtretungen, gesellschaftsrechte Verhältnisse und vieles andere mehr läßt sich auf diese Weise transparent machen. Erstaunlicherweise «malen» aber gerade Juristen nur äußerst selten. Ihre einseitige Fixierung auf verbale Äußerungen läßt sie die Möglichkeiten einer optischen Darstellung komplexer Zusammenhänge nicht sehen. Bei Leuten mit einem technisch-naturwissenschaftlichen Hintergrund ist das anders. In Computerunternehmen ist es beispielsweise Brauch, Besprechungen mit Hilfe eines Flipcharts zu führen und zum gerade anstehenden Problem etwas zu «malen». Hier ist man nicht so geschichtenverliebt wie dort, und das kommt der Lösung komplexer Probleme zugute.

Ein Strafverteidiger, der meine Seminare besucht hatte, kam einmal auf die Idee, eine komplizierte Beweisaufnahme im Plädoyer mittels

Grafiken auf einem Flipchart anschaulich zu machen. Er stellte den Antrag, beim Plädoyer eine «Tafel» benutzen zu dürfen. Das Gericht rätselte, was er wohl damit meinte, und befand, er wolle wohl eine Schiefertafel, wie sie früher in den Volksschulen benutzt wurde, als Gedächtnisstütze verwenden. Dem Antrag wurde zugestimmt. Nunmehr ließ der Anwalt das Flipchart in den Gerichtssaal tragen und verdeutlichte sein Plädoyer mit grafischen Übersichten. Noch nie, so berichtete er mir später, hatte er ein derart aufmerksames Publikum auf der Richterbank gehabt. Sein Mandant wurde natürlich freigesprochen.

Wenn Bilder betrachtet werden, kommt die Struktur eines Problemes zwangsläufig in den Kopf des Betrachters. Das hat den schon erwähnten Vorteil, zu verhindern, daß dort unerwünschte Dinge (Gegengeschichten, Gegenpositionen, Gegenargumente) Platz finden.

Das «Aufmalen» komplexer Probleme ist übrigens eine äußerst heilsame Übung. Sie entlarvt Schwätzer und Chaotiker. Die beliebten Fernsehdiskussionen über Themen wie «Der Mensch auf dem Wege vom Gestern zum Morgen» würden ein solches Mitmalen der zugrundeliegenden Strukturen in den meisten Fällen nicht aushalten. Hohle Worte würden ebenso entlarvt werden wie Kreisverkehr, Wiederholungen, Chaos, Anarchie und irrelevante Beiträge. In Verhandlungen und Konferenzen kann man sich derartige Fehler leicht ersparen. Der Erfolg von Malmethoden mit Namen wie «Metaplan» und «Mindmap» zeugt vom Nutzen dieses Vorgehens.[66] Die Probleme werden in ihre Elemente zerlegt, ihre «Items», und diese haben plötzlich einen sichtbaren Platz in der ansonsten unsichtbaren, da abstrakten Struktur.

Man nicht unbedingt auf Papier malen, um brauchbare Abbildstrukturen herzustellen. Es kann bereits genügen, körpersprachliche Mittel einzusetzen, um abstrakte Strukturen anschaulich darzustellen. Wenn ein Thema zwei oder drei Aspekte hat, so kann man dies durch eine entsprechend funktionale Gestik verdeutlichen. Die Aspekte erhalten auch auf diese Weise einen sichtbaren Platz; sie werden anschaulich; die Struktur wird sichtbar. Und die Körpersprache steht einem im Unterschied zu technischen Hilfsmitteln immer zur Verfügung. So macht man etwa den Aspekt «Kosten» am Dau-

---

[66] Neuerdings existieren nützliche Malwände in der Größe eines Flipcharts, die unmittelbar Kopien von den aufgezeichneten Skizzen liefern.

men fest, den Aspekt «Zeitplan» am Zeigefinger und den Aspekt «Qualität» am Mittelfinger (womit man übrigens ganz von selbst auf dem Weg zu einer funktionalen Gestik ist, und wobei einen die Begrenzung der Fingerzahl einer Hand zugleich vor einer Überforderung des menschlichen Arbeitsprozessors bewahrt).

Bei den Abbildstrukturen gibt es zwei prinzipielle Möglichkeiten. Man kann zum einen eine tatsächlich vorhandene Realität abbilden, und man kann zum anderen ein abstraktes gedankliches Gebilde sichtbar machen. Beide Möglichkeiten lassen sich auch miteinander verbinden.

Das erstere geschieht etwa, wenn etwa Personenbeziehungen sichtbar gemacht werden. Wenn A mit B einen Vertrag schließt und C sich für die Schuld des A aus diesem Vertrag gegenüber dem B verbürgt, so läßt sich dieser Vorgang durch ein Dreieck anschaulich machen. Wie das Beispiel zeigt, wird auf diese Weise zugleich ein abstraktes gedankliches Gebilde sichtbar gemacht. Eine durch einen Pfeil dargestellte «Schuld» oder «Bürgschaft» sind ja unwirkliche Realitäten, Dinge, die noch kein Mensch je gesehen hat. Sie sind Erfindungen, irreale «Realitäten», «Wirklichkeiten höherer Art», die freilich für uns Menschen viel realer sind als etwa das Papier, auf dem der Vertrag geschrieben ist, und das wir anfassen können. Papier ist nichts, aber eine Bürgschaft kann uns in den Ruin treiben und unser Leben radikal verändern. Diese unwirklichen Wirklichkeiten werden naturgemäß besonders schwer gesehen; hier tritt der Nutzen von Abbildstrukturen besonders deutlich hervor.

Eine weitere Strukturierungsmöglichkeit bietet sodann das *Konto*. Das ist eine Buchhaltung, in der man die Pros und Contras der möglichen Lösungen eines Poblemes übersichtlich auflistet, und in der man unter dem Strich einen Gesamtsaldo erstellt. Damit vermeidet man das fruchtlose Hin und Her, das sonst immer dann droht, wenn es Argumente für, aber auch gegen eine denkbare Lösung gibt. Christian Morgenstern hat diese Situation einmal am Beispiel einer Schnecke verdeutlicht, die sich überlegt, ob sie den Kopf aus ihrem Gehäuse stecken soll oder nicht. Soll sie es tun? Das brächte Vorteile mit sich. Aber es drohen auch Nachteile. Soll sie es also bleiben lassen? Das hat Vorteile. Aber auch hier gibt es Nachteile. Soll sie also? Oder soll sie nicht? – Die Schnecke ist heute noch mit diesem Problem beschäftigt.

Bei der Erstellung eines Kontos ist es zunächst wichtig, immer nur eine einzige von mehreren möglichen Lösungen des Verhandlungsproblemes zu betrachten. Zwar könnte man auch die Konten mehrer möglicher Lösungen erstellen. Aber das führt da nicht weiter, wo die Lösungen, wie so oft, einander kontradiktorisch entgegengesetzt sind. Wenn A von B die Erfüllung einer Forderung verlangt, und wenn B diese Erfüllung ablehnt, dann sind die beiden Entscheidungen «Erfüllung» und «Nichterfüllung» der Forderung einander kontradiktorisch entgegengesetzt. Die Pros beim Konto «Erfüllung» sind dann identisch mit den Contras beim Konto «Nichterfüllung», und umgekehrt. Es brächte hier also keinen Nutzen, zwei Konten zu erstellen. Davon abgesehen, wären wir bei dem Versuch, mehrere Konten zu erstellen, methodisch rasch überfordert.

Sodann ist es bei der Erstellung eines Kontos wichtig, die einzelnen Teilaspekte quantifizierbar zu machen. In den seltenen Fällen, in denen es sich um Ja-Nein-Aspekte (Beispiel: «Rechtmäßigkeit» oder «Rechtswidrigkeit») handelt, ist das kein Problem. In den häufigen Fällen, in denen es sich um skalierbare Mehr-oder-minder-Aspekte (Beispiel: «hohe Kosten» – «niedrige Kosten») handelt, ist das dagegen schwierig. In diesen Fällen muß man sich über die Skala Gedanken machen; diese kann zahlenmäßig vorgegeben sein (Beispiel: Kosten) oder frei zu gestalten sein (Beispiel: Bewertung der Chancen eines Rechtsstreites). Im letzteren Fall sollte man die Skala so gestalten, daß sie die Kapazität des menschlichen Arbeitsprozessors nicht übersteigt (Stichwort: «magische Sieben»). Gut ist z.B. eine Drei- oder Fünf-Punkte-Skala, die etwa von «völlig chancenlos» über «offen» bis «sehr aussichtsreich» gehen kann. Schlecht ist z.B. eine Achtzehn-oder-Zwanzig-Punkte-Skala. Solche Skalen werden gerne von Leuten benutzt, welche hier irrig an eine mögliche Genauigkeit glauben und darüber die Begrenztheit des menschlichen Gehirnes vergessen.[67]

Weiter sollte man sich über die Gewichtung der einzelnen Aspekte eines Kontos zueinander Gedanken machen. Es kann sein, daß ein

---

[67] An den Schulen und Universitäten wurden in den letzten Jahren die alten Notenskalen, die im intuitiven Wissen um die Begrenztheit des menschlichen Kopfes von den Noten «eins» bis «fünf» oder «sechs» reichten, durch Punkteskalen ersetzt, die beispielsweise bei den juristischen Staatsprüfungen von Null bis achtzehn Punkten reichen. Achtzehn Punkte überfordern aber den menschlichen Arbeitsprozessor. Die Prüfer helfen sich mit einer Vereinfachung des Systemes und reduzieren die achtzehn Punkte wieder auf die alten sechs Stufen von «mangelhaft» bis «sehr gut». Innerhalb dieser Stufen arbeiten sie jeweils mit einer Dreierstruktur, so wie das früher auch der Fall war, als man die Noten mit den Zusätzen «minus», «glatt» und «plus» versah.

Faktor (etwa der Qualitätsfaktor) wichtiger ist als ein anderer Faktor (etwa der Kostenfaktor). Die Gewichtung kann aber auch ihrerseits wiederum von der Skalierung abhängen. So kann es sein, daß der Zeitfaktor ab einem bestimmten Datum eine größere Rolle spielt als zuvor (Beispiel: Es wurde eine Konventionalstrafe für den Fall der Überschreitung eines bestimmten Termines vereinbart.) Ohne überlegtes Vorgehen drohen hier Gefahren. In unzähligen Verhandlungen werden jeden Tag komplexe Probleme verhandelt, ohne daß der Aufwand dieser Verhandlungen sich auch wirklich im Ergebnis niederschlägt. Dort wirken sich vielmehr der schon erwähnte erhobene Daumen aus, verbunden mit dem, was die Psychologen die «Überwertigkeit des gerade aktuellen Motivs» nennen (was bedeutet, daß das gerade im Kopf befindliche «Item» alle anderen verdrängt), und verbunden schließlich mit der noch zu besprechenden Gefahr der Verstrickung (man will nicht umsonst verhandelt haben; der Aufwand muß sich doch lohnen; also akzeptiert man ein Ergebnis, nur um ein Ergebnis zu haben[68]).

Freilich sollte man sehen, daß man bei all diesen Bemühungen rasch auf Grenzen stößt. Mit einem Konto verläßt man den Bereich des begrifflichen Denkens, welches die oben beschriebene hierarchische Struktur beherrscht. Das Konto führt zum typologischen Denken. Im Unterschied zum begrifflichen Ja-Nein-Denken der hierarchischen Strukturen findet jetzt ein Mehr-oder-minder-Denken statt. Jetzt geht es um Typen. Während ein Begriff erfüllt ist, wenn seine einzelnen Elemente erfüllt sind, geht es beim Typus um die nicht scharf faßbare Aufsummierung vieler Einzelfälle, deren Schnitt eben den Typus ergibt, wobei einzelne Element auch durchaus einmal fehlen können. Die Wörter der Sprache, die nicht mehr erläutert, nicht definiert, sondern nur exemplifiziert, also durch Beispiele erläutert werden können, bringen diesen Befund zum Ausdruck. Wörter wie «Angemessenheit», «Treu und Glauben», «Billigkeit», aber auch «ehrbarer Kaufmann», «gesetzestreuer Bürger», «anständiger Mensch» können nicht definiert werden. Sie können nur durch Exempel anschaulich gemacht werden. Sie kennzeichnen das Vorhandensein zahlreicher einzelner Faktoren, die immer wieder unterschiedlich ausgeprägt und miteinander kombiniert erscheinen, wobei einzelne Aspekte auch durchaus einmal ganz fehlen können. So verliert der «gesetzestreue Bürger» sei-

---

[68] Näher zu den Verstrickungsgefahren unten Teil G 6.

ne Zugehörigkeit zu diesem Typus nicht dadurch, daß er gelegentlich bei Rot über die Straße geht oder die Zinsen auf seinem Sparbuch in seiner Einkommensteuererklärung «vergißt». – Mit dem Konto dringt man in diesen Bereich ein und überschreitet im Grunde die Grenzen der verbalen Sprache, ohne wirklich zu einer exakten Buchhaltung zu finden. (Das würde nur bei Einsatz mathematischer Methoden gelingen, aber diese scheiden bei inhaltlichen Problemen solange aus, wie nicht geeignete Computerverfahren zum Einsatz gebracht werden.[69])

Neben den Abbildstrukturen und Konten gibt es, wie schon gesagt, noch weitere Strukturarten, etwa die erwähnten Programmablaufpläne. Diese will ich nicht erschöpfend behandeln. Ich will keine neue Disziplin namens Strukturologie begründen, sondern praktisch brauchbare Hinweise für das Verhandeln geben. Dieser Zielsetzung genügen die genannten drei Strukturarten. Hierarchien, Abbilder und Konten spielen zweifellos eine Hauptrolle bei dem Bemühen, mit unseren begrenzten Mitteln Komplexität zu bewältigen. Wenn man sie kennt, kann man sicherlich auch weitere Strukturen verwenden, sofern die Situation dies erfordern sollte. Entscheidend ist nur, daß keine Geschichten erzählt und keine Positionen eingenommen, sondern daß Elemente und Relationen komplexer Gegenstände angemessen dargestellt und sachgerecht behandelt werden.

5. Das Prinzip Einfachheit

Bei der Bildung und Verwendung von Strukturen gilt es, einen Grundsatz zu beachten, der sonst im formalen Bereich nicht gilt. Strukturen müssen einfach sein, wenn sie in Verhandlungen etwas taugen sollen. Ein Computer mag beliebig viele «Items» und beliebig komplexe Relationen bewältigen können. Ein Mensch kann das nicht. Für ihn gilt die Kapazitätsbeschränkung der «magischen Sieben». Das darf man nicht vergessen.

Ein kurzer Blick auf die historische Entstehung der Formalwissenschaften mag helfen, die Bedeutung dieses Punktes zu sehen. Schon in der griechischen Antike mühte man sich darum, die Gesetze des

---

[69] Dies ist keine Zukunftsmusik. Einen Versuch in diese Richtung unternahm Peter Gerathewohl, Erschließung unbestimmter Rechtsbegriffe mit Hilfe des Computers, jur. Diss. Tübingen, 1987.

menschlichen Denkens zu erforschen und in einer Disziplin namens Logik festzuhalten. Diese Gesetze sollten losgelöst von allen inhaltlichen Einsichten gefunden werden, mit deren Untersuchung sich eine andere Disziplin, die Erkenntnistheorie, beschäftigte. Aber wie sollte diese Loslösung gelingen? Aristoteles, der Begründer der Logik, wies den Weg der Symbolisierung. An die Stelle von inhaltlichen Begriffen wie «Mensch», «sterblich» und Urteilen wie «Alle Menschen sind sterblich» traten Buchstaben wie «S», «a», «P».[70] Damit konnte man beim Operieren mit Begriffen und Urteilen in den sogenannten Schlüssen von den Inhalten absehen. Aber diese Loslösung gelang nur unvollkommen. Warum etwa war folgender Schluß richtig?

Alle Menschen sind sterblich
Alle Philosophen sind Menschen

Alle Philosophen sind sterblich

Und warum war folgender Schluß falsch?

Alle Menschen sind Lebewesen
Alle Krokodile sind Lebewesen

Alle Menschen sind Krokodile

Die Antwort ergab sich aus der Erfahrung, also aus inhaltlichen Überlegungen. Der erste Schluß war und ist immer evident richtig, gleichgültig, ob man Menschen, Philosophen, Krokodile, Wildschweine oder was immer sonst hineinschreibt. Und der zweite Schluß ist immer in gleicher Weise evident falsch. Da die Logik des Aristoteles sich nicht von dieser Evidenz, also von den Inhalten, lösen konnte, blieb ihr Ausbau begrenzt.

Dies änderte sich, als im 19. Jahrhundert die endgültige Lösung der Logik von allen Inhalten gelang. Seitdem spricht man von der formalen Logik. Bestimmend dafür wurde die Verwendung der axiomatischen Methode. Man legt bestimmte Axiome fest und leitet aus diesen alle anderen Aussagen durch Verwendung bestimmter Regeln als Theoreme ab. Die verschiedenen Ausprägungen der formalen Logik – Aussagenlogik, Prädikatenlogik, deontische Logik – haben dank

---

[70] «S» kommt von «Subjektsbegriff», «P» von «Prädikatsbegriff». «a» leitet sich von «affirmo» ab und bezeichnet ein allgemein bejahendes Urteil.

dieser Loslösung von allen Inhalten ein hohes Maß an Komplexität erreicht. Aber der Preis dafür besteht im Verlust aller inhaltlichen Bezüge.[71]

Wo man diese inhaltlichen Bezüge nicht aufgeben kann, da ist man unvermeidlich auf die Verwendung von formal sehr einfachen Strukturen verwiesen. Eben dies ist in allen Verhandlungen der Fall. Immer geht es ja um Inhaltsfragen, um Probleme, denen inhaltliche Ereignisse zugrundeliegen. Wenn man über diese Vorfälle Strukturen legt, müssen diese sehr einfach sein. Andernfalls überfordert man sich selbst und den Partner. Dann verkehrt sich der Nutzen der Strukturierung in sein Gegenteil.

Die fünf Finger einer Hand sind ein gutes Hilfsmittel beim Bemühen um das Prinzip Einfachheit. Sie bewahren einen davor, die «Magische Sieben» zu überschreiten. Wenn sie nicht ausreichen, um die Aspekte einer (Teil-)Struktur aufzuzählen, sollte man nicht die andere Hand zur Hilfe nehmen. Vielmehr sollte man die Struktur vereinfachen. Viele Menschen verstoßen gegen diesen Grundsatz. Sie mögen zwar erfolgreich sein, aber sie sind dies dann nicht wegen, sondern trotz ihrer Art des Strukturierens.

Auf dem internationalen Flughafen von Atlanta, USA, hat ein Verehrer ein Plakat mit den Lebensdaten des amerikanischen Weltkriegshelden General Patton aufgehängt. Darunter befinden sich auch die «zehn Lebensgrundsätze» Pattons. Ich bin sicher, daß keiner der vielen Betrachter dieses Plakates imstande wäre, sich diese zehn Grundsätze auch nur für zehn Minuten einzuprägen. Ich behaupte sogar, daß Patton selbst nicht dazu imstande gewesen wäre.[72] Der General mag das Dritte Reich besiegt haben, aber seine Strukturologie hat nichts getaugt. Ein anderer, größerer Feldherr hat das vor zweitausend Jahren besser gemacht. Er *kam*, er *sah*, er *siegte*. Das weiß man heute noch.

Natürlich sind einfache Strukturen, genau besehen, unangemessen, wenn es darum geht, wirklich komplexe Probleme zu bewältigen. Das war schon immer so. Als Cäsar «kam», da kam er nicht einfach; vielmehr ließ er die Vorhut das Gelände erkunden; dann kam die

---

[71] Es ist das Verdienst von Ulrich Klug, die moderne Logik der Rechtswissenschaft erschlossen zu haben. Siehe das schon erwähnte Buch von Klug, Juristische Logik, 3. Aufl., Berlin – Heidelberg – New York, 1966.

[72] Der Leser teste dies an einem anderen Beispiel, das er sicher einmal «gelernt» hat. Wie lauten die zehn Gebote der Bibel?

Hauptmacht, flankiert von der Reiterei, und zum Schluß kam die Nachhut; die gesamte Streitmacht mußte dabei den Weg erst einmal finden («Wer hat die Tasche mit den Karten?») und anschließend gangbar machen («Pioniere nach vorne!»); nach der Ankunft mußte man ein Lager errichten und sichern; man mußte Gräben ziehen, Erdwälle aufwerfen, Wachen einteilen, Zelte errichten, Palisaden bauen, eine Kommandantur einrichten, Dienststunden festlegen, Latrine, Offizierskasino, Einkaufszentrum, Lagerbordell bauen, Tagesbefehle ausgeben, Exerzierpläne entwerfen und vieles andere mehr. Diese ganze Komplexität faßte der Feldherr, der auch ein großer Schriftsteller und Redner war, in einem einzigen «Item» zusammen: «Veni». So blieb es seit zweitausend Jahren im Gedächtnis der Menschen haften.

Unsere formalen Fähigkeiten sind nun einmal im Unterschied zu unseren inhaltlichen Fähigkeiten begrenzt. Wir können alles über das inhaltliche Problem der Gerechtigkeit aussagen, und manche können noch mehr darüber sagen, aber wir sind außerstande, auf Anhieb zu entscheiden, ob die Kleine in dem bekannten Satz «Die Kleine ist gar nicht so unübel» nun übel oder unübel ist.[73] Diese formale Begrenzung zwingt uns bei der Strukturbildung zur Beachtung des Prinzipes Einfachheit. Soweit wir damit der Komplexität eines Problems notgedrungen Gewalt antun, müssen wir versuchen, im Baukastensystem zu arbeiten und komplexe Gesamtstrukturen aus einfachen Detailstrukturen zusammenzusetzen. Hierarchien spielen dabei, wie erwähnt, eine Hauptrolle. Und man kann sich dabei an der juristischen Dogmatik orientieren, in der seit jeher genau dieselbe Methode angewandt wird.

Bei dieser Arbeit mit dem Baukastensystem ist es wichtig, externe Zwischenspeicher zu verwenden, um dafür zu sorgen, daß die gerade nicht bearbeiteten Strukturteile nicht in Vergessenheit geraten. Nehmen wir an, in einer Verhandlung sind zwei Hauptaspekte A und B zu besprechen. Beide haben jeweils mehrere Unter- und Unter-Unter-Aspekte. Über A soll zuerst verhandelt werden. Dann empfiehlt es sich, B gut sichtbar, etwa auf einem Flipchart, zu notieren. Der Partner kann dann beruhigt sein. B wird nicht vergessen werden. Er kann B aus seinem Arbeitsprozessor entfernen und sich ganz auf A konzentrieren.

Gerade den Juristen ist das Prinzip Einfachheit vertraut. Sobald eine der unzähligen Begriffsdefinitionen im Recht aus mehr als

---

[73] Die Kleine ist übel.

zwei, höchstens drei Elementen bestehen würde, wird eine Unterstruktur gebildet. Ich erinnere an das oben gebrachte Beispiel des Tatbestandsmerkmales «Wegnahme» beim Diebstahl. Diese besteht aus den drei Elementen «fremder Gewahrsam», «Bruch dieses Gewahrsames» und «Begründung neuen Gewahrsames». Zum Element «Gewahrsam» gibt es wieder eine Unterstruktur, nämlich «Sachherrschaft» und «Herrschaftswille». Man könnte sich die Struktur leicht so denken, daß diese beiden letztgenannten Elemente in die erste Ebene integriert sind. Aber dann wäre die gesamte Struktur nicht mehr einfach genug, um im menschlichen Kopf verarbeitet zu werden. Also geschieht das nicht.

Übrigens wußten die Gesetzgeber früherer Epochen intuitiv um diese Kapazitätsgrenzen. Alte Gesetze, z.B. Strafgesetze aus dem 19. Jahrhundert, sind immer einfach. Der objektive Tatbestand des Diebstahles enthält nur vier Elemente, nämlich «Sache», «fremd», «beweglich» und «Wegnahme». Der moderne Gesetzgeber hat demgegenüber die Bedeutung des Prinzipes Einfachheit vergessen. Unentwegt produziert er Normen, die kein Mensch mehr im Kopf verarbeiten kann. Diese werden denn auch nachweisbar zu Mißerfolgen. Sie werden von den Gerichten nach Möglichkeit gemieden. Wenn die Gerichte aber dennoch einmal versuchen, diese Gesetzesmonster anzuwenden, verunglücken sie leicht. Man sehe sich nur eine Vorschrift wie die Verletzung von Privatgeheimnissen, § 203 StGB an. Oder man gehe in das Nebenstrafrecht und versuche einmal, die Strafbestimmung des Bundesdatenschutzgesetzes zu verstehen. Ich könnte hierzu weitere Beispiele bringen, aber dies soll kein gesetzeskritisches Buch werden.

In der juristischen Dogmatik herrscht das Prinzip Einfachheit. Alle Dogmatiker versuchen zwar unentwegt, es zu überwinden. Sie vertiefen sich in die Probleme und entwerfen komplizierte Strukturen. Aber sobald diese an die Kapazitätsgrenze der «Magischen Sieben» stoßen, setzen sich Vereinfachungstendenzen durch. Man nehme etwa die Unterlassungsdogmatik im Strafrecht. Jahrzehntelang gab es hier bei den Garantenpflichten ein Trikolon, eine sogenannte «Garantentrias», bestehend aus «Gesetz», «Vertrag» und «Ingerenz». Dagegen liefen die Dogmatiker Sturm. Sie entdeckten immer neue Garantenpflichten, die nicht in die Struktur paßten. So ließen sie die vielen unerkannt Geisteskranken des Zivilrechtes auch im Strafrecht aufmarschieren, nur um zu zeigen, daß das Strukturmerkmal «Ver-

trag» ungenügend war. Die Bastion «Garantentrias» fiel. Es wurde
eine neue Zweierstruktur errichtet, bestehend aus «Sicherungspflich-
ten» und «Obhutspflichten». Diesen wurden im Baukastensystem jeweils ein Trikolon zugeordnet.[74] Das wurde so gemacht, nicht, weil
es so ist, sondern weil es so gut in den menschlichen Arbeitsprozessor paßt. Wer das nicht einsieht, hat in der Dogmatik keinen Erfolg.
Ich kenne unglückliche Kollegen, die ganz eigene Strafrechtssysteme
entworfen haben, Systeme, die viel besser sind als das System der
«herrschenden Meinung». Aber niemand liest sie. Ihre Studenten
fliehen sie. Sie sind nicht einfach genug. Um Erfolg zu haben, muß
man sich anders verhalten. Man muß beispielsweise etwas so einfaches wie die strafrechtliche Unterscheidung zwischen «Einverständ-
nis» und «Einwilligung» erfinden. Am besten ist man an der Dogmatik überhaupt nicht interessiert. Die heutige «neoklassische» Straf-
rechtsdogmatik stammt von Leuten wie Franz von Liszt, die am
Strafrecht nicht interessiert waren. Sie waren an der Kriminologie interessiert und betrachteten die Dogmatik nur als notwendiges Übel.
Deshalb machten sie diese so einfach wie möglich – und schufen ein
System, das im Kern unverändert bis heute verwendet wird.

Also befolge man das Prinzip Einfachheit. Schon Konrad Adenauer hat in diesem Zusammenhang bemerkt: «Je einfacher reden ist eine
Gabe Gottes.»

6. Der Programmcharakter von Strukturen

Strukturen werden nicht um ihrer selbst willen gebildet. Sie sollen
vielmehr die Lösung komplexer Probleme ermöglichen. Sie sind deshalb immer auch Arbeitsprogramme für bestimmte Verhaltenssitua-
tionen, etwa für die Bearbeitung eines Problems am Schreibtisch,
für die Darstellung des Problems vor einem Publikum, oder eben
auch für die Lösung eines Problems in einer Verhandlung. Strukturen
wollen also abgearbeitet werden. Sie haben Programmcharakter. Auf
diesen Programmcharakter der Strukturen habe ich schon im Zusammenhang der hierarchischen Strukturen hingewiesen. Er ist auch bei
allen anderen Strukturen vorhanden. Das muß man sehen. Program-

---

[74] Näher dazu mein Buch «Strafrecht – Allgemeiner Teil, 5. Aufl. München
1992, 7. Teil § 4.

me sind die Grundlage, auf der man die noch zu besprechenden Verhandlungsverträge[75] schließen kann.

Ich will das am schon mehrfach erwähnten Beispiel des Versicherungsnehmers verdeutlichen, der bei einem Versicherer eine Forderung aufgrund eines zweifelhaften Versicherungsfalles geltend macht. In diesem Fall gibt es zwei Hauptaspekte, nämlich den rechtlichen Aspekt und den Kulanzaspekt. Auf Kulanz kommt es natürlich nur an, wenn und soweit die rechtlichen Argumente nicht greifen. Wenn nun der Versicherer über die rechtlichen Aspekte verhandelt und dabei Punkte macht, womit der Anspruch immer unsicherer wird, ist so gut wie sicher damit zu rechnen, daß der Versicherungsnehmer die Kulanzaspekte ins Spiel bringen wird. Er wird einfach dann, wenn ihm die rechtliche Auseinandersetzung unbequem wird, das Thema wechseln – und sein Partner wird ihn daran nicht hindern können. Entsprechend verhält es sich in allen anderen vergleichbaren Situationen. Wenn einem der Boden irgendwo zu heiß wird, verläßt man ihn einfach. Und es ist keine höhere Instanz da, welche dies verbieten könnte.

Nur die bewußte Arbeit mit dem Programmcharakter der Struktur kann einen vor solchen mißlichen Erscheinungen schützen. Man braucht dazu lediglich vor der Verhandlung, also zu einem Zeitpunkt, zu welchem der Boden noch nicht heiß ist, einen Fahrplan, eine Tagesordnung, eben ein Programm für die Verhandlung zu verabreden. Eine solche Verabredung ist ein Verhandlungsvertrag, der ebenso wirksam ist wie ein juristischer Vertrag: Er wird eingehalten werden, und wenn der andere davon abweichen will, kann man dieses Verhalten als Vertragsverletzung kennzeichnen und auf Vertragstreue bestehen.

Es ist dies das einzige Mittel, mit dem man gleichberechtigte Partner disziplinieren kann. Ohne eine solche Verabredung müßte man an dem das Thema wechselnden Partner die Kritik üben, er rede nicht zur Sache. Dies wäre eine formale Kritik, die wie jede formale Kritik als besonders verletzende Kritik empfunden würde.[76]

Natürlich schließt das Beharren auf Einhaltung des verabredeten Programmes Vertragsänderungen nicht aus. Nur müssen diese als solche gekennzeichnet und wiederum verabredet werden. Dabei müssen auch die jeweiligen Konsequenzen bedacht werden. Wenn der ursprüngliche Vertrag vorsieht, erst über Punkt A und dann

---

[75] Siehe unten Teil F 1.
[76] Siehe dazu oben Teil D 1.

über B zu reden, und wenn ein Vertragspartner während der Diskussion über Punkt A plötzlich darauf besteht, zu Punkt B zu wechseln, kann man das akzeptieren, aber nur dann, wenn geklärt ist, wann die unterbrochene Diskussion über Punkt A fortgesetzt wird. Ohne eine solche Klärung gerät man ins Chaos.

Wenn man sich den Programmcharakter von Strukturen klarmacht, hat das Konsequenzen übrigens auch für die alltägliche Berufsarbeit und die berufliche Fortbildung. Jede berufliche Tätigkeit erfolgt gemäß professionellen Routinen, die mehr oder weniger intuitiv in Form von Verhaltensprogrammen existieren. Die Bewußtmachung dieser Routinen, und das heißt, dieser zu Verhaltensprogrammen gewordenen Strukturen, ist der Schlüssel zur geistigen Rationalisierung. Entsprechend verhält es sich mit der beruflichen Fortbildung. Die Verarbeitung von neuen Informationen erfolgt am besten, indem man die darin enthaltenen Strukturen sucht und überlegt, ob die vorhandenen Verhaltensprogramme geändert und/oder erweitert werden sollten. Beides setzt eine bewußte Arbeit mit dem Programmcharakter von Strukturen voraus.[77]

7. Die Entspannungsfunktion des Witzes

Die Arbeit mit Strukturen strengt alle Beteiligten an. Sie entspricht ja nicht unserem Wesen. Wir sind geborene Geschichtenerzähler, keine Strukturalisten. Am liebsten meiden wir die Strukturen. Im Privatleben ist das auch ganz in Ordnung. Im Berufsleben kommen wir aber um Strukturen nicht herum, wenn wir etwas besseres als den erhobenen Daumen benutzen wollen. Das bedeutet Schwerarbeit, und wie bei jeder Arbeit ist es wichtig, Erholungsphasen vorzusehen. Die beste Erholung von der Strukturarbeit ist das Erzählen eines passenden Witzes an der richtigen Stelle. Denn der Witz bewirkt eine Entspannung, welche genau die Anspannung lindert, die beim Strukturdenken entsteht. Das will ich etwas genauer ausführen.

Worüber lachen wir eigentlich bei einem Witz? Die Antwort auf diese Frage fällt uns nicht leicht. Sigmund Freud hat ihr mit seinem Buch «Der Witz und seine Beziehung zum Unbewußten» eine tief-

---

[77] Ausführlich dazu mein bereits erwähntes Buch «Einführung in das juristische Lernen», 5. Aufl., Bielefeld 1991.

schürfende Studie gewidmet. Am Schluß seines Buches kommt er zu folgendem Ergebnis: «Beim Witz kommt die Differenz zwischen zwei sich gleichzeitig ergebenden Auffassungen, die mit verschiedenem Aufwand arbeiten, für den Vorgang beim Witzhörer in Betracht. Die eine dieser beiden Auffassungen macht, den im Witze enthaltenen Andeutungen folgend, den Weg des Gedankens durch das Unbewußte nach, die andere verbleibt an der Oberfläche und stellt den Witz wie einen sonstigen aus dem Vorbewußten gewordenen Wortlaut vor. Es wäre vielleicht keine unberechtigte Darstellung, wenn man die Lust des angehörten Witzes aus der Differenz dieser beiden Vorstellungsweisen ableiten würde.»

In seinen besten Augenblicken greift der Witz nicht eine Person oder eine Erkenntnis an, sondern die Sicherheit unserer Erkenntnis selbst, «eines unserer spektakulärsten Güter». Freud nennt diesen Witz den «skeptischen Witz» und verdeutlicht ihn an der Geschichte von zwei Juden, die sich im Eisenbahnwagen einer galizischen Station treffen. «Wohin fahrst du?» fragt der eine. «Nach Krakau» ist die Antwort. «Sieh her, was du für ein Lügner bist», braust der andere auf. «Wenn du sagst, du fahrst nach Krakau, willst du doch, daß ich glauben soll, du fahrst nach Lemberg. Nun weiß ich aber, daß du wirklich fahrst nach Krakau. Also warum lügst du?»[78] Freud merkt dazu an: «Diese kostbare Geschichte, die den Eindruck übergroßer Spitzfindigkeit macht, wirkt offenbar durch die Technik des Widersinnes.»

Der Angriff auf die Sicherheit unserer Erkenntnis ist auch in solchen Witzen nachzuweisen, die eine aggressive Tendenz haben. Im Jahre 1991 wurde Deutschland beispielsweise von einer Welle von Manta-Witzen heimgesucht. Ein «Manta» war ein (inzwischen nicht mehr produziertes) Automobil der Marke Opel, welches vorzugsweise von jungen Leuten gefahren wurde. Diese wurden in den aggressiven Manta-Witzen als besonders dumm dargestellt. Aber auch diese teilweise überaus aggressiven Witze enthielten durchweg Elemente des skeptischen Witzes, mit denen sie gelegentlich die Grenzen unseres Erkenntnisvermögens übersteigen. Folgendes Beispiel mag das zeigen: Ein Mantafahrer steht an der Kreuzung bei Rot. Neben ihm wartet ein Rollstuhl mit einem Behinderten. Der Mantafah-

---

[78] Dieser Witz beschreibt eine Variante der schon in der Antike diskutierten Paradoxie vom lügenden Kreter («Ein Kreter sagt: Alle Kreter lügen.» Dieser Kreter erzählte einmal einem Freund, er reise nach Athen. Daraufhin erging es ihm wie dem galizischen Juden.)

rer kurbelt das Fenster herunter. «He», ruft er zu dem Rollstuhlfahrer. «Wie schnell fährt denn dein Schlitten?» «Etwa sechs Kilometer pro Stunde,» lautet die Antwort. Verächtlich meint der Mantafahrer: «Da kannst du ja gleich zu Fuß gehen.» Was geschieht im Witz? Dem Hörer wird eine plausible Sprachstruktur vorgestellt, die er ohne Überlegung akzeptiert. In der Pointe des Witzes wird diese Struktur blitzschnell durch eine andere, ebenso plausibel erscheinende Struktur ersetzt. Für einen kurzen Augenblick ist der Hörer hilflos. Er erfährt, daß verschiedene Sprachmodelle der Welt existieren können, ohne daß er sagen könnte, welches dieser Modelle das richtige ist. Damit wird ihm für einen kurzen Augenblick bewußt, wie fragwürdig alle von Menschen gebildeten Modelle sind, und wie begrenzt sein Erkenntnisvermögen ist. Eigentlich müßte er demjenigen, der ihm seine Grenzen so schonungslos aufdeckt, böse sein.[79] Aber dann müßte er ja den Angriff ernst nehmen und sich mit diesen Grenzen auseinandersetzen. Das aber will er nicht. Er beschließt deshalb, den Angriff nicht ernst zu nehmen. Es war nichts. Es war ja nur ein Witz. Er lacht, und im Lachen findet er wieder zu seiner alten Selbstgewißheit zurück.

Ein Witz, den Paul Watzlawick in seinem Buch «Wie wirklich ist die Wirklichkeit?» mitgeteilt hat, mag diesen Vorgang verdeutlichen. Ein alter Mann ist hochbetagt gestorben und kommt in den Himmel.

---

[79] Eben dies widerfuhr den Sophisten in der Antike, zu denen der erwähnte lügende Kreter gehörte. Da er wirklich nach Athen reisen wollte, ging er in seine Wohnung und bat seine Frau: «Liebes Weib, bitte packe mir deine Pantoffeln ein. Natürlich meine ich nicht «deine», sondern «meine» Pantoffeln. Aber wenn ich «meine» Pantoffeln sage, verstehst du, die du nur ein schlichtes Weib bist, «meine» Pantoffeln, denkst, ich meine «deine» Pantoffeln und packst mir «deine» Pantoffeln ein, obwohl ich doch «meine» Pantoffeln benötige. Das will ich verhindern und sage deshalb «deine» Pantoffeln. Dann denkst du richtig «deine» Pantoffeln und packst mir «meine» Pantoffeln ein. Also, liebes Weib, packe mir bitte «deine» Pantoffeln ein. – Derweil saß der kleine Sohn des lügenden Kreters am Tisch, rührte in seinem Teller und räsonierte: «Wie gut, daß ich Spinat nicht mag, denn würde ich ihn mögen, dann würde ich ihn essen, und ich hasse doch das Zeug.» – Das war zuviel für die arme Frau. Erbittert rief sie: «Ihr Sophisten!» Damit war es geschehen. Aus der ehrenvollen Bezeichnung «Sophist» (Weisheitslehrer) war ein Schimpfwort geworden. Das ist es bis zum heutigen Tag geblieben. Die Sophisten wurden aus dem Markt gedrängt. Die entstandene Lücke wurde von den «Philosophen» (Freunden der Weisheit) ausgefüllt. Da sie bis heute davon absahen, ihre Ehefrauen mit Reden von «deinen» und «meinen» Pantoffeln zu verwirren, sind sie in hohem Ansehen geblieben.

Dort sieht er einen noch älteren Freund, der kurz vor ihm gestorben ist. Auf den Knien des Freundes sitzt ein bildhübsches junges Mädchen. Da leuchten die Augen des Neuankömmlings auf. «Ist sie deine Belohnung?» will er wissen. Traurig schüttelt der andere den Kopf. «Nein, ich bin ihre Strafe.» – Wer wollte entscheiden, wessen Sprachstruktur hier die richtige ist, die des alten Mannes, oder die des jungen Mädchens? Es gibt keine sichere Erkenntnis, es gibt nur verschiedene mögliche Sprachmodelle – «Wirklichkeiten höherer Ordnung» (Watzlawick), ein Befund, der uns eigentlich deprimieren müßte. Aber im Lachen verschwindet der Befund und mit ihm die Beunruhigung, die er uns gebracht hat.

In Verhandlungen kann ein Witz das Klima nachhaltig entspannen. Ich entsinne mich an eine Verhandlung zwischen Rückversicherer und Erstversicherer, bei der um Prozente gefeilscht wurde. Die Positionen verhärteten sich; das Klima wurde immer feindseliger. Da rettete ein Teilnehmer mit folgendem Witz die Situation: In der Schule müht sich der Lehrer, seinen Schülern das Prozentrechnen beizubringen. Aber das gelingt ihm nicht. Die Schüler begreifen nichts. Bei der nächsten Klassenarbeit fällt die Benotung wieder katastrophal aus. Verbittert stellt sich der Lehrer vor seine Klasse und macht den Schülern ernste Vorhaltungen. «Wenn ihr nicht endlich das Prozentrechnen lernt, fallen siebzig Prozent von euch am Ende des Jahres durch!» – Da hebt einer den Finger und sagt: «Aber, Herr Lehrer, soviele sind wir doch gar nicht.»

Durch den Witz werden Beziehungen zwischen Menschen hergestellt. Deshalb blüht der Witz da, wo an diesen Beziehungen Mangel herrscht, nämlich in den Großstädten. Die Berliner beispielsweise, die Bewohner der größten Stadt Deutschlands, verfügen auch über den meisten Witz. Wo dagegen ein Überfluß an persönlichen Beziehungen herrscht, in den Kleinstädten und Dörfern, wo jeder jeden kennt und wo die Gardinen beben, wenn man die Hauptstraße entlang schreitet, da gibt es keinen Witz.

Ich könnte nun anfangen, Witze zu erzählen, aber davor bin ich durch die Tatsache gefeit, daß ich mir Witze nur schlecht merken kann. (Das geht übrigens vielen Menschen so und ist leicht zu erklären. Der Witz ist ein formales Ereignis, ein Bruch in der Struktur. Er hat keinen Inhalt, keine Geschichte, die zu merken sich lohnt.)

In Verhandlungen ist es am besten, wenn man den Witz aus der Situation heraus entwickelt, und wenn man ihn mit Selbstironie paart.

Witze dürfen nicht auf Kosten anderer gehen. Sie dürfen auch nicht geschmacklos sein. Sie müssen, kurz gesagt, gut sein. Dann können sie das Verhandlungsklima spürbar verbessern.

8. Kreativität und Kuchenvergrößerung

Strukturdenken eröffnet schließlich auch den Weg zur Kreativität. Das klingt überraschend. Strukturen erscheinen ja eher wie handwerkliche Anstrengungen, während die Kreativität etwas mit Künstlertum, mit Genie, mit Talent, mit Freiheit, mit spontaner Intuition zu tun hat. Indessen geht es hier nicht um die künstlerische Kreativität, sondern um die berufliche Kreativität bei der Lösung von sachlichen Problemen in Verhandlungen. Auch hier sind schöpferische Leistungen möglich und gefragt. Strukturen können, richtig verwendet, dazu helfen, diese berufliche Kreativität aller Beteiligten in Verhandlungen zu befördern. Wie ist das zu verstehen?

Strukturdenken überwindet das Positionsdenken, und Positionsdenken ist der größte Feind der Kreativität. Wenn die Menschen Positionen durchsetzen wollen, kämpfen sie um Sieg und Niederlage. In diesem Kampf mögen sie sogar durchaus kreativ sein. Aber auf neue Ideen bei der Problemlösung kommen sie auf diese Weise nicht. Mit einem trojanischen Pferd kommt man vielleicht in die Stadt hinein. Aber was soll man dann dort tun?

Nur wenn das Positionsdenken aufgegeben und durch Strukturdenken ersetzt wird, kann die Kreativität der Teilnehmer erschlossen werden. Dann kann nach neuen Lösungen gesucht werden, nach Lösungen, die noch nicht auf dem Tisch liegen, nach Lösungen, die nicht nur für eine Partei, sondern für beide Partner optimal sind. Die Partner erkennen bei dieser Denkweise, daß sie nicht nur unterschiedliche Interessen, sondern auch ein gemeinsames Problem haben. Zwei denkbare Lösungen liegen (bei einer Zweiparteienverhandlung) schon auf dem Tisch, aber diese sind unbefriedigend. Sie stellen immer nur eine Partei, nicht beide Parteien zufrieden. Deshalb kommt es darauf an, weitere und möglichst bessere Lösungen zu finden. Dazu ist die Kreativität beider Partner gefordert.

Kreativität ist eine schwer zu beeinflussende Gabe. Sie läßt sich nicht lehren und nicht kommandieren. Gleichwohl verfügt jeder Mensch über diese Gabe. Ich glaube sogar, daß jede Berufstätigkeit nur insoweit befriedigt, als sie die Möglichkeit zu kreativem Verhalten bietet. Die zeitgenössische Psychologie hat denn auch viele Anstrengungen unternommen, um die Kreativität der Menschen befördern zu helfen. Ich kann hierzu natürlich keinen Beitrag leisten, aber ich kann zwei handwerkliche Empfehlungen geben, die nach meinen Erfahrungen dazu geeignet sind, die Kreativität der Partner in Verhandlungen (und übrigens auch in anderen beruflichen Situationen, in denen komplexe Probleme gelöst werden müssen) zu wekken: Man sollte erstens die Hindernisse aus dem Weg räumen, die der Kreativität im Wege stehen; es sind dies in erster Linie die Hindernisse des Positionsdenkens. Und man sollte zweitens den Boden bereiten, auf dem, mit etwas Glück, die Kreativität gedeihen mag; es ist dies vor allem der Boden des Strukturdenkens.

Beim Positionsdenken liegen diese Hindernisse in der bereits besprochenen Überforderung der menschlichen Informationsverarbeitung. Wenn im intuitiven Verhandlungsmodell zwei Positionen einander gegenüberstehen, dann ist die Kapazität des menschlichen Arbeitsprozessors (Stichwort: «Magische Sieben») schon weitgehend ausgeschöpft. Dann ist einfach kein Platz mehr vorhanden für eine dritte, für eine vierte, für eine fünfte, vielleicht sogar für eine sechste Lösung. Schon die beiden vorhandenen Lösungen sind ja eigentlich zuviel. Man beschränkt sich am liebsten auf nur eine, natürlich die eigene Position und läßt die Position des anderen gar nicht erst an sich herankommen. Deshalb werden beim intuitiven Verhandeln so häufig Monologe vorgetragen. Jeder hält ein Plädoyer für seine Sache, spricht nur zu sich selbst, und bestärkt dadurch natürlich sich selbst in seiner eigenen Position. Der andere macht es genauso. Keiner hört dem anderen zu. Beide reden aneinander vorbei. Wer auf diese Weise nicht einmal die vorhandenen Ideen des anderen an sich herankommen läßt, der ist natürlich auch unzugänglich für neue, noch ungeborene Ideen.

Will man Kreativität befördern, muß man also zunächst die Positionen überwinden, und das heißt, man muß sie aus dem eigenen Kopf wie aus dem Kopf des Partners entfernen. Nur auf diese Weise kann man der Kreativität Platz verschaffen. Dies geschieht am einfachsten durch den Vorschlag, die beiderseitigen, hinreichend bekannten Positionen einmal vorübergehend beiseite zu schieben. (Man kann sie zu diesem Zweck extern zwischenspeichern, also etwa auf einem Blatt Papier, oder besser noch auf einem Flipchart gut sichtbar notieren. Dann kann der Partner sicher sein, daß sie nicht in Vergessenheit geraten.) Die Köpfe werden auf diese Weise frei für weitere denkbare Lösungen.

Sodann muß man die Fachmannspose der Beteiligten überwinden. Fachleute sind Menschen, die schulmäßig vorgehen und auf die allgemein anerkannten Standardlösungen ihres Faches programmiert sind. Alles andere erscheint ihnen bedenklich. Gegen neue Ideen haben sie ein instinktives Mißtrauen. Man kann den Fachmann geradezu als jemanden definieren, der die Einwände gegen eine Idee schon hat, ehe die Idee selbst geboren ist. Er handelt nach dem Grundsatz: «Bin dagegen – worum handelt es sich?» – Diese Haltung war schon in der Antike bekannt. Als Pythagoras seinen berühmten Satz gefunden hatte, opferte er aus Dankbarkeit einen Ochsen. Seitdem, so sagt man, zittern alle Ochsen, wenn jemand eine neue Idee hat.

In den USA wurde die Methode des Brainstorming erfunden, um die Pose des bedenkentragenden Fachmannes zu überwinden. Ein Brainstorming ist nichts anderes als eine Veranstaltung, in der das Sammeln von Ideen zur Lösung eines Problemes strikt vom Bewerten dieser Ideen getrennt wird. Niemand darf in der Sammlungsphase deshalb kritisiert werden, weil er eine zwar neue, aber möglicherweise völlig unbrauchbare, ja, vielleicht geradezu unsinnige Idee geäußert hat. Durch die strikte Trennung zwischen «Sammeln» und «Bewerten» hat man die Chance, daß auch eine Idee geboren wird, die zwar vielleicht auf den ersten Blick völlig abwegig erscheint, die aber bei näherer Betrachtung dann doch brauchbar und hilfreich ist.

Ein bekanntes Brainstorming versammelte einmal alle bekannten Experten für das Auffinden der berühmten Stecknadel im Heuhaufen. Gefragt waren neue, weiterführende Ideen zur Lösung dieses brennenden Stecknadelfindeproblemes. Zahlreiche Vorschläge wurden gemacht, wie «Verwendung eines Magneten», «Anzünden des Heuhaufens», «Durchkämmen des Heuhaufens», «Sichwälzen im Heu». Bei der anschließenden Bewertung wurde schließlich folgende Idee ausgewählt: «Verfüttern des Heues an ein Pferd und anschließendes Röntgen des Pferdes.»

Ein Stück Brainstorming kann man auch in jede Verhandlung einbauen. Man braucht dazu nur den Vorgang des Findens von Ideen strikt vom Vorgang des Bewertens dieser Ideen zu trennen. Darum muß man sich bemühen. Von selbst geschieht das nicht. Unser Drang zur Geschichte bewirkt, daß wir Ideen sofort gedanklich umsetzen und ausprobieren. Wenn jemand sagt «Sichwälzen im Heu», dann wälzen wir uns im Geiste im Heu. Wenn wir das tun, werden wir bestimmt nicht mehr auf die Idee mit dem «Röntgen» kommen. Wir können uns ja nicht zwei Geschichten zur gleichen Zeit erzählen. Man kann aber noch mehr tun, um den Boden zu bereiten, auf welchem Kreativität gedeihen kann. Hier kommen die Strukturen ins Spiel. Wenn man etwa mit einer hierarchischen Struktur arbeitet, kommt es entscheidend auf die Wahl des ersten Dachbegriffes, also auf die richtige Themenwahl an. Ich habe schon auf die Bedeutung dieses Punktes hingewiesen und betont, daß die entscheidenden Dinge in einer Verhandlung ganz zu Beginn passieren. Das Stichwort «Kreativität» liefert einen zusätzlichen Grund dafür, sich zu Beginn der Verhandlung besonders um das richtige Thema zu bemühen. Wird das Thema zu eng gewählt, wie das insbesondere dann der Fall ist, wenn man es auf die beiden einander entgegengesetzten Positionen reduziert, bleibt kein Raum mehr für weitere Lösungen. Ist das Thema dagegen zu weit gewählt («Wir wollen alle nur das Beste»), ist es nicht hilfreich. (Am zu weiten Thema scheiterten schon die Scholastiker des Mittelalters, die aus allgemeinen Sätzen wie «Tue das Gute», «Meide das Böse» ganze Naturrechtssysteme deduzieren wollten.) Man muß das Thema also genau richtig bestimmen, einerseits konkret genug, um inhaltlich hilfreich zu sein, andererseits weit genug, um Platz für neue Lösungen zu bieten. Dies zu tun, ist eine Kunst, die geübt werden muß.

Ich will das Gesagte an einem Fall aus der Praxis verdeutlichen. Im Büromaschinenfall geht es um folgendes Problem: Ein Hersteller von Büromaschinen (H) produziert eine Maschine namens Standard, die seit vielen Jahren erfolgreich am Markt eingeführt ist. Sie arbeitet elektromechanisch. Nun haben ausländische Konkurrenzunternehmen elektronisch arbeitende Modelle auf den Markt gebracht, die der Standard technisch überlegen sind, und die überdies auch noch zu niedrigeren Preisen als die Standard verkauft werden. H hat ebenfalls ein elektronisches Nachfolgemodell der Standard namens Executive bis zur Serienreife entwickelt. Dieses ist den ausländischen Konkurrenzmodellen freilich noch in technischer Hinsicht unterlegen; auch wäre es teurer als jene. Beide Nachteile werden durch eine Weiterentwicklung der Executive namens Super vermieden, die ebenfalls produktionsreif ist. Die Super wird allen Konkurrenzmodellen in jeder Hinsicht überlegen sein. Sie ist aber noch mit Kinderkrankheiten belastet, für deren Ausmerzung die Entwicklungsabteilung von H noch ein Jahr weitere Entwicklungsarbeit veranschlagt.

Es findet nun eine interne Verhandlung zwischen Mitarbeitern des Vertriebes (welche die sofortige Ersetzung der Standard durch die Executive fordern) und Mitarbeitern der Entwicklungsabteilung (welche vorschlagen, noch ein Jahr mit der Standard zu leben und dann mit der Super auf den Markt zu gehen) unter Leitung des Vorstandsvorsitzenden (V) statt. (Solche internen Verhandlungen zählen zu den härtesten Verhandlungen, die überhaupt geführt werden.) Ich habe diesen Fall in Unternehmensseminaren oft durchgespielt. Die wichtigste Rolle spielt hier der Vorsitzende. (Aus diesem Grunde bezieht er auch das höchste Einkommen.) Von seiner Themenbestimmung hängt es ab, ob die Verhandlungsteilnehmer kreativ sind oder nicht. Beschränkt er sich auf den Kosmos der auf dem Tisch liegenden Vorschläge, findet Kreativität nicht statt. Wählt er das Thema dagegen richtig, verhalten alle Teilnehmer sich kreativ.

Beim intuitiven Verhandeln kann man regelmäßig das erstgenannte Verhalten beobachten. Es liegen drei mögliche Lösungen auf dem Tisch. Der Arbeitsprozessor aller Beteiligten ist gut gefüllt. V neigt deshalb dazu, sich auf diesen Kosmos zu beschränken. Demgemäß könnte sein Einleitungsstatement etwa wie folgt lauten:

«Meine Damen und Herren, Sie kennen unser Problem. Die Standard, unser seit vielen Jahren bewährtes Modell, ist veraltet. Die Executive könnte sie sofort ersetzen, aber sie ist den Konkurrenzprodukten unterlegen. Die Super ist ebenfalls produktionsreif. Sie wäre den Konkurrenzprodukten zwar überlegen. Aber sie ist noch mit Kinderkrankheiten behaftet. Für welche dieser drei Möglichkeiten sollen wir uns entscheiden. Ich bitte um Vorschläge.»

Es ist unvermeidlich, daß V jetzt Statements vom Vertrieb und von der Entwicklungsabteilung zu hören bekommt, in welchen diese ihre längst bekannten Positionen erneut vortragen. Da es zu jedem Für ein massives Wider gibt, kann die Diskussion sich lange hinziehen, ohne daß auch nur eine einzige neue Idee geboren wird. Vielmehr werden die Teilnehmer sich in ihren jetzigen Positionen verhärten; ihre Plädoyers werden zwar nicht ihre Gegenspieler, wohl aber sie selbst überzeugen. Und am Schluß werden die Positionen hoffnungslos festgefahren sein. – Vielleicht ist es das, was V will, um zu zeigen, daß er allein durch seine Entscheidung den gordischen Knoten durchschlagen kann. Aber dieses Ziel wäre kein sachgerechtes Ziel. Auch könnte V es mit viel weniger Aufwand erreichen. Er könnte einfach eine entsprechende Anordnung treffen. Die ganze Verhandlung wäre dann überflüssig. Aber dann würde er auf die Kreativität seiner Mitarbeiter verzichten.

Der Fehler des V liegt darin, daß er das Thema mit den vorhandenen drei Lösungen gleichgesetzt und damit zu eng bestimmt hat. Das ist ein typischer Fehler beim intuitiven Verhandeln. Man verengt die Verhandlung auf die Wahl zwischen den vorhandenen Lösungen und verhindert so, daß andere Lösungen auch nur gesehen werden. Will V es besser machen, muß er das Thema anders und richtig bestimmen. Wie lautet nun das richtige Thema im Büromaschinenfall? Es muß das Problem des Unternehmens beschreiben und dabei deutlich machen, daß H sich in einer eigendynamischen Situation befindet. Keine Entscheidung ist auch eine Entscheidung, nämlich eine Entscheidung für die Fortsetzung von Produktion und Vertrieb der Standard. Weiter muß das Thema Raum für andere, noch nicht gesehene Lösungen lassen. Dieses Ziel kann V etwa wie folgt erreichen:

«Meine Damen und Herren, Sie kennen unser Problem. Die Frage ist, wie wir der Herausforderung durch unsere ausländischen Konkurrenten begegnen. Wir können dieser Frage nicht ausweichen, weil wir mit der Standard am Markt sind. Es gibt nun zwei verschiedene Vorschläge zur Lösung dieses Problemes. Einer stammt von der Vertriebsabteilung, der andere von der Entwicklungsabteilung. Ehe wir diese Vorschläge im Detail diskutieren, sollten wir überlegen, ob es noch andere, denkbare Lösungen gibt. Bitte denken Sie darüber nach und scheuen Sie auch vor unorthodoxen Ideen nicht zurück. Ich bitte um Ideen!»

Mit dieser Eröffnung hat V im Thema («Wir müssen in einer eigendynamischen Situation aus allen möglichen Entscheidungen die beste herausfinden») eine Zweierstruktur («Schon gesehene Lösungen», «Noch nicht gesehene Lösungen») angelegt und den ersten Strukturpunkt («Schon gesehene Lösungen») gleich extern zwischengespeichert. Jetzt ist in den Köpfen aller Beteiligten Platz für die Suche nach neuen Ideen. Die Teilnehmer können ihre Kreativität entfalten. Ich habe das, wie gesagt, in vielen Seminaren erprobt. Ich habe ausnahmslos erlebt, daß bei dieser Vorgehensweise Kreativität entsteht. (Und Kreativität ist ansteckend.) Es wird nicht lange dauern, bis die erste neue Idee kommt.

«Wir könnten ein ausländisches Produkt kaufen und dieses unter unserem Namen vertreiben.»

V muß jetzt aufpassen. Er darf den Sprecher weder loben noch kritisieren. Würde er das tun, würde er die Brainstormingregel verletzen, wonach das Sammeln und das Bewerten von Ideen strikt zu trennen sind. V demonstriert also, daß er jetzt nur Ideen sammelt, indem er den Vorschlag auf ein Flipchart schreibt.

Nun kommt ein weiterer Vorschlag:

«Wir könnten den Käufern der Standard ein Umtauschrecht für die Super gewähren.»

V zögert einen Augenblick, ehe er entscheidet, daß dies keine wirklich neue Idee ist, weil sie den Kosmos der bisherigen Lösungen nicht verläßt. Immerhin notiert er dort aber den Vorschlag, weil er den schon gesehenen Lösungen ein neues Element hinzufügt. Dann fragt er weiter nach völlig neuen Lösungen.

«Wir könnten den Markt ganz aufgeben.»

Dieser Gedanke ist neu und wird notiert. Er ist zwar vermutlich kein guter Gedanke, aber das darf im Augenblick, wie gesagt, keine Rolle spielen. Er ist neu, und allein darauf kommt es an.

Jetzt sind bereits zwei neue Ideen notiert. Damit ist der sportliche Ehrgeiz der Teilnehmer geweckt.

«Wir könnten ein ganz neues Produkt entwickeln.» Auch dies wird notiert. So geht es weiter. Es werden noch mehr Ideen geboren. Die Teilnehmer der Verhandlung haben sich verändert. Sie sind nicht mehr Positionskämpfer, die sich in ihren Lagern befestigen, sondern kreative Menschen, die ein Problem erkannt haben, und die gemeinsam nach weiterführenden Ideen für dessen Lösung Ausschau halten.

Diese veränderte Einstellung wird auch dann nützlich sein, wenn sich keine der neuen Ideen als durchführbar oder tauglich erweisen sollte, und wenn die Teilnehmer deshalb zu ihren ursprünglichen Lösungsvorstellungen zurückkehren. Auch hier ist, das hat der Vorschlag eines Umtauschrechtes gezeigt, Kreativität erforderlich. V wird jetzt zweckmäßigerweise von der hierarchischen Struktur zu einer Kontostruktur übergehen und die Vor- und Nachteile der jeweiligen Lösungen auflisten. Dabei sehen natürlich alle Teilnehmer, daß die Super die ideale Lösung wäre. Dem stehen nur die noch vorhandenen Kinderkrankheiten im Wege. Was kann man tun, um dieses Problem zu lösen. V bittet um Vorschläge. Die Teilnehmer verhalten sich weiterhin kreativ.

«Die Entwicklungsabteilung soll alle Kräfte daransetzen, um die Kinderkrankheiten in kürzerer Zeit als dem veranschlagten einen Jahr auszumerzen.» Dieser Vorschlag kommt natürlich vom Vertrieb. Die Entwicklungsabteilung will heftig protestieren, aber V winkt ab.

Jetzt wird wieder erst einmal gesammelt, noch nicht bewertet. Weitere Ideen sind erwünscht.

«Wir könnten die Super mit einer erweiterten Garantie vertreiben und eine Verstärkung unseres Kundendienstes vornehmen, damit jeder beim Kunden auftretende Mangel in kürzester Frist behoben wird.» Dieser Vorschlag mag die Lösung des Problemes bedeuten.[80] Er ist neu, und er mußte erst einmal geboren werden. Aus der Erfahrung vieler Seminare kann ich sagen, daß genau dieser Vorschlag immer dann geboren wurde, wenn der Boden der Verhandlung durch Strukturdenken richtig aufbereitet wurde. Verharrten die Teilnehmer dagegen im Positionsdenken, wurde er niemals geboren.

Im Büromaschinenfall ist ein Vorsitzender da, der die Macht hat, den Boden für Kreativität aufzubereiten. In anderen Verhandlungen, in denen kein Vorsitzender existiert, muß man durch die Art der eigenen Verhandlungsführung versuchen, dieses Ziel zu erreichen.

In den USA hat sich für das geschilderte Vorgehen der Ausdruck «Kuchenvergrößerung» eingebürgert. Man vergrößert den Verhandlungskuchen, damit mehr zum Teilen da ist, und damit vor allem jeder etwas bekommen kann, was ihm wichtig ist, ohne daß dem anderen etwas fehlt. Am Beispiel von zwei Schwestern, die sich um eine Orange streiten, wird dieser Gedanke gerne verdeutlicht. Beim Positionsdenken des intuitiven Verhandelns will jede Schwester möglichst die ganze Orange für sich haben. Durch Strukturdenken, also durch rationales Verhandeln, entdecken die beiden dagegen, daß die eine Schwester die Frucht essen möchte, während die andere die Schale zum Backen benötigt. Jede kann genau das bekommen, was sie braucht, ohne daß der anderen etwas fehlt. (Natürlich ist dies ein Lehrbuchbeispiel, das dann nicht gilt, wenn etwa beide Schwestern die Frucht essen wollen. Aber es verdeutlicht die Grundidee der Kuchenvergrößerung.)

Überall, wo Komplexität verhandelt wird, ist eine Vergrößerung des Kuchens möglich. Man muß nur die Hindernisse wegräumen, welche dieser Vergrößerung im Wege stehen, und man muß der Kreativität den Boden bereiten, damit neue, «kuchenvergrößernden» Ideen geboren werden. Ich komme auf das Stichwort «Kuchenvergrößerung» zurück.[81]

---

[80] Näher zur inhaltlichen Bewertung und Entscheidung dieses Falles unten Teil F 6.
[81] Siehe unten Teil G 2.

E. Die Grundlagen des «rationalen Verhandlungsmodelles»

1. Der Normalfall einer rationalen Verhandlung

Ich möchte jetzt die Grundlagen des «rationalen Verhandlungsmodelles» behandeln. Dazu werde ich zunächst den (idealen) Normalfall einer rationalen Verhandlung beschreiben. Auf dieser Grundlage werde ich dann das Verhandlungsziel und die Verhandlunggrundsätze untersuchen. Der hier vorausgesetzte Normalfall kommt natürlich in der Realität nicht vor. Dort gibt es keine Normalität, sondern immer nur davon abweichende und auf besondere Weise problematische Situationen. Aber wenn man den Normalfall nicht kennt, kann man die Problemfälle nicht sachgerecht behandeln. Deshalb muß man sich mit dem Normalfall beschäftigen.

Das Normalfalldenken versteht sich nicht von selbst. Wir sind es gewohnt, auf die Probleme, auf die Besonderheiten, auf die atypischen Erscheinungen, also auf die Abweichungen von der Normalität zu achten und darüber zu sprechen. Die Normalität selbst bemerken wir normalerweise überhaupt nicht. Ich habe schon darauf hingewiesen, daß die Entwicklung unserer verbalen Geschichtensprache immer wieder durch das Bemerken von Auffälligkeiten, von atypischen Geschehnissen, von Sensationen angestoßen wurde. Dies löste den Wunsch aus, hierüber zu sprechen, und durch die Entwicklung der Sprache wurde uns Menschen dieser Wunsch auch erfüllt.

Noch heute kann man diesen Befund beobachten. Wenn das Ehepaar Meier im zweiten Stock eine normale Ehe führt, redet kein Mensch im Haus darüber. Aber wenn Herr Müller vom ersten Stock mit Frau Huber vom dritten Stock ein Verhältnis anfängt, dann summt es im ganzen Haus vor aufgeregten Geschichten. Bei der Mitteilung und Bewertung dieses Skandales werden selbst schlichte Gemüter wie die ansonsten artikulationsgestörte Familie Schmidt im vierten Stock beredt.

Normalität hat in der Sprache nicht einmal einen Namen. Wie soll man einen Menschen nennen, der weder groß noch klein, weder schön noch häßlich, weder klug noch dumm ist? Es gibt keinen Ausdruck für ihn. Allenfalls nennt man ihn «Herr Baron», dies aber nur in Österreich. Mitunter begnügt sich die Sprache sogar damit, lediglich eine Abweichung von der Normalität als solche, ohne nähere inhaltliche Bestimmung festzuhalten. So wird das, was sich in einem Haus unten und oben befindet, mit demselben Wort «Boden» bezeichnet. Das Normalfalldenken versteht sich also nicht von selbst. Aber ohne dieses Denken würden die atypischen Sonderfälle störend in den Vordergrund treten. So könnte etwa der Eindruck entstehen, beim Verhandeln gehe es nur um die Bewältigung psychologischer Probleme beim Umgang mit schwierigen, beispielsweise manipulierenden Partnern. Aber darum geht es erst an zweiter Stelle. In erster Linie geht es darum, über ein objektives Sachproblem optimal zu verhandeln. Erst wenn geklärt ist, wie das im Normalfall auf rationale Weise zu geschehen hat, ist es sinnvoll, auf die Problemfälle einzugehen, in denen schwierige Partner auftreten. Deshalb muß man vom Normalfall ausgehen.[82]

Ich unterstelle also den Normalfall einer Verhandlung, aus welcher alle störenden, für die Verhandlung des Sachproblemes nicht notwendigen Begleitumstände entfernt sind. Dies betrifft die beteiligten *Personen* und die *Verhandlungssituation*. Anschließend kläre ich, welchen Bedingungen das zu verhandelnde *Sachproblem* genügen muß.

---

[82] Wie schwer uns das Normalfalldenken fällt, wird mir immer wieder in der Lehre bewußt. Ich empfehle den Studenten, sich alle rechtlichen Regelungen anhand von Normalfällen klarzumachen, sich also immer wieder die Frage zu stellen, was der Gesetzgeber jeweils typischerweise mit einer Regelung gemeint hat. Das ist oft nur schwer zu sagen. Was hatte beispielsweise der Strafgesetzgeber im Sinne, als er bei der Untreue, § 266 StGB, im Treubruchstatbestand von der durch ein «Treueverhältnis» entstandenen Pflicht, fremde Vermögensinteressen wahrzunehmen, sprach? Welcher Fall verbirgt sich hinter dem Begriff «Treueverhältnis»? Wenn man das nicht weiß, kann man überhaupt nichts damit anfangen. Ich habe den Rat, Normalfalldenken zu praktizieren, auch in meinem schon mehrfach erwähnten Buch über das juristische Lernen gegeben. Aber die Studenten glauben mir nicht (obwohl mir mein Ratschlag geradezu trivial erscheint). Sie halten das «Normalfalldenken» für eine gefährliche Marotte von mir. Gefährlich deshalb, weil ihnen in den Vorlesungen, Lehrbüchern, Entscheidungssammlungen, Kommentaren und Fachzeitschriften ausschließlich «Problemfälle» begegnen. Im juristischen Informationswesen werden in der Tat ebenso wie im Hinterhaus nur Sensationen verbreitet. Aber deswegen darf man doch nicht anfangen, die «Probleme» zu lernen. Genau das tun die Studenten aber, mit beklagenswert schlechten Ergebnissen.

Zunächst zu den *Personen.* Im Normalfallmodell verhandeln nur zwei Personen miteinander.[83] Diese erfüllen fünf Bedingungen. Sie handeln *autonom.* Sie stehen *nicht unter Druck.* Sie lassen ihr Handeln *nicht durch emotionale Faktoren beeinflussen.* Sie *manipulieren nicht* und verhalten sich *fair.* Sie sind *nicht auf andere Weise als durch die Verhandlung miteinander verbunden.*

Die Personen handeln *autonom.* Dies bedeutet zunächst, daß andere Personen, also etwa Mitarbeiter, Vorgesetzte, Mandanten, Anwälte, Gutachter und sonstige vom jeweiligen Problem betroffene Personen an der Verhandlung nicht, auch nicht indirekt, beteiligt sind.[84] Es bedeutet sodann, daß die Verhandler vor einzelnen Entscheidungen keine Hintermänner zu befragen brauchen, und daß sie ein etwaiges Gesamtergebnis auch nicht durch andere Personen oder Gremien bestätigen lassen müssen. Es bedeutet schließlich, daß die Meinung von anderen Personen oder von Gremien, etwa von Aufsichtsräten, Kuratorien, Aktionärsversammlungen oder gar der Öffentlichkeit über den Ablauf und das Ergebnis der Verhandlung ohne Bedeutung ist.

Die Personen stehen *nicht unter Druck.* Weder sachliche, etwa wirtschaftliche Faktoren noch der Zeitfaktor spielen eine besondere Rolle. Kein Partner muß auch besondere Rücksicht auf den anderen nehmen, weil dieser unabhängig vom konkreten Fall eine besondere Bedeutung für ihn hat, etwa ein wichtiger Kunde ist. Die Parteien haben lediglich ein normales Sachinteresse am Verhandlungsgegenstand.

Die Personen lassen ihr Handeln *nicht durch emotionale Faktoren beeinflussen.*[85] Positive oder negative Gefühle wie Sympathie oder Abneigung spielen ebensowenig eine Rolle wie Ärger, Wut, Empörung, aber auch Freude, gute Laune, Zufriedenheit. Auch frühere gute oder schlechte Erfahrungen spielen keine Rolle. All dies ist in der Verhandlung irrelevant.

Die Personen *manipulieren nicht*[86] und verhalten sich *fair.*[87] Sie wenden keine Tricks und keine unerlaubten Techniken an. Sie täuschen einander nicht. Sie sind ehrlich, und sie sind, soweit das möglich und sinnvoll ist, offen. (Dieser Punkt ist natürlich heikel. Voll-

---

[83] Zu Mehrpersonenverhandlungen siehe unten G1.
[84] Zu Mehrpersonenverhandlungen siehe unten Teil G1.
[85] Zum Umgang mit Emotionen siehe unten G4.
[86] Näher zu den Manipulationsgefahren unten Teil G3.
[87] Zum Umgang mit Unfairneß siehe unten G5.

kommene Ehrlichkeit und Offenheit ist in Verhandlungen so wenig praktikabel wie sonst im Leben.) Altmodisch gesprochen: die Verhandlungspartner sind «Ehrenmänner». Die Personen sind *nicht auf andere Weise als durch die Verhandlung miteinander verbunden.* Es gibt keine Beziehungen, etwa eine dauernde Geschäftsbeziehung oder ein Mandat, die über das gerade anstehende Problem hinausreichen. Auch die künftige Anbahnung derartiger Beziehungen spielt keine Rolle. Nun zur *Situation.* Im Normalfallmodell sind hier zwei Bedingungen erfüllt. *Keiner ist dem anderen überlegen,* und es gibt *keine äußeren Störungen.*

Keiner ist dem anderen überlegen. Weder spielen hierarchische Unterschiede eine Rolle, etwa die Stellung des Vorgesetzten gegenüber dem Untergebenen, noch unterschiedliche Interessen, etwa das Interesse des einen Verhandlers an der Gewinnung des anderen Verhandlers als Kunden,[88] noch sonstige situative Besonderheiten, etwa die Schwäche, die aus der Notwendigkeit resultiert, dem anderen einen Fehler mitzuteilen, der einem unterlaufen ist.[89] Auch die äußeren Umstände oder sonstige Faktoren wirken sich nicht zum Vorteil einer Seite aus. Hier sind etwa räumliche Faktoren wie der Heimvorteil des eigenen Büras, die körperliche Dominanz einer Seite, oder Informationsvorsprünge eines Verhandlers zu nennen. All das spielt im hier vorauszusetzenden Normalfall einer Verhandlung keine Rolle.

Es gibt auch *keine äußeren Störungen.* Die Verhandlungsumgebung ist neutral. Möblierungs- oder Beleuchtungstricks kommen nicht vor. Lärm, schlechte Luft und dergleichen mehr üben keinen Einfluß aus. Durst, Hunger, Ermüdung, all dies wird im hier zugrundegelegten Normalfall einer rationalen Verhandlung hinweggedacht.

Nachdem so der äußere Rahmen der Normalfallverhandlung hergestellt ist, muß geklärt werden, welche Kriterien das anstehende *Sachproblem* erfüllen muß, damit eine rationale Verhandlung darüber möglich ist. Es sind dies drei Kriterien. Das Problem muß zunächst prinzipiell *verhandelbar* sein. Das Problem muß weiter *komplex* sein. Und es muß möglich sein, eine Lösung des Problemes zu finden, die *für beide Seiten von Vorteil* ist.

---

[88] Siehe hierzu unten Teil H 1.
[89] Siehe hierzu unten Teil H 5.

Das Problem muß *verhandelbar* sein. Die Entscheidung des Problemes darf nicht eindeutig im einen oder anderen Sinne vorgegeben sein. Das letztere ist etwa dann der Fall, wenn ein Geschädigter von einem Versicherer eine Leistung begehrt, obwohl eindeutig kein Versicherungsfall vorliegt und keine sonstigen Gründe für eine Verhandlung sprechen. Ein solches Problem ist nicht verhandelbar. Anders dagegen, wenn der Versicherungsfall zweifelhaft ist und/oder wenn der Geschädigte ein wichtiger Kunde ist, der eine kulante Behandlung seiner «Forderung» verlangt.[90]

Das Problem muß *komplex* sein. Es darf nicht auf einen einzigen Aspekt reduziert sein. Dabei ist zu beachten, daß die meisten scheinbar eindimensionalen Probleme in Wahrheit komplexe Probleme sind. Wenn zwei Kinder im Kindergarten dasselbe Spielzeug begehren, erscheint dies auf den ersten Blick wie ein eindimensionales Problem, bei dem es nur um die Nutzung des Spielzeuges geht. In Wahrheit handelt es sich um ein komplexes Problem, weil zum Nutzungsaspekt auch der Zeitaspekt und möglicherweise noch weitere Aspekte, etwa der Ordnungsaspekt, treten. Es geht nicht nur darum, wer das Spielzeug benutzen darf (Nutzungsaspekt), sondern auch darum, wann dies geschehen darf (Zeitaspekt), und wer hinterher wieder aufzuräumen hat (Ordnungsaspekt). Und wahrscheinlich gibt es noch weitere Aspekte.

Eindimensionale Probleme, bei denen es nur um einen einzigen Aspekt geht, sind so selten, daß sie praktisch vernachlässigt werden können. Nicht einmal die echte Basarsituation bietet hierfür ein Beispiel. Zwischen Teppichhändler und Kunde geht es zwar vordergründig nur um den Preis und um nichts sonst. Deshalb scheint hier eine rationale Verhandlung nicht möglich zu sein. Das Problem scheint eindimensional, die Basarverhandlung scheint unvermeidlich zu sein. Aber die Bestimmung des richtigen Preises ist ein hochkomplexer Vorgang, bei dem eine ganze Reihe von Aspekten zu berücksichtigen sind – die Qualität des Teppiches, die Liefermöglichkeiten, der Einkaufspreis, die Konkurrenzsituation, die Liquidität des Touristen, die Existenz anderer Interessenten, die geschäftliche Situation des Verkäufers... Würde dieses Sachproblem in einer rationalen Ver-

---

[90] Ich bin mir der Tatsache bewußt, daß eine «reine» Kulanz zu Lasten der Versichertengemeinschaft geht und darum als selbständiges Verhandlungselement rechtlich eigentlich nicht existieren darf. Ich bin mir aber auch der Tatsache bewußt, daß sie gleichwohl existiert.

handlung auf angemessene Weise bearbeitet werden, müßte diese Komplexität in einer geeigneten Struktur bewältigt werden. Daß die Beteiligten im Basar diese Aufgabe niemals anpacken und statt dessen immer um den Preis «feilschen», ändert hieran nichts.

Sobald der Basar in das Abendland verlegt wird, vergößert sich die zu bewältigende Komplexität. Es treten weitere Aspekte hinzu. Beim Gebrauchtwagenkauf geht es beispielsweise nicht mehr nur um den Preisaspekt, sondern auch um den Kilometerstand, um die Unfallfreiheit, um die Zahl der Vorbesitzer. Wenn der Händler einen Unfallschaden verschweigt, riskiert er Schadenersatzansprüche und ein Strafverfahren wegen Betruges. Diese Verhandlung ist nicht eindimensional. Sie ist komplex. Und erst recht sind Verhandlungen über anspruchsvolle Probleme komplex. Das brauche ich nicht weiter auszuführen.

Sodann muß es möglich sein, eine *Lösung* des zu verhandelnden Problemes zu finden, die *für beide Seiten von Vorteil* ist. Dies bedeutet zunächst, daß ein solches Ergebnis sachlich überhaupt möglich sein muß. Es bedeutet sodann, daß eine Einigung vorteilhafter sein muß als ein Scheitern der Verhandlung.

Komplexe Sachprobleme können im Unterschied zu eindimensionalen Problemen durchweg so gelöst werden, daß für beide Seiten Vorteile entstehen. So kann im vorhin erwähnten Spielzeugfall durch Einfügung des Zeitaspektes beiden Kindern erlaubt werden, das Spielzeug zu benutzen. Das eine Kind spielt am Vormittag, das andere Kind am Nachmittag. (Natürlich wollen beide am Vormittag damit spielen, aber bei dieser unnötigen Verengung des Problemes auf ein eindimensionales Problem ist keine Verhandlungslösung mehr möglich. Es ist Aufgabe der Kindergärtnerin, diese nicht sachgerechte Verengung des Problemes zu verhindern. Später, wenn die Kinder erwachsen sein werden und keine Kindergärtnerin ihnen mehr helfen kann, sollten sie imstande sein, diese Aufgabe selbst zu erfüllen.)

Die Einigung ist dann vorteilhafter als ein Scheitern, wenn das Scheitern mit erheblichen Risiken behaftet ist. Dies ist vor allem dann der Fall, wenn das Problem nicht ungelöst bleiben kann, sondern entschieden werden muß, und wenn im Falle des Scheiterns der Verhandlung die Entscheidung des Problemes in die Hände eines Dritten (etwa der Kindergärtnerin, eines Richters oder eines Schlichters) gelegt werden muß und/oder wenn aus einem Scheitern Kosten (etwa die Kosten eines Rechtsstreites oder eines Streikes) entstehen können.

Ich bin mir, wie gesagt, der Tatsache bewußt, daß dieses Normalfallmodell nur wenig mit der Realität von Verhandlungen zu tun
hat. In der Wirklichkeit befindet man sich im Basar. Man hat es mit
Tricks und Manipulationstechniken zu tun. Man blufft, man ist emotional. Und man ist auf den eigenen Vorteil aus. Man formuliert Positionen, versucht diese durchzusetzen. Gleichwohl ist das Normalfallmodell hilfreich. Es liefert die Grundlage für den Idealfall einer rationalen Verhandlung, in der es um nichts anderes als um die optimale
Verhandlung eines Sachproblemes geht. Auch wenn man diesen Idealfall niemals erreicht, so liefert er doch den Kompaß für den Kurs,
den man bei rationalem Verhandeln halten sollte. Ohne einen solchen
Kompaß ist man den zufälligen Ereignissen und Strömungen des Verhandelns ausgeliefert. Man kann zwar vielleicht mit ihnen irgendwie
fertigwerden, aber das Ziel der Verhandlung wird man auf solche
Weise kaum erreichen.

2. Das Verhandlungsziel

Worin besteht das Verhandlungsziel? Auf den ersten Blick scheint
das trivial. Man möchte natürlich ein gutes Ergebnis erzielen. Was
aber ist ein gutes Ergebnis? Wenn man anfängt, darüber nachzudenken, ist die Sache nicht mehr trivial.

Viele Menschen meinen, ein gutes Ergebnis sei ein Ergebnis, bei
dem sie selbst viel bekommen, und bei dem der andere wenig erhält.
Dies ist die besprochene Auffassung beim Basardenken, bei dem das
Thema Verhandeln aus der Perspektive des Teppichkäufers gesehen
wird. Je billiger er einkauft, desto besser, so meint er, hat er sein Verhandlungsziel erreicht. Hat er damit sein Ziel richtig bestimmt?

Sehen wir uns die möglichen Resultate an. Im echten Basar wird
der Tourist es nicht schaffen, den Verkäufer zu einem Unterwertver-
kauf zu bewegen. Sein Bestreben kann vernünftigerweise nur darin
bestehen, den Schaden zu begrenzen und den Teppich nicht zu teuer
einzukaufen. Ist das aber ein vernünftiges Ziel – Schadensbegrenzung
im Basar?

Im «unechten» Basar, etwa auf dem Gebrauchtwagenmarkt, mag
dies anders sein. Nehmen wir aber an, der Gebrauchtwagenverkäufer
sei ebenfalls ein Privatmann, der ebensoviel (und sowenig) vom Verhandeln und von gebrauchten Autos versteht wie sein Partner. Jetzt

ist es durchaus möglich, daß der Käufer das Auto unter seinem objektiven Wert ersteht. Tatsächlich begeben sich jedes Wochenende Tausende von Autointeressenten in dieser Hoffnung mit der Zeitung unter dem Arm auf den Weg. Verfolgen sie das richtige Ziel? Jeder, der auf diese Weise ein günstiges Geschäft gemacht hat, wird die Frage ohne Zögern bejahen. Jeder, der dabei verloren hat, wird sie verneinen. Da auf einen Gewinner zwangsläufig ein Verlierer kommt, steht es also unentschieden. Nun könnte man sich darüber beruhigen und die Meinung vertreten, es komme darauf an, zu den Gewinnern zu gehören, und es sei die Aufgabe einer Verhandlungsschulung, einem zu helfen, dieses Ziel zu erreichen. Warum aber lehnen wir ganz überwiegend den Basar ab? Warum haben wir ein System der festen Preise? Woher kommt unser Widerwillen gegen das «Feilschen»?

Zweifellos ist der Egoismus der Beteiligten eine mächtige Triebfeder unseres auf freien Wettbewerb beruhenden Wirtschaftssystemes. Aber ebenso zweifellos zählen wir den Egoismus nicht zu den Tugenden des Menschen. Wer in Verhandlungen nur das Ziel der Optimierung des eigenen Nutzens verfolgt, legt es darauf an, seinen Partner auszubeuten. Damit wird er zwei Probleme bekommen. Das eine Problem liegt in dem Bild, das er sieht, wenn er sich selbst im Spiegel betrachtet. Das andere Problem betrifft seine Beziehungen zu anderen Menschen, sein «Image», sein «Standing», oder, altmodisch ausgedrückt, sein Ansehen im Beruf und in der Gesellschaft.

Die Menschen sehen so aus, wie sich verhalten. Peter Bamm hat einmal geschrieben, er habe sein ganzes Leben lang großzügige Trinkgelder gegeben, und am Ende habe er wie jemand ausgesehen, der großzügige Trinkgelder gibt. Wer Verhandlungen mit dem Ziel führt, den anderen auszubeuten, wird ziemlich bald wie ein Ausbeuter aussehen. Schlimmer noch, er wird ein Ausbeuter sein, und das Bild, das er im Spiegel sieht, kann ihm eigentlich nicht gefallen.

Jede Gesellschaft kann nur eine begrenzte Zahl von Ausbeutern vertragen. Es ist kein Zufall, daß diese sich vorwiegend da tummeln, wo Basarverhandlungen geführt werden, auf Gebrauchtwagenplätzen, im Immobilienmarkt, auf Finanzmärkten. Hier gibt es Geschäftsleute, die zu ertragen sind, solange ihre Zahl begrenzt bleibt. Die Gesellschaft hat nichts von ihnen. Sie leben von anderen Menschen. Sie sind Nehmer, keine Geber. Das Ziel kann eigentlich nicht darin bestehen, die Schar der Nehmer zu vergrößern.

Zu dem Bild, das man von sich selbst hat, kommt das Bild, welches andere Menschen von einem haben. Für die echte Basarsituation ist es typisch, daß sich die Parteien ein einziges mal im Leben und dann hoffentlich nie wieder treffen. Juristische oder geschäftliche Verhandlungen finden aber durchweg im Feld von Dauerbeziehungen statt. Auch im geschilderten Normalfall einer Verhandlung, in dem keine explizite Dauerbeziehung der Verhandlungspartner, etwa das dauernde Mandat eines Steuerberaters, die Verhandlung beeinflußt, ist dieser Aspekt doch immer gegenwärtig. Die Situation des orientalischen Teppichverkäufers existiert im normalen Geschäftsleben nicht. Der gute Ruf ist bei jeder Verhandlung mit im Spiel. Durch «gute» Geschäfte, die den Partner ausbeuten, wird er gründlich ruiniert. Ansehen gewinnt man nur durch solche guten Geschäfte, die auch für den anderen gut sind. Wirklichen Erfolg haben nur solche Verhandler, die darauf achten, daß auch ihre Partner gewinnen.

Das Ziel kann also nicht darin bestehen, den anderen auszubeuten und dadurch ein möglichst gutes Ergebnis auf Kosten des anderen herauszuholen. Worin aber besteht das Ziel?

Das Ziel kann nur darin bestehen, eine für beide Parteien sachgerechten Lösung des zwischen ihnen zu verhandelnden Problemes zu finden. Es geht also um die Sachgerechtigkeit des Problemes. Diese zu ermitteln, ist das Ziel der Verhandlung.

Im Basar ist dieses Ziel theoretisch einfach zu erreichen. Die Parteien brauchen nur den sachgerechten Preis der Ware zu ermitteln. Dies ist der Preis, der für beide Parteien «richtig» ist. Der Käufer zahlt nicht zu «viel», und der Verkäufer bekommt nicht zu «wenig». Freilich erreichen die Parteien dieses Ziel praktisch nicht, weil sie jeweils das Ziel der Optimierung ihres eigenen Nutzens anstreben. Dabei arbeiten sie mit Tricks, Manipulationen, Täuschungen, und es gewinnt der größere Manipulateur.

Freilich ist es wesentlich schwerer, das Ziel des sachgerechten Preises zu erreichen, als den eigenen Nutzen zu optimieren. Es gibt ja im Basar keine Liste, von der man den objektiven Marktpreis ablesen könnte. Vielmehr muß man ihn aufwendig ermitteln. Aber das ändert nichts daran, daß hier das richtige Ziel einer rationalen Verhandlung liegt. Man verschließt sich den Zugang zu diesem richtigen Ziel, wenn man vorschnell vor den Schwierigkeiten kapituliert und deswegen das falsche Ziel – die Optimierung des eigenen Nutzens auf Kosten des anderen – verfolgt.

Man sollte hier nicht primär die Basarsituation vor Augen haben, die ja eine atypische Situation ist. Man sollte an die normale Verhandlung denken. Aus der Erfahrung vieler Experimente weiß ich, daß die meisten Verhandler automatisch die Zielvorstellung der Optimierung des eigenen Nutzens verfolgen. Die Gründe für diese Automatik liegen in der schon besprochenen begrenzten Leistungsfähigkeit unseres informationsverarbeitenden Systemes, die uns zur Vereinfachung von Komplexität im Positionsdenken führt. Wenn ich demgegenüber versuche, das richtige Ziel der Sachgerechtigkeit zu etablieren, stoße ich regelmäßig auf abwehrende Standardargumente, mit denen die Erkenntnis der eigenen Begrenztheit verdrängt und das liebgewordene Ziel der Ausbeutung anderer gerechtfertigt werden soll. Da ist von Theorie die Rede, von einem naiven Idealismus, von einer Welt, in welcher der Wind kalt pfeift und jeder selbst sehen muß, wo er bleibt. Aber das ändert nichts daran, daß die Theorie Recht hat und der Wind nicht nur kalt ist, sondern vor allem in die falsche Richtung bläst.

Ich sage nicht, daß man nett zu den Ausbeutern sein soll und sich ihnen als Opfer anbieten soll. Ich sage nur, daß man sich weigern soll, ihr Spiel mitzuspielen, und daß man auf besseren Spielregeln bestehen soll. Diese ergeben sich aus der Verfolgung des richtigen Verhandlungszieles. Das Ziel der Sachgerechtigkeit ist erstrebenswert. Das bedeutet, daß man es selbst unterläßt, das verfehlte Ziel der Optimierung des eigenen Nutzens zu verfolgen. Es bedeutet nicht, daß man nett und idealistisch zu anderen ist, welche ihrerseits dieses verfehlte Ziel verfolgen. Ich werde auf die Frage, wie man sich gegenüber den Ausbeutern zur Wehr setzen kann, noch zurückkommen.[91]

Es ist merkwürdig, daß man dies betonen muß. Gerade für Juristen sollte die Suche nach Gerechtigkeit selbstverständliches Ziel ihrer Anstrengungen sein. In der Realität ist das aber anders. In der Realität will man den Fall gewinnen. Das Thema Gerechtigkeit überläßt man den Festrednern und einigen wenigen von der Wirklichkeit deutlich abgehobenen Rechtstheoretikern. Ich denke aber, daß Gerechtigkeit eine sehr praktische Sache ist, der sehr praktische Hindernisse im Wege stehen. Je zweifelhafter ein Fall in tatsächlicher und rechtlicher Hinsicht ist, desto mehr kommt es darauf an, alle Aspekte und Argumente vollständig im Für und Wider abzuwägen. Das Positionsdenken, verbunden mit dem weithin üblichen Schriftsatzden-

---

[91] Siehe unten Teil G 2.

ken, verhindert dies aber zuverlässig. Dann steht zwar alles irgendwo in den Akten, aber es beeinflußt die Informationsverarbeitung in den Köpfen der beteiligten Personen nicht, und am Ende wird der Fall dann doch über den erhobenen Daumen entschieden. Nur durch Strukturdenken kann man diesen mißlichen Zustand ändern. Ziel und Methode stehen beim Verhandeln in unlösbarem Zusammenhang.

3. Die Verhandlungsgrundsätze

Ich will jetzt aufzeigen, nach welchen Grundsätzen man vorgehen sollte, um das aufgezeigte Verhandlungsziel – die sachgerechte, möglichst beiden Partnern zum Vorteil gereichende Lösung des Verhandlungsproblemes – zu erreichen. Es sind dies sechs Grundsätze. Der erste besagt, daß der Verlauf der Verhandlung ständig zu *kontrollieren* ist. Der zweite verlangt, daß die Komplexität des zu verhandelnden Problemes durch *Strukturen* beherrschbar gemacht wird. Der dritte gebietet, daß den Strukturen entsprechende *Verträge* über den Ablauf der Verhandlung zu schließen sind, und daß auf der Einhaltung dieser Verträge zu bestehen ist. Der vierte fordert dazu auf, vor der Entscheidung von inhaltlichen Problemen die abstrakten *Prämissen und Regeln* zu verabreden, nach denen die Problemlösung gefunden werden soll. Der fünfte besagt, daß (mündliche) Protokolle über erzielte *Zwischenergebnisse* zu formulieren und zu verabschieden sind. Der sechste wird schließlich durch das Prinzip »*formale Führung*« ausgedrückt; man sollte stets danach trachten, die formale Führung zu gewinnen. Im einzelnen:

Der erste Grundsatz besagt, daß der Verlauf der Verhandlung ständig zu *kontrollieren* ist. Das hört sich leicht an, fällt aber schwer. Die Verhandlung ist ja kein fernes Geschehen, das man als externer Beobachter von außen verfolgt. Vielmehr ist man selbst daran beteiligt, und man ist vielfach belastet und überfordert. Man hat alle Hände voll mit der Bewältigung des gerade anstehenden Sachproblemes tun. Man steht vielleicht unter wirtschaftlichem Druck, unter emotionalem Druck, unter Zeitdruck. In einer solche Lage beobachtet man weder sich selbst noch das Geschehen, an dem man beteiligt ist. Man agiert, aber man beobachtet und kontrolliert den formalen Gang des Geschehens nicht.

Aber ohne eine solche Beobachtung sowohl des eigenen Verhaltens wie auch des Verhaltens des anderen ist es unmöglich, in den Ablauf der Verhandlung einzugreifen. Das wiederum muß man tun, wenn man die Verhandlung rational beeinflussen will. Also kommt man nicht umhin, einen Kontrollmechanismus zu installieren, einen «intern-externen Beobachter», den man im eigenen Kopf hat («intern»), und der zugleich von außen her («extern») das Geschehen verfolgt und einem ständig Rückmeldungen liefert. – Ich habe schon erwähnt, daß die Beobachtung von (eigener wie fremder) Körpersprache ein gutes Hilfsmittel zur Installation dieses «intern-externen-Beobachters» ist.

Der zweite Grundsatz verlangt, daß die Komplexität des zu verhandelnden Problemes durch *Strukturen* beherrschbar gemacht wird.[92] Im eigentlich entscheidenden Teil der Verhandlung muß die Geschichtensprache zurückgedrängt werden. Hier muß möglichst mit der Struktursprache gearbeitet werden. Dabei muß der aufgezeigten Tatsache Rechnung getragen werden, daß das menschliche Gehirn nur einfache Strukturen verarbeiten kann. (Auf die Bedeutung dieses «Prinzipes Einfachheit» habe ich schon hingewiesen.[93])

Der dritte Grundsatz gebietet, den Programmcharakter der Strukturen zu berücksichtigen und dementsprechende *Verträge* über den Ablauf der Verhandlung zu schließen. Auf der Einhaltung dieser Verträge muß man bestehen.[94] In praktisch allen Fällen gibt es mehrere Möglichkeiten, ein Problem zu strukturieren. Die Menschen reden und strukturieren auf unterschiedliche Weise. Unter den Bedingungen des hier zugrundegelegten Normalfallmodelles der Verhandlung, welches von zwei gleichberechtigten Partnern ausgeht, kann keiner dem anderen seine Strukturen aufzwingen. Es gibt auch kein Bundesamt für das Strukturwesen, welches hier eine Hilfe bieten könnte. Aus diesem Dilemma hilft nur das Mittel des Vertrages. Man verhandelt über Strukturvorschläge, einigt sich auf eine Struktur und beschließt, die Verhandlung auf dieser Grundlage zu führen. Darüber schließt man einen Vertrag. – Derartige Verhandlungsverträge sind bindend wie die juristischen Verträge. Man kann und muß im Verlaufe der weiteren Verhandlung auf ihrer Einhaltung bestehen. (Das

---

[92] Ausführlich dazu oben Teil D.
[93] Siehe oben Teil D 5.
[94] Dazu näher unten Teil F 1.

schließt natürlich nicht aus, daß man sie im Bedarfsfalle ändert, aber dazu ist wiederum ein Vertrag erforderlich.)

Dem Juristen ist diese Vorgehensweise vertraut. Am Anfang aller juristischen Tätigkeit standen die Verfahrensordnungen. Der Jurist war der Mann, der die Verfahrensregeln aufstellte, nach denen soziale Konflikte zu bewältigen waren. (Dabei ergab es sich ganz von selbst, daß er den Vorsitz übernahm.) Heute, da diese Verfahrensordnungen als Prozeßordnungen Gesetze geworden sind, ist diese ursprüngliche Leistung des Juristen in Vergessenheit geraten. Aber es existiert keine gesetzliche «Verhandlungsordnung», so daß angesichts von Verhandlungen Grund besteht, sich daran wieder zu erinnern. Und das einzige Mittel, eine solche Ordnung verbindlich zu machen, ist der Vertrag.

Durch den Abschluß von Verhandlungsverträgen erzielt man drei wesentliche Vorteile. Man befördert kooperatives Verhalten, man arbeitet ökonomisch, und man kann den Partner disziplinieren, ohne ihn formal kritisieren zu müssen. Im einzelnen:

Der wichtigste Vorteil der Verhandlungsverträge liegt darin, daß man mit ihnen den Weg der Kooperation, nicht des Konfliktes betritt. Es liegt auf der Hand, daß auch die unversöhnlichsten Parteien sich über eine Verfahrensordnung – eine Agenda, also eine Tagesordnung für die Austragung ihres Konfliktes – einigen können. Wenn sie das tun, gehen sie aber zwangsläufig zugleich den ersten Schritt aufeinander zu. Sie bauen ihren Konflikt ab, statt ihn durch die Befestigung ihrer Positionen zu vergrößern. Sie erkennen, daß es nicht nur Trennendes, sondern auch Gemeinsames gibt.

Der zweite Vorteil der Verhandlungsverträge liegt in der dadurch erzielten Ökonomie. Im Idealfall einer ökonomischen Verhandlung wird jedes Argument vertragsgemäß nur einmal, an der richtigen Stelle, besprochen und zu einem Zwischenergebnis gebracht. In der Realität ist dieser Idealfall zwar nicht zu erreichen, aber durch Verhandlungsverträge kann man ihm näherkommen.

Der dritte Vorteil liegt in der Möglichkeit der Disziplinierung des Partners. Dieser wird ständig den Wunsch haben, unbequemen Argumenten auszuweichen. Wenn man hier keine Vorsorge getroffen hat, kann man ihn daran nicht hindern. Ein Verhandlungsvertrag ist die einzige mögliche Vorsorge. Man kann den anderen am Vertrag festhalten und ihn dadurch zwingen, sich mit dem unbequemen Argument auseinanderzusetzen. Man braucht den Partner dabei nicht formal zu kritisieren.[95] Man erinnert ihn ja lediglich an die Einhaltung eines Vertrages, dem er vorher selbst zugestimmt hat. Das ist keine Kritik, sondern ein Pochen auf Vertragstreue. Niemand kann das übelnehmen.

Der vierte Verhandlungsgrundsatz fordert dazu auf, vor der Lösung von Inhaltsproblemen die abstrakten *Prämissen und Regeln* zu verabreden, nach denen dann diese Lösungen gefunden werden können. Dadurch erleichtert man sich die Einigung über kontroverse Inhaltsfragen. Über abstrakte Prinzipien einigt man sich viel leichter als über konkrete Fälle. So werden sich die Partner nur schwer über einen konkreten Geldbetrag einigen. Dagegen ist es nahezu unmöglich, über abstrakte Regeln und Prämissen – Gesetze, Urteile, Marktpreise, Taxen, Statistiken, Handelsbräuche – zu streiten.[96]

Der fünfte Grundsatz besagt, daß (mündliche) Protokolle über erzielte *Zwischenergebnisse* zu formulieren und zu verabschieden sind. Beim «intuitiven Verhandeln» kann man immer wieder beobachten, daß der eine Partner ein Teilzugeständnis macht, ohne daß der andere dies auch nur zur Kenntnis nimmt. Wenn der andere dieses Teilzugeständnis aber nicht ausdrücklich zur Kenntnis nimmt und als Zwischenergebnis «protokolliert» (was mündlich geschehen kann), dann kann der erste sein Zugeständnis später wieder «vergessen». Er ist daran nicht gebunden, weil sein Partner ihn nicht beim Wort genommen hat. Also achte man auf die Protokolle.[97] (Der Leser wird bemerken, daß auch bei diesem Punkt juristische Erfahrungen eine Rolle spielen.)

Der sechste Grundsatz wird schließlich durch das Prinzip *«formale Führung»* ausgedrückt.[98] Man sollte stets danach trachten, die formale Verhandlungs-«Führung» zu gewinnen. Führung ist ein Ja-Nein-Begriff. Entweder man hat sie, oder man hat sie nicht. Hat man die formale Führung, dann hat man auch die Chance, die inhaltliche Führung zu gewinnen und sich in den Inhaltsfragen, um die es ja letztlich geht, durchzusetzen.

Die sechs genannten Grundsätze sind faire Grundsätze. Ihre Anwendung setzt nicht voraus, daß der andere sie nicht kennt. Vielmehr

---

[95] Ich erinnere daran, daß eine formale Kritik verletzender wirkt als eine inhaltliche Kritik. Siehe oben Teil D 2.

[96] In den USA spricht man in diesem Zusammenhang von der Methode des «anchoring». Siehe unten Teil F 6.

[97] Näher dazu unten Teil F 1.

[98] Ausführlich dazu oben Teil D 2.

fällt ihre Anwendung dann besonders leicht, wenn der Partner ebenfalls nach diesen Grundsätzen handelt. In diesem Fall kommt die
Verhandlung dem Idealfall einer rationalen Verhandlung nahe. –
Aber natürlich helfen die Grundsätze auch da, wo man es mit einem
intuitiv handelnden Partner zu tun hat. Man muß nur darauf achten,
daß der andere nicht seinerseits intuitiv die falschen Grundsätze an-
wendet und durchsetzt.

F. Die Phasen der «rationalen Verhandlung»

1. Verhandlungsphasen und Verhandlungsverträge

Wie alles, was wir Menschen tun, geschehen Verhandlungen in der Zeit. Dabei fließt die Zeit nicht als Kontinuum. Vielmehr gliedert sich die Verhandlung in einzelne Stationen. Sie hat einen Phasencharakter. Diesen muß man sehen, und man sollte beachten, daß in jeder Verhandlungsphase ganz bestimmte Dinge geschehen und andere Dinge besser unterbleiben sollten. Zur rationalen Verhandlungsführung gehört die bewußte Arbeit mit dem Phasencharakter der Verhandlung.[99]

Die Abfolge der einzelnen Verhandlungsphasen ist nicht ein für allemal fest vorgegeben. Sie ergibt sich aus den Umständen des konkreten Falles. Man kann aber für den hier zunächst zugrundegelegten (idealen) Normalfall einer Verhandlung im allgemeinen die folgende Reihenfolge als normal angeben: Die Verhandlung beginnt mit einer *Eröffnungsphase,* in der die Partner sich (wieder)kennenlernen und eine persönliche Beziehung herstellen. Es folgt eine *Rahmenphase,* in welcher die Partner den äußeren Rahmen der Verhandlung festlegen. Hieran schließt sich eine *Themenphase,* in welcher das Verhandlungsthema präzisiert wird. Daran schließt sich eine *Informationsphase,* in welcher die sachlichen Grundlagen für die anschließende Auseinandersetzung hergestellt werden. Danach kommt die eigentliche *Argumentations- und Entscheidungsphase,* in welcher die Parteien ihre Argumente austauschen und diskutieren, wobei sie versuchen, Teileinigungen zu erzielen. In der *Schlußphase* leiten sie, wenn alles gut geht, aus diesen Zwischenergebnissen eine Gesamteinigung ab. Wenn es nicht gut geht, scheitert dagegen die Verhandlung.

Auf diese Phasen einer normalen Verhandlung werde ich gleich noch näher eingehen. Vorab möchte ich betonen, daß die Phasen als solche und die Reihenfolge, in der sie aufeinander folgen sollen, verabredet werden müssen. Hierüber sind die schon erwähnten Ver-

---

[99] Vgl. dazu auch Gottwald, W., Stadien, Strategien und Maximen in Verhandlungen, in: Gottwald/Haft (Hrsg.), Verhandeln und Vergleichen als juristische Fertigkeiten, 2. Aufl. Tübingen 1992.

handlungsverträge zu schließen. Nur wenn man die ausdrückliche Zustimmung des anderen zu einer bestimmten Phasenstruktur der Verhandlung bekommen hat, kann man später auf der Einhaltung dieses Fahrplanes bestehen, ohne den anderen formal kritisieren zu müssen. Dabei handelt es sich nicht um einen einzigen Vertrag, sondern um immer wieder abzuschließende Verträge. So wird normalerweise der erste Vertrag nach Abschluß der Eröffnungsphase zu schließen sein. Der zweite Vertrag wird zu Beginn der Themenphase zu schließen sein. Beide Verträge werden nur die jeweils anstehenden Phasen betreffen. Der Vertrag über die Rahmenphase wird die äußeren Bedingungen festlegen, unter welchen die Verhandlung geführt werden soll. Der Themenvertrag wird präzise festlegen, worum genau es in der Verhandlung geht. Nach der Bestimmung des Themas wird ein weiterer Vertrag darüber zu schließen sein, daß man zunächst in einer Informationsphase die faktischen Grundlagen der Verhandlung klärt und in einer anschließenden Argumentations- und Entscheidungsphase darüber diskutiert, wie diese Fakten zu bewerten sind. Wenn man dann, in Ausführung dieses Vertrages, mit der Informationsphase beginnt, wird ein weiterer Vertrag über deren nähere Gestaltung zu schließen sein – undsofort.

Über die Phasenstruktur der Verhandlung ist also nicht nur einmal, zu Beginn der Verhandlung, sondern immer wieder zu verhandeln. Und es genügt nicht, diese Verträge zu schließen. Man muß auch, und zwar immer wieder, darauf achten, daß sie auch eingehalten werden. Das wird Mühe bereiten. Denn man arbeitet hier gegen die Ausrichtung der menschlichen Informationsverarbeitung. Diese drängt den anderen, und natürlich auch einen selbst, immer wieder zur «natürlichen» Reihenfolge «Geschichte – Argumente – Positionen», womit man in die alten Gewohnheiten des intuitiven Verhandelns zurückfällt. Gegen diese Gewohnheiten muß man immer wieder ankämpfen. Das fällt schwer, aber die Mühe lohnt sich.

Nehmen wir an, in einer Verhandlung ist die Argumentations- und Entscheidungsphase erreicht. Dann ist ein Teilvertrag über die Reihenfolge «Sammeln – Ordnen – Entscheiden» erforderlich. Etwas später zeichnen sich zwei mögliche Lösungen ab. Dann muß man sich darüber verständigen, zu welcher dieser beiden Lösungen man ein Konto eröffnen möchte. Über dessen Aufstellung muß man wieder einen Verhandlungsvertrag schließen. Undsofort.

Die oben genannte Reihenfolge der einzelnen Phasen ist natürlich nicht zwingend vorgegeben. In vielen Fällen muß man davon abweichen. Oftmals können einzelne Phasen entfallen. Mitunter sind zusätzliche Phasen, etwa eine Emotionsphase, einzubauen. Wenn etwa ein Partner dem anderen eine besonders unangenehme Mitteilung zu eröffnen und anschließend darüber zu verhandeln hat, wäre es fehlerhaft, die Verhandlung mit einer «normalen» Eröffnungsphase zu beginnen. Dieser Fall ist nicht «normal». Deshalb darf die Verhandlung nicht mit einer Eröffnungphase begonnen werden. Vielmehr muß hier die Informationsphase am Beginn der Verhandlung stehen. Auf diese Besonderheiten werde ich im Anschluß an die Beschreibung der Phasen einer normalen Verhandlung eingehen.[100]

Natürlich kann es auch geschehen, daß der andere versucht, einem einen nicht sachgerechten Phasenverlauf aufzuzwingen. Typisch hierfür ist das Verhalten eines emotional erregten Verhandlungspartners, der sofort mit der Tür ins Haus fällt. Ohne Eröffnungs- und Informationsphase beginnt er sofort mit der Argumentations- und Entscheidungsphase und vermengt diese mit einer Emotionsphase. Ein solches Verhalten belastet die Atmosphäre und schadet der Sache. Es sollte daher nicht akzeptiert werden. Wie aber wehrt man sich dagegen?

Ich werde auf den Umgang mit schwierigen Partnern noch zu sprechen kommen.[101] Hier nur folgende kurze Hinweise. Man wehrt sich gegen das geschilderte Verhalten, indem man das Verfahren des anderen zu einem eigenen Zwischenthema der Verhandlung macht. Man schlägt also dem anderen im Beispiel etwa vor, zunächst einmal einen gemeinsamen Sachstand zu erarbeiten, um eine Basis für die Argumentation zu gewinnen. Freilich stößt man bei einem solchen Vorgehen auf Schwierigkeiten. Der andere wird diese Einwendung leicht als formale Kritik an seinem Verhalten empfinden. Eine formale Kritik wird aber regelmäßig viel schärfer als eine inhaltliche Kritik empfunden; dies habe ich bereits ausgeführt. Man muß also dem anderen deutlich machen, daß man ihn nicht kritisiert, sondern mit ihm einen Verhandlungsvertrag über den Gang des Gespräches führen möchte. Da es dabei regelmäßig darum gehen wird, den Partner (zwar nicht zur Eröffnungsphase, wohl aber) zur Informationsphase zurückzuführen, kann man hier zusätzlich Fragetechniken verwen-

---

[100] Siehe unten im Teil F 7.
[101] Siehe unten Teil G, insbesondere Teil G 4.

den. Sie kommen dem Wunsch des anderen entgegen, Geschichten zu
erzählen. Das alles kann man lernen. Ich komme darauf, wie gesagt,
zurück.

Die fehlende Eröffnungsphase kann man in solchen Fällen durch
das Mittel des Witzes und der Selbstironie auszugleichen versuchen.
Auf die Entspannungsfunktion des Witzes habe ich ja schon hingewiesen. Freilich muß man dabei aufpassen, daß der andere nicht das
Gefühl bekommt, man respektiere den Ernst der Situation nicht und
mache gar Witze auf seine Kosten.

Angesichts der Schwierigkeiten, welche die Strukturierung in sich
birgt, ist es wichtig, immer wieder Wegweiser aufzustellen. Nehmen
wir an, es wurde verabredet, die Verhandlung in die Phasen A, B und
C einzuteilen und in dieser Reihenfolge vorzugehen. Nun hat man A
erledigt. A war eine schwierige Phase, die alle Beteiligten inhaltlich
voll gefordert hat. Dann ist es sinnvoll, einen Wegweiser etwa in der
Weise aufzustellen, daß man sagt: «Damit haben wir A erledigt. Jetzt
kommt B, und danach müssen wir noch über C verhandeln.»

Ebenso ist es wichtig, auf die Zwischenergebnisse zu achten. Bereits in den Einigungen auf formale Verhandlungsverträge liegen
Zwischenergebnisse, die ausdrücklich festgehalten werden müssen,
um verbindlich zu sein. Im menschlichen Zusammenleben hat man
hierfür schon früh Förmlichkeiten wie den Handschlag entwickelt.
Später haben die Juristen weitere Förmlichkeiten wie den schriftlichen oder gar notariell beurkundeten Vertrag erfunden. Ohne eine
derartige Anstrengung gilt eine Abrede nicht. Das ist auch in Verhandlungen so. Also protokolliere man alle Zwischenergebnisse, indem man sie ausdrücklich als solche bezeichnet und (mündlich, vielleicht sogar auch schriftlich) festhält.

Ich würde dies nicht betonen, wenn die Erfahrung vieler Experimente mir nicht gezeigt hätte, daß die Teilnehmer hierauf so gut wie
nie achten. Sie machen zwar Verfahrensvorschläge, warten aber nicht
auf die Zustimmung des anderen, sondern praktizieren ihre Vorschläge sofort. Sie sagen also etwa: «Ich schlage vor, wir reden erst über A,
dann über B und zum Schluß über C. Zu A meine ich folgendes...»
Es ist zu verstehen, daß sie so handeln. Sie fürchten den Widerspruch
des anderen. Aber es hat nun einmal keinen Sinn, ein Spiel zu beginnen, ehe der Spielpartner dessen Regeln akzeptiert hat. Man muß die
Zustimmung des anderen ausdrücklich einholen. Wenn dieser wider-
spricht, muß man über diesen Punkt eine Phasenverhandlung führen.

Was für die formalen Verhandlungsverträge gilt, gilt natürlich auch für alle inhaltlichen Zwischenergebnisse. Auch hier sind (mündliche) Protokolle erforderlich. Nehmen wir an, es geht in einer juristischen Auseinandersetzung um die materiellrechtliche Problematik, ob ein Anspruch besteht, und bejahendenfalls weiter um die verfahrensrechtliche Problematik der Verjährung. Nun räumt der eine Teil ein, daß er in der materiellrechtlichen Frage zum Zugeständnis X bereit sei. Wenn der andere dies nicht ausdrücklich protokolliert (was leicht geschieht, weil er im Geiste bei der Verjährungsfrage ist und nicht zuhört), ist es so, als wäre das Zugeständnis nie gemacht worden. Also protokolliere man alle Zwischenergebnisse (und höre man dem anderen zu).

2. Die Eröffnungsphase

Eine normale Verhandlung beginnt im allgemeinen mit einer Eröffnungsphase. Die Partner lernen sich erstmals kennen, oder sie erneuern eine Bekanntschaft. In jedem Falle geht es um die (Wieder-) Herstellung einer persönlichen Beziehung zwischen den Partnern. Dabei produzieren die Partner ein Sympathiepolster, auf dem sie sich später, wenn in der Argumentationsphase der Konflikt zwischen ihnen auszutragen ist, immer wieder ausruhen können. Ein solches Sympathiepolster fehlt in den Fällen, in denen die Parteien sofort zur Sache kommen. Dann wird der Konflikt zwischen ihnen schärfer aufbrechen, als das nötig ist.

Aus dieser Funktion der Eröffnungsphase ergibt sich eine eiserne Regel: Man darf in ihr über alles sprechen, nur nicht über das Geschäft. Man muß also neutrale Themen wählen. Klassisch ist hier das Wetter, weil das Wetter immer irgendwie ist, also immer ein Gesprächsthema bietet. (Freilich kann man auch hier Pech haben und in einen unnötigen Konflikt geraten. Ein Anwalt, der einmal in der Eröffnungsphase das Wetter als scheußlich bezeichnete (es war Ende November, draußen herrschte Schneeregen und die asiatische Grippe grassierte), erhielt einmal von seinem Gesprächspartner die kühle Antwort: «Wieso scheußlich? Ich finde das Wetter herrlich.»)

Am besten spricht man über neutrale Theman, an denen der jeweilige Gesprächspartner ein besonderes Interesse hat. Wenn etwa die Verhandlung im Büro des anderen stattfindet, und wenn dort abstrakte Gemälde an den Wänden hängen, dann liegt es nahe, über das Kunstinteresse und die Sammelleidenschaft des anderen zu sprechen. Die Menschen reden nun einmal am liebsten über sich selbst. Statistische Untersuchungen haben ergeben, daß das Wort «Ich» unter allen Wörtern am häufigsten verwendet wird. Also gebe man dem jeweiligen Gesprächspartner Gelegenheit, «Ich» zu sagen. Die Frage nach einem erkennbar ausgeübten Hobby oder nach der letzten Urlaubsreise bietet dem anderen dazu Gelegenheit. (Wenn man dann noch etwas von diesem Hobby, etwa der Kunst, versteht, ist das natürlich besonders hilfreich. Nach einer englischen Redensart ist der Jurist ein Mensch von Lebensart und Bildung, dem einige zusätzliche Rechtskenntnisse nicht schaden.)

Die Eröffnungsphase muß nicht lange dauern. Wenige Minuten mit wenigen Sätzen können genügen. Nur sollte sie nicht ganz fehlen. – Im Orient dauert sie übrigens viel länger als bei uns. In seinem Buch «Der falsche Nero» beschreibt Lion Feuchtwanger, wie ein im Orient im Exil lebender ehemaliger römischer Senator zusammen mit einem dortigen Potentaten die zufällige Ähnlichkeit eines Töpfers mit dem verstorbenen Kaiser Nero ausnutzt, um im Osten des Reiches gemeinsam mit asiatischen Herrschern eine Intrige gegen Rom zu spinnen und den toten Kaiser Nero vermeintlich wieder zum Leben zu erwecken. Stunden um Stunden sitzen die Verhandlungspartner beisammen und führen Gespräche über neutrale Themen, ehe sie ganz langsam zum eigentlichen Thema kommen. (Durch die Lektüre dieses Buches, welches eine Satire auf die NS-Machthaber ist, kann man auch in sonstiger Hinsicht viel über Verhandlungen lernen.)

Natürlich beobachten sich die Partner auch in der Eröffnungsphase. Sie schätzen sich gegenseitig ab. Dabei ist es besonders wichtig, auf etwaige körpersprachliche Dominanzversuche des anderen zu achten. Es gibt Leute, die, zumal dann, wenn die Verhandlung in ihrem eigenen Büro stattfindet, Möblierungs- und Beleuchtungstricks anwenden, um den anderen körpersprachlich zu beherrschen. – Beispiele für derartige Tricks zeigt Charly Chaplin in seinem Film «Der große Diktator». Chaplin empfängt als Diktator seinen Kollegen und hat sich einiges ausgedacht, um diesen zu dominieren. Zunächst soll der Besucher durch einen endlosen Raum über einen nicht endenwollenden Teppich auf Charlys Schreibtisch zumarschieren, und dann soll er vor dessen Schreibtisch auf einem lächerlich niedrigen Stühlchen Platz nehmen. Das kann natürlich nicht gutgehen.

Es steht außer Frage, daß derartige Tricks zu den unfairen, verbotenen Methoden gehören, so daß man sie selbst nicht anwenden sollte. Was aber soll man tun, wenn der andere mit derartigen Tricks arbeitet und seinen Besucher beispielsweise so plaziert, daß diesem die Sonne ins Gesicht scheint? Auch hier gilt, daß man den Punkt zur Sprache bringen und darüber eine Zwischenverhandlung führen sollte. Natürlich darf dies nicht aggressiv geschehen; der Verhandlungspartner darf sich nicht «überführt» vorkommen. Wenn man etwa freundlich darum bittet, doch den Vorhang zuzuziehen, geschieht das auch nicht. – Ich komme auf den Umgang mit unfairen Partnern zurück.[102]

3. Die Rahmenphase

Auf die Eröffnungsphase folgt in einer normalen Verhandlung eine Phase, in der man sich mit dem äußeren Rahmen der Verhandlung beschäftigt. Damit meine ich nicht so sehr die äußeren Umstände des Ortes, sondern vor allem die *Kompetenzen* der Verhandler[103] und den zur Verfügung stehenden *Zeitrahmen*. Falls absehbar ist, daß man in der vorgesehenen Zeit nicht zum Abschluß der Verhandlung kommt, sollte auch über die Umstände einer *Vertagung* der Verhandlung gesprochen werden.

Zur *Kompetenz* der Verhandler: Es ist wichtig, vorweg zu klären, ob die Verhandler überhaupt befugt sind, Entscheidungen zu treffen, und wieweit ihre Befugnisse bejahendenfalls reichen. Eine Verhandlung mit einem nicht zur Entscheidung befugten Partner kann reine Zeitvergeudung sein. Mißverständnisse drohen hier leicht, wenn die Parteien mit unterschiedlichen Zielen in die Verhandlung gehen. Der eine will eine echte Verhandlung führen, der andere will an seinem Standpunkt festhalten und hat nichts anderes im Sinne, als den Partner von der Richtigkeit dieses Standpunktes zu überzeugen. Diese Situation kann man gelegentlich bei Verhandlungen mit Behördenvertretern beobachten.

Nehmen wir an, die Baubehörde hat einen Bauantrag durch Verwaltungsakt abgelehnt. Hiergegen wendet sich der Antragsteller. Er

---

[102] Siehe unten Teil G 5.
[103] Bei Mehrpersonenverhandlungen ist es außerdem wichtig, die Rollen der Beteiligten zu klären. Siehe unten Teil G 1.

«verhandelt» mit dem Sachbearbeiter der Baubehörde. Dieser wird sich auf ein «Gespräch» einlassen. Der Antragsteller hat ja einen Anspruch auf rechtliches Gehör. Aber der Sachbearbeiter ist nicht zu einer Änderung der Entscheidung befugt. Wenn der Antragsteller nun mit diesem Sachbearbeiter spricht, werden beide aneinander vorbeireden. Der Antragsteller will den Beamten zu etwas bewegen, was dieser aus formalen Gründen nicht tun kann. Der Beamte will den Antragsteller von etwas überzeugen, was dieser von vornherein für falsch hält. Das Gespräch ist sinnlos. Durch eine Klärung der Entscheidungskompetenz des Sachbearbeiters können beide sich viel Zeit und Mühe sparen. Der Antragsteller muß den Rechtsweg (Widerspruch) bestreiten und dann darauf bestehen, mit dem Beamten zu verhandeln, der zu einer Entscheidung über den Widerspruch befugt ist.

Nächst den Kompetenzen ist der *Zeitrahmen* zu besprechen. Wenn hier unterschiedliche Auffassungen bestehen, ist ein Mißerfolg der Verhandlung ebenfalls vorprogrammiert. Nehmen wir an, ein Geschädigter geht zu seinem Versicherer, um über seinen Schadensfall zu verhandeln. Er nimmt den Fall sehr ernst und hat sich deshalb vorgenommen, erforderlichenfalls den ganzen Vormittag darüber zu verhandeln. Der vielbeschäftigte Schadenreferent meint dagegen, eine halbe Stunde werde genügen. Er hat deshalb nach Ablauf dieser Zeit einen anderen Termin, etwa einen Gerichtstermin, verabredet, den er einhalten muß. Angesichts der üppigen Zeitvorstellung des Geschädigten wird der Fall nicht in einer halben Stunde abgeschlossen sein. Wenn der Schadenreferent die Verhandlung dann abbrechen muß, wird der bisherige Aufwand umsonst gewesen sein. Und aus der Empörung des Geschädigten wird sich eine zusätzliche Verschärfung des Konfliktes ergeben.

Solche unerfreulichen Ergebnisse vermeidet man durch eine Verhandlung über die zur Verfügung stehende Zeit in der Rahmenphase. Wenn man einen entsprechenden Verhandlungsvertrag abgeschlossen hat, kann man dann getrost nach Ablauf der vorgesehenen Zeit die Verhandlung abbrechen. Der Partner kann darauf nicht empört reagieren. Er hat ja selbst dieser Vorgehensweise zugestimmt. Hier zeigt sich erneut der Nutzen der Verhandlungsverträge. Alles, was man vorher verabredet hat, kann man in der Verhandlung risikolos tun. Alles, was man vorher nicht verabredet hat, kann einen dagegen in Schwierigkeiten bringen.

Falls eine *Vertagung* absehbar ist, sollte man auch hierüber in der Rahmenphase sprechen und möglichst vorab eine Verabredung über deren Rahmen treffen. Bei einer Vertagung ist es wichtig, die zweite Verhandlung möglichst unter den gleichen Rahmenbedingungen fortzusetzen wie die erste Verhandlung. Man sollte sich also wieder am selben Ort treffen, möglichst zur gleichen Tageszeit, mit dem gleichen Teilnehmerkreis. Dies ist wichtig, damit die künftige Verhandlung nicht als neue Veranstaltung, sondern als Fortsetzung der bisherigen Verhandlung erscheint. Dadurch kann man besonders leicht an die in der ersten Verhandlung erzielten Zwischenergebnisse anknüpfen.

Eine solche Verabredung kann zu Beginn, also vor der eigentlichen inhaltlichen Verhandlung, leicht getroffen werden. Wenn man dagegen mitten in der Verhandlung abbrechen und vertagen muß, kann es hier Schwierigkeiten geben. Nehmen wir an, der Partner hat im Verlauf einer Verhandlung, die nicht in seinem eigenen Büro stattfand, Zugeständnisse gemacht. Dann kann er auf die Idee kommen, insoweit eine Kompensation zu fordern und die Fortsetzung der Verhandlung in seinem Büro zu fordern. Diesen Ortswechsel mag er anstreben, weil er glaubt, sich auf diese Weise leichter von seinen in der ersten Verhandlung gemachten Zugeständnissen wieder lossagen zu können. Davor kann man sich schützen, indem man die Frage des Ortes im Falle einer Vertagung bespricht, ehe ein derartiger Kompensationswunsch entstehen kann. – Ich werde auf den hier angesprochenen Mechanismus des Gebens und Nehmens noch zurückkommen.[104]

4. Die Themenphase

Auf Eröffnungsphase und Rahmenphase folgt sodann im hier vorausgesetzten Normalfall einer rationalen Verhandlung die Themenphase. In ihr wird das Thema der folgenden Verhandlung festgelegt. Ohne präzise Themenbestimmung kann man weder den richtigen Sachstand in der folgenden Informationsphase ermitteln noch ein passendes Verhandlungsprogramm für die anschließende Argumentationsphase verabreden. Deshalb ist diese Phase besonders wichtig. Ich habe schon darauf hingewiesen, daß die entscheidenden Dinge

---

[104] Siehe unten Teil G 3.

in einer Verhandlung ganz zu Beginn geschehen. Ich habe damit die Themenphase gemeint. Beim intuitiven Verhandeln bleibt das Thema regelmäßig offen, aus drei Gründen. Zunächst fällt es schwer, das Thema richtig zu bestimmen. Sodann scheint diese Mühe überflüssig und umständlich. Die Parteien meinen ja, zu wissen, worum es geht. Sie sind Fachleute, die nicht schulmäßig wie Anfänger vorgehen wollen. Sie wollen sofort zum Problem (und das heißt, zur Geschichte) kommen. Schließlich haben die Parteien zu Beginn der Verhandlung noch nicht das Gefühl, daß etwas Wichtiges passiert. Sie reden sich erst einmal in das Problem hinein, ohne dem Geschehen eine sonderliche Bedeutung beizumessen. Aufpassen müssen sie, so scheint es ihnen, erst gegen Schluß der Verhandlung, wenn die eigentlichen Entscheidungen fallen.

Unterbleibt aber die Themenbestimmung zu Beginn, dann droht die Gefahr, daß die Partner von Anfang an verschiedene Themen meinen und deshalb aneinander vorbeireden. Der eine fordert eine Kulanzleistung, der andere spricht über eine Forderung im Rechtssinne. Der eine will eine Maximalposition durchsetzen, der andere will ein sachgerechtes Ergebnis erzielen. Der eine will seinen Standpunkt erklären, der andere will ihn verändern. Diese unterschiedlichen Prammierungen treten aber nicht offen zutage. Die Parteien bemerken sie auch nicht, weil sie ja beide irgendwie zur Sache sprechen. Aber die Chance auf ein gutes Verhandlungsergebnis ist von Anfang an vertan.

Legt man eine Verhandlung als Baumstruktur an, so ist das Thema mit dem obersten «Item» identisch. An ihm hängt alles übrige. Stimmt dieses «Item» nicht, stimmt alles weitere nicht. Auf die Wichtigkeit dieser Überlegung habe ich schon hingewiesen.

Bemüht man sich um die Bestimmung des Themas, dann drohen drei mögliche Fehler. Das Thema wird *falsch,* oder *zu weit,* oder *zu eng* bestimmt. Im einzelnen:

Das Thema wird vor allem dann *falsch* bestimmt, wenn die Parteien ihre beiderseitigen Positionen zum Thema machen. Dies ist beim intuitiven Verhandeln der Regelfall. Hier haben die Parteien nicht nur zwei verschiedene Themen, so daß sie aneinander vorbeireden. Hier hat jede Partei auch jeweils für sich das falsche Thema bestimmt. Positionen sind kein Thema, sondern denkbare Lösung des zu verhandelnden Problems. Eine Lösung kann nicht das Thema von Verhandlungen, sondern immer nur deren Ergebnis sein.

Das Thema wird *zu weit* bestimmt, wenn sich keine konkreten Hauptaspekte und Unteraspekte daraus ableiten lassen. Ein Beispiel für ein zu weites Thema bietet etwa der Vorschlag: «Wir wollen alle doch nur das Beste für alle Beteiligten erreichen!». Das ist so vage, daß man nichts damit anfangen kann. Die Zeiten, da man, wie im Mittelalter, glaubte, aus hochabstrakten Sätzen wie «Tue das Gute!» und «Meide das Böse!» konkrete Regelsysteme, etwa Naturrechtssysteme, ableiten zu können, sind unwiderruflich vorbei.[105]

Das Thema wird *zu eng* bestimmt, wenn wesentliche Aspekte keinen Platz darin finden. Der unzufriedene Kunde, der ein beim Händler gekauftes Gerät zurückgeben will, formuliert das Thema zu eng, wenn er es auf das Thema «Wandelung», also Rückgängigmachung des Kaufvertrages, reduziert. Er verbaut (oder erschwert sich mindestens) damit die Möglichkeit, das Gerät gegen einen Gutschein zurückzugeben (was der naheliegende und sachgerechte Kompromiß in solch einem Falle ist[106]).

Die richtige Bestimmung des jeweils sachgerechten Themas ist eine Kunst, die erlernt werden will. In Verhandlungen wird an dieser Stelle das erste und wichtigste Stück Arbeit geleistet. Hier wird nicht nur der weitere Verlauf der Verhandlung vorprogrammiert, sondern auch ein erstes Stück Gemeinsamkeit hergestellt, wie es für kooperatives Verhandeln unerläßlich ist.

---

[105] Ich entsinne mich eines älteren Herrn, der aus einer seltsamen Leidenschaft heraus viele Jahre Besucher der rechtsphilosophischen Seminare an der Universität München war. Stundenlang saß er da, hörte zu, strich sich den grauen Bart und grübelte über das Gehörte nach. Gelegentlich meldete er sich zu Wort und sagte Dinge wie: «Bitte denken Sie an die Gerechtigkeit!» Er hatte schon Recht, aber sein Thema war selbst für ein so umfassendes Gebiet wie die Rechtsphilosophie unbrauchbar, da zu weit.

[106] Wie das Beispiel zeigt, wird das Thema leicht dann zu eng bestimmt, wenn die Teilnehmer «juristisch» denken. Das Anspruchsdenken des Privatrechtes, das aus dem römischen Aktionensystem entstanden ist, führt regelmäßig zu einer nicht sachgerechten Verengung des Themas. Es wurde ja nicht zu dem Zweck geschaffen, die Interessenkonflikte der Bürger optimal auszugleichen, sondern zu dem Zweck, den Richtern die Entscheidung derartiger Konflikte zu erleichtern. So findet der «Gutschein» noch heute im Bürgerlichen Gesetzbuch (BGB) keinen Platz. Dort gibt es nur die Wandlung, also die Sieg-oder-Niederlage-Lösung, die letztlich ohne den Richter nicht zu haben ist. Das BGB ist kein Service für die Bürger, sondern ein Arbeitserleichterungs- (und -beschaffungs-)programm für die Justiz.

Übrigens sollte man hier (wie auch sonst[107]) den Sachverstand des jeweiligen Partners ruhig in Anspruch nehmen. Standardformulierungen können einem dabei helfen, etwa: «Worum geht es eigentlich in unserer heutigen Verhandlung?», oder: «Wie können wir das Thema unserer Verhandlung präzise beschreiben?» Dabei sollte man sich auch nicht durch eine etwaige Ungeduld des Partners beirren lassen. Gewiß ist eine Themenverhandlung bislang nicht üblich. Aber besagt das auch, daß sie überflüssig ist? Beim intuitiven Verhandeln ist so vieles nicht üblich, was nützlich wäre, und geschieht statt dessen so vieles, was schädlich ist, daß man den Einwand der überflüssigen Verzögerung des Verfahrens nicht ernst nehmen sollte.

Bei der Themenverhandlung kommt es nicht auf ein perfektes Ergebnis an. Es kommt vor allem darauf an, daß sie stattfindet, und daß die Verhandlungspartner erkennen, daß zwischen ihnen ungeachtet aller Interessengegensätze Gemeinsamkeiten bestehen. Oftmals ist es schwer, das Thema in einer kurzen Formel zu beschreiben. Dann sollte man eine lange Formel verwenden. Der Biologe und Nobelpreisträger Karl von Frisch beschrieb das Thema einer Arbeit einmal wie folgt: «Von einem Fisch, der kommt, wenn man ihm pfeift.» An diesem Vorbild kann man sich orientieren.

5. Die Informationsphase

Auf die Themenphase folgt im Normalfall einer Verhandlung eine Informationsphase. In dieser Phase wird der Sachverhalt des gerade anstehenden Problemes geklärt. Damit wird die Grundlage der anschließenden Argumentations- und Entscheidungsphase geschaffen. Gerade dem Juristen ist diese Reihenfolge vertraut: Ohne «Tatbestand» kein Urteil!

Auch diese Informationsphase fehlt regelmäßig beim intuitiven Verhandeln, und zwar aus denselben Gründen, aus denen meist auch die Themenphase übersprungen wird. Es fällt oft schwer, den

---

[107] Hier wären etwa noch Prüfungen zu nennen. Die Kandidaten meinen zwar regelmäßig, dies seien Ausfrageveranstaltungen. In Wahrheit handelt es sich um Verhandlungen über die Bewertung der Kandidaten. Bei diesen Verhandlungen können die Kandidaten den Sachverstand des Prüfers in weit größerem Ausmaß hilfreich in Anspruch nehmen, als dies gemeinhin geschieht. Ich habe viele Seminare für Prüfungskandidaten veranstaltet und weiß, wovon ich rede.

Sachverhalt richtig zu formulieren, vor allem dann, wenn es sich um einen komplizierten Sachverhalt handelt. Man hat also Artikulationsprobleme. Man muß sich mit verschiedenen Versionen einer Realität auseinandersetzen. Verschiedene Menschen sehen und «konstruieren» die Welt ja verschieden. Es gibt immer Informationsdefizite. Nie ist der Sachverhalt völlig geklärt. Regelmäßig sind auch einzelne Punkte strittig, und man stößt mit der eigenen Version sofort auf Widerspruch. All dies bereitet Mühe, und diese Mühe aufzuwenden erscheint allen Beteiligten überflüssig und umständlich. Auch haben sie in diesem frühen Stadium der Verhandlung noch nicht das Gefühl, daß etwas Wichtiges passiert. Also bemühen sie sich nicht erst um den Sachverhalt, sondern beginnen sofort mit den «Argumenten».

Aber durch diese Vorgehensweise erschweren sich die Partner die Problemlösung in der anschließenden Argumentations- und Entscheidungsphase. Bleibt der Sachverhalt unklar, dann fehlt die Basis einer rationalen Argumention. Dann ist es auch unvermeidlich, daß Fakten und Werturteile vermengt werden, daß die Fakten den eigenen Argumenten angepaßt werden, und daß unbequemen Argumenten des anderen mit einer Verbiegung der Fakten begegnet wird. All dies ist nachteilig. Für Journalisten ist die saubere Trennung von Nachricht und Kommentar eine wesentliche Grundlage ihrer Arbeit. In Verhandlungen gilt nichts anderes.

Eine Kontroverse über die Fakten wird sehr viel schwieriger auszutragen sein, wenn sie mit Argumenten vermischt wird, als wenn sie methodisch von diesen Argumenten getrennt diskutiert wird. Also achte man auf diese Trennung und mühe sich um Klärung der Fakten, ehe man über deren Bewertung verhandelt.

Es ist dies ein Punkt, zu dem man viel von seiner juristischen Erfahrung profitieren kann. Am Anfang der juristischen Tätigkeit stand ja, wie schon gesagt, nichts anderes als das Vermögen, Ordnung – und zwar eine Verfahrensordnung – in das Chaos eines sozialen Konfliktes zu bringen. Wesentlich war und ist dabei die strikte Trennung zwischen der Herstellung des Sachverhaltes und der Bewertung und Entscheidung des Sachverhaltes. Man weiß nicht genau, wer zuerst auf diese Idee gekommen ist, aber einige in Mesopotamien gefundene Tontafeln aus dem vierten Jahrtausend vor Christi Geburt lassen den Schluß zu, daß dies im Zweistromland geschah. Sie berichten von einem Fall, in welchem zwei Ziegenherden, eine Wasserquelle, ein ausgerissenes Haarbüschel (weiblich) und zwei ausgeschlagene

Vorderzähne (männlich) eine Rolle gespielt haben. Soweit man den Tontafeln entnehmen kann, trat in diesem Falle ein neutraler Dritter auf. Dieser trennte die streitenden Parteien und sprach zur klagenden Partei: «Zuerst redest du!» Nachdem er eine Stunde oder auch länger gelauscht hatte, erteilte er der beklagten Partei das Wort. Wieder hörte er längere Zeit zu. Dann zog er sich zur Beratung zurück. Anschließend verkündete er sein Urteil: «An geraden Tagen darfst du die Quelle benutzen, an ungeraden du! Wann jeweils gerade und ungerade Tage sind, erfahrt ihr immer von mir. Dafür bekomme ich jedesmal einen Topf Milch. Und als Gebühr für diesen Spruch erhalte ich von jedem von euch eine Ziege.» – Dieser Mann war der erste Jurist der Weltgeschichte.

Moderne Verhandler müssen danach trachten, diese Rolle zu übernehmen. Sie müssen also in der Verhandlung dafür sorgen, daß der Sachverhalt erst einmal hergestellt wird, ehe darüber verhandelt wird, und ehe die Wertentscheidungen gefällt werden. Das geschieht in der Informationsphase, und es geschieht wiederum nach Regeln, für welche die Juristen Vorbilder geliefert haben, die auch in nichtjuristischen Verhandlungssituationen helfen.

Diese Regeln haben etwas mit philosophischen Grundüberzeugungen zu tun. So liegt den deutschen Prozeßordnungen die Auffassung zugrunde, es gebe so etwas wie eine objektive Wahrheit, und es sei die Aufgabe des Richters, diese zu finden und im Urteilstatbestand zu formulieren. Die angelsächsischen Prozeßordnungen beruhen dagegen auf der entgegengesetzten Vorstellung, wonach es keine objektive Wahrheit, sondern nur die verschiedenen subjektiven Wahrheiten verschiedener Menschen gibt. Folglich wird dort die Aufgabe des Richters darin gesehen, ein faires Verfahren sicherzustellen, in welchem jeder seine «Wahrheit» vortragen könne; diejenige Version, welche die Mehrheit der Zuhörer, also der Geschworenen, überzeugt, wird der anschließenden Lösung des Konfliktes durch den Richter zugrundegelegt.

Dahinter verbirgt sich ein philosophisches Drama, das erstmals in der griechischen Antike und dann wieder im Universalienstreit des Mittelalters aufgeführt wurde. Ich meine die Auseinandersetzung zwischen «Nominalismus» und «Begriffsrealismus».

Der Nominalismus ist die ältere Lehre. Er wurde erstmals in der griechischen Sophistik vertreten, also in der ersten Aufklärung der Weltgeschichte. Er wurde wieder im späten Mittelalter von den englischen Franziskanern John Duns Scotus und William von Occam vertreten. Sein Sieg im Universalienstreit leitete die Neuzeit ein. Der Nominalismus leugnet die Existenz objektiver Wahrheiten. Nirgends gebe es einen Ort, an dem wir die Realität von Begriffen wie «Gut und «Böse», «Recht» und «Unrecht» finden könnten. Die Wahrheit ist subjektiv, relativ, bezogen auf den Menschen, welcher etwas für «wahr nimmt» und den Erscheinungen Etiketten wie «Gut» und «Böse», «Recht» und «Unrecht» aufklebt. Verschiedene Menschen produzieren verschiedene Wahrheiten. Da es keine objektive Instanz gibt, welche über die Richtigkeit von einer dieser Wahrheiten befinden könnte, muß man die verschiedenen Wahrheiten zur Abstimmung stellen. Die Mehrheit entscheidet dann darüber, welche Wahrheit gelten soll. Mehrheiten gewinnt man durch Redekunst. Also erfanden die Sophisten folgerichtig die Rhetorik.

Der Begriffsrealismus ist eine späte und eigentlich eine unglaubliche Lehre, deren Erfolg bei rationaler Überlegung ganz unverständlich ist. Er wurde erstmals von Platon und dann von dessem Schüler Aristoteles vertreten. Nachfolger fand Platon in der Hochscholastik des Mittelalters (Thomas von Aquin), in der Philosophie des deutschen Idealismus (Hegel) und im Marxismus. Auch in der Gegenwart gibt es Anhänger dieser Richtung. So vertreten etwa manche zeitgenössischen Mathematiker die Auffassung, die Formeln der Mathematik stünden für die von Platon beschriebenen «Ideen».

Die Lehre des Begriffsrealismus', der Name sagt es, geht von der «Realität» von Begriffen, also von der realen Existenz objektiver Wahrheiten aus. Hinter den Erscheinungen, die wir wahrnehmen, jenseits des physisch erfahrbaren, im «Metaphysischen» stünde das eigentliche Wesen der Dinge, ihre «Ontologie». Um diese müßten wir uns bemühen. Und wenn wir das tun, finden wir zu «Gut» und «Böse» und wissen ganz genau, wie «Recht» und «Unrecht» verteilt sind. Der Begriffsrealismus ist also zwangsläufig autoritär. Wer im Besitz der Wahrheit ist, hat Recht. Schon Platon hat eine extrem autoritäre Lehre vertreten und behauptet, die Philosophen seien im Besitz der Wahrheit. Sie müßten deshalb als «Philosophenkönige» herrschen. Die Griechen waren klug genug, dieses Experiment nicht zu wagen. Spätere Epochen waren in dieser Hinsicht einfältiger. Das gescheiterte Experiment des Marxismus zeigt, wohin das autoritäre Denken führt.

Der Nominalismus ist dagegen demokratisch. Schon die Sophisten haben deshalb zwangsläufig die Demokratie erfunden. Ihnen verdanken wir auch solche demokratischen Einrichtungen wie die Trennung zwischen Ankläger (Staatsanwalt), Verteidiger (Rechtsanwalt) und Entscheider (Richter).[108] Aber da die Sophisten nüchterne Leute waren, vom Publikum eigene Anstrengungen des Denkens forderten und die Menschen zudem mit ihren Paradoxien von der Art des lügenden Kreters ärgerten, setzten sie sich nicht durch. Die orakelnden Philosophen hatten dagegen Erfolg, bis auf den heutigen Tag.

Dieser kurze Ausflug in die Philosophiegeschichte gehört zum Thema «Verhandeln». Das autoritäre begriffsrealistische Modell kann nur da durchgesetzt werden, wo es mit Macht, etwa mit richterlicher Macht, verbunden ist. Wo keine Macht vorhanden ist, muß man sich auf das nominalistische Modell einlassen.

In Verhandlungen hat man keine Macht in diesem Sinne.[109] Man muß diese Tatsache zunächst sehen. Man muß weiter akzeptieren, daß verschiedene Menschen verschiedene Wirklichkeiten erlebt haben und deshalb zu unterschiedlichen subjektiven Wahrheiten finden. Man muß auf den Versuch verzichten, die eigene Wahrheit als objektive Wahrheit zu sehen und durchzusetzen. Und man muß schließlich Verfahrensordnungen entwickeln und durchsetzen, welche diesem Befund Rechnung tragen und die Gewinnung eines sachgerechten Ergebnisses aus den verschiedenen subjektiven Wahrheiten der Partner ermöglichen. Dazu dient die bewußt gestaltete Informationsphase.

Gerade Juristen fällt dies schwer. Unsere begriffsrealistische Tradition hat dazu geführt, daß wir in Deutschland im Rechtsstudium eine einseitige Richterausbildung praktizieren. Gutachten und Urteil, Auslegung und Subsumption beherrschen diesen Unterricht. Der Sachverhalt steht immer fest. Er steht auf einem Blatt und wird an

---

[108] Den deutschen Prozeßordnungen, etwa der Strafprozeßordnung, ist ihre begriffsrealistische Herkunft noch heute deutlich anzumerken. Daraus resultieren prinzipielle Mängel. Jahrhundertelang war im gemeinrechtlichen Inquisitionsprozeß der nach der objektiven Wahrheit forschende Richter alleiniger Akteur im Verfahren. Er war Ankläger, Verteidiger und Richter in einer Person. Erst im 19. Jahrhundert wurde unter französischem Einfluß der Staatsanwalt eingeführt. Aber da er «neutral» sein muß, ist er im Grunde ein Fremdkörper im Verfahren. Der Verteidiger ist in diesem System vollends überflüssig und wird auch oft genug dementsprechend behandelt. Hier sieht man, daß philosophische Grundüberzeugungen eine unmittelbare praktische Bedeutung haben, und daß Irrlehren sich verhängnisvoll auswirken können.

[109] Das steht nicht im Widerspruch zu der Tatsache, daß es die Kategorie der Macht in Verhandlungen geben kann. Siehe dazu unten Teil G 7.

die Studenten ausgeteilt. Es gibt zwar gelegentlich strittige Sachverhaltsteile, aber diese werden problemlos nach den Beweislastregeln behandelt. Mitunter wird zugegeben, daß der Sachverhalt schlecht formuliert sein kann. Dann wird den Studenten geraten, den Sachverhalt «vernünftig», «lebensnah», «praktisch» auszulegen. Diese Sachverhaltshermeneutik ist ganz auf die Vorstellung von dem einen, dem objektiven Sachverhalt fixiert. Rechtsprobleme gibt es in diesem System erst jenseits des Sachverhaltes, wenn etwa geprüft wird, ob «Salzsäure» ein «gefährliches Werkzeug» im Sinne des Tatbestandes der gefährlichen Körperverletzung, § 223 a StGB, ist.[110]

Aber der Sachverhalt ist niemals eine feststehende Größe. Man sehe sich Filme wie «Rashomon» oder «Die Jungfrauenquelle» an. In ihnen wird ein Ereignis aus der Sicht verschiedener beteiligter Personen geschildert. Eine Vergewaltigung wird beispielsweise einmal aus der Sicht des Opfers, dann aus der Sicht des Täters, und dann wieder aus der Sicht eines Beobachters geschildert. Das ergibt drei ganz verschiedene Sachverhalte, und der Zuschauer erlebt wiederum einen ganz anderen, also einen vierten Sachverhalt.

Wäre unsere Juristenausbildung eine Anwaltsausbildung, was allein sachgerecht wäre, dann stünde die Arbeit am Sachverhalt ganz oben im Katalog der juristischen Fächer, während die juristischen Streitfragen von der Art «Ist das Ausräuchern eines Stuhles, auf welchem jemand saß, eine Beleidigung?» im Fakultätsmuseum verschwinden würden.

Zurück zum Thema Verhandeln. Die Informationsphase sollte überlegt gestaltet und in Unterphasen gegliedert werden. Folgendes Dreierschema ist hilfreich: Zunächst trägt jeder seine Version des Falles vor (*Geschichtenphase*). Dann wird ermittelt, welche Fakten vom jeweils anderen akzeptiert werden, und welche nicht (*Widerspruchsphase*). Schließlich werden die Streitpunkte aufgelistet, und es werden Regeln für deren Behandlung festgelegt (*Divergenzphase*). Dies alles geschieht nach einem vorab verabredeten Fahrplan, also nach einem zuvor geschlossenen Verhandlungsvertrag. Man sagt also etwa:

«Ich schlage vor, daß wir uns zunächst einmal über den unserer Verhandlung zugrundeliegenden Sachverhalt verständigen. Zunächst

---

[110] Mit dieser Problematik befaßte sich die erste Entscheidung des Bundesgerichtshofes in Strafsachen, vgl. BGH St 1, 1.

sollten Sie Ihre Sicht des Falles aufzeigen. Dann lege ich meine Sicht dar. Im Anschluß daran stellen wir fest, bei welchen Fakten wir übereinstimmen und wo nicht. Soweit das letztere der Fall ist, sollten wir entscheiden, nach welchen Regeln wir unsere Divergenzen behandeln. Sind Sie mit dieser Vorgehensweise einverstanden?»

In der *Geschichtenphase* kann man dann vom Drang zur Geschichte beim Partner ebenso profitieren wie man selbst ihm frönen kann. Hier wird ja eine Geschichte erzählt, nämlich die Geschichte des Falles. Der Drang zur Geschichte ist besonders zu Beginn der Verhandlung mächtig. Also sollte man ihn in sinnvolle Bahnen lenken. – Zugleich kann man in dieser Phase etwaige Emotionen bändigen; hierauf komme ich zurück.[111]

Wenn der andere seine Geschichte erzählt, muß man sich besonders auf das Zuhören konzentrieren. Ich habe schon darauf hingewiesen, daß uns das Zuhören von Natur aus schwerfällt. Die Sprache heißt Sprache, nicht Höre. Wenn der andere spricht, beschäftigen wir uns nicht mit seiner Geschichte. Lieber denken wir schon an unsere Gegengeschichte, die wir gleich, sobald wir zu Wort kommen werden, erzählen wollen. Dieses Verhalten ist aber nachteilig. Also muß man etwas für das Zuhören tun und aktive Zuhörtechniken entwikkeln. Hier sind Übersetzungs-, Wiederholungs- und Vergleichstechniken hilfreich. Man übersetzt die Geschichte des anderen (stillschweigend) in die eigene Sprache. Man wiederholt sie, ausdrücklich oder stillschweigend. Man vergleicht sie mit der eigenen, gleich zu erzählenden (oder schon erzählten) Geschichte und achtet auf Übereinstimmungen wie auf Widersprüche. Die bewußte Übung dieser Techniken befördert das Zuhören.[112] Das ist vorteilhaft. Man nimmt Informationen auf, die der andere liefert, und man gewinnt ihn dadurch, daß man sich für seine Geschichte interessiert, etwas, was ihm selten genug geschieht.

Im aktiven Zuhören liegt auch die Voraussetzung für die Bewältigung der *Widerspruchsphase*. Hier geht es zunächst um die Feststellung, ob und wieweit Übereinstimmung in den reinen Fakten gegeben ist. Sodann geht es um die Protokollierung von Widersprüchen. Dabei sollte man natürlich an die anschließende Argumentations-

---

[111] Siehe unten Teil G 4.
[112] In Kommunikationsseminaren besteht eine Standardübung darin, die Erzählung eines anderen in eigenen Worten wiederzugeben, sie zu «spiegeln».

und Entscheidungsphase denken, für welche der Sachverhalt ja aufbereitet wird. Auch hier kann man von der juristischen Erfahrung profitieren. Jeder Anwalt weiß, daß der Mandant immer auch viele Dinge erzählt, die rechtlich irrelevant sind. Solche Teile sollte man möglichst schon in der Informationsphase aus dem Sachverhalt entfernen.

In der *Divergenzenphase* geht es dann um die Behandlung der relevanten, nicht ausgeräumten Widersprüche. Hier kann man wiederum aus den juristischen Erfahrungen Nutzen ziehen. In jedem zivilrechtlichen Urteilstatbestand wird zwischen dem unstreitigen und dem streitigen Sachverhalt getrennt. Der erstere wird als feststehend angesehen. Der letztere wird nach Beweislastregeln behandelt. Dabei gilt der einfache Grundsatz, daß derjenige, der etwas ihm günstiges behauptet, dies auch beweisen muß. All dies kann man auch in Verhandlungen durchsetzen. Es geht ja auch hier um die Austragung eines Konfliktes. Damit liegt im Grunde dieselbe Situation wie im Prozeß vor. Der einzige Unterschied besteht darin, daß keine gesetzliche Verfahrensordnung existiert, und kein Richter vorhanden ist. Aber die Regeln, die dort gelten, können auch hier verabredet werden. Sie gelten dort, weil sie evident vernünftig sind, und was vernünftig ist, kann unter rational handelnden Partnern auch durchgesetzt werden. Voraussetzung dafür ist nur, daß man die entsprechenden Verträge schließt, ehe der Sachkonflikt voll entbrannt ist.

Das genannte Dreierschema darf natürlich, wie immer, nicht schematisch verwendet werden. Es kann auch zweckmäßig sein, die Informationsphase in eine Geschichtenphase, eine Fragephase und eine Wiedergabephase zu gliedern. Erst erzählt der andere seine Geschichte, dann stellt man selbst ergänzende Fragen, und dann gibt man die Geschichte des anderen in eigenen Worten wieder. Diese Gliederung ist etwa dann sachgerecht, wenn der eine Partner eine Forderung gegen den anderen richtet, so etwa, wenn ein Geschädigter Schadensersatz vom Versicherer begehrt. Hier wird der Referent zweckmäßigerweise zunächst den Geschädigten seine Geschichte erzählen lassen. Anschließend wird er ihm ergänzende Fragen stellen. Schließlich wird der Schadenreferent den Fall in seinen eigenen Worten schildern, ihn «spiegeln», und so dem Geschädigten zeigen, daß er ihm aktiv zugehört hat. Wenn das geschehen ist, wird nicht nur eine sachliche Grundlage für die eigentliche Schadenverhandlung vorhanden sein, sondern auch der Konflikt schon ein gutes Stück abgebaut sein.

Das «Zuhörerlebnis», welches man dem anderen auf diese Weise beschert, kann auch in anderen Situationen hilfreich sein. Ein Beispiel bietet die Gewinnung eines neuen Mandanten. Ich komme auf diese Situation zurück.[113] Die Informationsphase hat noch einen weiteren Sinn. Sie dient dazu, den Sachverhalt im Kurzzeitgedächtnis der Partner präsent zu machen. Auch wenn die beiden Verhandler hervorragend vorbereitet sind, werden sie den Sachverhalt zu Beginn der Verhandlung günstigstenfalls im Langzeitgedächtnis und in weiteren externen Speichern, etwa Akten, eingespeichert haben. Dort ist er aber nicht präsent. Das Herstellen des Sachverhaltes befördert den Fall in das Kurzzeitgedächtnis, von wo aus er besser und wirkungsvoller abrufbar ist als von den anderen externen Speichern. (Übrigens liegt hier eine weitere Ursache für das Geschichtenerzählen beim «intuitiven» Verhandeln. Man «redet» sich in das Problem hinein, um die Fakten in das Kurzzeitgedächtnis zu befördern.)

6. Die Argumentationsphase

Dies ist natürlich die wichtigste Phase der Verhandlung. Die bisherigen Phasen – Eröffnungsphase, Rahmenphase, Themenphase und Informationsphase – dienten nur zu dem einzigen Zweck, diese Phase vorzubereiten. Wenn diese Vorbereitungsphasen erfolgreich verliefen, dann existiert jetzt eine persönliche Beziehung zwischen den Partnern, dann ist der Rahmen der Verhandlung abgesteckt, dann ist das Thema der Verhandlung präzise bestimmt worden, und dann ist der zugrundeliegende Sachverhalt in seinen unstreitigen wie seinen streitigen Teilen aufbereitet, dargelegt und präsent gemacht worden. Dann kann jetzt die eigentliche Verhandlung beginnen.

Jetzt kommt es entscheidend darauf an, Strukturen, etwa hierarchische Strukturen, zu bilden und in Arbeitsprogramme umzusetzen. Über deren Abarbeitung sind Verhandlungsverträge zu schließen. Diese werden dann vertragsgemäß abgearbeitet. Nach jedem Teilabschnitt wird ein Zwischenergebnis protokolliert. Dieses Zwischenergebnis kann eine Teileinigung sein. Es kann aber auch ein (noch) nicht behobener Dissens sein. Damit er die Verhandlung nicht blockiert,

---

[113] Siehe unten Teil H 2.

wird er ausgeklammert, was ebenfalls protokolliert wird. Am Schluß kann man dann erneut versuchen, sich über den streitig gebliebenen Punkt zu einigen. – Dieser Vorgang wiederholt sich mehrmals auf allen Ebenen der Hierarchie. Am Schluß wird dann aus den einzelnen Zwischenergebnissen das Gesamtergebnis abgeleitet. Auf diese Weise wird im Idealfall jedes Argument nur einmal, an der richtigen Stelle, in seinem Pro und Contra diskutiert und zu einem Zwischenergebnis gebracht. In der Argumentationsphase werden also bereits die Teilentscheidungen gefällt, aus denen dann am Ende, in der Entscheidungsphase, das Gesamtergebnis abgeleitet wird.

Mir ist klar, daß diese Verhandlungswelt zu schön und zu heil aussieht, als daß sie wirklich jemals auf vollkommene Weise geschaffen werden könnte. Ich beschreibe eine Utopie, aber eine sinnvolle, eine anzustrebende, eine näherungsweise auch zu verwirklichende Utopie. Die Alternative ist das «intuitive» Verhandeln, und diese Alternative ist schlecht.

Für die nähere Gestaltung der Argumentationsphase kann ich auf meine Ausführungen zu den Strukturen verweisen.[114] Die Partner haben in der Themenphase einen Ausgangspunkt, ein «Dach» für eine Baumstruktur geschaffen. Jetzt leiten sie zunächst die Hauptaspekte ihres Falles daraus ab. Damit sie die Kapazitätsgrenze ihrer Arbeitsprozessoren nicht überschreiten, wählen sie den Abstraktionsgrad dabei so, daß zwei bis vier, maximal fünf Hauptaspekte gebildet werden. Dieser Vorgang wiederholt sich auf den tieferen Ebenen der Hierarchie, bis die untersten Punkte der Struktur erreicht sind. An ihnen sind die Fälle festgemacht, aus deren Evidenz durch die Methode des Fallvergleiches, also die Behauptung von Ähnlichkeiten und Unähnlichkeiten des gerade anstehenden Falles mit den «evidenten» Vergleichsfällen, die eigentlichen Argumente gewonnen werden. (Ich habe ja schon ausgeführt, daß alle Argumente letztlich auf Fallvergleichen beruhen.)

Bei dieser Vorgehensweise ist die Beachtung der Reihenfolge «*Sammeln*» – «*Ordnen*» – *Entscheiden*» wichtig. Diese drei Schritte müssen hier, wie auch sonst, strikt auseinandergehalten werden.

Sammeln: Auf jeder Ebene der Hierarchie werden zunächst die relevanten Aspekte gesammelt. Die Partner suchen, finden und formulieren alle Hauptaspekte ihres Falles. Diese Vorgehensweise versteht

---

[114] Siehe oben Teil D.

sich nicht von selbst. Sie muß vorgeschlagen und verabredet werden, wobei natürlich der Partner, der diesen Vorschlag macht, (erneut) die formale Verhandlungs-«Führung» übernimmt.

Er sagt also etwa: «Ich schlage vor, wir stellen erst einmal fest, welche Hauptaspekte in unserem Fall zu besprechen sind. Sind Sie mit dieser Vorgehensweise einverstanden?» Erst wenn der andere diesem Vorschlag zugestimmt und einen entsprechenden Verhandlungsvertrag geschlossen hat, hat es Sinn, mit dessen Realisierung zu beginnen. Dies geschieht etwa wie folgt: «Ich sehe hier zunächst den technischen Aspekt. Dann sehe ich den wirtschaftlichen Aspekt. – Was gibt es noch?» Daraufhin wird sein Partner vielleicht erwidern: «Da ist natürlich noch der rechtliche Aspekt.» – «Oh ja», wird die Erwiderung lauten. «Und dann sollten wir auch über den Umweltschutzaspekt sprechen. Nicht zu vergessen der Aspekt ‹Öffentliche Meinung›.»

Wenn die Partner so vorgehen, handeln sie sachgerecht. Auch beschreiten sie gemeinsam den Pfad der Kooperation. Ich sagte ja schon, daß das zwischen ihnen stehende Problem die Partner zugleich trennt und verbindet, und daß es allein an den Verhandlern liegt, ob sie das Trennende oder das Verbindende in den Vordergrund schieben wollen. Bei der hier geschilderten Methode schieben sie das Verbindende in den Vordergrund. Sie sind nicht Gegner, sondern Partner.

Wenn man sammelt, dann sammelt man Aspekte und tut sonst nichts. Das klingt trivial, ist aber alles andere als selbstverständlich. Unsere Überforderung beim Umgang mit komplexen Strukturen und unser Drang zum Geschichtenerzählen verführen uns allzu leicht dazu, vom einzelnen Aspekt sofort zur Entscheidung von Detailproblemen vorzudringen. Darüber verlieren wir dann leicht das Ganze eines komplexen Problemes aus dem Blick.

Dazu folgendes Beispiel: In einer Konferenz stehen zwei Problemlösungen A und B zur Entscheidung. Der Vorsitzende V bittet um Stellungnahmen. Es meldet sich Teilnehmer T und bringt ein sehr gutes Argument für A, welches bislang noch keiner der Teilnehmer gesehen hat. Fast unvermeidlich wird V dieses Argument spontan loben. Eine allgemeine Begeisterung für das neue Argument wird die Folge sein. Darüber wird dann keiner der Teilnehmer auf ein etwaiges anderes, noch besseres Argument kommen, welches gegen A und für B spricht. – Nur wenn der Vorsitzende auf der strikten Trennung von «Sammeln», «Ordnen» und «Bewerten» besteht, besteht eine Chance, daß dieses möglicherweise entscheidende Gegenargument gefunden wird.

Um nicht mißverstanden zu werden: Ich bin sehr dafür, daß Leute, die gute Argumente bringen, dafür auch gelobt werden. Aber bitte erst im richtigen Moment. Es schadet nichts, wenn T hierauf ein paar Minuten warten muß. Inzwischen spornt sein Beispiel die anderen an, es ihm gleichzutun.

Am Ende der Sammlungsphase steht ein Zwischenergebnis. «Haben wir alle Aspekte gefunden?» – «Ich denke, ja.» – «Gut, dann halten wir fest: Wir haben über vier Aspekte zu verhandeln, nämlich über den technischen Aspekt, den wirtschaftlichen Aspekt, den rechtlichen Aspekt und den Umweltschutzaspekt.» Damit haben die Parteien einen ersten Verhandlungserfolg erzielt. Das wird ihnen später, wenn sie zu den Inhaltskonflikten kommen, helfen. Sie haben die Erfahrung gemacht, daß sie Leute sind, die sich einigen können.

Die Protokolle, in denen die gefundenen Aspekte festgehalten werden, dienen zugleich als Wegweiser. Sie helfen den Partnern beim Gang durch die komplexe Struktur. Aber die Verhandlungsprotokolle sind noch mehr. Sie sind Rechtstitel, auf die man sich später berufen kann. Wenn etwa im Laufe der folgenden Verhandlung der eine Partner plötzlich ein sachfremdes Argument bringt, dann braucht man sich nicht inhaltlich auf dieses Argument einzulassen. Vielmehr kann man dessen Erörterung unter Hinweis auf das zuvor gemeinsam verabschiedete Protokoll zurückweisen. Das sachfremde Argument gehört zu keinem Aspekt, der in dieser Verhandlung eine Rolle spielen darf. (Natürlich kann dies auch anders sein. Es kann sich später herausstellen, daß man bei der Bestimmung der Hauptaspekte einen Fehler gemacht und einen zum Thema gehörigen Aspekt übersehen hat. Dann muß man kurz zum Beginn dieser Verhandlungsphase zurückkehren und den Fehler korrigieren. Es ist keine überflüssige Umstandskrämerei, auf dieser Vorgehensweise zu bestehen. Man demonstriert auf diese Weise, daß man sorgfältig auf den formalen Ablauf der Verhandlung achtet. Man praktiziert die formale Führung.)

Ordnen: Nach dem «Sammeln» kommt das «Ordnen». Wenn man ordnet, dann ordnet man und tut sonst nichts. Es ist schon schwer genug, eine Mehrzahl von Aspekten im Kopf zu behalten. Will man sie auch noch in die richtige Reihenfolge bringen, hat man noch mehr Mühe. Versucht man dabei auch noch, die einzelnen Aspekte inhaltlich zu bewerten und zu entscheiden, ist man rasch vollends überfordert. Also beschränke man sich auf das Ordnen und tue sonst nichts. Eine gute Ordnung ist unerläßlich. Mehrere Aspekte können ja nicht gleichzeitig verarbeitet werden. Der Mensch ist, anders als ein Computer, nicht zu paralleler, sondern nur zu serieller Informationsverarbeitung imstande. Deshalb muß eine Reihenfolge verabredet werden.

Manchmal ist die Reihenfolge sachlogisch vorgegeben. Wenn etwa ein Geschädigter mit einem Versicherer über einen zweifelhaften Versicherungsfall verhandelt, und wenn dabei sowohl der rechtliche Aspekt als auch der Kulanzaspekt eine Rolle spielen, dann muß erst der rechtliche Aspekt besprochen werden, ehe über Kulanz geredet werden darf. Sollte sich nämlich ergeben, daß der Anspruch rechtlich begründet ist, erübrigt sich der Kulanzaspekt. In vielen Fällen kann die Reihenfolge der Aspekte aber frei festgelegt werden. Dann sollte sie nicht dem Zufall überlassen bleiben, indem man sich etwa einfach an die Reihenfolge hält, in der man die Aspekte gefunden hat. Vielmehr sollte sie strategisch geplant werden. Dabei sind vor allem zwei verschiedene Fallkonstellationen möglich.

Es kann zum einen so liegen, daß mehrere, sagen wir, vier Aspekte A, B, C und D existieren, von denen einige, sagen wir, drei, nämlich B, C, und D vergleichsweise problemlos sind, während beim vierten, also A, ein scharfer Konflikt droht. Dann wäre es unklug, mit A zu beginnen. Vielmehr sollte A an den Schluß gestellt werden, weil dann das Verhandlungsklima aufgrund der vorangegangenen drei Teileinigungen positiv sein wird. Bei umgekehrter Vorgehensweise würde sich das durch A erzeugte negative Verhandlungsklima dagegen ungünstig auf die Aspekte B, C und D auswirken.

Es kann zum anderen so liegen, daß man selbst in der eigenen Verhandlungsposition bei verschiedenen Aspekten unterschiedlich stark ist. Während man beim Aspekt A stark ist, ist man bei B schwach, während man bei C vielleicht eine mittlere Position einnimmt. Bei dieser Konstellation wäre es unklug, mit dem starken Aspekt A zu beginnen und dann C und B zu besprechen, weil man bei solcher Vorgehensweise im Laufe der Verhandlung immer schwächer wird, während der Partner nicht nur ständig stärker wird, sondern aufgrund seines Teilzugeständnisses bei A zusätzlich eine Kompensation in Form eines «Gegengeschenkes» fordern wird. Wenn etwa im eben genannten Beispiel die Teilverhandlung über eine Kulanzleistung des

Versicherers beginnt und der Geschädigte über zwei (Unter-)Aspekte verhandeln muß, nämlich zum einen über die ihm ungünstige Tatsache, daß er schon in der Vergangenheit in erheblichem Umfang Schadensfälle gemeldet hat, er also ein «schlechtes Risiko» ist, und zum anderen über die ihm günstige Tatsache, daß er mehrere andere Versicherungsverträge mit dem Versicherer abgeschlossen hat, er also hohe Prämien bezahlt und ein wichtiger Kunde ist, dann ist es für den Geschädigten zweckmäßig, mit dem Aspekt zu beginnen, bei dem er schwächer ist, also dem Aspekt «schlechtes Risiko», weil der Versicherer hier Punkte machen wird, die ihn dann beim Aspekt «wichtiger Kunde» zu «Gegengeschenken» veranlassen können. Für den Versicherer gilt natürlich das Umgekehrte. (Ich komme auf den hier angesprochenen Mechanismus von Geben und Nehmen zurück.[115]) – Freilich darf man diese Überlegungen nicht überbewerten. Wichtiger als eine bestimmte Reihenfolge ist die Tatsache, daß überhaupt (irgend-)eine Reihenfolge verabredet wird. Wichtig ist der Verhandlungsvertrag.

Man sagt also etwa: «Ich schlage vor, wir besprechen zuerst den rechtlichen Aspekt. Im Anschluß daran besprechen wir den Kulanzaspekt, sofern das dann noch erforderlich sein sollte. Können wir so vorgehen?» – Auch hier hat es erst dann Sinn, weiterzumachen, wenn der andere diesem Vorschlag zugestimmt hat. Nur dadurch wird der Vertrag bindend. Ein Vorteil dieses Vertrages liegt, wie gesagt, darin, daß man den anderen bei den einzelnen Aspekten festhalten kann, auch wenn ihm dies unbequem ist.[116] Nehmen wir an, man selbst ist bei A stark, während der andere bei B stark ist. Nun spricht man über A. Das wird dem anderen natürlich nicht gefallen. Also wird er einfach das Thema wechseln und über den ihm sehr viel besser gefallenden Aspekt B sprechen. Daß B noch nicht «dran» ist, wird ihn daran nicht hindern. Er ist schließlich ein freier Mensch und darf tun, was er will. Diese Möglichkeit des Themenwechsels bei unbequemen Aspekten gehört zu den schon aufgezeigten Nachteilen des «intuitiven» Verhandelns, und es gibt bei dieser Methode nichts, was man dagegen tun könnte. Beim «rationalen» Verhandeln gibt es dagegen ein Gegenmittel, nämlich den Vertrag.

---

[115] Siehe unten G 3.

[116] Natürlich sind auch die weiteren Vorteile eines Verhandlungsvertrages (Kooperation, Zwischenerfolge, Wegweiser) vorhanden.

Entscheiden: Nach dem Sammeln und Ordnen kommt das Entscheiden. Der Konflikt, der so lange vermieden wurde, ist jetzt unaus-
weichlich. Jetzt muß man Vorsorge dagegen treffen, daß der Konflikt
in das unfruchtbare Gegeneinander von Position und Gegenposition
mündet. Dieses «Etwas» läßt sich durch den amerikanischen Termi-
nus «Anchoring» verdeutlichen. «Anchoring» ist eine praktische
Konsequenz aus der schon genannten Einsicht, daß abstrakte Regeln
leichter verabredet werden können als konkrete Entscheidungen.
«Anchoring» bedeutet «Ankerwerfen». Man wirft Anker in einem
guten Ankergrund, indem man vor der Entscheidung abstrakte Regeln und Prämissen verabredet, nach denen die anstehenden Inhaltsfragen entschieden werden sollen. Ohne «Anchoring» werden Ergebnisse, die dem Partner nicht gefallen, von ihm einfach abgelehnt werden. Er soll beispielsweise eine Forderung bezahlen. Das will er
nicht, und deshalb lehnt er es ab. Seine Weigerung mag zwar sachlich
unbegründet sein. Aber man kann ihn daran nicht hindern. Ihm gefällt ein Ergebnis nicht. Das ist für ihn Grund genug, um «Nein» zu
sagen.

Bei abstrakten Regeln und Prämissen ist das anders. Sie können
nicht so einfach abgelehnt werden. Bei ihnen muß man vom Fall los-
gelöste Gründe nennen. An diesen wird es aber fehlen, wenn die Regeln und Prämissen stimmig und einleuchtend sind. Der Partner mag
die Bezahlung ablehnen, aber er kann die Regel nicht bestreiten, die
besagt, daß ein Darlehen zurückgezahlt werden muß. Notfalls
schlägt man das Bürgerliche Gesetzbuch auf und zeigt mit dem Finger auf § 607 BGB. Hierüber kann man sich viel leichter einigen.
Also konzentriere man sich auf diese Regeln und Prämissen. Der
Rest ist dann oftmals nur noch eine formale Deduktion.

Ich will das Gesagte am oben erwähnten Büromaschinenfall[117] verdeutlichen. In diesem Fall stehen mehrere mögliche Entscheidungen
zur Auswahl, bei denen es jeweils Für und Wider gibt. Über diese
konkreten Lösungen werden sich die Beteiligten nur schwer verständigen. Soll man mit der «Standard» am Markt bleiben? Die Leute
vom Verkauf werden heftig gegen diese Lösung protestieren. Soll
man die «Standard» durch die «Executive» ersetzen? Das wird den
Entwicklern nicht gefallen, die auf das bessere Modell «Super» setzen. Soll man die «Super» auf den Markt bringen? Dagegen spricht,

---

[117] Siehe oben D 8.

daß dieses Modell noch mit Kinderkrankheiten behaftet ist. So dreht man sich im Kreis und kommt nicht weiter..

Der Konflikt wird dagegen relativ leicht entscheidbar, wenn die Beteiligten ihn auf die vom konkreten Fall unabhängige, also abstrakte, Grundfrage zurückführen, ob sie in der Unternehmenspolitik primär auf Qualität oder auf technischen Fortschritt setzen wollen. Damit können die Beteiligten den Anker werfen, von dem aus sie dann das Problem entscheiden können. Entscheiden sie sich für Qualität, werden sie sich für das Modell Executive entscheiden. Wählen sie dagegen den technischen Fortschritt, muß die Wahl auf das Modell Super fallen.

Diese Anker sind dann auch für weiterführende Überlegungen hilfreich. Nehmen wir an, im Büromaschinenfall wird entschieden, die Qualität vor den technischen Fortschritt zu setzen, was sicherlich die bessere Entscheidung ist. Da dieses Ziel bei der Executive ohne weiteres zu erreichen ist, wird sich die Diskussion auf die Frage konzentrieren, ob man es auch bei der Super erreichen kann. Womöglich lassen sich die Kinderkrankheiten in kürzerer Zeit als bisher berechnet ausmerzen. Vielleicht hilft eine erweiterte Gewährleistung, verbunden mit einem verbesserten Service. Ein «Anker» kann mithin auch als Kreativitätsverstärker dienen und zu neuen, besseren Lösung führen.

Ein weiteres Beispiel: Der schon mehrfach erwähnte Versicherungsnehmer fordert eine Kulanzleistung, nämlich den Geldbetrag X. Für die Kulanz gibt es Regeln, und wo es Regeln gibt, gibt es auch «Anker». Also sollte der Schadenreferent diese Regeln suchen und sich mit dem Geschädigten darüber verständigen. Das wird leichter gelingen als eine freihändige Einigung über den Betrag X. So kann ein wichtiger Kunde eher Kulanz erwarten als ein unwichtiger. Die Wichtigkeit ist also ein «Anker», der bei genauerer Betrachtung sogar in mehrere «Anker» zerlegt werden kann. Zum einen geht es um den Umfang des Geschäftes, also die Zahl und Art der Versicherungen, welche dieser Kunde insgesamt bei dem Versicherer abgeschlossen hat. Zum anderen geht es um die Qualität dieses Geschäftes, also darum, ob er ein «gutes Risiko» ist. Ein dritter «Anker» liegt in den Außenwirkungen, die von der Zufriedenheit oder Unzufriedenheit dieses Kunden ausgehen. Vielleicht ist er in seiner Stadt der Vorsitzende des örtlichen Industriellenverbandes, von dem eine Signalwirkung auf andere wirkliche und potentielle Kunden ausgeht. Undsoweiter.

Wie die Beispiele zeigen, können die «Anker» nicht nur in den Grund objektiv gültiger Regeln und Prämissen (Gesetze, Gerichtsentscheidungen, anerkannte Handelsbräuche...) zu werfen sein. Ein guter Ankergrund kann auch im Einzelfall neu zu entdecken oder gar erst herzustellen sein. Auch dann ist er hilfreich und nützlich. Entscheidend ist nur, daß das Schiff Halt findet und nicht in den Strudeln von Positionen, Geschichten und Wünschen davontreibt.

Die Verabredung von abstrakten Regeln ist auch dann notwendig und hilfreich, wenn der Sachverhalt ganz oder teilweise streitig ist. In der Informationsphase haben die Partner diesen Befund konstatiert und die Beweislastregeln verabredet, nach denen sie in der Argumentationsphase vorgehen wollen. Jetzt müssen sie das tun. Auch dies ist «Anchoring».

Nehmen wir an, es geht in einer Verhandlung um die Frage, ob der Kunde eines Produzenten den Mangel eines fehlerhaften Produktes bei dem Abschluß des Kaufes gekannt hat. Bejahendenfalls hat der Verkäufer diesen Mangel nicht zu vertreten. Der Verkäufer behauptet nun, der Käufer habe diese Kenntnis gehabt. Der Kunde bestreitet dies. Dann muß in der Informationsphase erst versucht werden, diesen Punkt zu klären. Mißlingt dies, muß abstrakt geklärt werden, zu wessen Lasten die Unklarheit gehen soll. Die Parteien können hier einen Juristen fragen, und er wird ihnen sagen, daß die Beweislast beim Verkäufer liegt. Sie können aber auch die erwähnte Beweislastregel verwenden, die besagt, daß derjenige, der etwas behauptet, was ihm günstig ist, dies auch beweisen muß. Wie immer auch, abstrakt, in der Informationsphase, müßte man sich hierüber einigen können. Es ist eigentlich unmöglich, diese Beweislastregel in Frage zu stellen. Sie ist evident sinnvoll. Das kann man auch ohne Einschaltung eines Juristen erkennen. Welche andere Regel sollte an ihrer Stelle gelten? Hat man sich aber darüber in der Informationsphase erfolgreich verständigt, ist die inhaltliche Entscheidung des Falles in der Argumentationsphase insoweit vorprogrammiert. Der Verkäufer behauptet etwas, was ihm günstig ist, kann es aber nicht beweisen. Also hat er den Nachteil zu tragen. Er hat den Mangel der Sache zu vertreten. – Natürlich will er das nicht. Über diese Position würde er beim intuitiven Verhandeln endlos streiten. Die Parteien würden sich nicht einigen und den Gang zum Gericht antreten. Beim rationalen Verhandeln gehen sie anders vor. Erst einigen sie sich über die Regel, über die kein Streit möglich ist. Damit ist die Entscheidung des Falles vorgezeichnet. Sie erfolgt automatisch und ebenfalls ohne Streit. Der Gang zum Gericht wird vermieden. Oder sagen wir bescheidener: Die Partner haben die (einzige) Chance, diesen Gang zu vermeiden.

Was hier für die Ebene der Hauptaspekte gesagt wurde, gilt in entsprechender Weise auch für die Unteraspekte und Unter-Unteraspekte. Unter der Überschrift «rechtlicher Aspekt» können sich zum Beispiel die Unteraspekte «vertragliche Ansprüche» und «gesetzliche Ansprüche» befinden. Unter der Überschrift «wirtschaftlicher Aspekt» können sich die Unteraspekte «vorhandene Eigenmittel» und «Gewinnerwartungen» befinden – undsofort. Das soll hier nicht weiter ausgeführt werden. Der Nutzen der Methoden «Sammeln» – «Ordnen» – «Entscheiden» sowie «Anchoring» liegt darin, daß sie immer wieder, auf allen Ebenen der Struktur, angewandt werden können. Es handelt sich um ein Werkzeug – der Datenverarbeiter würde den Ausdruck «Tool» verwenden –, welches universell einsetzbar ist.

Natürlich ist man nicht auf hierarchische Baumstrukturen[118] beschränkt. Auch andere Strukturen, etwa Kontostrukturen,[119] können in der Argumentationsphase hilfreich sein. Konten sind beispielsweise besonders gut zur Abwägung von Pros und Contras geeignet. Mit ihrer Hilfe kann man auch aus den einzelnen Detailentscheidungen die Gesamtentscheidung des Falles gewinnen. Das klingt einfach, wird aber nur selten so gemacht. In der Realität des «intuitiven» Verhandelns beschäftigt man sich zwar mit den einzelnen Aspekten. Man wägt auch jeweils das Für und Wider ab. Aber von einer wirklichen «Argumentenbuchhaltung» kann hier keine Rede sein. Man formuliert keine Zwischenergebnisse, und man «rechnet» nicht aus den Zwischenergebnissen ein Endergebnis heraus. Unser Unvermögen beim Umgang mit formal etwas anspruchsvolleren Methoden bewirkt, daß wir auch beim Kontoführen und Saldieren Gesamtentscheidungen treffen, die letztlich dann doch nur über den erhobenen Daumen gepeilt wurden. Mit ein wenig Methodenbewußtsein, Präzision und überlegtem Vorgehen lassen sich hier deutliche Verbesserungen erzielen.

---

[118] Siehe dazu oben Teil D 3.
[119] Siehe dazu oben Teil D 4.

7. Die Entscheidungsphase

Am Schluß der Verhandlung kommt die Entscheidungsphase. In ihr «rechnet» man, dem Gesagten entsprechend, aus den Einzelergebnissen das Gesamtergebnis heraus. «Getting to Yes»,[120] nennt man in den USA diesen Vorgang.

Im «rationalen» Verhandlungsmodell hat die Schlußphase der Verhandlung nur eine geringe Bedeutung. Die entscheidenden Dinge geschehen schon vorher, vor allem in der Argumentationsphase. In dieser wichtigen Phase werden die einzelnen Teilentscheidungen gefällt. Aus ihnen wird nun das Endergebnis einfach abgeleitet.

Beim «intuitiven» Verhandlungsmodell ist das anders. Hier kann man es regelmäßig erleben, daß die am Schluß stattfindende Entscheidung des Falles von den Verhandlern als die wichtigste Phase der Verhandlung empfunden wird, der sie ihre volle Aufmerksamkeit schenken. Diese Entscheidung hat regelmäßig nichts mit dem vorangegangenen Austausch von Argumenten zu tun. Die Gründe dafür liegen auf der Hand. Die Argumente werden zwar in der vorangegangenen Verhandlungen von den Beteiligten genannt, aber dies geschieht jeweils einseitig. Sie werden «abgefeuert», so, wie man Schriftsätze produziert und an das Gericht schickt. Das Resultat dieser Mühe ist keine Auseinandersetzung des Gegners mit den eigenen Argumenten, sondern ein Gegenfeuer von Gegenargumenten. So feuern die Parteien aufeinander und aneinander vorbei, und es ist kein Richter da, der dieses sinnlose Gemetzel beenden könnte.

Irgendwann ermatten die Gegner, und dann stellen sie fest, daß sie nichts in Händen haben, was ihnen bei der Entscheidung des Verhandlungsproblemes sachlich helfen könnte. Also greifen sie zu sachfremden Hilfen. Sie wenden Basarregeln[121] an. Sie heben den Daumen. Sie nutzen die Schwäche des anderen im Zustand der Verstrickung[122] aus. Oft genug scheitert die Verhandlung auch. Die Überlastung der Justiz zeugt von diesem Scheitern. Ohne das «intuitive» Verhandlungsmodell gäbe es diese Überlastung nicht. Es ist schon merkwürdig, daß den Be-

---

[120]   So der Titel des schon erwähnten Buches von Roger Fisher und William Ury, Getting to Yes: Negotiating Agreement Without Giving In, Boston (USA), 1981.

[121]   Näher dazu unten Teil G 3.

[122]   Näher dazu unten Teil G 6.

teiligten nicht bewußt wird, wie irrational sie sich verhalten, wie umsonst und überflüssig all ihre Mühen beim «intuitiven» Verhandeln sind, und wie wenig sie das Geschehen beherrschen und kontrollieren. Natürlich kann die Verhandlung auch beim «rationalen» Verhandeln immer scheitern. Mit keiner Verhandlungskunst hat man eine Gewähr dafür, daß die Verhandlung auch immer zu einer Einigung führt. Die Möglichkeit des Scheiterns sollte daher immer als eine realistische Alternative in das Kalkül gezogen werden. Diese Einstellung hat etwas mit dem Thema «Verhandlungsmacht» zu tun.[123] Nichts schwächt so sehr wie ein unbedingter Einigungswunsch. Und niemals ist das Scheitern die Katastrophe, als die sie einem vielleicht erscheinen mag. Das Leben geht auch im Falle eines Scheiterns weiter.

8. Abweichungen vom normalen Phasenverlauf

Es gibt Fälle, in denen von dem geschilderten Phasenverlauf abgewichen werden muß. Dies kann aus zwei Gründen notwendig sein. Zum einen kann es so liegen, daß der Partner einfach nicht mitspielt und die ihm gemachten Vorschläge *ablehnt*; das tut er oft auch in der Weise, daß er die Vorschläge zwar scheinbar akzeptiert, sich aber dann nicht daran hält. Zum anderen kann ein *atypischer Fall* gegeben sein, bei dem aus besonderen Gründen von der geschilderten normalen Phasenstruktur abgewichen werden muß.

Mit der *Ablehnung* selbst des besten Verfahrensvorschlages muß man natürlich immer rechnen. «Phasenverträge» setzen ja wie alle Verträge die Zustimmung beider Partner voraus, und diese Zustimmung erfolgt freiwillig. Man kann den anderen nicht dazu zwingen, einen solchen Vertrag zu schließen. Und man kann ihn auch nicht dazu zwingen, einen einmal geschlossenen Vertrag dann auch einzuhalten. Verhandlungsverträge sind zwar bindend, aber sie sind, im Unterschied zu den juristischen Verträgen, nicht einklagbar. Zwar wird man in vielen Fällen die Zustimmung zu diesen Verträgen bekommen, und man wird regelmäßig auch deren Einhaltung durchsetzen können. Das schließt aber nicht aus, daß es auch einmal anders kommt. Wie soll man sich dann verhalten?

---

[123] Siehe dazu unten Teil G 7.

Sicher kann man keinen Zwang ausüben. Verhandlungspartner sind freie und gleichberechtigte Menschen. Weder hat man das Recht noch die Möglichkeit, den Partner zu irgendetwas zu zwingen. Gleichwohl kann und sollte man in solcher Lage etwas tun. Zwei Empfehlungen sind hier zu nennen. Zum einen sollte man jeden *eigenen Verfahrensvorschlag*, den der andere nicht akzeptiert, ausdrücklich *zurücknehmen*. Und zum anderen sollte man den Partner um *Gegenvorschläge* bitten, damit jedenfalls irgendeine Verabredung über das Verfahren der Verhandlung zustandekommt. Auf einer solchen Verabredung kann und sollte man bestehen, und man kann diesem Wunsch Nachdruck verleihen, indem man es ablehnt, zur Sache zu verhandeln, ehe hierüber eine Einigung erzielt worden ist.

Durch *Zurücknahme* der eigenen erfolglosen Vorschläge demonstriert man nicht nur, daß man den formalen Ablauf der Verhandlung überwacht. Man zeigt vor allem auch, daß man sich selbst ernst nimmt, was wiederum die Voraussetzung dafür ist, daß der andere einen ernst nimmt. Wenn man vorschlägt, erst über A und dann über B zu reden, und wenn der andere diesen Vorschlag ablehnt (oder überhaupt nicht zur Kenntnis nimmt) und statt dessen anfängt, über C zu reden, dann darf man sich keinesfalls auf C einlassen. Man hat schließlich den Vorschlag gemacht, erst über A und B zu reden. Auch wenn der andere diesen Vorschlag nicht ernst nimmt, muß man selbst es doch tun. Man kann zunächst versuchen, diesen Vorschlag doch noch durchzusetzen, indem man ihn wiederholt, oder indem man den Partner fragt, warum er darauf nicht eingehen möchte. Wenn das alles aber keinen Erfolg hat, muß man den Vorschlag ausdrücklich zurücknehmen. Tut man dies nicht, und spricht man über C, oder bringt man gar D zur Sprache, dann hat man die Verhandlungs-«führung» verloren.

Erfolglose Verfahrensvorschläge müssen also zurückgenommen werden, und zwar ausdrücklich. Gegen diesen Grundsatz wird oft verstoßen. Im Fernsehen kann man mitunter Journalisten sehen, welche an Politiker unbequeme Fragen richten. In vielen Fällen werden diese Fragen nicht beantwortet. (Ich habe ja schon gesagt, daß es sich viele Politiker angewöhnt haben, Fragen im Unterschied zu normalen Menschen nicht zu beantworten.) Wenn die Journalisten das stillschweigend hinnehmen (weil sie nicht zuhören, sondern im Kopf ihre nächste Frage formulieren), und wenn sie dann diese nächste Frage stellen, dann zeigen sie durch ihr Verhalten, daß sie ihre eigenen Fragen nicht ernst nehmen. Wie können sie erwarten, daß die

Politiker Respekt vor ihnen haben, wenn sie sich selbst nicht respektieren? Natürlich können sie keinen Politiker dazu zwingen, ihre Fragen zu beantworten, aber sie können eine Frage, vielleicht nach einer Wiederholung, ausdrücklich zurücknehmen. Dann ist dem Publikum klar, was hier gespielt wird, und dann fällt es dem Politiker nicht mehr so leicht, in diesem Spiel der Spielverderber zu sein.

Die Bitte um *Gegenvorschläge* ist ein Mittel, mit dem man versuchen kann, doch noch zu einem Verhandlungsvertrag zu kommen. Dabei kann man notfalls auch Vorschläge akzeptieren, die den anderen, strategisch gesehen, begünstigen. Ein solcher Vertrag ist immer noch besser als eine unstrukturierte Verhandlung.

Nehmen wir an, der schon mehrfach erwähnte Geschädigte führt die Kulanzverhandlung mit seinem Versicherer. Er ist ein «schlechtes Risiko», aber ein guter Kunde. Der Versicherer möchte erst über den Aspekt «guter Kunde» und dann über den Aspekt «schlechtes Risiko» sprechen. Diese Reihenfolge ist aus seiner Sicht günstig. Aus der Sicht des Geschädigten ist sie dagegen ungünstig. Aber sie ist für ihn immer noch besser als überhaupt keine festgelegte Reihenfolge. Ohne Ordnung des Verfahrens wird der Geschädigte sein starkes Argument «guter Kunde» überhaupt nicht erfolgreich ausspielen können. Der Versicherer wird an dieser Stelle einfach das Thema wechseln und «schlechtes Risiko» erwidern. (Natürlich gilt das Gesagte auch im umgekehrten Fall. Auch für den Versicherer ist eine ihm nachteilige Reihenfolge immer noch besser als eine unstrukturierte Verhandlung.) – Soviel zur Möglichkeit der Ablehnung von Verfahrensvorschlägen.

Nun zu den *atypischen Fällen*, in denen Abweichungen von der normalen Phasenstruktur aus sachlichen Gründen geboten sind. Hier sind beispielsweise solche Verhandlungen zu nennen, in denen man dem Verhandlungspartner eine schlechte Nachricht mitteilen muß, die man selbst zu verantworten hat. Beispiele bieten die Mitteilung eines Fehlers, der einem Freiberufler, etwa einem Steuerberater[124] oder

---

[124] Beispiel: Ein Steuerberater hat es über viele Jahre hinweg versäumt, bestimmte Schuldzinsen in den Steuererklärungen als Betriebsausgaben des Steuerpflichtigen anzusetzen. Die entsprechenden nachteiligen Steuerbescheide sind rechtskräftig geworden. Jetzt entdeckt der Steuerberater das Versäumnis und muß darüber mit seinem Mandanten sprechen. – In den Steuerberaterseminaren verbinde ich diese Aufgabe gelegentlich mit einem Honorargespräch. Der Steuerberater muß in derselben Verhandlung eine Erhöhung seines (pauschal vereinbarten) Honorares fordern. – Sehr viel unangenehmer kann eine Verhandlung nicht sein.

einem Rechtsanwalt,[125] unterlaufen ist, das betriebliche Mitarbeitergespräch, bei dem der Vorgesetzte dem Mitarbeiter eine schlechte Beurteilung eröffnen muß, die Beendigung einer Geschäftsbeziehung oder das Kündigungsgespräch.[126]

Solche unangenehmen Gespräche sind Verhandlungen. Der Freiberufler will erreichen, daß der Mandant ihm trotz des begangenen Fehlers weiterhin sein Vertrauen schenkt. Der Vorgesetzte will erreichen, daß der Mitarbeiter sich künftig mehr anstrengt. Der Geschäftsmann strebt eine Trennung in Frieden an. Und der Kündigende hat den Wunsch, zu erreichen, daß der andere die Kündigung akzeptiert und nicht einen Prozeß vor dem Arbeitsgericht beginnt; auch will er die Modalitäten einer gütlichen Trennung besprechen.

Es liegt auf der Hand, daß bei solchen schwierigen Verhandlungen von der geschilderten Phasenstruktur abgewichen werden muß. So wäre es sicher verfehlt, die Verhandlung mit einer Eröffnungsphase zu beginnen, weil der Aufbau eines Sympathiepolsters die Übermittlung der schlechten Nachricht nur erschweren würde. Auch darf hier keine Themenphase vorgesehen werden. Vielmehr muß das Gespräch sofort mit der Informationsphase begonnen werden. In ihr muß die unangenehme Nachricht ohne jede Vorbereitung sprachlich neutral und vollständig übermittelt werden.

Im Anschluß daran darf nicht sofort die Argumentations- und Entscheidungsphase folgen. Vielmehr muß Raum für eine Emotionsphase vorgesehen werden. Schlechte Nachrichten erzeugen Emotionen, und Emotionen müssen als soziale Veranstaltungen ausgelebt werden. Erst wenn das geschehen ist, hat es Sinn, mit einer rationalen

---

[125] Beispiel: Ein Zivilprozeß wurde in erster Instanz verloren. Der Anwalt des Verlierers soll Berufung einlegen, obwohl er davon abgeraten hat, weil er die Chancen eines Obsiegens in der zweiten Instanz gering einschätzt. Nun hat er durch ein Versehen die Frist für die Einlegung des Rechtsmittels versäumt. Dies muß er seinem Mandanten eröffnen.

[126] Nach den Regeln des Bürgerlichen Gesetzbuches handelt es sich bei der Kündigung nicht um eine Verhandlung, sondern um die Übermittlung einer einseitigen rechtsgestaltenden Willenserklärung. Von der Interessenlage her ist hier freilich eine Verhandlung geboten – der Partner soll die Kündigung akzeptieren und keinen Rechtsstreit beginnen. Auch ist über die Modalitäten der Trennung zu verhandeln. Daß das BGB dieser Interessenlage nicht Rechnung trägt, überrascht nicht. Ich sagte ja schon, daß die Rechtsordnung nicht primär den Interessen der Bürger, sondern den methodischen Bedürfnissen der Richter dient. Diese brauchen Klarheit. Die Parteien brauchen etwas anderes.

Verhandlung fortzufahren. Dabei sind weitere Besonderheiten zu beachten. Bei einer vergangenheitsbezogenen Mitteilung liegt es nahe, erst über die Vergangenheit, dann über die Gegenwart und schließlich über die Zukunft zu sprechen. (Dieses «Trikolon» kannten schon die Rhetoriker der griechischen Antike: «Was war, was ist, was wird sein?») Dementsprechend ist der Verhandlungablauf zu gestalten. Man schlägt dem Partner vor, erst über die Vorfälle der Vergangenheit zu sprechen, dann die aktuelle Situation zu betrachten, und schließlich über die Gestaltung der Zukunft zu reden. – Ich komme auf diese Sonderfälle zurück.[127]

---

[127] Siehe unten Teil H.

G. Schwierige Partner – schwierige Situationen

1. Mehrpersonenverhandlungen

An vielen Verhandlungen sind mehr als zwei Personen beteiligt. Dann entstehen zusätzliche Schwierigkeiten. Man muß jetzt nicht mehr nur eine komplexe Sachstruktur beherrschen, sondern muß auch auf die Personenstrukturen achten. Dabei sind zwei verschiedene Situationen zu unterscheiden. Zum einen kann es so liegen, daß zwei Parteien miteinander verhandeln, welche jeweils durch mehrere Personen vertreten werden. Da hier zwei Delegationen auftreten, verwende ich hierfür die Bezeichnung *Delegationenverhandlung*. Zum anderen kann es sein, daß mehr als zwei, also drei oder mehr Parteien mit jeweils unterschiedlichen Interessen an einer Verhandlung teilnehmen. Ich nenne diese Verhandlung eine *Mehrparteienverhandlung*. Beide Möglichkeiten können natürlich auch zusammentreffen. Eine Mehrparteienverhandlung kann (und wird auch häufig) zugleich eine Delegationenverhandlung sein.

Bedenkt man, daß jede der beteiligten Personen schon durch ihre pure Existenz ein «Item» ist, und erinnert man sich an die Kapazitätsbegrenzung der «magischen Sieben», so sieht man, daß allein durch die Zahl der beteiligten Verhandler sehr rasch eine Überforderung des Systemes der menschlichen Informationsverarbeitung droht. Es kommt hinzu, daß die Personen sich sehr unterschiedlich verhalten, und daß zwischen ihnen verschiedenartige Beziehungen existieren. Dies alles vermehrt die ohnehin schon große Komplexität der Verhandlung. Man hat es jetzt mit mehreren Menschen zu tun, die verschieden sind und sich unterschiedlich verhalten. Diesen Befund muß man zunächst einmal sehen. Dann kann man überlegen, auf welche Weise diese zusätzliche Komplexität bewältigt werden kann. Dazu sollen die beiden Verhandlungstypen getrennt betrachtet werden.

Zuerst die *Delegationenverhandlung*. Wenn «Delegationen» auftreten, sollten zwei Dinge beachtet werden. Zum einen ist auf *Waffengleichheit* zu achten. Zum anderen sind die *Rollen* der beteiligten Personen zu klären und in entsprechenden Verhandlungsverträgen zu verabreden.

Zunächst zum Stichwort *Waffengleichheit:* Hierzu ein Fall aus der Praxis. Ein Erfinder hat ein Patent angemeldet und verhandelt nun mit einem großen Unternehmen, welches eine Lizenz erwerben und das Patent verwerten möchte.[128] Bei seiner Ankunft im Verwaltungsgebäude des Unternehmens sieht sich der Erfinder unverhofft einer ganzen Phalanx von Experten gegenüber – Ingenieuren, Marketingexperten, Vertragsjuristen, Managern. Es ist offensichtlich, daß es nicht fair ist, einem einzelnen Menschen, noch dazu einem versponnenen Erfinder, mit einer solchen Streitmacht entgegenzutreten. Der Erfinder ist gut beraten, die Verhandlungen unter solchen Voraussetzungen gar nicht erst zu beginnen. Er sollte darauf bestehen, nur mit einem einzigen, möglichst ranghohen und kompetenten, Partner zu verhandeln. (Übrigens wäre es keine schlechte Idee, auch bezüglich der äußeren Umstände auf Waffengleichheit zu achten und die Verhandlung auf neutralem Boden – etwa in einem Hotel – zu führen.)

Auch wenn vollkommene Waffengleichheit nicht möglich ist, sollte dieses Ziel doch zumindest angestrebt werden. Es kann sein, daß das Unternehmen im eben gebrachten Beispiel darauf besteht, daß außer einem Techniker auch ein Jurist an der Verhandlung teilnimmt. Dann kann der Erfinder das prinzipiell akzeptieren, aber er sollte dann darauf bestehen, daß die Verhandlung in zwei Teilverhandlungen zerlegt wird, nämlich in eine technische Verhandlung, die er allein mit dem Techniker führt, und in eine juristische Verhandlung, die er nur mit dem Juristen führt. Auf diese Weise neutralisiert er die gegnerische Übermacht und verhindert, daß sich die beiden Verhandlungspartner gegenseitig die Bälle zuspielen.[129]

Damit ist auch schon das Stichwort *Rollenverteilung* angesprochen. Mehrere Personen in einer «Delegation» spielen naturgemäß verschiedene Rollen je nach Beruf und Rang. Sie sind Ingenieure, Betriebswirte, Verkaufsexperten, oder sie sind Vorgesetzte, Abteilungs-

---

[128] Eigentlich möchte es das Patent umgehen, aber das gelingt nicht immer.

[129] In dem Film «Anatomie eines Mordes» spielt James Stewart einen Strafverteidiger, der in einer Provinzstadt lebt und unverhofft einen des Mordes Verdächtigen verteidigen muß. Der Staatsanwalt holt sich zur Verstärkung einen berühmten Staatsanwalt aus der Großstadt. Die beiden spielen sich in der Verhandlung bei den Kreuzverhören der Zeugen gegenseitig die Bälle zu, bis James Stewart der Kragen platzt und er sich an den Richter wendet: «Euer Ehren, ich bin jederzeit bereit, es mit diesen beiden Heroen der Gerechtigkeit aufzunehmen, aber bitte nach fairen Spielregeln.» Der Richter gibt diesem Einwand statt und entscheidet, daß derjenige Staatsanwalt, der ein Kreuzverhör beginnt, es auch allein zu Ende führen muß.

leiter, Sachbearbeiter. Auch über diese Rollen und die sich daraus ergebenden Aufgabenteilungen in der Verhandlung sollte vorab, und
zwar in der Rahmenphase,[130] gesprochen werden. Es sollte geklärt
werden, wer in der Verhandlung welche Rolle spielt, und es sollte
über das Ergebnis dieser Rollenverhandlung ein Vertrag abgeschlossen werden.[131] Wenn das geschehen ist, kann man später erfolgreich
verhindern, daß ein Teilnehmer «aus der Rolle fällt». Die Versuchung
dazu ist ständig vorhanden. Techniker können sich beispielsweise oftmals nicht so gut ausdrücken wie Juristen. Wenn nun ein Techniker in
der Verhandlung über technische Aspekte eines Problemes in Sprach-
schwierigkeiten gerät, wird sein juristischer Kollege ihm sprachlich,
und damit unvermeidlich auch sachlich, zu Hilfe kommen. Darin liegen Gefahren, vor denen man sich schützen sollte. Voraussetzung dafür ist der Abschluß eines Rollenvertrages vor Beginn der Verhandlung. Ohne einen solchen Rollenvertrag kann man dagegen die andere
Delegation nicht disziplinieren. Man muß dann machtlos miterleben,
wie deren Mitglieder sich wechselseitig die Bälle zuspielen.

Bei Delegationenverhandlungen ist es auch erforderlich, zu klären,
wer jeweils die Delegation in der Verhandlung führt. Dies wird in
vielen Fällen das ranghöchste Mitglied einer Delegation sein. Es
kann aber auch sein, daß ein rangniedrigerer Sachbearbeiter wegen
seiner intimen Kenntnis der Detailprobleme die eigentliche Verhandlung führt, während sein Vorgesetzter sich zurückhält. Diese Vorgehensweise ist beispielsweise bei steuerlichen Schlußbesprechungen
üblich. Typischerweise wird hier der Betriebsprüfer die Verhandlung
führen, während und sein anwesender Vorgesetzter nur dann eingreifen wird, wenn Grundsatzfragen zur Entscheidung anstehen. Bei einer solchen Konstellation muß man besonders darauf achten, daß
der Vorgesetzte sich nicht die Rolle des Schiedsrichters über die Ge-
samtverhandlung anmaßt.

In diesem Zusammenhang ist es auch wichtig, sich über die Sitzordnung Gedanken zu machen. In der erwähnten steuerlichen
Schlußbesprechung werden die Finanzbeamten versuchen, sich so
zu setzen, daß sie den Steuerpflichtigen möglichst nahe bei sich haben, und daß dessen Berater möglichst weit entfernt von ihnen sitzt.
Der Steuerberater sollte auf einer Änderung dieser Sitzordnung be-

---

[130] Siehe dazu oben Teil F 3.
[131] Näher zu den Verhandlungsverträgen oben Teil F 1.

stehen und sich zwischen seinen Mandanten und die Finanzbeamten setzen. Auf diese Weise demonstriert er, daß die Besprechung über ihn stattfindet, und daß er dabei auch eine Schutzfunktion hat.[132] Er kann und sollte das ganz offen aussprechen. Die Beteiligten wissen ja ohnehin, welche Rolle er zu spielen hat.

Übrigens ist es generell empfehlenswert, sich über die Sitzordnung in Verhandlungen Gedanken zu machen. Viele «Revierinhaber» haben sich beispielsweise die Unsitte angewöhnt, auch wichtige Besucher – Mandanten, Kunden, Geschäftspartner – auf der «Fehlbarkeitsseite» ihres Schreibtisches zu plazieren, also dort, wo sonst Untergebene sitzen, etwa die zum Diktat gerufene Sekretärin. Sie selbst sitzen auf der «Unfehlbarkeitsseite», also da, wo man immer Recht hat. Das mag zwar praktisch sein. Aber die Besucher werden das nicht als eine sehr ehrenvolle Behandlung empfinden. Besser setzt man sich mit ihnen an einem eigenen Besprechungstisch so zusammen, daß Gleichberechtigung herrscht. Wie aber, wenn man keinen Raum für einen eigenen Besprechungstisch hat? Auch in diesem Falle gibt es eine Lösung. In einer alteingesessenen, sehr angesehenen Wiener Anwaltskanzlei bemerkte ich einmal, daß zwei Sessel schräg zueinander vor dem Schreibtisch des «Revierinhabers» stehen, ungefähr so, wie vor einem Kamin. Dazwischen befindet sich ein Tischchen mit Erfrischungen. Der Anwalt pflegt seinen Besucher zu bitten, auf einem der Sessel Platz zu nehmen und sich dann neben ihm auf dem anderen Sessel zu setzen. Nun können beide zwanglos plaudern. Ganz zwangsläufig fällt der Blick des Besuchers dabei auf den Schreibtisch des Anwaltes und damit auf den Ort, an dem alle seine Rechtsprobleme zweifellos eine gute Lösung finden werden.

Zurück zum Stichwort Delegationenverhandlungen. Hier droht leicht die Gefahr unfairer Rollenspiele. An den US-amerikanischen

---

[132] Der Steuerberater sollte noch mehr tun. Er sollte vor der Verhandlung Einvernehmen mit den Finanzbeamten darüber herstellen, daß er sämtliche an seinen Mandanten im Laufe der Schlußbesprechung zu richtenden Fragen diesem erläutern werde, ehe der Mandant antworten werde. Auf diese Weise übt er seine Schutzfunktion aus und verhindert den schlechten Eindruck, der entsteht, wenn er nur bei kritischen Fragen eingreift, deren Sinn zwar er, nicht aber der Mandant versteht. Auch hier gilt der oben (Teil F 1) genannte Grundsatz, daß man in der Verhandlung risikolos alles das tun darf, was man vorher durch Verhandlungsvertrag verabredet hat.

Polizeiakademien wird etwa das Rollenspiel «Böser Polizist – guter Polizist» gelehrt. Der böse Polizeibeamte beschimpft den Beschuldigten und bedroht ihn mit Schlägen, wird aber vom guten Polizisten zurückgehalten. Dessen Kräfte schwinden freilich. Sich mit letzter Kraft gegen seinen gummiknüppelschwingenden Kollegen stemmend, sagt der gute Polizist zum Beschuldigten, er könne seinen rabiaten Kollegen nicht länger zurückhalten. Der Beschuldigte solle ein Geständnis ablegen, anderenfalls ergehe es ihm übel. Der Beschuldigte legt nunmehr gegenüber dem guten Polizisten ein Geständnis ab und begreift nicht, daß dieser sein eigentlicher «Feind» ist. Weniger rabiate, aber im Prinzip vergleichbare Rollenspiele gibt es auch in Verhandlungen.

So kann etwa ein Mitglied der Delegation die Rolle des unnachgiebigen Maximalisten spielen, während ein anderes Mitglied sich kompromißbereit zeigt. Mit großer Mühe bewegt der Nachgiebige («guter Polizist») seinen beinharten Kollegen («böser Polizist») zu einer winzigen Konzession. Daraufhin fordert er vom Verhandlungspartner eine Gegenleistung, nicht für die sachliche Konzession, die mit bloßem Auge kaum zu erkennen ist, sondern vor allem für die große Mühe, die er mit seinem rabiaten Kollegen hatte. Entsprechend groß wird dann die Gegenleistung ausfallen.[133]

Wenn solche unfairen Rollenspiele stattfinden, müssen die allgemeinen Unfaireß-Regeln angewendet werden. Hierauf werde ich noch eingehen.[134] Hier nur soviel: Die Unfaireß, also das unfaire Rollenspiel, muß zu einem Zwischenthema der Verhandlung gemacht werden, wobei das Ziel darin besteht, das unfaire Verhalten aus der Verhandlung zu entfernen. Die «Falle» wird damit sichtbar gemacht und verliert schon aus diesem Grunde ihre Gefährlichkeit.

Nun zu den *Mehrparteienverhandlungen*, also den Verhandlungen, an denen drei oder mehr Parteien mit jeweils unterschiedlichen Interessen beteiligt sind. Hier kommt es zunächst darauf an, die *unterschiedlichen Interessen* von drei oder mehr Parteien im Auge zu behalten, wobei regelmäßig zu Teilproblemen *Koalitionen* zwischen einzelnen Beteiligten geschlossen werden. Das ist schon für sich keine einfache Aufgabe. Sie wird noch zusätzlich dadurch erschwert, daß diese verschiedenen Interessen sich im Laufe der Verhandlung in Abhängig-

---

[133] Derartige Spiele finden häufig nicht bewußt, sondern, wie die meisten Manipulationstechniken, auf intuitiver Basis statt. Näher dazu unten Teil G 3.

[134] Siehe unten Teil G 5.

keit von den erzielten Zwischenergebnissen auch *ändern* können. Daraus ergeben sich überraschende *Koalitionswechsel,* welche häufig nicht einmal von den Koalitionären bemerkt werden. (Das ist übrigens auch im Alltag so. Wenn drei Personen A, B und C gemeinsam verreisen, werden sich ständig (und wechselnd) zwei gegen den Dritten verbünden. A und B wollen ans Meer baden gehen, während C einen Museumsbesuch vorschlägt. Am Meer wollen B und C dann in der Pizzeria essen gehen, während A das Cafe besuchen möchte. Abends wollen A und C in die Oper gehen, während B den Besuch einer Nachtbar vorschlägt. Empfehlung: Man verreise nicht zu dritt!)

Wie schwer es ist, unterschiedliche Interessen zu analysieren, zeigt die ausführlich besprochene Neigung zur Positionsverhandlung bei Anwendung des «intuitiven» Verhandlungsmodelles.[135] Positionen sind ja eine Folge des menschlichen Unvermögens, komplexe Interessen zu analysieren und zu beschreiben. Diese Schwierigkeiten vergrößern sich, wenn drei oder mehr Parteien mit jeweils unterschiedlichen Interessenlagen an der Verhandlung teilnehmen. Und sie werden noch größer, wenn diese Interessen, wie im Regelfall, variable Größen sind, die sich in Abhängigkeit vom Verlauf der Verhandlung ändern, und wenn dementsprechend Koalitionen entstehen und Koalitionswechsel vorkommen. Dies alles muß angesichts eines komplexen Sachproblemes bewältigt werden. Die meisten Menschen scheitern an dieser Überforderung.

Dazu ein Fall aus den Versicherungsseminaren: Vor einem Haus hatte sich im Winter auf dem Gehsteig Glatteis gebildet. Ein Fußgänger (F) war deswegen gestürzt und hatte einen Schaden erlitten. Sein zunächst beauftragter Anwalt (AF-1) hatte Ersatz dieses Schadens vom Hausbesitzer (H) gefordert. Die Verhandlungen hatten sich jahrelang hingezogen, bis der Anwalt des Hausbesitzers (AH) eines Tages die Verjährungseinrede erhob. Nunmehr entzog der empörte F seinem bisherigen Anwalt AF-1 das Mandat und beauftragte einen anderen Anwalt AF-2. Dieser bestritt gegenüber H die Verjährung und forderte weiterhin Schadenersatz von H. Gleichzeitig machte er aber vorsorglich namens des F Regreßansprüche gegen AF-1 wegen des möglichen Eintrittes der Verjährung geltend. Hiermit kam der Berufshaftpflicht-Versicher (V) des AF-1 ins Spiel. V schlug eine Verhandlung vor, um nach Möglichkeit eine außergerichtliche Erledi-

---

[135] Siehe oben Teil B 3.

gung des Rechtsstreites herbeizuführen. An dieser nehmen V (für AF-1), AH (für H) und AF-2 (für F) teil. Daß das zu verhandelnde Rechtsproblem hier komplex ist, liegt auf der Hand.[136] Aber auch die Personenbeziehungen sind komplex. Und es sind wechselnde Koalitionen vorprogrammiert.

Im ersten Teil der Verhandlung muß AF-2 mit AH über die Frage der Schadensersatzpflicht des H verhandeln. AF-2 strebt hier nach Anerkennung der vollen Forderung, während AH versucht, diese Forderung ganz oder wenigstens teilweise abzuwehren. V ist hier von der Rechtslage her völlig unbeteiligt. Von der Interessenlage her hat V aber ein Interesse am Erfolg des AH. Denn je weniger H zahlen muß, desto geringer ist der mögliche Schaden, den AF-1 durch Eintritt der Verjährung verursacht haben kann. Also schließt V hier (unausgesprochen) eine Koalition mit AH. Nach außen wird er freilich versuchen, seine scheinbare Neutralität in dieser Frage, sein Fachwissen und seine reiche Erfahrung ins Spiel zu bringen, um möglichst die Rolle des neutralen Schiedsrichters (in Wahrheit zugunsten von AH) spielen zu können.

Nehmen wir an, AF-2 und AH schließen diesen Teil der Verhandlung mit dem Ergebnis ab, daß AH die Hälfte der Forderung des F als berechtigt anerkennt und AF-2 auf die andere Hälfte wegen Mitverschuldens des F verzichtet. Nunmehr verhandeln beide über die Frage der Verjährung. Jetzt ändert sich die Interessenlage des (rechtlich gesehen immer noch unbeteiligten) V. V muß jetzt am Erfolg des F interessiert sein, denn wenn die Verjährung nicht eingetreten ist, kann sein Versicherungsnehmer AF-1 dem F auch keinen Schaden zugefügt haben. V schließt jetzt also (unausgesprochen) eine Koalition mit AF-2 und wendet sich gegen AH, dessen Verbündeter er noch eben war. Äußerlich wird das freilich nicht erkennbar sein. V wird auch weiterhin versuchen, die Rolle des neutralen Schiedsrichters (jetzt freilich in Wahrheit zugunsten von AF-2) zu spielen.

---

[136] Es geht hier zunächst um die Frage, ob H nach § 823 I BGB zum Schadensersatz verpflichtet ist, was entscheidend von der Frage abhängt, ob er zum fraglichen Zeitpunkt streupflichtig war, und ob den F ein Mitverschulden nach § 254 BGB trifft. Es geht sodann um die Frage, ob die Einrede der Verjährung Erfolg hat, was vom Zeitpunkt der Kenntniserlangung des F von der Person des H (§ 852 Abs. 1 BGB) und von den zwischenzeitlich geführten Verhandlungen zwischen AF-1 und AH (mögliche Hemmung nach § 852 Abs. 2 BGB) abhängt. Dies alles sind variable Größen.

Wenn die Beteiligten diese Koalitionen und vor allem auch deren Wechsel nicht sehen, verspielen sie Chancen und setzen sich Gefahren aus. So kann es geschehen, daß V überhaupt nicht erkennt, mit wem er jeweils koalieren muß, und daß er, vielleicht fortgerissen durch irgendeine juristische Überlegung, im ersten Teil der Verhandlung mit AF-2, und/oder im zweiten Teil mit AH koaliert. Und so kann es geschehen, daß auch AH oder AF-2 die jeweilige Koalitionslage nicht erkennen. Oder sie bemerken nicht, daß der Verbündete von eben plötzlich im Lager des Gegners steht. Die nachteiligen Folgen liegen auf der Hand.

Es fällt den Beteiligten schwer, solche Zusammenhänge zu erkennen und zu beherrschen. Bei Mehrparteienverhandlungen sollte man sich auf diesen Punkt schon bei der Vorbereitung der Verhandlung konzentrieren. Wenn alle Parteien dies tun, kann auch jede mögliche Unfairneß erfolgreich abgewehrt werden. Nehmen wir an, V nimmt sich bewußt vor, das unfaire Spiel des scheinbar neutralen, in Wahrheit aber nicht neutralen und dabei die Lager wechselnden, Schiedsrichters zu spielen. (In der Realität wird er das nicht tun.) Wenn AH und AF-2 ihre Hausarbeiten gemacht haben, kann dem V das nicht gelingen. Im ersten Teil der Verhandlung wird AF-2 die heimliche Koalition V – AH aufdecken. Im zweiten Teil wird AH ein gleiches bezüglich der Koalition V -AF-2 tun. Eine Falle, die von allen Beteiligten erkannt wird, ist ungefährlich.

Über derartige Koalitionsfragen machen sich Verhandler in aller Regel keine Gedanken. Ich habe den Fall oft genug mit Versicherern durchgespielt und weiß, wovon ich rede. Die Beteiligten konzentrieren sich voll auf die zur Verhandlung anstehenden Inhaltsfragen. Kann F von H Schadensersatz fordern? War H streupflichtig? War er schon zu der fraglichen Tageszeit, morgens um sieben Uhr, streupflichtig? Lag ein Mitverschulden des F vor? Mußte Rentner F an einem kalten Wintertag morgens in Halbschuhen mit glatter Ledersohle auf die vereiste Straße gehen? Gab es eine Satzung der Gemeinde über die Streupflicht? Wann hatte F Kenntnis vom Schädiger H erlangt? Haben die Anwälte von F und H miteinander verhandelt? War der Eintritt der Verjährung durch Verhandlungen gehemmt? Solche Probleme haben sie «gelernt». Auf solche Fragen konzentrieren sie sich und übersehen dabei, daß es auch in einer juristischen Verhandlung auf viel mehr als das bloße Recht ankommt.

2. Kompetitives und kooperatives Verhandeln

Menschen verhalten sich in Verhandlungen, wie auch sonst, auf ganz verschiedene Weisen. Sie sind aktiv oder passiv, offenherzig oder verschlossen, dominierend oder zurückhaltend, herzlich oder kühl, drängend oder geduldig... Die Aufzählung könnte fortgesetzt werden. Gleichwohl kann man diese Vielfalt unter dem Aspekt des Verhandelns auf nur zwei Verhaltensorientierungen zurückführen, die sich prinzipiell unterscheiden: Menschen verhalten sich entweder (mehr) *kompetitiv* oder (mehr) *kooperativ*. Es gibt auch eine Mischform, bei der sich Menschen am Verhalten ihres jeweiligen Partners orientieren. Beim kompetitiven Partner verhalten sie sich kompetitiv; beim kooperativen Partner sind sie ebenfalls kooperativ. In den USA hat sich für diese letztere Verhaltensweise die Bezeichnung «Tit-for-tat» eingebürgert.[137]

Kompetitiv und kooperativ – was heißt das?

Zunächst zum *kompetitiven Verhalten*. Der Ausdruck «kompetitiv» kommt vom englischen «to compete = sich mitbewerben, konkurrieren». Er bezeichnet ein kämpferisches Verhalten, bei dem die Verhandlung als Wettkampf geführt wird. Die Verhandler ringen miteinander um ein begrenztes Gut und sehen ihre Aufgabe darin, auf Kosten des anderen möglichst viel von diesem begrenzten Gut zu bekommen. So möchte beispielsweise der Verkäufer einen möglichst hohen Preis erzielen, während der Käufer einen möglichst geringen Preis bezahlen will. Beide konkurrieren um das begrenzte Gut «Geld».

Diese Einstellung entspricht dem oben geschilderten «intuitiven» Verhandlungsmodell.[138] Die Parteien veranstalten ein Nullsummenspiel. Was der eine bekommt, fehlt dem anderen, und umgekehrt. Der zu verteilende Kuchen ist von vornherein begrenzt. Mit einer maximalistischen Strategie, bei der von Anfang an möglichst viel gefordert wird, versucht der kompetitive Verhandlungstyp, ein möglichst großes Stück vom Kuchen zu ergattern. Nach einem alten Scherzwort

---

[137] Näher zum folgenden Günter Bierbrauer, Zur Sozialpsychologie des Verhandelns. Strategien der Beeinflussung und psychologische Fallen, in Gottwald/ Haft (Hrsg.), Verhandeln und Vergleichen als juristische Fertigkeiten, 2. Aufl. Tübingen 1992.

[138] Siehe oben Teil B 3.

erstrebt er «die größere Hälfte» des Kuchens und versucht obendrein, von der anderen «Hälfte» auch noch etwas abzubeißen. Diese kompetitive Orientierung ist häufig. Das hat sicher etwas mit der Allgegenwart von kompetitiven Situationen zu tun. Überall in der Welt sind die Güter begrenzt, überall konkurrieren verschiedene Menschen um diese Güter. Das fängt schon im Kindergarten an, wenn nur ein Spielzeug vorhanden ist, aber mehrere Kinder damit spielen wollen. Das setzt sich in der Ausbildung fort, wenn nur begrenzte Studienplätze oder Stipendien vorhanden sind. Und das ist auch im späteren Leben so, wenn etwa eine berufliche Stellung oder eine Wohnung erstrebt wird, die auch von anderen Mitbewerbern begehrt werden. Überall ist die Zahl der Konkurrenten groß und sind die zu verteilenden Güter begrenzt. Überall herrscht Wettbewerb.

Der kompetitive Typ hat nun diesen Befund verallgemeinert. Er sieht jede Verhandlungssituation als eine kompetitive Situation an. Die Welt erscheint ihm als eine harte Welt. Seine Aufgabe sieht er darin, härter als die anderen zu sein. Dann, so meint er, wird er sich durchsetzen, und dann wird er den ihm zustehenden Anteil an den zur Verteilung gelangenden Gütern erhalten. Um dieses Ziel zu erreichen, muß er der Gefahr widerstehen, zu gefällig, zu «nett» zu sein; diese Gefahr sieht er in einem angeborenen Verhaltensprogramm «Harmonie»,[139] welches leicht zu kooperativem Verhalten führt; ihr will er widerstehen.

Der kompetitive Typ ist also ein «Tough Guy». Er kann große Erfolge erzielen. Dies vor allem dann, wenn er auf einen gefälligen, «netten», auf Harmonie bedachten und bei alledem vielleicht noch unerfahrenen Partner trifft. Jeder Erfolg bestätigt den kompetitiven Typ wiederum in seiner Einstellung, und so setzt er sein Verhalten fort und gibt sich weiterhin hart und maximalistisch.

Trotz großer Einzelerfolge erleidet der kompetitive Typ aber insgesamt schwere Nachteile. Da er sein Verhalten auf Ausbeutung des jeweiligen Partners anlegt, erzeugt er Mißtrauen und Ablehnung. Damit beschädigt er seinen Ruf. Dauerbeziehungen können auf diese Weise nicht gepflegt werden. Der daraus resultierende Nachteil wiegt schwerer als der Erfolg des Einzelfalles. Man kann experimentell nachweisen, daß kompetitives Verhalten angesichts einer vorgegebe-

---

[139] Näher zu diesen Verhaltensprogrammen unten Teil G 3.

nen Menge zu verteilender Güter insgesamt gesehen nachteiliger ist als kooperatives Verhalten. Diese Nachteile sieht der kompetitive Typ aber nicht. Der Grund dafür liegt wiederum in der Begrenztheit der menschlichen Informationsverarbeitung. Eine Statistik, zumal eine Statistik der versäumten Gelegenheiten, paßt nicht in den menschlichen Arbeitsprozessor, während ein spektakulärer Einzelerfolg – eine Erfolgs-«geschichte» – immer wieder auf dominierende Weise dorthin gelangt.

Es kommt hinzu, daß der kompetitive Typ andere Menschen in erheblichem Ausmaß dazu zwingt, sich ihm gegenüber ebenfalls kompetitiv zu verhalten. In der Tat ist dies auch das einzige mögliche Abwehrverhalten gegen kompetitives Verhalten. Damit aber bestätigt sich das Weltbild des kompetitiven Typs, wonach er in einer harten Welt voller kompetitiver Typen lebt. Er trifft ja überall auf kompetitive Typen und merkt nicht, daß er sie selbst produziert hat. Er wird zum Opfer einer geradezu klassischen sich selbst erfüllende Prophezeiung. Als Folge davon ist der kompetitive Typ nicht lernfähig. Er sieht überhaupt nicht, daß auch ein anderes, besseres Verhalten möglich wäre.

Dieses bessere Verhalten praktiziert der *kooperative Typ*. Sein Verhalten entspricht dem Verhalten im oben geschilderten rationalen Verhandlungsmodell.[140] Er sieht seine Aufgabe nicht darin, ein Nullsummenspiel zu spielen und ein möglichst großes Stück von einem begrenzten Kuchen zu ergattern. Er bemüht sich vielmehr darum, ein Problem, welches er gemeinsam mit seinem Partner hat, auf möglichst kreative Weise zu lösen.[141] Der Kuchen wird dabei nicht als begrenzt, als «fixed pie», sondern als prinzipiell vergrößerbar angesehen, und die besteht darin, Kuchenvergrößerung zu betreiben («expending the pie»). Die Partner sollen also nicht das bekommen, was sie jeweils haben wollen, sondern das, was sie wirklich brauchen, und um herauszufinden, was das ist, müssen sie zusammenarbeiten. Strukturen ebnen den Weg zu dieser Zusammenarbeit.

Diese Orientierung ist anzustreben. Die kompetitive Orientierung sollte dagegen prinzipiell vermieden werden. Nur zur Abwehr des kompetitiven Verhaltens anderer sollten kompetitive Fähigkeiten entwickelt und genutzt werden. Dabei darf es freilich nicht darum

---

140 Siehe oben Teil B 3.
141 Näher zum Stichwort «Kreativität» oben Teil D 8.

gehen, sich vom anderen ein kompetitives Nullsummenspiel aufdrängen zu lassen, sondern darum, das Spiel als solches auf kompetitive
Weise abzulehnen und an seiner Statt ein anderes, besseres, nämlich
ein kooperatives Spiel durchzusetzen.

Um das zu verdeutlichen, will ich auf das eingangs[142] gebrachte
Beispiel eines Geschädigten G zurückkommen, der von einem Haftpflichtversicherer aufgrund eines Verkehrsunfalles ein Schmerzensgeld fordert. Nehmen wir an, der objektiv angemessene Betrag liegt
bei 5.000 DM. G eröffnet die Verhandlung, indem er 15.000 DM
fordert. Zur Begründung beruft er sich auf einen Bekannten, der
einen in jeder Hinsicht völlig vergleichbaren Unfall erlitten habe,
und dem die XY-Versicherungsgesellschaft anstandslos 15.000 DM
Schmerzensgeld bezahlt habe (lange Geschichte über die positiven
Seiten dieser Gesellschaft).

Ich habe schon darauf hingewiesen, daß der Schadenreferent S des
Versicherers die Verhandlung verlieren würde, wenn er sich auf das
kompetitive Spiel des G einließe. Jedes Zahlenangebot, das er den
15.000 DM entgegensetzen würde, wäre verfehlt. Wie aber soll sich
S verhalten? Die einzige sinnvolle Reaktion des S liegt nach dem
eben Gesagten darin, das kompetitive Spiel des G auf ebenso kompetitive Weise zurückzuweisen und ein anderes Spiel, nämlich ein kooperatives Spiel durchzusetzen. Das muß nicht unfreundlich geschehen. S braucht nur in der Sache hart zu sein. Persönlich kann er auf
die Forderung des G etwa wie folgt verbindlich reagieren:

S: «Ihre Schmerzensgeldvorstellung beträgt also 15.000 DM?»
G: «Ja, das ist das Mindeste, was mir zusteht. Eigentlich müsste ich
noch viel mehr verlangen. Wenn ich an meine erlittenen Schmerzen
denke... (folgt eine längere Geschichte)»
S: «Gut, ich notiere mir das.» S zückt seinen Stift und notiert die
Zahl 15.000 mit großen Ziffern gut lesbar auf einem Blatt Papier. Er
demonstriert damit körpersprachlich, daß er die Position des G gespeichert hat, und daß G diese Zahl vorübergehend aus seinem Arbeitsprozessor entfernen kann, ohne einen Nachteil befürchten zu müssen. S
fährt fort: «Ich schlage vor, wir stellen diesen Betrag zunächst einmal
zurück und prüfen gemeinsam, ob und in welcher Höhe in Ihrem Falle
ein Schmerzensgeld aufgrund der Rechtslage, also des Gesetzes und
der einschlägigen Rechtsprechung, zu leisten ist. Wenn wir das getan

---

[142] Siehe oben Teil B 3.

haben, schauen wir uns die Zahl 15.000 wieder an. Es kann sein, daß wir genau auf diesen Betrag kommen. Es kann sein, daß ein geringerer Betrag herauskommt. Es kann aber auch sein, daß sogar ein höherer Betrag herauskommt. Das werden wir aber erst dann wissen, wenn wir den Fall geprüft haben. Also müssen wir den Fall gemeinsam prüfen. Sind Sie mit dieser Vorgehensweise einverstanden?»

Es gibt jetzt zwei Möglichkeiten. G kann den Vorschlag ablehnen und auf seiner Position beharren. Dann muß S, wenn er seinen Vorschlag nicht doch noch durchsetzt, die Verhandlung abbrechen. Es hat keinen Sinn, das von S angestrebte Spiel mitzuspielen. S kann sich den Zeitaufwand und Mühe einer Verhandlung ersparen. Wahrscheinlich ist freilich, daß G den Verhandlungsvorschlag des S, wenn auch vielleicht nach einigem Sträuben, akzeptiert. Schließlich will er etwas von S, nicht umgekehrt. Akzeptiert G den Vorschlag des S, dann kann das allein sachgerechte kooperative Spiel stattfinden.

Man benötigt also beim Verhandeln kompetitive Fähigkeiten, muß diese aber sorgfältig überlegt verwenden. Sie dürfen nur zur Abwehr, nicht zum Angriff eingesetzt werden.

3. Die Abwehr von Manipulationsgefahren

In jeder Verhandlung strebt man danach, seinen Partner von der Richtigkeit des eigenen Standpunktes zu überzeugen. Der andere möchte sich aber davon nicht überzeugen lassen; vielmehr will er einen seinerseits davon überzeugen, daß sein Standpunkt der richtige ist. Beide Partner trachten also danach, den jeweils anderen dazu zu bewegen, etwas zu tun, was dieser eigentlich nicht tun möchte, nämlich seine Meinung zu ändern. Allgemein gesprochen, wollen sie einen Menschen dazu bewegen, etwas zu tun, was er nicht tun möchte. Es ist nützlich, einmal systematisch zu überlegen, auf welchen verschiedenen Wegen dieses Ziel erreicht werden kann.

Es gibt hier zwei prinzipiell verschiedene Wege. Man kann erlaubte Wege beschreiten, und man kann auf verbotenen Pfaden wandeln. Die Begriffe «erlaubt» und «verboten» sind hier natürlich nicht im juristischen Sinne gemeint. Sie kennzeichnen vielmehr eine unsichtbare und ungeschriebene, aber sehr deutlich spürbare Unterscheidung zwischen dem, was sozialethisch akzeptiert wird und dem, was als verwerflich angesehen wird. So ist es beispielsweise fraglos

in Ordnung, einen anderen durch den Gebrauch von guten Sachargumenten zu einer Änderung seines Standpunktes zu bewegen, während es ebenso fraglos verwerflich ist, wenn man ihn durch Drohungen zu einer Änderung seiner Meinung zwingt, und zwar ohne
Rücksicht auf die Frage, ob es sich hierbei um eine Nötigung im
strafrechtlichen Sinne handelt.

Bislang war nur von den erlaubten Mitteln die Rede. Bei Anwendung des rationalen Verhandlungsmodelles respektiert man den anderen als einen gleichberechtigten, mündigen Verhandlungspartner. Man
deckt das auf, was man tut, und man gibt dem anderen jederzeit die Gelegenheit, die ihm unterbreiteten Strukturvorschläge abzulehnen und
eigene Vorschläge zu unterbreiten und durchzusetzen. Man ist fair,
man wendet keine Tricks an, und man manipuliert den anderen nicht.

Aber natürlich darf nicht übersehen werden, daß diese Welt keine
heile Welt ist. Gerade in Verhandlungen meinen viele Menschen, sie
dürften, ja, sie müßten sogar mit unerlaubten Mitteln arbeiten. Hier,
so denken sie, gelte die Maxime vom Zweck, welcher die Mittel hei-
lige, und dieser Zweck sei hier identisch mit dem eigenen Nutzen.
Da man immer wieder auf solche Menschen stoßen wird, und da
man auch selbst von dieser Denkweise möglicherweise nicht frei ist,
ist es notwendig, sich über die möglichen verbotenen Methoden der
Beeinflussung von Menschen Klarheit zu verschaffen. Dies nicht,
um diese Methoden selbst wirkungsvoll praktizieren zu können, sondern um imstande zu sein, sich vor ihnen zu schützen.

Bei Anwendung unlauterer Methoden können Menschen auf drei
verschiedene Weisen dazu gebracht werden, Dinge zu tun (oder zu
lassen), die sie eigentlich nicht tun (oder lassen) möchten: durch *äußeren Druck*, durch *Täuschung* und durch *Manipulation*, also durch
Aktivierung von Verhaltensprogrammen in unpassenden Situationen.
Die ersteren beiden Methoden sind den Juristen vertraut. Die letztere
Methode ist dies nicht.

Äußerer Druck wird durch Gewalt oder Drohung mit einem empfindlichen Übel ausgeübt. Dies ist das massivste der hier möglichen
Mittel. Darüber ist nicht viel zu sagen. In vielen Fällen wird hierin
sogar eine Nötigung im Sinne von § 240 des Strafgesetzbuches liegen,
und auch in den übrigen Fällen, in denen die Ebene der Strafbarkeit
nicht erreicht, wird dieses Mittel regelmäßig sozialethisch zu mißbil-
ligen und daher im hier interessierenden Sinne verboten sein. Es fällt
nicht schwer, das zu erkennen, und die einzige Frage, die sich dem

Opfer einer solchen Vorgehensweise stellt, ist die, ob er stark genug ist, dem Druck standzuhalten.

Die *Täuschung* ist demgegenüber ein subtileres Mittel. Das Strafgesetzbuch «honoriert» dies, indem es die Strafbarkeitsanforderungen gegenüber der Nötigung steigert. Wer einen Menschen durch Gewalt oder durch Drohung mit einem empfindlichen Übel zu irgendeinem Verhalten zwingt, macht sich schon aufgrund dieses Verhaltens wegen Nötigung strafbar. Wer dasselbe Ergebnis dagegen durch Täuschung erreicht, macht sich nur dann nach § 263 Strafgesetzbuch wegen Betruges strafbar, wenn als weitere Voraussetzung ein Vermögensschaden beim Opfer der Täuschung oder bei einem Dritten eintritt.

Auch auf der sozialethischen Ebene ist das Unwerturteil über die Täuschung nicht so leicht zu fällen wie das über Zwang und Drohung. Im eingangs[143] geschilderten Fall «Elmtree House» stieß Howard Raiffa auf dieses Problem, als Steve, der die Verhandlung für das Behindertenheim führte, Zeit für die Vorbereitung der Verhandlung gewinnen wollte und gegenüber dem Kaufinteressenten die Ausrede benutzte, er müßte erst die Zustimmung des Verwaltungsrates einholen, ehe er mit ernsthaften Verhandlungen beginnen dürfe. Raiffa berichtete, daß er die Studenten an dieser Stelle der Fallstudie nach der Zulässigkeit einer solchen Täuschung zu fragen pflegte. Die Antwort war überraschend. «Students are surprisingly tough in their responses to this case study. They generally suggest that Steve invent all sorts of stories because such misrepresentations would seem to be in the interests of a good cause and because the students identify with the housing plight of the residents of Elmtree House.»[144]

Es liegt keine Lösung des Problemes darin, auf die «gute Sache» abzustellen, weil die eigene Sache immer die gute Sache ist. Andererseits wäre es unrealistisch, jede Unwahrhaftigkeit in Bausch und Bogen zu verdammen. Vollkommene Ehrlichkeit ist nicht einmal als schöne Utopie vorstellbar. Soll man einem dummen Menschen sagen, daß er dumm ist? Im übrigen lebt das Geschäftsleben nicht zuletzt davon, daß jeder seine Chancen ergreift, ohne den anderen vom eigenen Vorteil in Kenntnis zu setzen.

---

[143] Siehe oben Teil B 1.
[144] Howard Raiffa, The Art and Science of Negotiation, Cambridge, Massachusetts (USA) and London (England), 1982, S. 36.

Das hier angesprochene Problem tritt nicht nur bei der aktiven Täuschung, sondern auch bei solchen Irrtümern des Partners auf, die von selbst entstanden sind. Wie soll sich beispielsweise der Schadenreferent eines Versicherers verhalten, wenn er merkt, daß sein Verhandlungspartner seine Rechte überhaupt nicht kennt und deshalb einen zu geringen Betrag vom Versicherer fordert. Soll er ihn aufklären und dadurch sein Unternehmen finanziell «schädigen»? Ich habe dieses Problem in Seminaren mit Schadenreferenten von Versicherern diskutiert und gefunden, daß hierzu ein breites Spektrum von Meinungen vertreten wird. Während die einen Schadenreferenten sich ausschließlich als Interessenvertreter ihres Unternehmens vertreten und deshalb jede Aufklärung des unwissenden Geschädigten ablehnen, bejahen andere eine entsprechende Fürsorgepflicht. Wieder andere vertreten eine differenzierende Position. Gegenüber einem rechtsunkundigen Laien bejahen sie eine Aufklärungspflicht, während sie eine solche gegenüber einem an sich rechtskundigen Verhandlungspartner, etwa einem Anwalt, verneinen. (Wie das Beispiel zeigt, können ethische Fragen eine unmittelbare wirtschaftliche Bedeutung haben. Es wäre eine gute Idee, wenn Unternehmen ihre Politik in solchen Fragen festlegen und den Mitarbeitern durch entsprechende Planspiele vermitteln würden.)

Auf dem Boden des rationalen Verhandlungsmodelles ist die Lösung des Problemes eindeutig vorgezeichnet. Es geht darum, in der Verhandlung das objektiv richtige Ergebnis zu ermitteln. Im Versicherungsfall ist das der Betrag, der dem Geschädigten objektiv zusteht. Irrtümer des Geschädigten dürfen hierauf keinen Einfluß haben. Derartige Irrtümer müssen also vom Versicherer ausnahmslos aufgeklärt werden. (Vom Boden des «intuitiven» Verhandlungsmodelles aus sieht das natürlich anders aus. Hier wird vordergründig nur der begrenzte Kuchen, also der finanzielle Vorteil des Versicherers gesehen. Dabei wird aber nicht bedacht, daß in der versicherungsmathematischen Kalkulation von korrekten Schadensbeträgen ausgegangen wird, der Versicherer also bei Anwendung der Basarmethode einen ihm nicht zustehenden Vorteil erstreben würde. Weiter wird nicht bedacht, daß in jeder Schadenregulierung auch das Image des Versicherers auf dem Prüfstein steht. Viele Mitarbeiter von Versicherungsunternehmen klagen über ein schlechtes Image ihrer Gesellschaften. Die Anwendung der Basarmethode in Verhandlungen trägt gewiß nicht zur Verbesserung dieses Bildes bei. Wenn dagegen korrekt verhandelt wird, wenn Irrtümer der Geschädigten nicht ausgenutzt werden, dann mag das zwar im Einzelfall etwas kosten. Auf das Ganze gesehen wird es aber einen Gewinn bringen.)

Auch die gegenüber Gewalt und Drohung sublime Täuschung ist immer noch ein vergleichsweise primitives Mittel, wenn es darum geht, andere Menschen zu einem von diesen eigentlich nicht gewollten Verhalten zu bewegen. Es gibt ein viel raffinierteres Mittel, welches erst in der jüngsten Vergangenheit erforscht wurde. Dieses besteht in der Anwendung von *Manipulationstechniken*. Dabei werden die schon erwähnten Verhaltensprogramme durch geeignete Auslöser aktiviert. Auf diesen Mechanismus habe ich schon eingangs bei der Besprechung der Basarverhandlung hingewiesen.[145] Ich will jetzt die Manipulationstechniken näher besprechen.[146]

In den USA hat man sich mit der Frage beschäftigt, warum manche Menschen mehr Erfolg in Verhandlungen als andere haben. Man ist zu dem Ergebnis gekommen, daß diese die Fähigkeit besitzen, andere zu manipulieren. Der erste Autor, der sich systematisch mit dieser Fähigkeit beschäftigt haben soll,[147] ist der Florentiner Niccolo Machiavelli (1469–1527). Nach ihm wird die Fähigkeit, andere Menschen zum eigenen Vorteil zu manipulieren, «Machiavellismus» genannt.[148]

Ein «Machiavellist» hat bestimmte Grundeinstellungen und bestimmte Fähigkeiten. Seine Grundeinstellungen sind eine negative Haltung gegenüber Menschen und eine zynische Haltung gegenüber moralischen Prinzipien. Seine Fähigkeiten bestehen in dem Vermögen, die bereits genannten Verhaltensprogramme in anderen Menschen zu aktivieren.

Ein sogenannter «Machiavellismus-Test» gibt Auskunft darüber, ob jemand diese Grundeinstellungen und Fähigkeiten in hohem Maße oder nur in geringem Maße oder überhaupt nicht hat. Er besteht aus einer Reihe von Thesen, die entweder Machiavellis Schrif-

---

[145] Siehe oben Teil B 3.

[146] Vgl. zum folgenden auch Bender, R., Gottwald, W., Lassen Sie sich nicht manipulieren!, in Gottwald/Haft (Hrsg.), Verhandeln und Vergleichen als juristische Fertigkeiten, 2. Aufl. Tübingen 1992.

[147] Ich drücke mich hier vorsichtig aus. Ich habe Machiavelli gelesen und in seinen Schriften eigentlich keinen «Machiavellismus», sondern ein realistisches, pessimistisches Menschenbild gefunden. Aber da man mit dem Begriff «Machiavellismus» allgemein die oben genannte Bedeutung verbindet, mag der Begriff stehenbleiben.

[148] Grundlegend hierzu Christie, R., Geis, F.L. (Hrsg.), Studies in Machiavellianism, New York, USA, 1970.

ten entnommen sind oder in seinem Sinne nachkonstruiert wurden. Die Teilnehmer des Testes drücken auf einer Skala jeweils ihre Zustimmung oder Ablehnung aus. Aus der Gesamtauswertung des Testes ergibt sich, ob der einzelne Teilnehmer ein «Hoch-Machiavellist», ein «Mittel-Machiavellist» oder ein «Niedrig-Machiavellist» ist.

Eine dieser Thesen besagt beispielsweise: «Die meisten Menschen verschmerzen leichter den Tod ihres Vaters als den Verlust ihres Eigentumes.» Wer dieser These zustimmt, hat eine negative Einstellung gegenüber Menschen und ist insoweit ein «Hoch-Machiavellist». Wer sie ablehnt, hat dagegen ein idealistisches Menschenbild; er ist also ein «Niedrig-Machiavellist».

Eine andere These besagt: «Menschen, die an einer unheilbaren Krankheit leiden, sollten die Wahl haben, sich schmerzlos töten zu lassen.» Auch hier wird der «Hoch-Machiavellist» zustimmen, während der «Niedrig-Machiavellist», der an moralische Prinzipien glaubt, diese These ablehnen wird.

Eine dritte These besagt: «Die beste Art, mit Menschen umzugehen, ist ihnen zu sagen, was sie hören wollen.» Wer dieser These zustimmt, ist wiederum ein «Hoch-Machiavellist», weil er daran glaubt, daß Menschen manipuliert werden können und sollten. Wer diese These dagegen ablehnt, ist abermals ein «Niedrig-Machiavellist».

Es gibt nun ein Spiel, das sogenannte «Ten-Dollar-Game», in welchem man nachprüfen kann, ob die These von den Verhandlungserfolgen des Machiavellisten zutrifft. Drei Personen verhandeln jeweils miteinander, und zwar ein «Hoch-Machiavellist», ein «Mittel-Machiavellist» und ein «Niedrig-Machiavellist». Die drei Personen wissen nichts von ihrer Einstufung; sie kennen auch den Sinn des vorangegangenen Testes und des Spieles nicht. Auf dem Tisch liegt in Münzen ein Geldbetrag, zehn Dollar. Die Teilnehmer verhandeln über die Aufteilung dieses Betrages. Und zwar müssen zwei Teilnehmer sich über eine Aufteilung der zehn Dollar zwischen diesen beiden einigen. Der dritte bekommt nichts. Diese Verhandlung kommt theoretisch nie zu einem Ende, weil der Teilnehmer, der hinausgedrängt werden soll, durch ein günstiges Angebot jederzeit wieder in das Spiel kommen kann. In der Praxis kommt das Spiel aber immer rasch zu einem Ende, und nun kann man sehen, wie die einzelnen Typen abschneiden.

Das Spiel wurde auch im Tübinger Verhandlungsseminar mit zehn DM gespielt und ergab für den «Hoch-Machiavellisten» im Schnitt DM 5,57, für den «Mittel-Machiavellisten» DM 3,14 und für den

«Niedrig-Machiavellisten» DM 1,29.[149] Der «Hoch-Machiavellist» hat also tatsächlich mehr «Erfolg» in Verhandlungen als andere. Er erreicht dieses Ziel, indem er Verhandlungsfallen aufstellt, denen seine Partner dann zum Opfer fallen. Man kann diese Fallen im einzelnen beschreiben und katalogisieren, so etwa die «Fuß-in-der-Tür-Falle» oder die «Tür-ins-Gesicht-Falle».[150] Wichtiger als die Beschreibung der einzelnen Fallen ist aber die Kenntnis des zugrundeliegenden Mechanismus: Der Machiaellist aktiviert Verhaltensprogramme in nichtpassenden Situationen.

Diese teils angeborenen, teils angelernten Verhaltensprogramme sind, wie schon gesagt, ein wichtiger Bestandteil unseres informationsverarbeitenden Systemes. Sie enthalten gespeicherte Anweisungen zu richtigen Reaktionen in bestimmten Situationen. Sobald eine Information anzeigt, daß die Situation da ist, wird die zugehörige Reaktion automatisch, ohne Nachdenken ausgelöst. Dahinter steht die beschriebene Überforderung unseres informationsverarbeitenden Systemes. Wir sind nicht imstande, die Komplexität unserer Umwelt geistig zu erfassen und in ständig und rasch wechselnden Situationen die jeweils angemessene Reaktion in der erforderlichen Schnelligkeit auf rationale Weise zu ermitteln. Gleichwohl müssen wir in allen vorkommenden Situationen rasch und richtig reagieren. Falsche Reaktionen können fatale Auswirkungen haben. Die Verhaltensprogramme bieten eine Lösung dieses Dilemmas.

Die Komponente unseres informationsverarbeitenden Systemes, die mit Verhaltensprogrammen arbeitet, ist viel älter als der Systemteil, in dem sich unsere verbale Ausrüstung befindet. Schon die Tiere arbeiten mit Verhaltensprogrammen. Daraus ergibt sich ein Vorrang der Verhaltensprogramme vor unserer Rationalität. Jene werden von dieser nicht berührt. Wir sind uns nicht einmal der Existenz dieser Programme bewußt. Dies kommt dem Manipulateur zugute. Er löst Programme, deren Befolgung im Alltag sinnvoll und notwendig ist, in Situationen aus, die kein Alltag sind. Wir bemerken aber nicht, daß kein Alltag ist, und reagieren wie im Alltag und damit auf eine Weise, die in der besonderen Situation, in die uns der Manipulateur gebracht hat, nicht angemessen ist.

[149] Vgl. näher Bierbrauer, G., «Zur Sozialpsychologie des Verhandelns, Strategien der Beeinflussung und psychologische Fallen», in Gottwald/Haft (Hrsg.), Verhandeln und Vergleichen als juristische Fertigkeiten, 2. Aufl. Tübingen 1992.
[150] Einzelheiten dazu bei Bierbrauer a. a. O.

Man kann diesen Mechanismus anschaulich bei der Basarverhandlung studieren, deren Besonderheit darin besteht, daß nicht nur ein Teilnehmer den anderen manipuliert, sondern beide Teilnehmer sich gegenseitig manipulieren. Sie sind sich dessen freilich im allgemeinen nicht bewußt. Sie manipulieren sich vielmehr auf intuitive Weise, weil sie aufgrund ihrer Erfahrungen die verwendeten Techniken und Tricks als wirksam kennengelernt haben. Das ist übrigens typisch. Der Machiavellist kennt normalerweise die Mechanismen nicht, auf denen sein Erfolg beruht. Er hat seine Methoden intuitiv erworben und wendet sie intuitiv an.[151]

Beim «Negotiation Dance» der Basarverhandlung können insbesondere folgende Verhaltensprogramme aktiviert werden: «*Harmonie*» (Bitten sind zu erfüllen), «*Gegenseitigkeit*» (Geschenke sind zu erwidern), «*Sympathie*» (Vorschläge netter Leute sind zu befolgen), «*Knappheit*» (knappe Güter sind zu erstreben) «*Beständigkeit*» (einmal eingenommene Positionen sind beizubehalten) und «*Kontrast*» (neue Größen sind an den zuletzt gemessenen Größen zu messen). Mehrere dieser Verhaltensprogramme können zusammentreffen und ihre Wirkung dadurch noch gegenseitig verstärken.[152]

Das Verhaltensprogramm «*Harmonie*» beruht auf der Erfahrung, daß unser Zusammenleben mit anderen Menschen besser verläuft, wenn wir keine Konflikte mit ihnen haben. Wenn wir Bitten anderer abschlagen, droht leicht ein Konflikt. Deshalb haben wir das Bestreben, einen an uns gerichteten Wunsch zu erfüllen. Es widerstrebt uns, «Nein» zu sagen. Wir wollen lieber «Ja» sagen. Dadurch vermeiden wir Konflikte und Unannehmlichkeiten. Manche Menschen sind sogar völlig außerstande, «Nein» zu sagen. (In den USA werden Seminare angeboten, in denen nichts anderes geübt wird, als «Nein» zu sagen.)

Dieses Verhaltensprogramm wird beim «Negotiation Dance» regelmäßig ausgenützt, um das Spiel überhaupt in Gang zu bringen. Wenn der Teppichverkäufer seine Ausgangsforderung formuliert,

---

[151] Es gibt natürlich auch geschulte Machiavellisten. Man gerät hier in die Niederungen der Schulung von Haustürvertretern und Veranstaltern von Kaffeefahrten. Vgl. dazu Bender, R., Gottwald,W., Lassen Sie sich nicht manipulieren, in Gottwald/Haft (Hrsg.), Verhandeln und Vergleichen als juristische Fertigkeiten, 2. Aufl. Tübingen 1992, S. 91 ff.
[152] Zum Folgenden näher Robert B. Cialdini, Einfluß – Wie und warum sich Menschen überzeugen lassen, Landsberg am Lech, 1987.

verbindet er damit die Aufforderung an den Käufer, seinerseits ein Angebot zu machen. Dieser Aufforderung wird der Käufer oft nur deshalb nachkommen, weil er andernfalls «Nein» sagen müßte. Das aber widerstrebt ihm. Also sagt er «Ja», macht ein Gegenangebot, und der «Negotiation Dance» beginnt.

Der Ursprung des Verhaltensprogrammes «*Gegenseitigkeit*» ist ebenfalls leicht zu erkennen. Wir Menschen leben nicht allein, sondern zusammen mit anderen. Wir teilen uns die Aufgaben und die Güter. Zum menschlichen Zusammenleben gehört also wesentlich das Prinzip des gegenseitigen Gebens und Nehmens. Wer nur nimmt, aber selbst nicht gibt, stört das Zusammenleben mit anderen nachhaltig. Also haben die meisten Menschen ein Programm eingespeichert, welches besagt, daß Geschenke zu erwidern sind. Im Alltag ist das auch ganz in Ordnung. Es gibt aber Situationen, in denen die Befolgung dieses Programmes verfehlt ist. Im Orient kann man es beispielsweise erleben, daß bettelnde Kinder den Touristen zunächst einige wertlose Münzen der Landeswährung als Geschenk aufdrängen. Sie nutzen dabei wie beim «Negotiation Dance» zunächst das Programm «Harmonie» aus. Die Touristen können nicht «Nein» sagen und akzeptieren die Münzen. Anschließend fordern die Kinder ihr Gegengeschenk, nämlich wertvolles Geld – und sie erhalten es. Die Manipulation mag primitiv erscheinen, aber sie ist wirksam. Die Touristen erwidern auf das Scheingeschenk mit einem echten Gegengeschenk.

Auch im Basar wird mit Scheingeschenken gearbeitet. Der Teppichverkäufer beginnt mit einer überzogenen Forderung, um einen Nachlaß gewähren zu können. Diesen empfindet der andere als Geschenk, obwohl es sich nur um ein Scheingeschenk handelt. Der Verkäufer hatte ja die Ausgangsposition willkürlich nur deshalb überhöht festgesetzt, um einen Nachlaß, also ein Scheingeschenk, gewähren zu können. Der Käufer reagiert mit einem Gegengeschenk, indem er sein Angebot erhöht. Auch dies ist natürlich ein Scheingeschenk, auf welches der Verkäufer mit einem weiteren Scheingeschenk reagiert – undsofort. Die Irrationalität des Geschehens liegt auf der Hand. Die Parteien selbst wissen dies nicht, aber sie spüren es, und sie unternehmen mitunter groteske Versuche, um ihr Verhalten scheinrational zu rechtfertigen. Die klassische Formel bei einem Zugeständnis lautet: «Weil Sie es sind!» Das ist natürlich eine vollkommen sinnlose Begründung.

Auch das Verhaltensprogramm «*Sympathie*» kann beim «Negotiation Dance» aktiviert werden. Es beruht auf der Erfahrung, daß sym-

3. Die Abwehr von Manipulationsgefahren

pathische Leute es normalerweise auch gut mit uns meinen. Im Alltag
ist es deshalb sachgerecht, ihre Vorschläge zu befolgen. Also bemühen sich die Manipulateure, als Freunde ihrer Opfer zu erscheinen.
Auch diese Methode kann man im Orient anschaulich studieren. Der
vorhin erwähnte Teppichhändler wird beispielsweise einen Schlepper
an den Touristenstrand schicken und diesem die Aufgabe übertragen,
bei den potentiellen Kunden vorbereitend für Sympathie zu sorgen.
Der Schlepper war früher Gastarbeiter in Deutschland und spricht ein
einigermaßen verständliches Deutsch. Plötzlich eilt er auf ein argloses
Touristenpaar zu und begrüßt es überschwenglich. «Kennt Ihr mich
nicht mehr? Ich arbeite in eurem Hotel. Ich habe Euch bei der Ankunft
gesehen. Früher war ich in Deutschland. Deutschland ist ein schönes
Land. Dort leben wunderbare Leute. Ihr seid Deutsche. Viele Deutsche haben mir in ihrem Land geholfen. Jetzt seid ihr in meiner Heimat.
Jetzt helfe ich euch.» Zaghafte Abwehrversuche des Ehepaares werden
in überströmender Herzlichkeit erstickt. «Es ist eine Ehrensache, daß
ich euch helfe. Wenn ich einmal wieder in Deutschland bin, helft ihr
mir. Aber heute helfe ich euch. Sicher wollt ihr die Medina sehen. Ich
zeige euch die Plätze, die sonst kein Tourist zu sehen bekommt.» Alles
Sträuben hilft nichts, die beiden werden von ihm über den Strand geführt. Und es ist keine Frage, wo sie landen werden – im Teppichladen.

Das Verhaltensprogramm «*Knappheit*» besagt, daß knappe Güter
wertvoll sind. Deshalb sind sie zu erstreben. Schon der Hund handelt
nach diesem Grundsatz. Mag ihm ein Knochen an sich auch völlig
gleichgültig sein, so wird er doch «automatisch» danach schnappen,
wenn ein anderer Hund sich dafür interessiert.

Auch beim «Negotiation Dance» wird dieses Verhaltensprogramm
aktiviert. Sobald der Tourist die Ausgangsforderung für den Teppich
um einen ersten Nachlaß heruntergehandelt hat, ist der erzielte Betrag ein knappes Gut. Mit jedem weiteren Schritt wird dieses Gut
knapper und begehrenswerter. Der Tourist hat Angst, es zu verlieren,
und kauft es schließlich auch aus diesem Grunde.

Howard Raiffa hat in diesem Zusammenhang die Geschichte eines
US-amerikanischen Touristen namens Larry M. erzählt, der nach
Mexico kam und dort von einem Händler erspäht wurde, welcher le-
derne Brieftaschen feilhielt.[153]

---

[153] Raiffa, H., The Art and Science of Negotiation, Cambridge, Mass. (USA)
und London (England), 1982, S. 51.

«Sind Sie an dieser Brieftasche interessiert?» fragte der Händler. «Nein, ich betrachte nur die Auslagen», erwiderte Larry. Nunmehr begann der Händler das übliche Spiel. «Sie können sie für 15 Dollar bekommen. Das ist ein guter Kauf.» Larry besaß bereits eine tadellose Brieftasche und sagte, daß er an diesem Kauf nicht interessiert sei. «In Ordnung, sie können sie für 14 Dollar haben.» Larry lehnte ab. «Wie wäre es mit 13 Dollar? Das ist ein phantastisches Geschäft.» Larry lehnte ab.

An dieser Stelle wurde Larry interessiert. Er wollte die Brieftasche nicht haben, aber er war neugierig, wie weit der Händler im Preis noch heruntergehen würde. So blieb er stehen und sagte nichts.

«Ich verkaufe sie für 12 Dollar. Sie können zu diesem Preis nichts Vergleichbares in den Staaten bekommen.» Larry lehnte ab.

«In Ordnung, weil Sie offensichtlich ein Tourist mit begrenztem Budget sind, gebe ich sie nur Ihnen für 11 Dollar.» Larry lehnte ab.

«Mein letztes Angebot: Wenn Sie versprechen, es niemandem zu sagen, verkaufe ich sie Ihnen für 12 Dollar.»

«He, einen Moment», unterbrach ihn Larry. «Eben haben Sie mir die Brieftasche für 11 Dollar angeboten.»

«Habe ich das getan? Dann habe ich einen schrecklichen Fehler begangen. Ich hätte das nicht tun sollen. Aber ein Mann, ein Wort. Ihnen, und nur Ihnen, verkaufe ich die Brieftasche für 11 Dollar.»

Larry kaufte die Brieftasche für 11 Dollar.

Weiter kann beim «Negotiation Dance» auch mit Hilfe des Verhaltensprogrammes «*Kontrast*» manipuliert werden. Dieses Programm bewirkt, daß neue Größen nicht an objektiven Kriterien, sondern an den zuletzt im Kopf eingespeicherten Größen gemessen werden. Auch hier sieht man deutlich die Begrenztheit unseres informationsverarbeitenden Systemes.[154]

In der Basarverhandlung bewirkt das Programm «Kontrast», daß der schließlich erzielte Kompromiß an der Ausgangsposition des anderen gemessen wird. Diese Position war aber willkürlich überzogen, weshalb sie der falsche Maßstab ist. Gemessen an ihr erscheint der heraus-

---

[154] Man kann sich diesen Mechanismus am sogenannten «Eimertest» anschaulich klarmachen. Wenn wir die linke Hand in einen Eimer mit heißem Wasser und die rechte in einen Eimer mit kaltem Wasser stecken, und wenn wir anschließend beide Hände in einen Eimer mit lauwarmem Wasser stecken, wird dieses Wasser von der linken Hand als heiß, von der rechten Hand als kalt empfunden werden.

verhandelte Betrag relativ gering. Daß er objektiv immer noch zu hoch ist, bemerkt der Tourist mangels eines objektiven Maßstabes nicht.

In den USA hat man einmal ein Experiment durchgeführt, bei dem vierzig praktizierende Anwälte einen identischen Fall verhandelten.[155] Sie hatten in einem Schadensersatzfall entweder eine Versicherungsgesellschaft oder den Geschädigten zu vertreten. Der Fall war so gelagert, daß keine neutralen Prämissen, insbesondere keine Präzedenzfälle existierten, so daß der Geldbetrag frei zu bestimmen und zu verhandeln war. Die Anwälte erklärten sich bereit, die Ergebnisse der Verhandlungen unter Nennung ihrer Namen zu veröffentlichen. Die Ergebnisse waren überraschend und ernüchternd. Völlig willkürlich reichten die Anfangsforderungen von maximal 675.000 $ bis minimal 32.000 $. Der Maximalist, der 675.000 $ gefordert hatte, erzielte mit 95.000 $ das beste Ergebnis für den Anspruchsteller. Er erzielte damit etwa doppelt so viel wie der Schnitt der Antragsteller (47.318 $). Ohne das Verhaltensprogramm «Kontrast» wäre dieses Ergebnis nicht möglich gewesen. Sein Verhandlungsgegner maß den erzielten Betrag von 95.000 an der Ausgangsforderung des anderen von 675.000 und hielt ihn für relativ klein, obwohl er bei objektiver Betrachtung, also gemessen am Durchschnitt der erzielten Resultate, um hundert Prozent überhöht war.

Aus solchen Erfolgen leitet der Maximalist die Berechtigung seines Tuns ab. Dabei übersieht er aber die Risiken und Nachteile seines Verhaltens. Daß der Maximalist ein großes Risiko läuft, zeigt das Schicksal des zweitgrößten Maximalisten in der eben erwähnten Verhandlung. Dieser forderte 475.000 $. Er stieß aber auf einen Minimalisten, der ihm nur 15.000 $ bot. Die Verhandlung scheiterte. (Gegenüber der Forderung von 675.000 $ hatte das Anfangsangebot 32.150 $ betragen.) Zu diesem Risiko tritt der Nachteil eines Verlustes an Glaubwürdigkeit. Wer 675.000 $ fordert und sich dann mit 95.000 $ begnügt, nimmt sich selbst nicht ernst. Er verzichtet ja auf nahezu eine halbe Million $. Damit demonstriert er, daß er es nicht ernst meint, sondern Tricks anwendet. Damit verliert er seine Glaubwürdigkeit, und zwar restlos. Denn Glaubwürdigkeit ist ein Ja-Nein-Begriff. Entweder man ist glaubwürdig, oder man ist es nicht. Ein bißchen Glaubwürdigkeit – das gibt es nicht.

[155] Vgl. näher Gottwald in Gottwald/Haft (Hrsg.), Verhandeln und Vergleichen als juristische Fertigkeiten, 2. Aufl. Tübingen 1992, Einführung.

Schließlich kann beim «Negotiation Dance» auch das Verhaltensprogramm *Beständigkeit* ausgenutzt werden. Es beruht auf der
Tatsache, daß wir im menschlichen Zusammenleben berechenbar
sein müssen. Mit jemandem, der ständig seine Meinungen und Über-
zeugungen ändert, kann man nur schlecht umgehen. Er ist nicht berechenbar und wird deshalb gemieden. Beständigkeit ist also eine
wichtige Grundlage der menschlichen Gesellschaft.

Das Programm «Beständigkeit» wird bereits durch das Programm
«Harmonie» aktiviert. Sobald man sich auf das Verhandlungsspiel
einläßt, ist man jemand, der diesem Teppichverkäufer einen Gefallen
tut, indem man mit ihm verhandelt. Nun kommt das Programm «Gegenseitigkeit» hinzu. Es werden die Scheingeschenke gemacht. Jetzt
ist man beständig jemand, der Geschenke dieses Verhandlungspartners erwidert. Im Laufe der Verhandlung entsteht eine persönliche
Beziehung zum Partner. Sie aktiviert das Programm «Sympathie».
Auch in diesem Punkt will man beständig sein. Und natürlich ist
der im Preis mühsam heruntergehandelte Teppich ein knappes Gut,
das beständig knapper und begehrenswerter wird. Durch das Programm «Kontrast» erscheint der für den Teppich zu bezahlende Betrag beständig geringfügiger. Der Beständigkeit all dieser Programme
kann der Tourist nicht widerstehen. Am Ende kauft er den Teppich,
ohne ihn zu benötigen, und zu einem weit überhöhten Preis. Ich
selbst bin einmal dem Spendensammler für eine caritative Organisation zum Opfer gefallen. Dieser klingelte an der Haustür und bat um
eine Spende. Ich erklärte mich damit einverstanden («Harmonie» –
nicht «Nein-sagen-wollen»). Nachdem ich einmal «Ja» gesagt hatte,
war es ihm ein leichtes, eine zweite, größere Bitte nachzuschieben
und das Verhaltensprogramm «Beständigkeit» zu aktivieren. Er eröffnete mir, es sei ihm verboten, Bargeld entgegenzunehmen; ich
müsse ihm vielmehr eine Abbuchungsermächtigung unterschreiben.
Diese zweite Bitte erfüllte ich ihm. (Freilich ärgerte ich mich sofort
danach und widerrief die Ermächtigung am nächsten Tag wieder.)

Die genannten und weitere Verhaltensprogramme spielen nicht
nur in der Basarverhandlung, sondern auch in anderen Verhandlungssituationen eine Rolle. So existiert ein Verhaltensprogramm
«Autorität», welches besagt, daß Fachleute mehr Wissen als Laien
besitzen, weshalb ihren Anweisungen zu folgen ist. Im Alltag ist das
auch sicher richtig – Ärzte, Anwälte, Kraftfahrzeugmechaniker verfügen jeweils auf ihren Gebieten über mehr Wissen als Patienten,

Mandanten und Autobesitzer. Deshalb ist es ratsam, das zu tun, was sie empfehlen. Aber diese Autorität kann auch mißbraucht werden. Die berühmte Milgram-Studie zeigte beispielsweise, daß Versuchspersonen durch die Autorität eines mit einem Laborkittel bekleideten Wissenschaftlers dazu gebracht werden konnten, Menschen mit Elektroschocks zu quälen.[156]

In Verhandlungen kann man Autorität vor allem durch die Methode erwerben, scheinbar gegen die eigenen Interessen zu reden. Mir selbst ist dies einmal unwissentlich vor Jahren geschehen, als ich meine Frau in eine Modeboutique begleitete. Ich saß dort, wartete und sah zu, wie ein junges Mädchen, dessen Geschmack offensichtlich sehr unsicher war, von einem Verkäufer bedient wurde, der bei jedem neuen Kleidungsstück in Entzückensrufe ausbrach: «Nein, wie Sie das kleidet! Phantastisch!» Er fiel beinahe vor Bewunderung auf die Knie. – Natürlich wurde sie immer mißtrauischer. Schließlich kam sie mit einem Pullover zu mir.

«Was halten Sie von diesem Pullover?» fragte sie mich.

Ich warf einen kurzen Blick darauf und schüttelte den Kopf.

«Dieser Pullover steht Ihnen nicht», sagte ich, und das entsprach auch meiner Überzeugung.

Jetzt hatte sie Vertrauen zu mir gefaßt. Der Rat des Verkäufers war nicht mehr gefragt. Kurz darauf brachte sie den nächsten Pullover.

«Was halten Sie davon?» wollte sie wissen.

«Ehrlich gesagt, der gefällt mir auch nicht!»

Sie legte den Pullover sofort beiseite. Nach einer Weile erschien sie mit einem dritten Pullover. «Und jetzt?» fragte sie.

Ich betrachtete den Pullover. Er gefiel mir und stand ihr gut.

«Den würde ich nehmen», empfahl ich ihr. Prompt kaufte sie diesen Pullover.

Das Programm «Autorität» kann wie alle Programme mit anderen Verhaltensprogrammen kombiniert aktiviert werden. Cialdini[157] beschreibt etwa einen Kellner namens Vincent, der den Gästen eines Restaurants nach einem raschen Seitenblick zum Geschäftsführer immer von dem Gericht abriet, welches diese bestellen wollten. «Ich fürchte, das ist heute abend nicht so gut wie sonst. Darf ich Ihnen statt dessen das hier oder das empfehlen.» Die empfohlenen Menus

[156] Milgram, S., Obedience to Authority, New York, 1974.
[157] In seinem oben erwähnten Buch «Einfluß», S. 321 f.

waren immer etwas preiswerter als das vom Kunden gewählte Gericht. – Damit erwies sich Vincent als Freund (Programm «Sympathie»). Er redete ja scheinbar gegen seine eigenen Interessen. Zugleich erwies er sich damit als ein Kenner dessen, was das Haus zu bieten hatte (Programm «Autorität»). Und er erwies den Gästen einen Gefallen (Programm «Gegenseitigkeit»). All dies kam ihm bei der folgenden Weinbestellung zugute, bei der die Gäste nicht wagten, seiner Empfehlung eines teuren Weines zu widersprechen; auch konnte er die Gäste leicht zu einem eigentlich nicht gewollten Nachtisch überreden. Und für all diese Manipulationen erhielt Vincent als Gegengeschenk noch ein reichliches Trinkgeld.

Es ist keine Frage, daß man selbst solche Methoden nicht anwenden sollte. Was im Restaurant, wo nicht viel auf dem Spiel steht und wo man sich vielleicht sogar ganz gerne zu einem Nachtisch überreden läßt, noch akzeptiert wird, wird in ernsthaften Verhandlungen nicht hingenommen. Der Erfolg gibt dem Manipulateur hier nicht recht. Der andere mag zwar in die Falle gehen. Aber er wird sehr bald spüren, daß etwas Unerlaubtes mit ihm geschehen ist, und er wird bei ruhigerem Nachdenken erkennen, daß er etwas getan hat, was er eigentlich nicht tun wollte. Entsprechend unfreundlich werden seine Gefühle gegenüber dem Manipulateur sein. Durch Manipulationen werden Dauerbeziehungen dauerhaft beschädigt. Auch der Manipulateur selbst wird übrigens beschädigt. Er wird ein Mensch werden, der manipuliert, und er wird kein sympathischer Mensch sein.

Andererseits wird auch der gutwilligste Verhandler immer wieder auf Menschen stoßen, die ihn unbewußt oder bewußt manipulieren möchten. Dagegen muß man sich schützen können. Das setzt wiederum voraus, daß man die hier benutzten Techniken kennt. Dabei kommt es, wie gesagt, nicht so sehr darauf an, die einzelnen Verhaltensprogramme zu erkennen und zu analysieren, sondern den überall zugrundeliegenden Mechanismus zu durchschauen. Er beruht auf der Ausnutzung unserer Überforderung beim Umgang mit Komplexität. Wenn man das durchschaut hat, ist es unmöglich, den Fallen des Manipulateurs zum Opfer zu fallen. Man kan dann zwar immer noch in eine Falle hineinlaufen, aber wenn man die Falle gesehen hat, fällt man der Falle nicht zum Opfer, sondern begeht Selbstverstümmelung. Das ist eine ganz andere soziale Veranstaltung.

Die Anwendung von Manipulationstechniken stellt im übrigen, wie schon gesagt, die häßliche Kehrseite des zuvor beschriebenen

4. Der Umgang mit Emotionen

Strukturdenkens dar. In beiden Fällen setzt man an der menschlichen Überforderung beim Umgang mit Komplexität an. Durch Manipulationen wird diese Überforderung für die Zwecke des Manipulateurs ausgenutzt. Durch Strukturdenken wird ihr dagegen auf faire Weise abgeholfen.

4. Der Umgang mit Emotionen

Im oben geschilderten Normalfallmodell des «rationalen Verhandelns» bin ich von der Annahme ausgegangen, daß zwei vollständig rational handelnde Partner miteinander verhandeln, zwei Menschen also, die sich in ihrem Verhalten durch keinerlei Emotionen beeinflussen lassen. Das ist natürlich eine Fiktion. In der wirklichen Welt wird das menschliche Verhalten immer auch und manchmal nur durch Emotionen beeinflußt. Eine Verhandlung in purer Rationalität wird es niemals geben. Gleichwohl war die Fiktion hilfreich, um das «rationale Verhandlungsmodell» zu erhellen. Nun ist zu überlegen, wie dieses Modell in der realen Welt – einer Welt voller Emotionen – verwirklicht werden kann.

Bei der Beschäftigung mit den Emotionen geht es nicht einfach darum, störende Begleiterscheinungen des rationalen Verhandelns wie Ärger, Zorn, Abneigung und dergleichen mehr auszuschalten oder positive Gefühle wie Vertrauen und Zuneigung zu wecken. Vielmehr muß man sehen, daß unsere Emotionalität ein Teil unseres Wesens ist. Dieser Teil ist viel ursprünglicher und viel mächtiger als unsere Rationalität. Emotionen beherrschten uns Menschen schon lange, ehe wir die ersten Ansätze zur Rationalität entwickelten. Emotionen sind primär. Im Konflikt mit der Rationalität setzen sie sich deshalb regelmäßig durch. Es kann sein, daß jemand zu hundert Prozent emotional handelt, daß er also seine Rationalität vollkommen ausschaltet. Der umgekehrte Vorgang ist nicht möglich.

Die menschliche Geistesgeschichte kann (auch) als ein Drama geschrieben werden, welches zwischen den beiden Hauptdarstellern Emotionalität und Rationalität aufgeführt wird. Am Anfang war nur die Emotionalität. Auf die älteste Frage des menschlichen Geistes, auf die Frage nach Gott, wurden deshalb zu Beginn eine emotionale Antwort gegeben. In der altjüdischen Religion lautete sie beispielsweise, Gott habe den Menschen geschaffen, damit dieser ihn fürchte und ihm deshalb gehorche. Furcht – das ist eine Emotion. Als der menschliche Geist selbstbewußter wurde, fand er zu einer rationalen Antwort. Im griechischen Intellektualismus wurde beispielsweise die Antwort gegeben, Gott habe den Menschen geschaffen und mit Intellekt ausgestattet, damit dieser sich bemühe, ihn, Gott, seinen Schöpfer, zu verstehen. Verstehen – das ist ein rationales Bemühen. Zwischen diesen beiden prinzipiellen Auftritten findet das Drama der menschlichen Geistesgeschichte statt. Das frühe Christentum eines Paulus, eines Augustinus etwa, ließ wieder die altjüdische Emotionalität auftreten. Im Mittelalter verschaffte demgegenüber wieder Thomas von Aquin dem griechischen Intellektualismus erneut die Hauptrolle. Aber dann kamen die englischen Franziskanermönche und riefen die Emotionalität wieder auf die Bühne. Gott habe den Menschen nicht geschaffen, damit dieser Gottes Wesen erforschen solle. Welche Anmaßung des Menschen! Nein, Gott habe den Menschen geschaffen, damit dieser ihn liebe. Die Liebe aber ist eine Emotion, ein Akt des Willens, der auf keine rationalen Erwägungen zu gründen ist. – Diese Auffassung setzte sich durch. Der nunmehr beschäftigungslos gewordene menschliche Intellekt wandte sich anderen, irdischen Dingen zu. Die Wissenschaften blühten auf. Die Neuzeit begann. Das ist, in aller Kürze mitgeteilt, der Inhalt des erwähnten Dramas.

Ich habe diesen kurzen Ausflug in die Geistesgeschichte unternommen, um zu zeigen, daß es beim Thema Emotionen um mehr geht als um störende Oberflächlichkeiten und das psychologisierende Bemühen um Ausschaltung von Störfaktoren. Es geht um die tiefere Schicht unseres Wesens, eine Schicht, die uns beherrscht, und auf die wir eine dünne, stets gefährdete, stets zu verteidigende, oft genug verlorengehende Schicht namens Rationalität gesetzt haben.

Von dieser Einsicht aus kann nun ganz handwerklich überlegt werden, wie mit Emotionen in Verhandlungen umzugehen ist. Dabei geht es um zwei Aufgaben. Zum einen geht es darum, ein emotional günstiges positives Verhandlungsklima zu schaffen und aufrechtzuerhalten. Zum anderen geht es darum, auf negative emotionale Störungen und Belastungen richtig zu reagieren. Dabei ist zunächst zu bedenken, daß es nicht erfolgversprechend wäre, auf Emotionen mit rationalen Argumenten einwirken zu wollen. Weder kann man mit Argumenten eine positive Emotion erzeugen, noch kann man mit Argumenten eine negative Emotion beseitigen. Unzählige Menschen haben beides versucht und sind gescheitert. Sie haben beispielsweise

versucht, eine Liebesbeziehung durch Argumente zu begründen; be-
stenfalls haben sie eine Vernunftehe zustandegebracht. Und sie haben
etwa einen emotional erregten Partner dazu aufgefordert, sich nicht
aufzuregen, woraufhin der andere sich erst recht aufgeregt hat.

Was nun die Schaffung eines positiven Verhandlungsklimas angeht,
so liegt es auf der Hand, daß ein gutes menschliches Verhältnis, also
das, was die Amerikaner «good communication» nennen, der Verhandlung dienlich ist, während ein schlechtes Klima der Sache schadet. Wenn man sich mit dem Partner streitet, wenn man ihn gar persönlich angreift, wird man kaum ein gutes Sachergebnis erzielen.
Das ist unmittelbar einzusehen.

Was aber kann man tun, um das Verhandlungsklima zu verbessern?
Man kann und sollte zwei Dinge tun. Zum einen sollte man immer
wieder *klimaverbessernde Verhandlungsphasen* in den Ablauf der
Verhandlung einbauen. Zum anderen sollte man darauf achten, daß
ein *Konflikt in der Sache* sich *nicht* zu einem *Konflikt zwischen den
Personen* ausweitet; gegebenenfalls ist über diese Gefahr eine sie abwehrende Zwischenverhandlung zu führen.

Die wichtigste *klimaverbessernde Verhandlungsphase* ist die besprochene Einleitungsphase der Verhandlung.[158] In dieser Phase sprechen die Partner noch nicht vom Geschäft, sondern sie lernen sich
(wieder-)kennen, und sie bauen ein Sympathiepolster zwischen sich
auf. Auch im späteren Verlauf der Verhandlung kann und sollte man
immer wieder solche neutralen Sympathiepflegephasen als Erholungsphasen zwischenschalten. Sie sind hilfreich, vor allem nach
hart erarbeiteten Zwischenergebnissen. Alle Beteiligten sind dann
für eine Pause dankbar, in der sie sich bei einem neutralen Thema er-
holen können. Auch die oben besprochene Entspannungsfunktion
des Witzes ist in diesem Zusammenhang hilfreich.[159] Wichtig ist dabei, daß die neutrale Phase deutlich als solche gekennzeichnet wird.
Man schlägt also eine Unterbrechung der Verhandlung etwa in
Form einer Kaffeepause vor. In dieser Zwischenphase darf dann nicht
über das Geschäft gesprochen werden.

Bei alledem ist freilich zu beachten, daß positive Emotionen, wie
schon gesagt, nicht durch rationale Argumente erzeugt werden können. Man kann rational nur den Boden bereiten, auf dem sie mögli-

---

[158] Siehe oben Teil F 2.
[159] Siehe oben Teil D 7.

cherweise, mit etwas Glück, von selbst entstehen werden. Diese Überlegung ist hilfreich, wenn es beispielsweise darum geht, im ersten Gespräch mit einem potentiellen neuen Mandanten Vertrauen zu erzeugen. Ich komme auf diese Verhandlungssituation zurück.[160] Soweit es nicht um die Erzeugung positiver Emotionen, sondern um die Überwindung negativer Emotionen geht, ist zunnächst darauf zu achten, daß der in jeder Verhandlung vorhandene *Sachkonflikt* *nicht* auch zu einem *Personenkonflikt* wird. Die meisten Menschen können nur schwer die Spannung ertragen, die zwischen einer sachlich harten Auseinandersetzung und einer guten persönlichen Beziehung liegt. Sie suchen die Einheit. Am liebsten geben sie in der Sache nach, um insgesamt eine harmonische Beziehung zu haben.[161] Wenn das aber von der Sache her nicht möglich ist, suchen sie leicht auch auf der persönlichen Ebene den Streit. – Wie man sieht, ist auch hier wieder eine Überforderung des menschlichen informationsverarbeitenden Systemes wirksam. Der Konflikt «Härte auf der Sachebene – Freundlichkeit auf der Personenebene» kann nicht verarbeitet werden und wird deshalb vereinfacht, obwohl das nachteilig ist. Man muß sich dies bewußt machen; dann kann man die Fähigkeit trainieren, diese Spannung zu ertragen.

In Verhandlungen wird einem freilich oftmals ein Partner gegenüberstehen, der ein solches Training nicht absolviert hat. Er wird dazu neigen, einen Sachkonflikt ins Persönliche zu wenden. Wenn man diese Gefahr erkennt, muß man eine Zwischenverhandlung über dieses Problem führen. Man sagt also etwa: «Jetzt haben wir solch eine gute persönliche Beziehung geschaffen, und trotzdem kommen wir in der Sache nicht weiter. Versuchen wir es weiter, und was immer auf der Sachebene geschieht, lassen wir den Konflikt nicht persönlich werden!» Einem solchen Vorschlag kann der Partner eigentlich nur zustimmen. Damit schließt er (wieder) einen Verhand-

---

[160] Siehe unten Teil H2.

[161] Hier wirken sich die erwähnten Verhaltensprogramme «Harmonie» und «Sympathie» aus. Manipulateure nutzen das aus. So setzen erfolgreiche Richter Vergleiche durch, indem sie die Partei, die sie zu einem für sie ungünstigen Vergleich überreden wollen, persönlich besonders freundlich und verständnisvoll behandeln. Die Partei bringt es dann nicht fertig, den Vorschlag des netten, verständnisvollen Richters abzulehnen. Vgl. dazu Treuer, D., Impressionen über den richterlichen Vergleich, in Gottwald/Haft (Hrsg.), Verhandeln und Vergleichen als juristische Fertigkeiten, 2. Aufl. Tübingen 1992.

lungsvertrag, an dessen Einhaltung man ihn später, wenn er den Konflikt gleichwohl ins Persönliche führt, erinnern kann. – Ich will nicht behaupten, daß das immer funktioniert, aber gibt es eine Alternative? Zur Fähigkeit, ein gutes Verhandlungsklima herzustellen und zu bewahren, muß die Fähigkeit hinzukommen, mit *emotionalen Störungen* fertigzuwerden. Solche Störungen können viele Ursachen haben. Sachliche Schwächen, Mangel an Argumenten, Mißverständnisse, taktlose Bemerkungen, ungute Assoziationen, private Sorgen – all dies und vieles mehr kann dazu führen, daß das Verhandlungsklima plötzlich emotional belastet ist. Wie geht man mit solchen Störungen um? Es hat keinen Sinn, sich hierzu Rezepte für den Einzelfall bereitzulegen. Einzelfallrezepte taugen nichts, weil der konkrete Fall immer anders liegt, als das im Rezept vorgesehen ist. Es bietet auch wenig Aussicht auf Erfolg, wenn man darauf vertraut, die emotionale Spannung mit einer schlagfertigen, witzigen Bemerkung zu beseitigen. Mit der Schlagfertigkeit geht es einem wie dem Redner, der sich eine geistreiche Erwiderung auf einen Zwischenruf wünscht. Diese fällt ihm schon ein, aber erst nach der Rede, am Abend, wenn es zu spät ist.[162] Einzelfallösungen für dieses Problem gibt es also nicht.

Es gibt aber eine Strategie, welche immer hilft. Sie folgt aus den oben angestellten Überlegungen zum Wesen der Emotionalität. Emotionalität ist primär, Rationalität ist sekundär. Jene setzt sich im Konflikt mit dieser durch. Daraus ergibt sich die schon genannte strategische Regel, daß man es vermeiden sollte, auf eine (negative oder positive) Emotion mit rationalen Ausführungen zu reagieren. Das würde nicht gutgehen.

Wenn A sich aufregt und B zu ihm sagt: «Regen Sie sich doch nicht auf. Das nützt der Sache nicht und schadet Ihrer Gesundheit!» – dann wird A sich erst recht aufregen. Es gibt hierzu einen Witz aus der Schublade «Preuße in Bayern». Ein Berliner rennt aufgeregt durch München und sucht den Bahnhof. Da er ihn nicht finden

---

[162] Ich entsinne mich an eine Verhandlung über den Auftrag, ein bestimmtes juristisches Gutachten zu erstatten. Zu dieser Verhandlung war auch ein Kollege eingeladen worden, der mit mir um den Gutachtensauftrag konkurrierte. Die Situation war wegen dieser Konkurrenz emotional gespannt. Der Kollege verhielt sich unfreundlich und aggressiv. Schließlich fragte ihn der potentielle Auftraggeber: «Warum sind Sie denn so aggressiv?» Er verwies auf die komplizierte Rechtsmaterie und sagte wütend: «Ich stecke voller Probleme!» – Am Abend, als alles längst vorbei war, fiel mir ein, was ich ihm hätte erwidern können: «Und ich stecke voller Lösungen!»

kann, hält er einen Bayern im Trachtenanzug an: «Sie, Männeken, sagen Sie mal, wo geht's denn hier zum Bahnhof?» Der Bayer nimmt die Virginia aus dem Mund und schaut den Preußen kopfschüttelnd an. «Schaun's, lieber Freund, können's des net a weng höflicher sagen?» – «Nee,» blafft der Berliner. «Loof ik lieba!» – Er läuft heute noch durch München und sucht den Bahnhof.

Die nächste Regel ergibt sich aus der Überlegung, daß es eine schwere Arbeit ist, eine heftige Emotion zu erzeugen und zu pflegen. Regelmäßig wird dazu fremde Hilfe benötigt. Der Geschädigte, der am Montagmorgen beim zuständigen Versicherer anruft und mit großem emotionalen Aufwand die Bezahlung seines Schadens fordert, hat das ganze Wochenende über hart an der Pflege seines gerechten Zornes gearbeitet. Er wurde dabei nicht allein gelassen. Seine ganze Familie hat ihn beim Aufbau seiner Emotionen unterstützt. Auch jetzt, während des Anrufes, umringt sie ihn, bereit, beim geringsten Nachlassen ihres Matadores mit anfeuernden Gesten nachzuhelfen.

In Verhandlungen von Angesicht zu Angesicht hat der emotionale Mensch eine solche Streitmacht nicht hinter sich. Hier sucht er Hilfe bei seinem Partner. Ganz gleich, was dieser sagt, der emotionale Mensch wird jede Äußerung in Briketts verwandeln, mit denen er seinen Zorn heizen kann. Manche Menschen besitzen hier eine ganz besondere Begabung. Erfahrene Ehegatten verstehen sich beispielsweise nicht selten darauf, beim jeweiligen Ehepartner aus einem Minimum an Aufwand ein Maximum an Emotionen herauszuholen. Unter Umständen genügt schon ein Blick, um eine Eruption auszulösen. – Die Scheidungsstatistik zeigt, wohin derlei Fähigkeiten führen.

Aus der Tatsache, daß Emotionen Schwerarbeit bedeuten, ergibt sich eine einfache Regel. Man verhalte sich möglichst passiv und verweigere dem anderen jede Hilfe bei der Pflege seiner Emotion. Man wird es dann über kurz oder lang erleben, daß die Emotion schwächer wird und schließlich in sich zusammenfällt.

Damit rückt der Augenblick näher, um von der Emotionalität zur Rationalität überzuleiten. Es ist unmöglich, eine Emotion zu pflegen und gleichzeitig rational über diese zu sprechen. Daraus folgt die dritte Regel: Man führe den anderen durch Frage- und Übersetzungstechniken, die sich auf seine Emotionen beziehen, zurück zur Rationalität.

Wenn der emotionale Partner etwa die Frage nach den Ursachen seines Zornes beantwortet, ist er gezwungen, rational über seine Emotionen zu sprechen. Damit wird es ihm unmöglich gemacht, seine Emotionen weiter zu pflegen. Ein Zorn, der erklärt wird, existiert als solcher nicht mehr, sondern ist etwas, was nur in der Vergangenheit existiert hat. – Freilich muß man die Fragetechnik behutsam verwenden, damit der andere nicht das Gefühl bekommt, man habe ihm überhaupt nicht zugehört. In vielen Fällen ist hier die Methode des Zergliederns hilfreich. Man fragt also etwa: «Habe ich Sie richtig verstanden? Sie haben sich nicht nur über den Inhalt unseres Briefes geärgert, sondern auch über die Tatsache, daß wir Ihr Schreiben erst nach zwei Monaten beantwortet haben?»

Durch die Übersetzungstechnik zeigt man dem anderen, daß man ihn verstanden hat. Darin liegt ein Erfolgserlebnis, das wir Menschen nur selten haben. Man hört uns nicht zu. Ich habe schon darauf hingewiesen, daß unsere Sprache Sprache und nicht Höre heißt. Alle wollen sprechen, keiner will zuhören. Viele Emotionen entstehen nicht zuletzt aus diesem Zuhördefizit. Wenn jemand laut wird, dann nicht zuletzt deshalb, damit man ihm endlich einmal zuhört.

Es gibt aber nicht nur ein Zuhördefizit, sondern auch ein Verstehensdefizit. Wir können nie sicher sein, daß ein anderer uns wirklich verstanden hat. Wir haben keinen Beleg für das Verstehen sprachlicher Äußerungen. Einen solchen gibt es nur für das Mißverstehen, wenn also etwas im Kommunikationsprozeß nicht klappt. Dieses Defizit kann man ausgleichen, indem man die Äußerung eines anderen, seine «Geschichte», in eigenen Worten wiedergibt und die Rückkopplung einholt,ob man den anderen richtig verstanden habe.[163]

Wie sehr sich die Menschen über ein solches Übersetzungserlebnis freuen, zeigt die Existenz einer der einflußreichsten philosophischen Richtungen unserer Zeit, der Hermeneutik.[164] Sie geht auf das Bemühen um die richtige Interpretation von Texten eines Autors zurück. Dieses Bemühen setzte schon in der Antike ein, als wichtige Texte wie die Bibel oder Homers Gesänge mit zunehmendem Zeitabstand immer schlechter verstanden wurden. Das unvermeidliche Resultat all dieser Bemühungen war die Meinung, der Interpret könne den Autor besser verstehen, als dieser sich selbst verstanden habe. Das ist eine Ungeheuerlichkeit, gegen die sich jeder Autor eigentlich ver-

---

[163] Auf die Wichtigkeit dieses Verhaltens habe ich bereits hingewiesen. Siehe oben Teil F 5.
[164] Der Begriff ist natürlich nicht eindeutig. Einer philosophischen Hermeneutik steht eine hermeneutische Philosophie gegenüber. Es gibt auch eine juristische Ausprägung, nämlich die juristische Hermeneutik.

wahren müßte. Aber weil es allen (lebenden) Autoren schmeichelt, wenn Leser das Verstehen ihrer Texte bis zu diesem Punkt treiben, hat noch nie ein Autor gegen die genannte Anmaßung protestiert. Emotionen sind oft auch ein Ruf nach Verständnis. Dieses Verständnis kann man dem anderen bieten, indem man seine Emotion – seinen Zorn, seine Wut, seinen Ärger – in eigene Worte faßt, und zwar möglichst in bessere Worte als diejenigen, die der andere gefunden hat. Nach einem solchen Erfolgserlebnis werden negative Emotionen oftmals verschwinden und werden positive Emotionen an ihre Stelle treten.

Wenn man diesen Punkt erreicht hat, kann man im allgemeinen darauf vertrauen, daß der Verhandlungspartner einen Rückfall in die Emotionen mit ihren Belastungen scheuen wird. Nach einem Streit kann die Atmosphäre besser sein als zuvor, dies freilich nur, wenn es zu einer Versöhnung gekommen ist. Die berühmten Strafverteidiger der zwanziger Jahre wußten dies. Sie brachen gerne einen Streit mit dem Vorsitzenden des Gerichtes zu keinem anderen Zweck als dem herbei, von der verbesserten Atmosphäre im Gerichtssaal nach erfolgter Versöhnung profitieren zu können. Ihre heutigen Kollegen wissen das nicht mehr. Sie streiten zwar auch noch gerne mit dem Gericht, aber sie tun es um des Streites, nicht um der Versöhnung willen.

5. Der Umgang mit Unfairneß

Zu den Schwierigkeiten, mit denen man in der realen Welt des Verhandelns rechnen muß, zählt auch unfaires Verhalten. Es ist keine Frage, daß man selbst jede Unfairneß vermeiden sollte. Es ist aber auch keine Frage, daß man immer wieder auf Menschen stoßen wird, die unfaire Praktiken anwenden. Diese Praktiken können einen völlig aus der Bahn werfen. Ich entsinne mich an eine juristische Verhandlung, an der neben lauter Männern auch eine Frau teilnahm. Mitten in einer erregten Auseinandersetzung sagte einer der männlichen Teilnehmer plötzlich: «Ich höre soeben zu meinem größten Staunen – Pause – daß Frau X – Pause – Juristin – Pause – sein soll – Pause – sogar – Pause – Volljuristin!» Daraufhin brach die arme Frau in Tränen aus. Was ist Unfairneß? Und wie schützt man sich dagegen? Was Unfairneß ist, läßt sich nicht ganz leicht sagen. Es geht uns wie jenem Forschungsreisenden, der einen weißen Elefanten beschreiben sollte und sagte: «Ich kann ihn nicht beschreiben. Aber ich erkenne ihn, wenn er daherkommt.» Wir haben nicht einmal ein deutsches Wort für die Sache. «Fair» und «unfair» sind Ausdrücke der englischen Sprache, die ursprünglich aus dem Sport kommen. «Fair play» ist ein Verhalten, bei welchem die geschriebenen, vor allem aber auch die ungeschriebenen Regeln eines Spieles eingehalten werden. Ein fairer Spieler akzeptiert keinen Punkt, den er sich nicht aufgrund regelgerechten Verhaltens verdient hat. Er achtet darauf, daß der andere die gleichen Spielchancen hat wie er selbst. Er verwendet keine Tricks. Er beschimpft das Publikum nicht. Er beleidigt den Schiedsrichter nicht. Er ballt nicht die Fäuste. Er macht keine obszönen Gesten. Das alles steht nirgendwo, aber alle Beteiligten wissen das. Ohne Beachtung dieser Regeln würde ihnen das Spiel keinen Spaß machen. Das gilt auch in anderen Lebensbereichen. Manche Angler verwenden beispielsweise besonders dünne Leinen, die auch dem Fisch eine Chance lassen. Sie sorgen sich um Fairneß.

Auch in Verhandlungen gibt es Regeln, geschriebene Regeln, aber vor allem auch ungeschriebene Regeln, die von fairen Verhandlern beachtet und von unfairen Verhandlern verletzt werden. Es handelt sich um nichts anderes als um die bereits beschriebenen Verhaltensprogramme. Wir kennen sie nicht. Wir denken über sie nicht nach. Wir formulieren sie nicht in Worte. Aber wir spüren ihre Existenz. Wir befolgen sie. Und wir merken es deutlich, wenn jemand diese Regeln verletzt.

Unfair ist also ein Verhalten, welches geschriebene oder ungeschriebene Verhaltensregeln verletzt. Damit wird neben der Anwendung von Manipulationstechniken eine weitere Möglichkeit sichtbar, mit der Menschen aus der Existenz dieser Verhaltensregeln unerlaubten Nutzen ziehen können. Der Manipulateur nutzt diese Regeln aus, indem er sie aktiviert. Der unfaire Verhandlungspartner verletzt dagegen diese Regeln. Das Ziel dieses Verhaltens ist leicht zu erkennen. Das Opfer soll hilflos gemacht werden. Es weiß nicht, wie es auf den Bruch der Regel reagieren soll. Im Spiel ist ein Schiedsrichter da, der die Unfairneß ahndet. Wie aber, wenn kein Schiedsrichter vorhanden ist. Soll das Opfer sich dann seinerseits regelwidrig verhalten? Das widerstrebt ihm. Soll es so tun, als wäre nichts geschehen? Das erscheint ihm nicht sachgerecht. Was sonst soll es tun? Es ist hilflos, und genau das bezweckt der unfair handelnde Mensch. Er hofft, die Hilflosigkeit seines Opfers ausnutzen zu können, um in der Sache einen ihm nicht zustehenden Vorteil zu erzielen.

In Verhandlungen gibt es unzählige Möglichkeiten der Unfairneß. Man bestreitet die fachliche Qualifikation, die Kompetenz und den guten Willen des anderen. Oder man verwendet unsachliche Argumente. Im schon mehrfach erwähnten Versicherungsfall, in welchem ein Geschädigter G aufgrund eines Verkehrsunfalles eine Schmerzensgeldforderung gegen einen Haftpflichtversicherer vorbringt, ist es etwa ein typisches unfaires Verhalten, wenn G den Schadenreferenten S plötzlich fragt: «Haben Sie überhaupt schon einmal einen solchen Unfall erlebt?» S wird spontan «Nein!» erwidern, und sich geschwächt fühlen, weil er über eine Sache spricht, die er im Unterschied zu G nicht wirklich kennt. Aber zu solchem Schwächegefühl besteht kein Anlaß. Wenn die Schadenreferenten der Versicherer alle Schadensfälle am eigenen Leib erlebt haben müßten, um diese sachgerecht behandeln zu können, wäre ihr Leben gar zu hart. Die unfaire Frage impliziert also eine Regel, die mit ein wenig Überlegung sofort ad absurdum geführt werden kann. Aber diese Überlegung wird in der Plötzlichkeit des unfairen Überfalls nicht angestellt. Die Frage des G wird von S beantwortet, und G hat einen (kleinen) Vorteil errungen.

Wie soll man nun auf unfaires Verhalten reagieren? Um dies aufzuzeigen, will ich zunächst die drei üblichen Reaktionen nennen und aufzeigen, daß diese sämtlich verfehlt sind. Es sind dies folgende Reaktionen: Man *läßt sich inhaltlich* auf die Unfairneß *ein*. Man *übergeht* die Unfairneß und tut so, als wäre nichts gewesen. Man *erwidert* ebenfalls mit einer Unfairneß. Im einzelnen:

Die erste übliche Reaktion: Man *läßt sich* auf die Unfairneß *inhaltlich* vor allem dann ein, wenn der andere diese mit einem formal wirksamen Mechanismus,[165] also etwa mit einer Frage verbindet. «Haben Sie überhaupt schon einmal einen solchen Unfall erlebt?» – «Sind Sie überhaupt Jurist?» – «Sind Sie neu im Beruf?» – «Ist das Ihr erster Versuch einer Verhandlung?» – Auf solche Fragen antworten wir spontan, weil wir dazu neigen, Fragen zu beantworten.

Aber damit erweist man der Unfairneß zuviel Ehre. Die inhaltliche Antwort ist hier verfehlt, weil die Unfairneß eine solche Würdigung nicht verdient. Die Frage wurde ja nicht aus einem echten Informationsbedürfnis gestellt, sondern nur zu dem Zweck, den Partner zu schwächen. Eine solche Frage verdient keine inhaltliche Antwort.

---

[165] Näher dazu oben Teil D 2.

Die zweite übliche Reaktion: Man *übergeht* die Unfairneß. Dies vor allem dann, wenn sie einen völlig hilflos gemacht hat. «Ich höre soeben zu meinem größten Erstaunen, daß Frau X Juristin sein soll, sogar Volljuristin!» Was soll die arme Frau dazu sagen? Es gibt hier schlechterdings keine Erwiderung zur Sache. Sie ist hilflos, übergeht die Unfairneß und tut so, als wäre nichts gewesen. Aber damit erweist man der Unfairneß zuwenig Aufmerksamkeit. Der andere hat die Regeln des Spieles verletzt. Das kann nicht einfach hingenommen werden. Es muß etwas geschehen. Aber was?

Die dritte übliche Reaktion: Man *erwidert* auf die Unfairneß mit einer eigenen Unfairneß. Das ist eine naheliegende Reaktion nach dem Prinzip «Wie du mir, so ich dir.» So habe ich einmal erlebt, daß ein Versicherungsreferent auf die erwähnte unfaire Frage des Geschädigten, ob er, der Referent, schon einen solchen Unfall erlebt habe, erwidert: «Nein, aber ich muß tagtäglich mit solchen Leuten wie Sie umgehen, und das ist schlimmer!»

Emotional mag das eine Erleichterung bedeuten. Aber mit einer solchen Reaktion begibt man sich seinerseits in den Schlamm. Das ist kein Aufenthaltsort zum Wohlfühlen. Auch wird die Verhandlungsatmosphäre gründlich verdorben. Wie soll man nach einem Austausch derartiger Unfreundlichkeiten noch sachlich zu einem Ergebnis finden? Die genannten drei Reaktionen sind also sämtlich verfehlt, und die Frage ist, wie man richtig reagieren soll.

Zunächst gilt auch hier, was oben im Zusammenhang der Emotionen gesagt wurde. Es hat keinen Sinn, sich irgendwelche Einzelfallrezepte zu überlegen. Es wäre zwar schön, wenn man die Unfairneß mit einer geistreichen Erwiderung aus der Welt schaffen könnte. Aber die geistreichen Erwiderungen fallen uns nun einmal regelmäßig erst dann ein, wenn es zu spät ist. Man benötigt also auch hier eine Strategie, und diese kann nur aus dem Wesen der Unfairneß als einer Regelverletzung abgeleitet werden.

Die erste Überlegung angesichts unfairen Verhaltens ist die Frage, ob die Unfairneß so massiv ist, daß sie schlechterdings nicht akzeptiert werden kann. Dann muß die Verhandlung abgebrochen, mindestens unterbrochen werden. Persönliche Beleidigungen sind beispielsweise unter keinen Umständen akzeptabel.

Ich wurde einmal von einem Seminarteilnehmer nach der richtigen Reaktion auf folgenden Vorfall gefragt. Er hatte eine Verhandlung in den USA zu führen, die schriftlich vorbereitet worden war. Als er das Büro seines Verhandlungspartners betrat, saß dieser in seinem Sessel, die Füße auf dem Schreibtisch, die schriftlichen Unterlagen aufgefächert in der Hand. Er warf die Papiere seinem von fern angereisten Besucher ins Gesicht und sagte: «That's all bullshit!» – In solcher Lage hört jede Verhandlungskunst auf. Hier gibt es nur noch den Abbruch der persönlichen Beziehung und damit der Verhandlung. Meistens wird aber die Unfairneß nicht so massiv sein. Sie wird vielmehr eher beiläufig und halb versteckt vorkommen. «Wenn Sie die Akten gelesen hätten, dann wüßten Sie...» – «Sie wollen wahrscheinlich gar keine Einigung; Ihnen geht es nur darum, Zeit gewinnen...» – «Ich nehme Ihnen dieses Argument nicht übel; Sie sind eben noch jung...» – «Fragen Sie doch einmal in Ihrem Hause jemanden, der etwas von der Sache versteht...» – «Wer ist Ihr Vorgesetzter?» Solche unfairen Verhaltensweisen sind nicht so massiv, daß sie einen Abbruch der Verhandlung zur Folge haben müssen. Wie soll man jetzt reagieren?

Die richtige Strategie besteht darin, die Unfairneß zu einem Zwischenthema der Verhandlung zu machen, wobei das Ziel dieser Zwischenverhandlung darin besteht, die Unfairneß aus der Verhandlung zu entfernen und künftige Wiederholungen zu verhindern. Dieses Zwischenthema darf beileibe kein Hauptthema sein; so wichtig ist die Unfairneß nun auch wieder nicht. Es muß eher beiläufig erledigt werden, dies freilich in aller Deutlichkeit. Der unfaire Mensch ist ein Heckenschütze, der aus dem Gebüsch feuert, und der anschließend am liebsten unsichtbar bleiben möchte. Indem man über die Unfairneß verhandelt, holt man ihn aus dem Gebüsch. Das mag der Heckenschütze nicht, und deshalb wird er solch unfaire Verhaltensweisen im weiteren Verlauf der Verhandlung lieber unterlassen.

Man leistet hier ein Stück Erziehungsarbeit. Man sanktioniert das unfaire Verhalten, indem man die Unfairneß sichtbar macht, und man bewirkt auf diese Weise eine Besserung des Täters, der sich vor künftigem Rückfall hüten wird. Ohne eine solche Sanktion wird er die Unfairneß dagegen wiederholen und allmählich steigern, bis irgendwann eine massive Reaktion des gequälten Opfers erfolgt, die das Verhandlungsklima dann endgültig zerstört.

Es gibt drei einfache Techniken, mit denen man diese Erziehungsarbeit leisten kann, nämlich die *Fragetechnik*, die *Wiederholungstechnik* und die *Übersetzungstechnik*.

Bei der *Fragetechnik* erkundigt man sich nach dem Sinn des unfairen Verhaltens? Da es keinen vernünftigen Sinn dafür gibt, wird die

Unfairneß auf diese Weise offenbar. «Sie fragen, ob ich Jurist bin. Welchen Sinn hat diese Frage?» – Angesichts dieser Frage muß der unfaire Mensch passen.

Bei der *Wiederholungstechnik* wiederholt man die unfaire Bemerkung, mit anderer Betonung. «Sind Sie überhaupt Jurist?» Indem man das wiederholt, macht man deutlich, was der andere mit dieser Frage eigentlich getan hat. Auch hier muß der unfaire Mensch passen.

Bei der *Übersetzungstechnik* müht man sich, den Worten des anderen einen rationalen Sinn zu geben. Das mißlingt natürlich, und die Unfairneß tritt ebenfalls deutlich zutage. «Sind Sie überhaupt Jurist? Ich überlege, was Sie damit sagen wollen. Meinen Sie, ich hätte keine Ausbildung? Oder soll das heißen, ich hätte kein Staatsexamen. Wollen Sie damit sagen, ich hätte keine juristische Praxis? Oder was sonst meinen Sie damit?» – Auch hier muß der unfaire Mensch passen.

Natürlich geht es bei alledem nicht darum, den anderen als unfairen Menschen «vorzuführen». Es geht vielmehr darum, ihm zu zeigen, daß man die Unfairneß erkannt hat, daß sie einen nicht hilflos gemacht hat, und daß man künftig nicht mehr mit solchen Methoden konfrontiert werden möchte. Man schlägt dem anderen also an dieser Stelle (erneut) einen Verhandlungsvertrag vor, indem man sagt: «Ich schlage vor, daß wir auf solche Methoden künftig verzichten.» Sollte es im weiteren Verlauf der Verhandlung gleichwohl zu einer Wiederholung des unfairen Verhaltens kommen, kann man diese leicht abwehren. Man braucht nur kurz auf den geschlossenen Verhandlungsvertrag zu verweisen. «Wir hatten uns doch darauf verständigt, solche Methoden nicht zu verwenden.»

6. Die Abwehr von Verstrickungsgefahren

In Verhandlungen gibt es Verstrickungsgefahren,[166] denen man begegnen muß. Verstrickung – was ist das?

Jedermann kennt folgende Situation: Man führt ein Ferngespräch über eine Telefonzentrale und bittet darum, mit einem Teilnehmer verbunden zu werden. Die Telefonistin verspricht, die Verbindung

[166] Näher zum folgenden Bierbrauer, G., Zur Sozialpsychologie des Verhandelns, in Gottwald/Haft (Hrsg.), Verhandeln und Vergleichen als juristische Fertigkeiten, 2. Aufl. Tübingen 1992.

herzustellen, es klickt, und man wartet, und wartet, und wartet. Wird der Teilnehmer gesucht? Wurde man vergessen? Man weiß es nicht. So wartet man, und wartet, und wartet... Alle Telefonzentralen der Welt verhalten sich gleich. Sie lassen einen warten. Früher hörte man in dieser Zeit nur das regelmäßige Geräusch des automatischen Gebührenzählers und konnte noch an ein Versehen glauben. Heute bekommt man immer öfter während der Wartezeit Musik zu hören und muß daraus auf Vorsatz schließen.

Untersuchungen haben nun ergeben, daß es mit zunehmender Wartezeit immer schwerer fällt, aufzulegen und neu zu wählen. Man befindet sich in einer Verstrickungssituation. Je tiefer man in die Verstrickung gerät, desto schwieriger wird es, sich rational zu verhalten. Die einzig rationale Verhaltensweise beim Telefonieren wäre es, aufzulegen und neu zu wählen, sobald man das Gefühl hat, vergessen worden zu sein. Aber das fällt mit zunehmender Wartezeit immer schwerer. Man verhält sich irrational und wartet. Je länger das dauert, und je höher die Kosten steigen, desto schwerer fällt es, aus der Situation auszusteigen. So verstrickt man sich immer tiefer in die Situation hinein.

Eine Verstrickungssituation ist durch folgende Merkmale gekennzeichnet. Man hat für eine Sache Aufwendungen erbracht und fürchtet, diese zu verlieren, wenn man nicht noch weitere, vergleichsweise geringfügig erscheinende Aufwendungen erbringt. Je mehr Aufwendungen man erbracht hat, desto größer ist die Bereitschaft, zusätzliche Aufwendungen zu erbringen. Man meint ständig, man müsse nur noch wenig aufwenden, um insgesamt einen großen Verlust zu vermeiden. So summieren sich die Aufwendungen. Je größer die Summe wird, desto weniger findet man den Absprung. Man gerät in einen Teufelskreis, verstrickt sich immer tiefer in die Sache und verhält sich immer irrationaler.

Dahinter steht wieder einmal die schon sattsam bekannte Überforderung des Systems der menschlichen Informationsverarbeitung. Dieses System kann zwei Leistungen nicht erbringen, die nötig wären, um die Verstrickung zu vermeiden. Es kann einerseits nicht unterscheiden zwischen Investitionen, die sich lohnen, und Kosten, die verloren sind. Zum anderen kann es die zusätzlichen Aufwendungen nicht objektiv messen; es mißt sie immer an den schon erbrachten Aufwendungen und hält sie infolge des bereits erwähnten[167] Verhaltensprogrammes

---

[167] Siehe oben Teil G 3.

«Kontrast» für relativ klein, obwohl sie objektiv groß sind. Der Unterschied zwischen Investitionen und Kosten kann manchmal schon objektiv nicht ermittelt werden. Ob ein baufälliges Haus durch Reparaturen gerettet werden kann, in welchem Falle sinnvolle Investitionen vorliegen, oder ob es abgerissen werden muß, in welchem Falle verlorene Kosten vorliegen, kann mitunter nicht gesagt werden. Häufig aber handelt es sich bei dieser Schwierigkeit um ein subjektives Problem. Man nimmt Investitionen an, obwohl eindeutig Kosten vorliegen, die unwiderbringlich verloren sind, bei denen sich nichts mehr «lohnt». So verhält es sich im Beispiel des Telefonierens. Selbst wenn der gewünschte Teilnehmer während des Wartens gesucht werden und sich vielleicht auf dem Weg zu seinem Apparat befinden sollte, läge doch keine Investition vor. Man würde ihn vielmehr auch und billiger erreichen, wenn man nicht am Telefon warten, sondern die Vermittlung neu anwählen würde. Aber das zu begreifen würde rationale Überlegungen verlangen, die man in der Verstrickung gerade nicht anstellt. So wartet man und der Gebührenzähler läuft inzwischen weiter.

Das Verhaltensprogramm «Kontrast» bewirkt, daß die neu entstehenden Aufwendungen jeweils für sich gesehen und dann jeweils am bisherigen (ständig größer werdenden) Gesamtaufwand gemessen werden. So gesehen erscheinen sie relativ immer kleiner, obwohl es sich insgesamt und objektiv gesehen um eine immer größer werdende Summe handelt.

Es gibt viele Verstrickungssituationen. Das gebrauchte Auto, bei dem die Reparaturen beginnen, ist etwa eine solche Situation. Vor einem halben Jahr waren neue Reifen fällig. Dann mußte das Getriebe ausgetauscht werden. Kurz darauf waren die verrosteten Kotflügel an der Reihe. Jetzt ist die Kupplung fällig. Jedesmal vergleicht man den gerade anstehenden Betrag mit dem bisherigen Gesamtaufwand, hält ihn für relativ geringfügig und will den bisherigen Aufwand «retten», obwohl doch die alten Autos ausnahmslos irgendwann, und zwar eines nicht mehr allzu fernen Tages, auf dem Schrottplatz landen.

Andere Verstrickungssituationen sind etwa Kriege, technologische Großprojekte, Börsenspekulationen. Nicht ohne Grund empfiehlt eine alte Bankenregel, man solle schlechtem Geld nicht auch noch gutes Geld hinterherwerfen.

Es gibt ein Spiel, mit welchem man die Verstrickung experimentell nachweisen kann. Dabei wird ein Markstück versteigert. Die Versteigerungsregeln besagen: Es darf in Beträgen von 5 Pfennigen oder einem Mehrfachen davon geboten werden. Derjenige Teilnehmer, der das höchste Gebot abgibt, erhält das Markstück. Derjenige, der das zweithöchste Gebot abgibt, erhält nichts, muß aber den vollen gebotenen Betrag an den Versteigerer bezahlen.

Dieses Spiel entwickelt eine unglaubliche Dynamik. Die Verstrikkung beginnt schon ab dem zweiten Gebot, weil derjenige Teilnehmer, der in Gefahr ist, zweiter Bieter zu sein, seine bisherigen Aufwendungen durch ein neues Gebot retten möchte. Das Spiel wird irrational, sobald die Gebote über 1 DM hinausgehen. Welchen rationalen Sinn kann es haben, ein Markstück für einen höheren Betrag als eine Mark zu ersteigern? Es wird aber weiter geboten. Im Tübinger Verhandlungsseminar wurde ein Markstück für nicht weniger als DM 5,50 ersteigert.[168] In den USA wurde in Laborexperimenten ein Dollar für sage und schreibe 25 Dollar versteigert.

In Verhandlungen muß man nun sehen, daß ebenfalls ein «Aufwand» geleistet wird, den die Teilnehmer «retten» wollen. Das ist die Arbeit, die Zeit, die emotionale Mühsal, welche in der Verhandlung aufgebracht werden. Je mehr man auf diese Weise «investiert» hat, desto größer ist die Neigung, den Aufwand durch Konzessionen zu «retten». Damit wächst die Neigung zu irrationalen Entscheidungen.

Es gibt Verhandlungen, die von vornherein so angelegt sind, daß die Teilnehmer durch großen Aufwand zu irrationalen Entscheidungen gebracht werden. Wohl das bekannteste Beispiel sind die regelmäßig stattfindenden Agrarverhandlungen der Europäischen Gemeinschaften. Sie dauern immer bis tief in die Nacht. Um Mitternacht befinden sich die Verhandlungen in einer tiefen Krise. Dann werden die Uhren angehalten. Um fünf Uhr morgens treten die erschöpften Teilnehmer vor die Presse und verkünden, daß neue Milliarden für die Butterberge und Milchseen bereitgestellt werden. Man weiß nicht, ob dahinter eine bewußte Absicht der zuständigen Eurokraten steckt. Aber jedenfalls ist es nicht vorstellbar, daß das heutige Agrarsystem der EG durch rationales Verhandeln entstanden wäre.

Die Verstrickungsgefahr ist besonders groß, wenn außer den Hauptaspekten eines Falles Nebenaspekte existieren. Ein Beispiel bieten Verfahrenskosten, etwa Anwaltskosten. Es kann sein, daß man

---

[168] Vgl. Bierbrauer, G., Zur Sozialpsychologie des Verhandelns, in Gottwald/ Haft (Hrsg.), Verhandeln und Vergleichen als juristische Fertigkeiten, 2. Aufl. Tübingen 1992.

sich in einem Hauptaspekt, sagen wir, einer Forderung, unter großem Aufwand auf einen Kompromiß von, sagen wir, fünfzig Prozent geeinigt hat. In dieser Höhe erkennt der Schuldner die Forderung an, während der Gläubiger gleichzeitig auf fünfzig Prozent seiner Forderung verzichtet. Nun erklärt der die Verhandlung führende Anwalt des Gläubigers plötzlich, der Schuldner müsse aber die Anwaltskosten des Gläubigers zu hundert Prozent erstatten, andernfalls lasse er die gesamte Verhandlung scheitern. Dies ist eine völlig unsachliche Forderung, weil Kostenentscheidungen sich sachlich nach den Entscheidungen in der Hauptsache richten. Gleichwohl ist es dem Schuldner fast unmöglich, diese in letzter Minute vorgebrachte Forderung abzuwehren. Soll er wirklich den mühsam ausgehandelten Kompromiß an dieser vergleichsweise geringfügig erscheinenden (Kontrast!) Nebenforderung scheitern lassen. Also akzeptiert er diese irrationale Forderung. Ich habe Anwälte eines großen Versicherungsunternehmens erlebt, die über reiche Erfahrung in Verhandlungen mit anderen Anwälten verfügten. Sie waren außerstande, sich in Verstrickungen gegen derartige unsachliche Forderungen in letzter Minute zu wehren.

Wie schützt man sich nun gegen diese Verstrickungsgefahren? Zum einen natürlich dadurch, daß man erkennt, worin die Gefahren liegen, zum anderen durch geeignete Abwehrmaßnahmen. Hier hilft erneut die schon besprochene Methode des Verhandlungsvertrages.[169]

Wenn man sieht, daß ein zu verhandelndes Problem auch Nebenaspekte, etwa die erwähnten Kostenaspekte, hat, so schließt man über deren Behandlung zu Beginn der Verhandlung mit dem Partner einen Verhandlungsvertrag. Darin legt man die Regel fest, nach welcher die Nebenaspekte zu behandeln sind. Bei Kosten ist dies die genannte Regel, wonach Kostenentscheidungen den Hauptsacheentscheidungen folgen. Der Partner kann diese Regel mit rationalen Argumenten nicht in Frage stellen. Was sollte er auch dagegen sagen? Also muß er sie akzeptieren. Wenn er dann später sein Verstrickungsspiel beginnen möchte, kann man diesen Versuch unter Verweis auf den vorher geschlossenen Verhandlungsvertrag zurückweisen.

In diesem Zusammenhang ist auf den Zusammenhang hinzuweisen, der zwischen dem Risikoverhalten von Menschen und dem sprachlichen Bezugsrahmen besteht, in welchem eine Situation formuliert ist. Ist der Bezugsrahmen positiv formuliert, verhalten sich

---

[169] Siehe oben Teil F 1.

die Menschen risikomeidend, ist er dagegen negativ formuliert, so verhalten sie sich risikofreudig. In Verstrickungssituationen ist er meist negativ formuliert. Die verstrickte Person steht vor der Frage, ob sie «aussteigen» und einen sicheren Verlust hinnehmen soll, oder ob sie weitere Aufwendungen erbringen soll. Das erstere Verhalten ist risikoarm, weil es den Verlust begrenzt. Das letztere Verhalten ist risikoreich, weil eine Vergrößerung des Verlustes droht. Da die Situation negativ, als Verlustsituation, formuliert ist, entscheiden sich die Menschen für die risikoreichere Möglichkeit.[170]

Möglicherweise spielen hierbei die Archetypen vom armen und reichen Mann eine Rolle. Der Arme hat nichts mehr zu verlieren. Er kann Risiken eingehen. Der Reiche dagegen muß auf sein Vermögen achten. Er meidet das Risiko. Für Verhandlungen leitet sich daraus jedenfalls eine praktische Empfehlung ab. Man sollte versuchen, sowohl die eigene Situation als auch die Situation des anderen möglichst positiv, als Gewinnsituation, zu formulieren. Dabei sollte man sehen, daß es den Verhandlern beim «intuitiven» Verhandeln nahezu unmöglich ist, Gewinnsituationen zu beschreiben. Sie gehen ja von ihren Positionen aus, und empfinden das Verhalten des anderen als das Bemühen, ihnen Verluste zuzufügen, und das ist es ja auch.

Nehmen wir an, A fordert von B den Betrag 500, während B dem A nur den Betrag 100 bietet. Nehmen wir weiter an, der objektiv richtige Betrag liege bei 250 und beide führen eine Basarverhandlung nach dem intuitiven Verhandlungsmodell. Nehmen wir schließlich an, daß das interne Limit des A bei minimal 220 und das des B bei maximal 280 liegt, so daß eine «zone of agreement» zwischen 220 und 280 existiert. A und B könnten sich also einigen. Nunmehr haben es beide in der Hand, ihre Situation als Gewinn- oder Verlustsituation darzustellen. Wenn A seine Ausgangsforderung von 500 betrachtet und das Verhalten des B als einen Versuch ansieht, ihm davon möglichst viel «wegzunehmen», dann beschreibt er für sich einen Verlust. Ebenso beschreibt B einen Verlust, wenn er sein Anfangsangebot von 100 betrachtet und nun beobachtet, daß A ihm noch mehr wegnehmen möchte. Bei einer solchen Sicht der Situation wer-

---

[170] In seiner Rede zur Eröffnung der Nahost-Friedenskonferenz im Herbst 1991 in Madrid hat (der von den Verhandlungsexperten der Harvard Universität beratene) US-Präsident Bush diesen Gedanken ausgedrückt, als er sagte: «Solange jeder nur sieht, was er verliert, wird es keinen Frieden geben. Frieden wird es erst geben, wenn jeder sieht, was er gewinnt.»

den beide risikogeneigt sein. Sie werden bereit sein, die Verhandlung scheitern zu lassen und einen Rechtsstreit zu beginnen. Wenn sie dagegen den jeweiligen Bezugspunkt wechseln, können sie einen Gewinn beschreiben. A muß also das Anfangsangebot des B als einen ersten Gewinn sehen und schauen, daß er diesen Gewinn noch erhöht. B muß die Forderung des A als Ausgangsgröße nehmen und jede Verringerung dieses Betrages seinerseits als Gewinn sehen. Wenn A und B sich so verhalten, vergrößern sie die Chance einer Einigung. Dieses Verhalten ist risikoärmer als die Alternative des Rechtsstreites. Aber so werden sich A und B nicht verhalten. Beim Positionsdenken zieht man sich nun einmal nicht die Schuhe des anderen an. Man will die eigene Position durchsetzen, und das bedeutet, daß diese Position im Kopf ist und die Verhandlung als eine Veranstaltung empfunden wird, bei der man Verluste macht. Wenn man dagegen das Positionsdenken durch das Strukturdenken ersetzt, legt man das Verhandlungsspiel von vornherein für beide Verhandler als Gewinnspiel an. Dadurch vergrößert sich die Chance einer Einigung. Hierin liegt ein weiteres Argument für das «rationale» Verhandlungsmodell.

7. Verhandlungsmacht

Trotz aller Verhandlungskunst stößt man auf eine Grenze, wenn man es mit einem mächtigen Verhandlungspartner zu tun hat. Was ist das – Verhandlungsmacht? Wie kann man die Verhandlungsmacht des anderen begrenzen? Wie die eigene Verhandlungsmacht steigern? Das sind legitime Fragen, denn das eingangs zugrundegelegte Basismodell zweier gleich mächtiger Partner kommt in der wirklichen Welt kaum jemals vor. Regelmäßig wird der eine Partner mächtiger sein als der andere, und er wird von dieser Macht auch Gebrauch machen. Das ist Grund genug, um sich mit diesem Thema systematisch zu beschäftigen.

Verhandlungsmacht ist das Vermögen, einem anderen in einer Verhandlung bestimmte inhaltliche Entscheidungen aufzuzwingen. Diese Macht kann auf vielen Faktoren beruhen. Hoheitliche Befugnisse, wirtschaftliche Potenz, Geld, Informationsvorsprünge, geschulte Mitarbeiterstäbe, Erfahrung, ja, sogar Verhandlungsfertigkeiten – das alles und mehr kann dazu führen, daß der eine Partner mächtiger ist als der andere.

Wenn etwa der Versicherer dem Geschädigten in einem Schadensfall die Alternative eines langwierigen Rechtsstreites aufzeigt und
ihn fragt, ob er einen Prozeß für seine Erben führen wolle oder nicht
doch lieber ein für ihn ungünstiges Vergleichsangebot akzeptieren
wolle, dann macht er von seiner Macht Gebrauch. Diese beruht
zum einen auf seiner wirtschaftlichen Überlegenheit und zum anderen auf der Tatsache, daß eine Aktiengesellschaft als juristische Person im Unterschied zu natürlichen Personen nicht notwendig sterblich ist. Die Gesellschaft kann einen Rechtsstreit über viele Jahrzehn-
te hinweg führen. Ein Sterblicher, zumal ein solcher in vorgerückten
Jahren, kann das nicht.

Nun kommt freilich der mächtigste Partner nicht an der Tatsache
vorbei, daß die Verhandlung eine freiwillige Veranstaltung ist. Beiden
Seiten steht es frei, zu jeder Zeit die Verhandlung abzubrechen. Diese
Möglichkeit des Ausstieges begründet und begrenzt zugleich die
Macht des überlegenen Partners. Die Möglichkeit des eigenen Ausstieges begründet sie, weil er den Ausstieg aus der Verhandlung als
realistische Alternative zur Unterwerfung des anderen unter sein Diktat ins Spiel bringen kann. (So schreckt ein Scheitern der Verhandlung
mit der Konsequenz eines Rechtsstreites den Versicherer im allgemeinen nicht.) Die Möglichkeit des Ausstieges des unterlegenen Partners
begrenzt diese Macht, weil der andere seinerseits jederzeit die Möglichkeit hat, aus der Verhandlung auszusteigen und die damit verbundenen Nachteile auf sich zu nehmen. (So kann sich der Geschädigte
dafür entschließen, einen Rechtsstreit für seine Erben zu führen.)
Alle Macht des Mächtigen kann diesen Schritt nicht verhindern.

Es besteht also ein enger Zusammenhang zwischen der Macht und
der Möglichkeit des Ausstieges aus der Verhandlung, der Ausstiegs-
Alternative. Die Macht des mächtigsten Verhandlungspartners ist da
zu Ende, wo für seinen unterlegenen Partner der Ausstieg günstiger
ist als die Fortsetzung der Verhandlung. Die Wirtschaftswissen-
schaftler bezeichnen diesen Punkt als «no-trade-point»; die mathematischen Spieltheoretiker nennen ihn den «threat-point».

Hieraus ergibt sich eine erste Regel. Man sollte stets die Möglichkeit des Scheiterns als realistische Alternative zu einem Verhandlungsergebnis ins Kalkül ziehen. Nichts schwächt mehr als ein unbedingter Einigungswunsch, bei dem man sich die Möglichkeit des
Scheiterns einfach nicht vorstellen mag. Man muß auf das Scheitern
gefaßt sein, und sollte diese Alternative schon vor der Verhandlung

als eine mögliche Realität verkraftet haben. Die Welt dreht sich auch im Falle des Scheiterns weiter. Das Leben hört nicht auf. Man kann auch mit einem Scheitern der Verhandlung leben.

Sodann sollte man an der Ausstiegs-Alternative arbeiten. Zunächst muß man sie erst einmal sehen. Dies ist nicht nur eine Sache des guten Willens, sondern auch eine Sache der Optimierung der menschlichen Informationsverarbeitung. Man muß nämlich außer dem gerade anstehenden Fall mit all seiner Komplexität auch noch alternative Möglichkeiten außerhalb der Verhandlung bedenken. Dies tun wir regelmäßig nicht, und zwar deshalb nicht, weil uns schon der anstehende Fall, wie ausgeführt, überfordert. Aber ohne diese Ausweitung des Blickfeldes läßt sich die Ausstiegs-Alternative nicht bestimmen. Die Amerikaner sprechen hier von der Notwendigkeit, neben dem «bargaining inside» ein «searching outside» zu praktizieren.

Sodann ist zu beachten, daß ein Ausstieg zwar regelmäßig mehrere Möglichkeiten eröffnet, daß man aber nur eine von ihnen wählen kann. Dies ist dann die Alternative. (Auch sprachlich gibt es immer nur eine einzige zu realisierende andere Möglichkeit, eben die Alternative.)

Nehmen wir als Beispiel die Einstellungsverhandlung eines jungen Berufsanfängers, der soeben sein Examen bestanden hat und nun seine erste Stellung sucht. Er hat sich ein bestimmtes Anfangsgehalt vorgestellt, welches ihm der Arbeitgeber aber nicht bezahlen möchte. Nun werden dem jungen Mann viele andere Möglichkeiten durch den Kopf gehen – er kann sich bei anderen Unternehmen bewerben, er kann sich weiterbilden und eine Zusatzqualifikation erwerben, er kann ins Ausland gehen und Sprachkenntnisse erwerben, und vielleicht noch anderes mehr. Alle diese verlockenden Möglichkeiten werden ihm in der kargen Realität des Personalbüros vor Augen stehen und insgesamt ein buntes Bild ergeben, das ihm viel besser gefällt als die magere Offerte des Arbeitgebers. Aber er wird sich dabei täuschen, denn er muß ja wählen. Er kann sich nur für eine der anderen Möglichkeiten entscheiden – entweder bewirbt er sich bei anderen Unternehmen, oder er bildet sich weiter und erwirbt eine Zusatzqualifikation, oder er geht ins Ausland und lernt Sprachen. Alles zugleich, das geht nicht. Es geht ihm wie dem Heiratskandidaten, der mit der Entscheidung für eine andere Frau zwangsläufig alle anderen Frauen aufgeben muß. Für sich gesehen sind die anderen Möglichkeiten aber jeweils längst nicht so reizvoll oder nicht so realistisch wie der ganze bunte Strauß. Andere

Arbeitgeber werden auch kaum mehr Gehalt bieten. Die Weiterbildung kostet Geld, das er nicht hat. Ebenso verhält es sich mit dem Sprachstudium im Ausland. Das alles aber sieht er nicht, weil er die Möglichkeiten insgesamt addiert und zu optimistisch bewertet. Auch hier wirkt sich wieder eine Überforderung des menschlichen informationsverarbeitenden Systemes beim Umgang mit Komplexität aus. Dieses Phänomen ist gut bekannt; man spricht von einem «optimistischen Aggregat» und meint damit die Überbewertung einer Vielzahl von Möglichkeiten, wenn man sich für eine von ihnen entscheiden muß. Auch hier hilft Strukturdenken weiter. Man kann mit einer Kontostruktur arbeiten und die Pros und Contras jeder Möglichkeit abwägen, bis man zu der besten Möglichkeit gefunden hat. Dann muß man alle anderen Möglichkeiten vergessen und sich auf diese Möglichkeit konzentrieren. Sie ist die Ausstiegs-Alternative, in der (freilich ungenauen) Terminologie von Fisher und Ury[171] die «Best Alternative to Negotiated Agreement – BATNA». Nur sie ist dann in der Verhandlung zugrundezulegen.

Man kann aber noch mehr tun. Man kann versuchen, die Ausstiegs-Alternative des jeweiligen Partners zu ermitteln. Man kann ihn einfach danach fragen, und man wird manchmal sogar eine Antwort bekommen. Wenn etwa der andere ein Haus verkaufen möchte, für das man selbst sich interessiert, dann wird seine Ausstiegs-Alternative häufig durch das beste Konkurrenzangebot bestimmt sein. Wenn ein anderer Interessent ihm, sagen wir, 500.000 DM geboten hat, dann wird er normalerweise nicht unter diesem Betrag abschließen.

In vielen Fällen wird der andere aber seine Ausstiegs-Alternative verdeckt halten. Dann lohnt es sich, einige Mühe auf die Ermittlung seiner wahrscheinlichen Ausstiegs-Alternative zu verwenden. Man kann sich probeweise in seine Lage versetzen, seine Schuhe anziehen und versuchen, die Welt mit seinen Augen zu sehen. Man kann Experten, etwa Grundstücksmakler oder Immobilienfachleute einer Bank befragen. Man kann Zeitungsanzeigen studieren und vergleichbare Verhandlungen mit anderen Verkäufern führen. In jedem Fall lohnt es sich, schon vor der Verhandlung einige Mühe auf diese Nachforschungen zu verwenden.[172]

---

[171] Roger Fisher und William Ury, Getting to Yes: Negotiating Agreement Without Giving In, Boston (USA), 1981.
[172] Im eingangs geschilderten Fall «Elmtree House» verwandte Steve erhebliche Mühe auf die Lösung dieses Problems. Siehe oben Teil B 1.

Und man kann noch mehr tun. Man kann versuchen, in der Verhandlung den Ausstieg für den anderen zu verteuern, während man danach trachtet, den eigenen Ausstieg billiger zu machen. Dies setzt die Beherrschung der schon besprochenen Technik der «Kuchenvergrößerung»[173] voraus. Dabei kann man schon vor der Verhandlung versuchen, durch Einholen von Informationen zusätzliche «bargaining chips» zu bekommen.

Nehmen wir an, der Verkäufer bietet die alte Villa seiner Familie, in welcher er seine Kindheit verbracht hat, zum Verkauf an. Das eigene Kaufangebot wird von anderen Interessenten überboten. Dabei handelt es sich um Bauträger, welche die Villa wegreißen und an ihrer Stelle einen Wohnblock mit Eigentumswohnungen errichten wollen. Man selbst möchte dagegen die Villa renovieren und bewohnen. Mit dem finanziellen Angebot der Bauträger kann man nicht konkurrieren. Aber man kann die sentimentale Bindung des Verkäufers an sein Haus als «bargaining chip» verwenden. Vielleicht ist ihm die Tatsache, daß die Villa erhalten bleibt, wichtiger als der höhere Kaufpreis.

Natürlich gibt es bei all diesen Bemühungen keine Garantie für den Erfolg. Es gibt zwar Autoren, die behaupten, es existierten Patentrezepte, mit denen man jede Verhandlung zum Erfolg führen könne. Aber das ist nicht richtig. Man kann nur versuchen, alles zu tun, was möglich ist, um auch gegen einen mächtigen Verhandlungspartner zu bestehen. Mißlingt das, kann die Verhandlung getrost scheitern. Man hat dann jedenfalls sein Bestes gegeben. Mehr ist nicht möglich.

Die Alternative hierzu hat der frühere amerikanische Präsident Jimmy Carter einmal plastisch beschrieben. Er erzählte, wie er als junger Marineoffizier eines Tages zu seinem obersten Vorgesetzten, Admiral Rickover, dem Vater der US-amerikanischen U-Boot-Waffe, gerufen wurde. Rickover stellte ihm verschiedene Fragen, und schließlich wollte er wissen: «Lieutenant Carter, können Sie von sich sagen, daß Sie während Ihrer Marinelaufbahn zu jeder Zeit ihr Bestes gegeben haben?» Carter überlegte einen Augenblick und antwortete dann ehrlich, wie es seine Art war: «Nein, Sir!» – Der Admiral sah ihn durchbohrend an. «Warum nicht?»

---

[173] Siehe oben Teil G2.

H. Einige Beispiele für schwierige Verhandlungen

1. Kundengespräche

Bei Kundengesprächen geht es um den Verkauf von Produkten und Dienstleistungen. Hier ist gutes Verhandeln natürlich besonders wichtig. Das beste Produkt nützt nichts, wenn es nicht auch überzeugend verkauft wird. Freilich muß man sehen, daß dieses «Überzeugend Verkaufen» einen negativen Beigeschmack hat, der auf das Thema «Verhandeln» insgesamt negativ abgefärbt und dazu beigetragen hat, daß dieses Thema (jedenfalls im deutschsprachigen Raum) in der Wissenschaft gemieden wird. Hier ist die Heimat des Basars, hier tummeln sich die Scharlatane, und hier denkt man sofort an Tricks und Manipulationen. Tatsächlich handelt es sich hier um einen Bereich, in welchem die erwähnten Manipulationstechniken bewußt zur Grundlage von Verkäuferschulungen gemacht werden. Die Vertreter lernen, wie sie ihre Produkte in Haustürgesprächen an Kunden verkaufen, die bei fairem Verkäuferverhalten nie und nimmer die fragliche Zeitschrift abonniert oder den bewußten Staubsauger bestellt hätten. Man darf sich durch diese negativen Assoziationen nicht abschrecken lassen. Dann kann man die positiven Möglichkeiten auf diesem Felde nutzen. Denn Verkaufen ist eine Tätigkeit, die in jedem anspruchsvollen Beruf unvermeidlich ausgeübt werden muß – Manager müssen ihre Produkte verkaufen, Anwälte, Wirtschaftsprüfer, Steuerberater ihre Dienstleistungen – sie alle kommen nicht umhin, diese Tätigkeit auszuüben. Grund genug, sich ernsthaft damit zu beschäftigen.

Aber zunächst ein etwas schärferer Blick auf die genannten Niederungen des Verkaufens. Ein besonders instruktives Beispiel für die Anwendung von Manipulationstechniken durch Haustürvertreter lag einmal einem Rechtsstreit zugrunde, der in der Berufung vor dem 6. Senat des Oberlandesgerichtes Stuttgart verhandelt wurde.[174] Haustürvertreter hatten Hausfrauen zu sogenannten «Aussteueran-

---

[174] Näher dazu Bender/Gottwald, Lassen Sie sich nicht manipulieren! in Gottwald/Haft (Hrsg.), Verhandeln und Vergleichen als juristische Fertigkeiten, 2. Aufl. Tübingen 1992.

sparverträgen» überredet. Die Hausfrauen verpflichteten sich darin, zu einem späteren Zeitpunkt (in fünf oder sieben Jahren) Aussteuerwaren im Wert von 6.000.– DM oder 12.000.– DM zu kaufen. Der Kaufpreis sollte ab sofort in monatlichen Raten von 100.– bis 200.– DM an das Aussteuerunternehmen bezahlt werden. Der Vorteil für die Hausfrauen sollte darin liegen, daß die heutigen Preise auch noch in fünf oder sieben Jahren gültig sein sollten. Es sollte also die Inflation unterlaufen werden. Da aber die Auswahl der gekauften Wäsche erst zu dem späteren Zeitpunkt erfolgen sollte, war es für das Unternehmen ein leichtes, in fünf oder sieben Jahren Aussteuerwaren zu den dann geltenden höheren Preisen auf die Liste zu setzen.

Eine Analyse durch das Gericht ergab, daß die Vertreter hier eine ganze Reihe der erwähnten[175] Verhaltensprogramme in den Hausfrauen aktivierten. So aktivierten die Vertreter die Programme «Harmonie», indem sie ein Wir-Gefühl erzeugten, «Gegenseitigkeit», indem sie Scheingeschenke machten, «Sympathie», indem sie Antworten provozierten, die sie loben konnten, «Knappheit», indem sie die Preisgarantie auf maximal zwanzig Garnituren Bettwäsche beschränkten, und «Beständigkeit», indem sie nach dem Abschluß für die eine Tochter einen weiteren Vertrag für die andere Tochter vorschlugen. Durch Aktivierung dieser und weiterer Verhaltensprogramme brachten sie ihre hilflosen Opfer (die Hausfrauen gehörten durchweg einer niedrigen Einkommensschicht an und lebten auf dem Lande) dazu, derartige Verträge abzuschließen.

Das Oberlandesgericht Stuttgart erklärte die Verträge für nichtig. In dem Urteil hieß es: «Das Verkaufssystem der Klägerin verstößt gegen die guten Sitten, weil es jenes Mindestmaß an Fairneß vermissen läßt, das jeder Vertragspartner dem anderen Teile schuldet – trotz grundsätzlich entgegengesetzter Interessen. Die hier praktizierte Art der ‹Überrumpelung› des Kunden an der Haustür ist besonders geeignet, den Kunden in unfairer Weise zu übervorteilen.» Der Bundesgerichtshof wies die Revision der Klägerin gegen dieses Urteil zurück.[176] Um die Verkaufspraktiken in solchen Fällen am eigenen Leibe zu studieren, nahmen die zuständigen Richter, als Rentner getarnt, auch an Kaffeefahrten teil und protokollierten, welche Manipulationstech-

---

[175] Siehe oben Teil G 3.
[176] Die Entscheidung ist u. a. abgedruckt in der Neuen Juristischen Wochenschrift 1982, S. 1455.

niken dabei angewandt wurden. (Natürlich wurden sie dabei von den Veranstaltern mißtrauisch beäugt.) So fand am Nachmittag in einem Gasthaus im wunderschönen Schwarzwald eine Verkaufsveranstaltung für Rheumadecken und Kochtöpfe statt. Die Teilnahme war selbstverständlich freiwillig. Es blieb den Teilnehmern unbenommen, in dieser Zeit spazieren zu gehen. Da aber niemand wußte, wann der Bus weiterfahren würde, und da diese Frage auch nicht beantwortet wurde, zogen es die alten Leute ausnahmslos vor, an der Veranstaltung teilzunehmen. Wer mag schließlich im Glottertal vergessen werden?

Das alles ist sittenwidrig und verwerflich. Wenn es um anspruchsvolle Verhandlungen geht, verbietet sich jeder Gedanke an derartige Methoden. Hier kommt nur faires Verhandeln, und das heißt rationales, strukturiertes Verhandeln, in Frage. Von dem Bemühen um dieses Verhandeln sollte man sich nicht durch die Existenz von Trainingsmethoden abhalten lassen, die auf Unfairneß und Manipulation abzielen.

Ich will das rationale Verhandeln beim Verkaufen nun an einem Fall aus der Praxis verdeutlichen, bei dem gewissermaßen «chemisch reine» Verkaufsbedingungen herrschen. Im «Telefonfall» vertreibt Computerhersteller C neuerdings auch Telefonanlagen. Er bezieht diese von Telefonhersteller T. Die von C vertriebenen Anlagen gleichen daher in jeder Beziehung, sowohl technisch als auch preislich, den Anlagen, welche T vertreibt. C bietet nun seinem Kunden K eine Telefonanlage an. K hat bisher seine Computer von C bezogen, während er seine Telefonanlagen in der Vergangenheit von T bezogen hat. C und T sind große, gleich renommierte Unternehmen. C verhandelt mit K über dieses Telefonangebot, und K stellt dem C eine einfache, naheliegende Frage: «Warum soll ich bei der Bestellung meiner neuen Telefonanlage von T zu C wechseln?»

Der Fall ist deshalb «chemisch rein», weil C mit keinem Sachargument für seine Telefonanlage werben kann. Weder in technischer noch in finanzieller Hinsicht besteht zwischen den beiden Anlagen der geringste Unterschied. C kann auch nicht sein Renommee vorteilhaft ins Spiel bringen, weil T ein gleichermaßen renommiertes Unternehmen ist. Was kann C in dieser Lage tun? T kann und muß versuchen, K allein durch die Art der Verhandlungsführung, aber auf faire Weise, also ohne Anwendung von Manipulationstechniken, für sich zu gewinnen. Wie stellt er das an?

Experimente mit «Marketiers» eines großen Computerherstellers haben gezeigt, wie C sich in solcher Lage beim «intuitiven» Verhandeln verhält. Er erzählt Geschichten (über das Produkt und/oder über C), und er formuliert Positionen (indem er dem K vorschlägt, doch die neue Telefonanlage bei C zu bestellen). Das alles ist aber nicht hilfreich, weil es auf die Frage des K, in welcher dieser sein Verhandlungsthema formuliert hat, keine Antwort liefert. Und so scheitern denn diese Verhandlungen. C bekommt den Auftrag nicht. Bei Anwendung des «rationalen» Verhandlungsmodelles nimmt C das von K vorgegebene Thema ernst. Freilich akzeptiert er es in der von K vorgeschlagenen Fassung noch nicht, weil es so nicht sachgerecht ist. Die richtige Frage des K lautet nicht: «Warum soll ich von T zu C wechseln?» Sie lautet vielmehr: «Von wem soll ich meine neue Telefonanlage beziehen?» Das ist ein Unterschied. Beim ersten Thema müßte C sich selbst loben und den T schlechtmachen, was jeweils kein zulässiges Verhalten wäre. Beim zweiten Thema dagegen kann C einen neutralen Vergleich zwischen den möglichen Lösungen durchführen. – Es handelt sich bei diesem Bemühen um das richtige Thema nicht um Wortklauberei. Auf die richtige Bestimmung des Themas kann man, wie schon gesagt,[177] nicht genug Sorgfalt verwenden.

Nachdem das Thema sachgerecht verabredet ist, sollte C dem K eine Baumstruktur vorschlagen. Darin müssen zunächst die potentiellen Lieferanten einer Telefonanlage ihren Platz haben. Das sind C, T und sonstige Hersteller (Dreierstruktur). Die Aspekte «T» und «Sonstige Hersteller» werden C zwar nicht gefallen. Gleichwohl sollte er sie von sich aus nennen. Strukturen überzeugen nur, wenn sie vollständig sind. In ihnen müssen auch die ungünstigen «Items» einen Platz haben.

Nach dem Sammeln kommt das Ordnen. C wird vorschlagen, zunächst über die anderen Hersteller, dann über sich selbst zu reden. Dabei beginnt er mit den «sonstigen Herstellern», weil diese wahrscheinlich am leichtesten wieder aus der Verhandlung entfernt werden können. K wird keine Einwendungen gegen diese Reihenfolge erheben.

Nun muß C abstrakte Entscheidungskriterien für die Entscheidung des T finden und verabreden (Zwischenergebnisse). Hier werden etwa in Frage kommen das Renommee des Herstellers, die Qualität der Anlage, der Preis und der Service. Bei diesen Punkten wer-

---

[177] Siehe oben Teil F 4.

den die «sonstigen Lieferanten» wahrscheinlich durch den Rost fallen, während sich zwischen C und T ein Patt ergibt. Was nun? C muß weitere Entscheidungskriterien finden. Hier bieten sich zwei «Items» an, nämlich die bisherige Erfahrung bei der Produktion von Telefonanlagen (dieser Punkt wird für den Telefonbauer T sprechen), und die Vorbereitung auf die künftige technologische Entwicklung im Zeichen der Weiterentwicklung der Computertechnik (dieser Punkt wird für den Computerhersteller C sprechen). Nunmehr kommt es auf eine grundlegende Wertentscheidung an: Soll K sich an der Vergangenheit orientieren, oder soll er zukunftsorientiert entscheiden? Im ersteren Fall wird er sich für T, im letzteren für C entscheiden. (Natürlich wird er sich für die Zukunft entscheiden.)

Die Leistung des C besteht darin, diese zentrale Wertentscheidung durch eine strukturierte Verhandlungsführung deutlich zu machen. Solange K bei seiner Ausgangsfrage verharrt («Warum soll ich zu C wechseln?»), wird er diese entscheidende Frage nicht sehen. Er wird vielmehr Geschichten im Kopf haben (gleiche Qualität, gleicher Preis, bisherige gute Erfahrungen mit T), und er wird sich intuitiv an das Prinzip «Beständigkeit» halten, welches gebietet, den Lieferanten nicht ohne triftigen Grund zu wechseln.[178] C kann diese Summierung ungünstiger Faktoren nur durch eine gute Strukturierung überwinden. Wenn K aufgrund der Verhandlung begreift, daß er sich mit der Wahl für C für die Zukunft statt für die Vergangenheit entscheidet, hat C den K erfolgreich von seinem Produkt überzeugt, und zwar auf faire Weise.[179]

Jeder Verkäufer verspricht seinem Kunden eine bessere Zukunft, falls dieser sich für das angebotene Produkt entscheidet. Der Kunde weiß aber nicht, ob er diesem Versprechen glauben kann. Dieser Glaube ist eine Emotion. Emotionen können durch rationale Argumente nicht erzeugt werden. Hierauf habe ich schon hingewiesen.[180] Der Verkäufer sollte deshalb nicht den Glauben des Kunden fordern, und diese Forderung durch Argumente unterstützen. Er sollte vielmehr durch seine Art der Verhandlungsführung ein Stück der besseren Zukunft bereits beginnen und damit zur Gegenwart werden las-

---

[178] Näher zu diesem Prinzip oben Teil G 3.

[179] Der Leser mag sich fragen, wie T sich in solcher Lage verhalten sollte. Ich denke, T müßte seine Stärken in vergleichbarer Weise herausstellen und aufzeigen, auf welche Weise er die computerisierte Zukunft zu meistern gedenkt.

[180] Siehe oben Teil G 4.

sen. Im Computerfall verspricht C dem K eine bessere Zukunft im Informationszeitalter. Indem er bereits in der gegenwärtigen Verhandlung ein komplexes Informationsproblem des K aufbereitet und entscheidbar macht, läßt er den C heute schon ein Stück von dieser besseren Zukunft erleben.

Im folgenden Abschnitt «Gewinnung von Mandanten» werde ich diese Überlegungen weiter verdeutlichen.

2. Gewinnung von Mandanten

Ähnlich wie beim Kundengespräch geht es bei der Gewinnung neuer Mandanten durch Freiberufler, etwa Rechtsanwälte, Unternehmensberater oder Patentanwälte, um die Aufgabe, Vertrauen zu schaffen. Auch hierzu ein konkreter Fall aus der Praxis:

Zu Wirtschaftsprüfer und Steuerberater W kommt ein mittelständischer Unternehmer U. Dieser hat Probleme mit seinem Betrieb. Bei einem Umsatz von 50 Millionen DM beträgt der Gewinn seines Unternehmens lediglich 100.000.– DM. Offensichtlich liegt hier ein betriebswirtschaftliches Problem vor. U benötigt eine qualifizierte Unternehmensberatung. Sein bisheriger Steuerberater kann eine solche Beratung nicht leisten. Die Hausbank des U hat diesem den W empfohlen; W sei ein besonders qualifizierter Berater, der ihn nicht nur im Zusammenhang mit steuerlichen und prüfungstechnischen Problemen, sondern vor allem auch in unternehmerischen Fragen gut beraten könne; aufgrund dieser Beratung werde dem U eine Lösung seiner Probleme gelingen. U sucht nunmehr den W auf, um diesen kennenzulernen und entscheiden zu können, ob er dem W das Mandat übertragen solle.

Eine vergleichbare Situation muß jeder Freiberufler im ersten Gespräch mit einem potentiellen Mandanten bewältigen. Der Partner kommt zu einem ersten Gespräch. Der Freiberufler weiß, daß er selbst als Person auf dem Prüfstand steht. Wie soll er sich in dieser Situation verhalten? Er darf sich selbst nicht anpreisen; das wäre unseriös. Er darf den Kollegen, der gegenwärtig das Mandat hat, nicht negativ darstellen; das wäre unfair, ja, standeswidrig. Er kann die Qualität seiner Arbeit, einer unsichtbaren Dienstleistung, nicht aufzeigen, weil ihm das Mandat ja noch nicht übertragen ist, und weil ihm dazu auch noch Informationen fehlen. Wie also soll er sich verhalten?

Die meisten Freiberufler empfinden diese Situation als schwierig. Experimente haben gezeigt, wie sie die Lage bei Anwendung des «intuitiven» Verhandlungsmodelles zu meistern suchen. Sie erzählen dem potentiellen Mandanten Geschichten, und zwar hypothetische Geschichten, nämlich die Geschichten der guten Taten, welche sie für den Mandanten erbringen würden, falls dieser ihnen das Mandat übertragen würde. Damit verbinden sie eine Position, sie fordern den Besucher auf, ihnen das Vertrauen zu schenken.

Der typische Beginn einer solchen «intuitiven» Verhandlung sieht etwa wie folgt aus:

W: «Falls Sie mir das Mandat übertragen würden, würde ich zunächst einmal Ihre gesamte Situation prüfen. Ich würde ermitteln, wo bei Ihnen die Schwachstellen liegen. Vielleicht sind Ihre Kosten zu hoch. Vielleicht sind Ihre Gewinne zu gering. Ich würde das klären. Und auf dieser Grundlage würde ich Ihnen dann konkrete Vorschläge für Verbesserungen machen.»

W wird das näher ausführen. Am Schluß seines Statements wird er den U erwartungsvoll ansehen. Darin wird die Aufforderung an U liegen, ihm dem W, doch bitte das Vertrauen zu schenken. Aber U wird dies aus zwei Gründen nicht tun.

Zum einen ist Vertrauen eine Emotion, die nicht durch rationale Argumente oder gar durch Aufforderungen erzeugt werden kann. Vertrauen muß wie jede andere Emotion von selbst entstehen. Argumente nützen hier nichts. Darauf habe ich bereits hingewiesen.[181]

Zum anderen bringt W den U mit seiner Aufforderung in eine paradoxe Situation. Er fordert, daß U ihm sein Vertrauen schenkt. Aber die Voraussetzung dafür liegt darin, daß U dem W erst einmal vertraut. U muß nämlich an die hypothetische Geschichte des W erst einmal glauben. Er muß also darauf vertrauen, daß W all die versprochenen fabelhaften Leistungen auch tatsächlich erbringen kann. Woher soll er aber wissen, daß W kein Aufschneider ist? U soll dem W Vertrauen schenken, um Vertrauen zu bekommen. Das ist paradox.

Ich habe schon darauf hingewiesen, daß man soziale Beziehungen mit nichts so zuverlässig stören kann wie mit einer wohlgelungenen Paradoxie. Das mußten schon die antiken Sophisten erfahren. Was damals das Familienleben des lügenden Kreters störte, wurde seit Beginn des zwanzigsten Jahrhundertes wissenschaftlich erforscht. Den

---

[181] Siehe oben Teil G 4.

Anstoß dazu gab Bertrand Russell mit seiner berühmten Paradoxie von der Menge aller Mengen, die sich nicht selbst enthalten. Logiker und Sprachtheoretiker haben die Einsicht gewonnen, daß die Sprache uns bei unbedachtem Gebrauch leicht in die Irre führt. Dieses Ergebnis kann man nur dadurch vermeiden, daß man sorgfältig auf den rechten Gebrauch der Sprache achtet. Geschieht dies nicht, drohen massive Störungen im menschlichen Zusammenleben. Wieviele Ehefrauen haben schon zu ihrem Mann gesagt: «Bring' doch einmal von selbst Blumen mit!» – Sie haben sich damit die letzte Chance einer liebevollen Behandlung genommen. Ganze Lebensbereiche stehen im Zeichen der Paradoxie, so etwa die Erziehung der Kinder. Wenn Eltern zu ihrem weichen und nachgiebigen Sohn sagen: «Junge, werde doch endlich hart und unnachgiebig!» – dann nehmen sie ihm jede Möglichkeit, sich richtig zu verhalten. Er kann jetzt überhaupt nicht mehr hart und unnachgiebig werden, denn wenn er es tut, gibt er ja schon wieder anderen nach, nämlich seinen Eltern. – Also führe man die Menschen nicht in Paradoxien.

Zurück zu W. Wie kann er es vermeiden, seinen Mandanten in eine Paradoxie zu führen, und was soll er statt dessen tun? Bei Anwendung des «rationalen» Verhandlungsmodelles ist die Lösung vorgezeichnet. Wenn W die angegebenen Regeln befolgt, klärt er zunächst das Thema der Verhandlung. Hierin liegt, wie immer, die erste und wichtigste Aufgabe.[182] Jeder Fehler an dieser Stelle ruiniert die Verhandlung. Also achtet W sorgfältig auf die Bestimmung des richtigen Verhandlungsthemas. Dieses Thema lautet nun nicht etwa «Lösung der Probleme des U» oder «Mögliche Beratungsleistungen des W». Das sind nur Unteraspekte der Verhandlung. Dieses Thema lautet vielmehr: «Vertrauen». U will wissen, ob er W vertrauen kann. Nur um dieses Thema geht es in der Verhandlung. Das ist auch kein Geheimnis. Also sollte W es klar aussprechen und mit U eine Einigung darüber erzielen, daß es in ihrer Verhandlung um das Thema «Vertrauen» geht.

W sagt also etwa: «Sie fragen sich, ob Sie mir Ihr Vertrauen schenken können. Unser heutiges Gespräch soll Ihnen dafür eine Grundlage liefern. Habe ich damit das Thema unserer Verhandlung richtig beschrieben?»

U wird zustimmen. Genau darum geht es. Wahrscheinlich hat er sich das bislang nicht so deutlich klargemacht. Auch für ihn stehen

---

[182] Siehe oben Teil F 4.

ja die Probleme seines Unternehmens im Vordergrund, und diese Probleme werden auch sehr bald im Gespräch mit W eine Hauptrolle spielen. Aber soweit W betroffen ist, geht es nur um die Frage des Vertrauens. Das hat W ihm deutlich gemacht. Bereits an dieser Stelle wird U das sichere Gefühl haben, ein Stück qualifizierte Beratung zu erleben. W ist ein Berater, der den Kern eines Problemes präzise erfassen kann. Das wird ihn positiv stimmen.

Jetzt kommt die Verhandlungsstruktur. Das Thema «Vertrauen» beschreibt eine Emotion. W muß erkennen, daß er hier mit Argumenten nichts ausrichten kann. Er kann nur den Boden so aufbereiten, daß U am Schluß der Verhandlung ihm – hoffentlich – sein Vertrauen schenken wird. Demgemäß muß er dem U bereits in dieser Verhandlung ein Stück echte Beratung liefern. Da er dies nur begrenzt leisten kann, muß dies exemplarisch geschehen. Am Ende der Verhandlung wird er die Beratung abbrechen und zu U sagen: «So wie das eben an einem begrenzten Ausschnitt demonstriert wurde, sieht meine Beratung aus. So wird es weitergehen, wenn Sie mir Ihr Vertrauen schenken.»

Damit verfügt U über eine brauchbare Grundlage für seine Entscheidung. Er hat bereits in der Gegenwart ein Stück echte Beratung erlebt. Darin liegt der Unterschied zur «intuitiven» Verhandlung, in welcher W dem U lediglich für die Zukunft, falls er ihm das Mandat erteilt, Beratung verspricht.

Das Stück Beratung muß natürlich wirklich gut sein. Die Struktur einer guten Beratung ist sachlogisch vorgegeben. Jede Beratung hat zwei Komponenten: Information und Rat. Der Berater muß sich zunächst über die Probleme seines Mandanten informieren. Anschließend muß er seinen Rat für die Lösung dieser Probleme geben. Daraus ergibt sich die Struktur des Gespräches. W wird dem U vorschlagen, das Gespräch in zwei Phasen aufzuteilen, eine Informationsphase und eine Beratungsphase. Die Informationsphase wird er wiederum in drei Unterphasen zerlegen, nämlich erstens eine Geschichtenphase, in welcher U seine Situation im Zusammenhang schildert, zweitens eine Fragephase, in welcher W ergänzende Fragen stellt, und drittens eine Zusammenfassungsphase, in welcher W die Situation des U in seinen eigenen Worten darstellt. Die Beratungsphase wird W wiederum in zwei Unterphasen zerlegen, nämlich erstens eine vorläufige Beurteilungsphase, in welcher W seinen ersten Eindruck wiedergibt, und eine Zukunftsphase, in der W schildert, auf welche Weise er zu endgültigen Ratschlägen zu kommen gedenkt.

Dementsprechend sagt W etwa zu U: «Ich schlage Ihnen folgenden Gang unseres Gespräches vor. Zunächst informiere ich mich über Ihre Situation. Sie schildern mir Ihre Lage, ich stelle anschließend ergänzende Fragen, und zum Schluß dieser Phase beschreibe ich Ihre Situation, so, wie sie sich mir heute darstellt. Sodann gebe ich Ihnen eine erste Beratung. Ich sage Ihnen spontan, welche Eindrücke und Vorschläge ich habe, und ich beschreibe weiter, wie diese erste, vorläufige Beratung in der Zukunft fortgesetzt und gefestigt, gegebenenfalls korrigiert werden könnte. Sind Sie mit dieser Vorgehensweise einverstanden?»

Natürlich wird U diesem Vorschlag zustimmen. In der folgenden Verhandlung wird er als Gegenwart erleben, welche bessere Zukunft ihm bevorsteht, wenn er dem W das Mandat überträgt. Er wird einen Berater haben, der ihm geduldig zuhört, der ihm sachdienliche Fragen stellt, der ihm durch Zusammenfassung seiner Situation in eigenen Worten zeigt, daß er ihm auch wirklich zuhört und ihn versteht, und der ihm auf dieser Grundlage dann hilfreiche Ratschläge geben kann.

Den letztgenannten Punkt mag W freilich als ein Risiko empfinden. Wie, so mag er sich fragen, soll er sich verhalten, wenn er dem U aufgrund dieser ersten Informationen wider Erwarten noch keine brauchbaren Ratschläge zu geben weiß? Dieses Risiko muß er aber auf sich nehmen. Wenn er seinen Beruf versteht, wird er bereits aufgrund dieser ersten Information brauchbare Ratschläge geben können. U wird sehen, daß W sich insoweit selbst ins Wort genommen hat. So handelt nur jemand, der von seinen Beratungsfähigkeiten restlos überzeugt ist. U wird dem W sein Vertrauen schenken.

3. Mitarbeiterbeurteilungen

Mitarbeitergespräche zwischen Vorgesetzten (V) und Untergebenen (U), in denen es um die Beurteilung des U durch den V geht, sind echte Verhandlungen. Sie haben ein klares Thema und ein ebenso klares Ziel. Das Thema ist die Einschätzung der Leistungen des Mitarbeiters seit dem letzten Mitarbeitergespräch. Das Ziel ist die Einleitung von Maßnahmen, durch welche in der Zukunft die Stärken des Mitarbeiters verbessert und seine Schwächen möglichst überwunden werden können. Der Interessenkonflikt liegt auf der Hand. Das Bild, das V vom Mitarbeiter hat, weicht ab von dem Bild, das dieser von sich selbst hat. Da die Fähigkeit zur Selbstkritik im allgemeinen nur schwach entwickelt ist, wird das Bild des U meistens positiver sein als das des V. Und da die Fähigkeit, Kritik von anderen entgegenzunehmen, ebenfalls nur wenig entwickelt ist, wird die Verhandlung schwierig sein.

Ich möchte diese Situation wiederum an einem Fall aus der Praxis verdeutlichen. Ein Unternehmen hat ein Bewertungssystem für seine Mitarbeiter geschaffen, nach welchem insgesamt vier Noten vergeben werden. Diese sind die Noten 1 (sehr gut), 2–1 (gut), 2–2 (befriedigend) und 3 (ausreichend). Die jeweilige Einstufung hat unmittelbare Auswirkungen auf das Einkommen des Mitarbeiters. Die Noten 1 und 3 werden nur an zwei sehr kleine Gruppen von Mitarbeitern vergeben, nämlich die Gruppe von überragenden Mitarbeitern und die Gruppe von extrem schwachen Mitarbeitern. Diese beiden Gruppen machen jeweils weniger als 3 % aller Mitarbeiter aus. Die große Menge der Mitarbeiter wird, und zwar ungefähr zu gleichen Teilen, entweder mit der Note 2–1 oder der Note 2–2 bewertet. Die Bewertung wird jährlich durch den Vorgesetzten neu festgesetzt. Danach wird mit dem betroffenen Mitarbeiter jeweils ein Gespräch über diese Entscheidung geführt. Akzeptiert der Mitarbeiter nach diesem Gespräch seine Bewertung nicht, so kann er nach festgelegten Regeln ein Beschwerdeverfahren einleiten.

Dieses Mitarbeitergespräch ist für den Vorgesetzten V dann besonders schwierig und für den Mitarbeiter U dann besonders belastend, wenn U bislang mit der Note 2–1 bewertet wurde, während er jetzt schlechter als bisher, nämlich mit der Note 2–2 bewertet wird. Ich habe diese Verhandlung oft nachspielen lassen und gefunden, daß hier bei «intuitivem» Verhandlungsverlauf immer wieder bestimmte typische Verhaltensweisen zu beobachten sind, welche die Verhandlung nachteilig beeinflussen können. Schon in der Eröffnungsphase werden hier regelmäßig typische Fehler gemacht. Und das Fehlen einer Strukturierung der Verhandlung, wie es für das «intuitive» Verhandlungsmodell typisch ist, wirkt sich hier besonders mißlich aus.

Zunächst zu den Fehlern bei der Eröffnungsphase. In vielen Fällen beginnt V das Gespräch mit einer Erörterung neutraler Themen. Er erkundigt sich etwa nach der Familie von U, nach dessen Hobbies, oder nach dessen letztem Urlaub. V handelt so, weil er weiß, daß gleich eine Disharmonie entstehen wird. Vorsorglich will er ein Sympathiepolster aufbauen. Aber was im Normalfall einer Verhandlung sachgerecht ist,[183] ist hier ein Fehler. Wenn der drohende Konflikt groß ist, und wenn dieser Konflikt auch etwas mit einer Willensentscheidung des einen Partners zu tun hat, ist die Vorschaltung einer Sympathiepflegephase verfehlt. Hierauf habe ich schon im Zusammenhang der Besprechung der Phasenstruktur der Verhandlung hingewiesen.[184] Eine Sympathiepflegephase wird den U hier nur zu einem irrationalen Verhalten veranlassen. U wird versuchen, die Entstehung des Konfliktes zu verhindern. Das kann ihm natürlich nicht gelingen, aber es hat den Effekt, daß dem V das Leben erschwert wird. Und das ist aus der Sicht des U ja auch schon ein Erfolg.

Daß U sich so verhält, ist leicht zu verstehen. U geht ja nicht unvorbereitet in das Gespräch. Er weiß, daß seine Leistungen im letzten Jahr schlechter waren als früher. Er ahnt, was auf ihn zukommt. In solcher Lage wird er versuchen, die unangenehme Mitteilung zumindest noch eine Weile vor sich herzuschieben, wenn er sie schon nicht vermeiden kann. Er wird also das Sympathiepflegegespräch so führen, daß es für V mit jedem Satz schwerer wird, seine schlechte Nachricht zu plazieren. Es gibt hier viele subtile Techniken. U kann vor V etwa seine privaten Sorgen und Probleme ausbreiten, so daß V sich wie ein Schurke vorkommt, wenn er einem derart gebeulten Menschen nun auch noch die Note 2–2 aufpacken muß. Oder U übernimmt die Verantwortung für Fehler, die er überhaupt nicht begangen hat, so daß V wider Willen gezwungen wird, ihn hier in Schutz zu nehmen und positive Worte zu den Leistungen des U zu finden, die völlig irrelevant sind. Es ist ja kein Verdienst, von der Verantwortung für Fehler freigesprochen zu werden, welche andere begangen haben. All diese Nachteile werden vermieden, wenn V auf die Eröffnungsphase verzichtet und das Gespräch sofort mit der Übermittlung der schlechten Nachricht beginnt.

Nun zu den Fehlern infolge mangelnder Strukturierung der Verhandlung. Wenn V es in den erwähnten «intuitiven» Verhandlungen nach einer Weile endlich geschafft hat, dem U die schlechte Botschaft zu übermitteln, wird er sich anschließend erst einmal passiv verhalten. Er ist erschöpft. Er hat die Harmonie im Raum zerstört. Er

---

[183] Siehe oben Teil F 2.
[184] Siehe oben Teil F 8.

weiß nicht, wie U reagieren wird. Theoretisch ist das Schlimmste denkbar – ein Wutausbruch, ein Weinkrampf, wer weiß. Also wartet V vorsichtshalber erst einmal ab. Er wird den U fragend ansehen und diesem die Initiative für das weitere Vorgehen überlassen.

Aber was wird U jetzt tun? Er wird weiter versuchen, dem V das Leben schwer zu machen. Er wird etwa die schlechte Nachricht angreifen. Dies liegt nahe, weil ja V (und nicht etwa U) in den Augen des U für die schlechte Nachricht verantwortlich ist.

U wird etwa sagen: «Das können Sie mit mir nicht machen!» Damit zwingt er den V, die schlechte Nachricht zu wiederholen.

«Doch, das kann und muß ich machen», wird V erwidern (erste Wiederholung).

«Haben Sie wirklich gesagt, 2–2?»

«Ja, ich habe Sie mit der Note 2–2 bewertet (zweite Wiederholung).»

«Das meinen Sie nicht im Ernst!»

«Doch, das meine ich im Ernst (dritte Wiederholung).»

Undsofort. Der Plan des U ist klar. Er will ein Gespräch über das Bewertungsverfahren des V führen, und er will beweisen, daß dieses Verfahren fehlerhaft und seine schlechte Bewertung deshalb zu Unrecht erfolgt ist. Er will erreichen, daß V seine Entscheidung zurücknimmt. Mit anderen Worten, U wird versuchen, Thema und Ziel der Verhandlung auf nicht sachgerechte Weise zu verändern. Es soll nicht mehr um die Leistungen des U, sondern um das Bewertungsverfahren des V gehen. Das ist ein ganz anderes Thema, und es ist natürlich das falsche Thema. V darf sich dieses Thema nicht aufzwingen lassen. Die Bewertung ist ein Faktum, das nicht zur Debatte stehen darf. Ebenso verhält es sich mit dem Ziel der Verhandlungen. Es geht nicht darum, daß V seine Meinung ändert, sondern darum, daß U in der Zukunft sein Verhalten ändert.

Nur durch eine geeignete Strukturierung des Mitarbeitergespräches kann V eine derartige negative Entwicklung vermeiden. Er muß also zunächst das Thema der Verhandlung präzisieren und dabei deutlich machen, daß die Bewertung selbst kein Thema der Verhandlung ist.

V sagt also etwa zu U: «Herr U, ich habe Sie zu mir gebeten, um Ihnen zu eröffnen, daß ich Sie in diesem Jahr mit der Note 2–2, also befriedigend, bewerte. Diese Bewertung steht fest. An ihr ist nichts zu ändern. Ich möchte mit Ihnen über die Ursachen dieser Bewer-

tung sprechen, und ich möchte mit Ihnen vor allem auch das besprechen, was in der Zukunft geschehen kann, damit Ihre nächste Bewertung in einem Jahr besser ausfällt.»[185]
Anschließend muß V aus dem Thema eine Verhandlungsstruktur
ableiten, daraus einen Verhandlungsvorschlag gewinnen und mit U
einen entsprechenden Verhandlungsvertrag abschließen. Dessen
Struktur ist durch die Logik der Sache recht eindeutig vorgegeben.
Zunächst ist eine Emotionsphase vorzusehen. Danach folgt eine Begründungsphase. Zum Schluß der Verhandlung kommt eine Zukunftsphase.

V sagt also etwa zu U: «Herr U, ich kann mir vorstellen, diese
Nachricht trifft Sie persönlich. Auch für mich war es nicht leicht, Ihnen das zu sagen. Wir sollten beide erst einmal tief durchatmen. (Je
nach Situation ist auch eine kurze Unterbrechung der Verhandlung
an dieser Stelle hilfreich.) Dann fährt V fort: «Für den weiteren Ge-
sprächsablauf mache ich folgenden Vorschlag. Zunächst sprechen wir
über die Gründe, welche zu dieser Entscheidung geführt haben. Sie
müssen ja wissen, wie es zu dieser Entscheidung gekommen ist, und
ich würde gerne erfahren, ob es irgendwelche Hintergründe gibt, vielleicht private Probleme, bei denen Ihnen künftig geholfen werden
kann. Sodann möchte ich mit Ihnen über Ihre künftige Entwicklung
sprechen. Der heutige Tag ist ja kein Endpunkt. Ihre Tätigkeit im Unternehmen geht weiter, und ich möchte Ihnen gerne bei unserem
nächsten Gespräch eine bessere Beurteilung mitteilen können. – Sind
Sie mit dieser Vorgehensweise einverstanden?» U wird natürlich damit einverstanden sein. Es gibt ja kein vernünftiges Gegenargument.
Damit kann das Gespräch seinen strukturierten Verlauf nehmen.

Alle Vorteile eines Verhandlungsvertrages kommen auf diese Weise
dem Mitarbeitergespräch zugute. V braucht sich beispielsweise nicht
auf Wiederholungen der schlechten Nachricht einzulassen. Wenn U
zu ihm sagt: «Sie können mich doch nicht mit der Note 2–2 bewerten!», dann braucht er nicht zu antworten: «Doch, das kann ich!»
Vielmehr kann er diesen Einwand unter Hinweis auf die verabredete
Struktur der Verhandlung zurückweisen. «Das liegt hinter uns, Herr
U. Jetzt sind wir bei den Gründen, die zu dieser Entscheidung geführt haben.»

---

[185] V verwendet hier ein Trikolon, wie es schon die antiken Rhetoriker kannten: «Was war, was ist, was wird sein?»

Ebenso kann V fremde Themen, die nicht zur Sache gehören, als sachfremd zurückweisen. So wird U dazu neigen, auf andere Mitarbeiter zu verweisen und auszuführen, diese erbrächten schlechtere Leistungen als er, würden aber besser beurteilt, was ungerecht sei. V kann das abwehren, indem er darauf verweist, daß das Verhalten anderer Mitarbeiter kein Thema sei, das nach dem abgeschlossenen Verhandlungsvertrag zu besprechen sei. (V wäre verloren, würde er sich auf eine solche Diskussion einlassen.)

V kann das Gespräch vielmehr auf sachgerechte Weise führen, indem er dessen einzelne Phasen abarbeitet. Das ist ökonomisch, und das ist übrigens auch menschlich. Es ist für U schlimm genug, wenn er einmal hören muß, wie schlecht er bewertet wurde. Es ist nicht nötig, daß er sich diese Nachricht mehrmals anhört. Statt dessen erlebt er eine Verhandlung, in der jede Phase ihre die Sache fördernde Bedeutung hat.

Die erste Phase der Verhandlung, die Emotionsphase, sollte auch dann vorgesehen werden, wenn keine Emotionen erkennbar sind. Auf eine schlechte Nachricht, die den Empfänger persönlich trifft, muß einfach eine Emotionsphase folgen, und zwar als soziale Veranstaltung. Man kann dies aussprechen und die Phase beim Namen nennen. An dieser Stelle kommt öfters der Einwand, eine solche Vorgehensweise sei unüblich. Aber dieser Einwand trifft auf die gesamte Methode des strukturierten Verhandelns zu. Er wiegt deshalb nicht schwer. Und er wird durch die offenbare Nützlichkeit eines solchen Vorgehens widerlegt. Niemand bleibt gleichgültig, wenn er erfährt, daß sein Vorgesetzter ihn schlechter bewertet als im vergangenen Jahr. Wenn V dieser Emotion einen Platz in der Verhandlung weist, verhindert er, daß sie an der falschen Stelle störend aufbricht.

Wenn die Emotion überwunden ist, muß eine Begründungsphase folgen. U hat ja ein Recht darauf, die Gründe für seine schlechte Beurteilung durch V zu erfahren. Auch spielen diese Gründe in der anschließenden Zukunftsphase, in der es um die Besprechung von Verbesserungen geht, eine Rolle. Hier droht ein unfruchtbares Erzählen von Geschichten. Es werden ja regelmäßig zahlreiche einzelne Vorfälle eine Rolle spielen, die U ganz anders erlebt haben wird als V. V begegnet diesen Geschichten, indem er entsprechende Unterstrukturen anlegt. Er gliedert das berufliche Verhalten des U etwa in die Unterpunkte «Einhaltung äußerer Pflichten», «Qualität der Arbeit», «Verhalten gegenüber Kunden» und «Verhalten gegenüber Mitarbeitern und Vorgesetzten». Dieser Baumstruktur kann er jeweils ein Konto anfügen, in welchem er Lob und Tadel getrennt auflistet. Bei alledem beginnt er mit den Punkten, bei denen am meisten Kritik zu üben ist, und hört mit den positiven Aspekten auf. Bei der umgekehrten Vorgehensweise wäre U, der weiß, daß noch massivere Kritikpunkte folgen, anfangs nicht bei der Sache; auch wäre der Übergang zur anschließenden Zukunftsphase erschwert. Die Zukunftsphase ist die wichtigste Phase des Gespräches. Während die vorangegangenen Phasen vergangenheitsorientiert und damit destruktiv waren, findet jetzt eine konstruktive Phase statt. Hier sollten möglichst konkrete Maßnahmen besprochen werden. Allgemeine Appelle helfen nichts. Im Idealfall macht U selbst konkrete Vorschläge, etwa Vorschläge für eine verbesserte Organisation. V akzeptiert diese und schlägt ein erneutes Gespräch über die Wirksamkeit dieser Maßnahmen in vier Wochen vor. Wie immer auch – die Verhandlung ist jedenfalls dann erfolgreich verlaufen, wenn sie selbst den ersten konkreten Schritt auf einem Weg darstellt, der U zu einer künftigen besseren Beurteilung führen wird.

4. Sonstige Mitarbeitergespräche

Neben den Beurteilungsgesprächen gibt es noch andere Situationen, in denen Vorgesetzte schwierige Gespräche – Verhandlungen – mit Untergebenen führen müssen. Auch hier hilft die Methode des Strukturdenkens. Das soll an einem weiteren Beispiel aus der Praxis aufgezeigt werden, dem «Fusionsfall».

Zunächst der Fall: Die X-AG und die Y-AG wurden zur neuen XY-AG fusioniert. Daraus ergibt sich die Notwendigkeit von betrieblichen Umstrukturierungen. So werden bestimmte parallele Abteilungen beider Unternehmen zusammengelegt, und es werden organisatorische Verbesserungen realisiert. Insbesondere findet eine Dezentralisierung statt. Aufgaben, die bisher in den Zentralen beider Unternehmen erledigt wurden, sollen künftig auf die Außenstellen und Zweigniederlassungen übertragen werden. Das alles schafft Probleme, die durch das Zusammentreffen zweier unterschiedlicher Unternehmenskulturen noch vergrößert werden. Die Mitarbeiter, die in den bisherigen Zentralen der beiden Unternehmen tätig sind, sind vor allem durch das Stichwort «Dezentralisierung» beunruhigt. Sie verbinden damit vage Befürchtungen um ihren Arbeitsplatz. Da noch niemand detailliert sagen kann, wie die Auswirkungen auf den einzelnen Mitarbeiter aussehen werden, wuchern die Gerüchte. In dieser Situation führt der Vorgesetzte V Gespräche mit den betroffenen Mitarbeitern M.

Die Analyse soll sich auf die Eröffnung dieses Gespräches beschränken, wobei die Situation des V im Vordergrund der Betrachtung steht. Wie viele Experimente gezeigt haben, sieht ein typischer Beginn eines solchen Gespräches bei «intuitiver» Verhandlungsführung wie folgt aus:

V: «Herr M, ich weiß, daß zum Reizwort «Dezentralisierung» viele Gerüchte verbreitet werden, aber ich kann Sie beruhigen. Soweit es Sie betrifft, ist noch nichts Definitives beschlossen. Es ist also absolut überflüssig, sich hierüber irgendwelche Sorgen zu machen. Vorläufig bleibt alles so, wie es ist. Sie können ganz unbesorgt sein.»

Analysiert man diese Eröffnung der Verhandlung durch V, sieht man, daß alle Nachteile des intuitiven Verhandlungsmodelles vorhanden sind. V erzählt die Geschichte des Problemes (Gerüchte wurden verbreitet) und er formuliert eine Position (Aufforderung an M, sich keine Sorgen zu machen). Die darin liegende Absage an Kooperation ist besonders in dieser «schiefen» Gesprächssituation nicht angemessen. Wenn Vorgesetzter und Untergebener miteinander sprechen, muß der Vorgesetzte besonders um Kooperation bemüht sein, um nicht in das hier besonders verfehlte Schema von Befehl und Gehorsam zu verfallen.

Weitere Nachteile liegen im fehlenden Zuhören des M (M ist unaufmerksam, weil er eine Gegengeschichte im Kopf hat, in der es keine Gerüchte gibt, sondern, wie er meint, zuverlässige Informationen), in der mangelnden Ökonomie der Verhandlung (V erreicht nichts mit seinem Statement; er erfährt auch nicht, welche konkreten Sorgen den M bewegen; und er nimmt dem M dessen Ängste nicht, weil Sachargumente kein Mittel gegen Emotionen sind), in der Verschärfung des Konfliktes (V unterrichtet seinen Gesprächspartner M erklärtermaßen nicht vollständig, sondern nur «soweit es Sie betrifft»; dadurch werden die Sorgen des M eher genährt werden; auch trägt V dazu bei, daß weitere, andere Mitarbeiter betreffende Gerüchte durch M genährt werden) und in der fehlenden Kreativität der Gesprächspartner (Ideen für bessere, weiterführende Lösungen, für welche auch der Sachverstand des M zu erschließen wäre, können bei einer solchen Gesprächsführung nicht geboren werden).

Natürlich verlaufen solche Gespräche in jedem Einzelfall im Detail anders, aber in struktureller Hinsicht tauchen beim «intuitiven»
Verhandeln immer wieder dieselben Fehler auf. Eine andere «intuitive» Eröffnung durch V sieht beispielsweise wie folgt aus:
V: «Wie Sie wissen, hat der Vorstand das Konzept der Dezentralisierung beschlossen. Von jedem Mitarbeiter wird erwartet, daß er
dieses Konzept mitträgt. Es dient dem Wohl des Unternehmens und
damit dem Wohl jedes Mitarbeiters. Ich kann Ihnen heute noch nicht
sagen, welche Konsequenzen dieses Konzept für Ihre Tätigkeit haben wird, aber selbstverständlich werden wir alle in irgendeiner Weise davon betroffen sein. Ich möchte Sie bitten, das grundsätzlich zu
akzeptieren. Wenn Sie das tun, werden wir alle Probleme gut lösen.
Daran zweifle ich nicht.»
    Auch diese im Wortlaut ganz andere Eröffnung verläuft nach dem
«intuitiven» Verhandlungsmodell. V erzählt jetzt zwar eine andere
Geschichte als zuvor. Er erzählt nicht mehr die Geschichte der Gerüchte, sondern die Geschichte des Konzeptes Dezentralisierung.
Aber es bleibt eine Geschichte, und sie mündet unweigerlich in eine
Position (Wie Sie wissen... hat beschlossen... wird erwartet...ich
möchte Sie bitten). Die genannten Nachteile sind, wie leicht zu sehen
ist, auch hier vorhanden. Das brauche ich nicht weiter auszuführen.
    Wie die Erfahrung vieler Experimente zeigt, werden solche Ver-
handlungen im Prinzip immer auf die geschilderte Weise geführt.
Niemand nimmt daran Anstoß. Die Partner reden ja zur Sache; sie
verhalten sich so, wie sich die Menschen eben in solcher Lage verhalten. Alles scheint in Ordnung zu sein. Aber es ist ganz entschieden
nicht in Ordnung.
    Bei «rationalem» Verhandeln sind auch im Fusionsfall alle genann-
ten Grundsätze des Verhandelns zu beachten. Dazu muß V sich zunächst darüber im klaren sein, daß er eine echte Verhandlung zu führen hat, und daß er sich nicht auf die einseitige Abgabe eines Statements beschränken darf. Diese Verhandlung beginnt, wie auch sonst,
mit einer Bestimmung des Verhandlungsthemas. Keinesfalls darf das
Thema einseitig festgesetzt werden. Es muß darüber verhandelt werden, und es muß hierüber das erste Zwischenergebnis der Verhandlung gefunden werden. Anschließend müssen die Aspekte und Unteraspekte des Falles in Kooperation mit dem Partner geklärt werden, und es muß eine dementsprechende Tagesordnung für das Gespräch durch einen Verhandlungsvertrag verabredet werden.

Da es im Fusionsfall um die Ängste des Mitarbeiters geht, die teils aus zutreffenden Informationen, teils aus unzutreffenden Gerüchten entstanden sind, ist hier die Informationsphase besonders wichtig. V wird diese Phase zweckmäßigerweise so strukturieren, daß er zunächst den M bittet, ihm seine Sicht der Dinge (seine Geschichte) zusammenhängend zu erzählen, und daß er anschließend diese Geschichte in eigenen Worten wiedergibt, damit M erkennt, daß er, V, dessen Sorgen wirklich verstanden hat. Anschließend wird V dem M seinen Informationsstand darlegen, wobei vermutlich einige Fehlvorstellungen des M zu korrigieren sein werden. Zum Abschluß der Informationsphase müssen die Partner sich auf einen gemeinsamen Sachverhalt verständigen. Dieser ist dann die Basis des weiteren Gespräches, in welchem es um die konkreten Auswirkungen der Fusion auf die Tätigkeit des M geht.

Dementsprechend könnte das Mitarbeitergespräch im Fusionsfall wie folgt begonnen werden (wobei zu betonen ist, daß es hier ebensowenig wie sonst so etwas wie eine «Musterlösung» gibt; ich will nur das Prinzip aufzeigen).

V: «Herr M, ich möchte mit Ihnen über das Thema «Dezentralisierung» sprechen. Ich kann mir vorstellen, daß sich damit Ängste und Befürchtungen verbinden. Ich meine, darüber sollten wir einmal sprechen.»

M nickt, und V spricht nach kurzer Pause weiter.

«Ich schlage für dieses Gespräch folgenden Ablauf vor.»

V umfaßt mit der linken Hand den Daumen der rechten Hand.

«Zunächst möchte ich von Ihnen erfahren, welche Informationen zum Thema Dezentralisierung Sie schon haben und welche Sorgen, Erwartungen, vielleicht Hoffnungen – Sie damit verbinden. Ich möchte Ihnen also zunächst einfach einmal zuhören.»

V umfaßt den Zeigefinger der rechten Hand.

«Dann möchte ich das Gesagte zusammenfassen, damit Sie feststellen können, ob ich Sie wirklich verstanden habe.»

V umfaßt den Mittelfinger.

«Sodann sollte ich Ihnen meine Kenntnisse und meine Sicht des Themas «Dezentralisierung» aufzeigen, damit wir auf einen gemeinsamen Informationsstand kommen.»

V umfaßt den Ringfinger.

«Zum Schluß, im vierten Teil unseres Gespräches, möchte ich mit Ihnen über mögliche Auswirkungen auf Ihre Situation sprechen.»

V öffnet beide Hände.

«Ich möchte mir hierfür ausreichend Zeit nehmen und habe deshalb eine Stunde für das Gespräch vorgesehen. Können wir das Gespräch auf diese Weise führen?»

Was hier für den Beginn der Verhandlung gesagt wurde, gilt natürlich auch für deren weiteren Verlauf. Immer wieder kommt es darauf an, das «intuitive» Verhandlungsmodell zu meiden und das «rationale» Modell zu verwirklichen. So wird V im weiteren Verlauf dieses Gespräches auch zu einer Darstellung der denkbaren künftigen Veränderungen bei der Tätigkeit des M kommen. Hier gibt es zwei einander überschneidende Möglichkeiten: Es kann sein, daß sich die Tätigkeit des M ändert oder nicht ändert, und/oder es ist möglich, daß sich der Arbeitsort des M ändert oder nicht ändert. Bereits diese einfache Kombinatorik von insgesamt vier Möglichkeiten überfordert die (am linearen, eindimensionalen Denken ausgerichtete) verbale Informationsverarbeitung des Menschen.

Die «intuitive» Lösung dieses methodischen Problems durch M liegt darin, daß er eine (und zwar, da Katastrophen gerade Konjunktur haben, regelmäßig die schlechtestmögliche) Kombination herausgreift und sich diese selbst als die ihm bevorstehende Geschichte erzählt. Auf diese Weise nährt und vergrößert M seine Angst unabhängig von der Frage, ob gerade diese Möglichkeit auch wahrscheinlich (oder überhaupt nur realistisch) ist. Wenn V demgegenüber die gesamte Kombinatorik sichtbar macht, kann er diese Angst des M zwar nicht beseitigen. Aber er kann eine Grundlage schaffen, auf welcher M dann seine Angst überwinden kann. V kann dies tun, indem er eine einfache Tabelle auf ein Flipchart malt, in der die beiden Variablen (Tätigkeit, Arbeitsort) mit ihren jeweiligen beiden Möglichkeiten (unverändert, verändert) so dargestellt werden, daß die Kombinatorik der vier möglichen Felder sichtbar wird. Das ist so simpel, daß ein Formalwissenschaftler, etwa ein Mathematiker, den Kopf schütteln mag. Bedenkt man aber, daß V und M voll mit den Inhaltsfragen des «Fusionsfalles» beschäftigt sind, daß sie «Geschichten» und «Positionen» im Kopf haben, daß sie vielleicht auch noch emotional unter Druck stehen, so sieht man rasch, daß die Erhellung einer derartigen Kombinatorik in einer realen Verhandlungssituation alles andere als trivial ist. Freilich, man muß sich hierum bemühen. Von selbst gelingt das (kombinatorische) Strukturdenken nicht.

Wie mühsam der Weg zum kombinatorischen Denken ist, läßt sich übrigens besonders gut in der juristischen Dogmatik zeigen. Die Neigung zum Geschichtenerzählen verführt uns immer wieder dazu, den interessanten Einzelfall (Geschichte) möglichst sachgerecht zu lösen (Fortsetzung der Geschichte). Dabei fragen wir nach den Autoritäten, also der herrschenden Meinung in Literatur und Rechtsprechung (Programme: «Die Fachleute wissen Bescheid», und «Was alle tun, kann unmöglich verkehrt sein»[186]). Wir fragen dabei nicht, ob wir alle denkbaren Lösungen berücksichtigt haben und ob unsere Lösung für alle denkbaren Fallgestaltungen konsistent ist. Dazu müßten wir kombinatorisches Denken praktizieren. Das aber liegt uns nicht.[187]

Ein anschauliches Beispiel für das Gesagte bietet der berühmte Fall Rose-Rosahl aus dem Jahre 1858. Der Knecht Rose sollte im Auftrag des Bauern Rosahl einen Gläubiger der Rosahl töten und erschoß in der Dämmerung den Falschen. Rose war, was kaum zweifelhaft war, wegen vollendeten Mordes strafbar (error in persona). Die Frage war, wie der Hintermann Rosahl zu bestrafen war. Das Preußische Obertribunal[188] befand, Rosahl sei wegen Anstiftung zum Mord strafbar. Die ganz allgemeine Meinung stimmte dieser Autorität zu. Erst ein halbes Jahrhundert später griff Binding in seinen «Normen» diesen Fall wieder auf und variierte ihn. Wie, wenn Rose, um seinen Fehler wiedergutzumachen, den nächsten Passanten in der Meinung niederschoß, dies sei der Richtige? Wie, wenn er wieder irrte? Wie, wenn er daraufhin einen weiteren Passanten niederschoß, und noch einen, und noch einen, immer in der Meinung, endlich den Richtigen vor sich zu haben, bis Dutzende von Leichen auf der Straße lagen. Sollte Rosahl dann wirklich Anstifter zu dem ganzen Gemetzel sein? (Binding war sehr temperamentvoll.) Die Frage war gestellt, und schon ein halbes Jahrhundert später wurde sie aufgegriffen.[189] Allmählich setzte kombinatorisches Denken ein, und es wurden die

---

[186] Hierzu folgende Geschichte: Graf Bobby steht in Wien am Fenster und ruft auf die Straße hinunter: «Drüben am Kohlmarkt brennt es!» Die Menge setzt sich in Richtung Kohlmarkt in Bewegung. Graf Bobby sieht ihr einen Augenblick zu, dann läuft er hinunter auf die Straße und folgt ihr. «Man kann ja nicht wissen», denkt er. «Vielleicht brennt es wirklich am Kohlmarkt.»

[187] Der erste Denker, der kombinatorisches Denken praktizierte, war der im 13. Jahrhundert lebende Logiker Raimundus Lullus. Sein Schicksal gibt zu denken. Er wurde ermordet.

[188] Goltdammers Archiv Bd. 7, S. 322.

[189] Von Bemmann in Monatsschrift für Deutsches Recht 1958, S. 821.

verschiedenen anderen möglichen Lösungen entdeckt und vertreten (Anstiftung zum Versuch und versuchte Anstiftung, jeweils bezogen auf den Richtigen und den Falschen). Dann aber geschah das Unglaubliche: Der Fall Rose-Rosahl kam erneut im wirklichen Leben vor, wieder auf dem Lande, und wieder in der Dämmerung. Der Bundesgerichtshof bestätigte die Auffassung des Preußischen Obertribunals.[190] Von kombinatorischem Denken findet sich in der Entscheidung keine Spur. Das Binding'sche «Gemetzelargument» wurde damit abgetan, derlei Gemetzel komme glücklicherweise nicht vor. Somit stehen wir in dieser Frage wieder ganz am Anfang.

Es gibt viele Gebiete, die nach meiner Überzeugung ohne kombinatorisches Denken überhaupt nicht angemessen erfaßt werden können. Im Strafrecht sind etwa die Irrtumslehren zu nennen, oder die Beteiligungskombinatorik beim Mord, oder die Kombinatorik möglicher Fälle bei der actio libera in causa.[191] Man sollte einen Preis für jede Tabelle aussetzen, die an die Stelle einer «herrschenden Meinung» gesetzt wird.

5. Die Mitteilung eines Fehlers

Bei jeder Berufsausübung kommen Fehler vor. Je anspruchsvoller, «komplexer», ein Beruf ist, desto sicherer ist die Begehung von Fehlern vorprogrammiert. Ich habe Seminare für Berufshaftpflichtversicherer durchgeführt. Mir stehen die Fehler, die etwa Rechtsanwälte, Notare, Ärzte, Wirtschaftsprüfer, Patentanwälte, Steuerberater bei der Ausübung ihrer Berufe begehen, deutlich vor Augen. Ohne Zweifel ist eine Variante von Murphys Gesetz gültig, welche lautet: Jeder Fehler, der theoretisch möglich ist, wird in der Praxis auch irgendwann einmal gemacht. Trotz aller Sorgfalt läßt sich dieses Schicksal nicht vermeiden. Dann ist es notwendig, mit den Personen, die von dem eigenen Fehler betroffen sind, also etwa mit Mandanten,

---

[190] BGH NJW 91, 933.

[191] Ausführlich zu diesen Beispielen mein Buch «Strafrecht – Allgemeiner Teil», 5. Aufl. München 1992. Für mich folgt beispielsweise aus kombinatorischem Denken die Notwendigkeit, alle strafrechtlichen Irrtumsfälle – einschließlich Versuch und Wahndelikt – gemeinsam zu behandeln. Wenn diese Fälle herkömmlicherweise getrennt behandelt werden, bürdet man den Studenten unnötige Mühen auf.

über diesen Fehler zu sprechen. Man muß den Fehler zunächst einmal mitteilen, man muß sodann die Ursachen des Fehlers aufzeigen, und man muß schließlich über die daraus zu ziehenden Konsequenzen sprechen. Kurz, man muß eine Fehlerverhandlung führen. Das fällt einem natürlich nicht leicht. Und das geht oft genug schief.

Als Beispiel nehme ich einen Fall aus den Seminaren für Wirtschaftsprüfer und Steuerberater. Ein Steuerberater (S) hat es durch ein Versehen über mehrere Jahre hinweg versäumt, bestimmte Schuldzinsen als Betriebsausgaben geltend zu machen. Ein Teil der antragsgemäß ergangenen Bescheide ist inzwischen rechtskräftig geworden. Bei diesen Steuerbescheiden ist also eine Berichtigung des Fehlers nicht mehr möglich. S muß nun mit seinem Mandanten (M) eine Verhandlung über diesen Fehler führen.

Die meisten Steuerberater empfinden dieses Gespräch als besonders schwierig. Die Gründe dafür liegen auf der Hand. Man muß hier zwei Schwierigkeiten überwinden. Zum einen muß man das eigene Versagen aufdecken, was niemand gerne tut. Zum anderen muß man dem Partner eine schlechte Nachricht übermitteln. Damit zerstört man die Harmonie zwischen den Verhandlungspartnern, nicht anders, als man das bei der oben behandelten schlechten Mitarbeiterbewertung[192] tun muß. Möglicherweise wird es Emotionen geben. Der Ablauf des Gespräches erscheint unkalkulierbar. Es droht ein Scheitern der Verhandlung und als weitere Konsequenz der Verlust eines Mandates, mit allen damit verbundenen negativen Folgen. Im Beispiel befürchtet der Steuerberater nicht nur den Verlust dieses einen Mandanten, sondern auch einen möglicherweise noch schwerer wiegenden Verlust an beruflichem Ansehen. Freiberufler dürfen keine Reklame machen. Sie sind auf Empfehlungen angewiesen. Die schlechte Mundpropaganda eines unzufriedenen Mandanten kann ihnen großen Schaden zufügen.

In dieser Lage wird gerne das persönliche Gespräch mit dem Mandanten vermieden. Es gibt ja eine scheinbar bequeme Alternative. Man schreibt einen Brief. Dann, so denkt man, kann der Mandant den Vorfall erst einmal in Ruhe seelisch verarbeiten, und wenn er das getan hat, mag man mit ihm über den Fehler auch sprechen. Diese Alternative ist aber nur scheinbar bequem. Wer Briefe schreibt, weicht der persönlichen Auseinandersetzung aus. Dies wird der Briefempfänger als ein zusätzliches Versagen empfinden. Außerdem nimmt sich der

---

[192] Siehe oben Teil H 3.

Briefeschreiber die Chance, die gerade in einer persönlichen Fehlerverhandlung liegt. Der Mandant weiß ja, daß sein Steuerberater in einer schwierigen Lage ist, und er wird sehr wohl die Art und Weise bemerken und würdigen, auf welche sein Berater diese Lage meistert. Eine gute Fehlerverhandlung kann den Fehler zwar nicht ungeschehen machen, aber doch dazu führen, daß der Berater neuen Boden gewinnt.

Gelegentlich versteckt sich der Verursacher des Fehlers auch hinter anderen. Das ist natürlich ganz verkehrt. Ich habe einmal einen Rechtsanwalt erlebt, der nach einem verlorenen Prozeß seine Sekretärin beauftragte, den Mandanten telefonisch zu informieren. Er verlor sofort das Mandat, zu Recht, aus zwei Gründen. Er hatte sich vor einer höchstpersönlichen Pflicht gedrückt, und er war grausam zu seiner Sekretärin gewesen.

Die Angst vor der Fehlerverhandlung ist natürlich berechtigt. Beim «intuitiven» Verhandeln ist man in Gefahr, zusätzliche Fehler, nämlich Verhandlungsfehler, zu begehen, die dann möglicherweise den Schaden erst wirklich irreparabel machen. Dies alles ist Grund genug, sich mit der besseren Alternative des «rationalen» Verhandlungsmodelles auch mit Blick auf diese Situation zu beschäftigen.

Beim «rationalen» Verhandeln muß man sich, wie immer, zunächst Klarheit über das Verhandlungsthema verschaffen. Dieses hat nichts mit dem Fehler zu tun, sondern lautet schlicht «Vertrauen». Die Frage ist, ob M dem S trotz des Fehlers weiterhin sein Vertrauen schenken kann. Nur hierum geht es. Alles andere ist sekundär. Insbesondere ist die Frage des Schadensersatzes zweitrangig; angesichts der Tatsache, daß S eine Haftpflichtversicherung abgeschlossen hat, ist dieser Punkt im allgemeinen unproblematisch. Es geht nur um das Vertrauen, um nichts sonst.

Aus dieser Themenbestimmung ergeben sich die Konsequenzen, die schon im Zusammenhang mit einer anderen Situation, nämlich der Gewinnung eines neuen Mandanten,[193] besprochen wurden. Diese müssen nur der Situation angepaßt werden. Bei der Gewinnung eines neuen Mandanten geht es darum, Vertrauen zu schaffen. Bei der Fehlerverhandlung geht es darum, erschüttertes Vertrauen wieder zu befestigen. Aber hier wie dort gilt, daß Vertrauen eine rational nicht zu schaffende und nicht zu befestigende Emotion ist. S kann das Vertrauen des M nicht durch Argumente behalten. Er kann nur durch die

---

[193] Siehe oben Teil H2.

Art und Weise der Verhandlungsführung in dieser für ihn erkennbar schwierigen Situation einen Grund legen, auf dem sich – hoffentlich – das durch den Fehler erschütterte Vertrauen des M wieder festigt.

Von dieser Überlegung ausgehend ist die Verhandlung in vier Phasen zu strukturieren, nämlich eine *Informationsphase*, eine *Emotionsphase*, eine *Erklärungsphase* und eine *Zukunftsphase.* Hierüber sollte, wie auch sonst, möglichst frühzeitig, also entweder unmittelbar nach der Informationsphase oder spätestens nach der Emotionsphase ein Verhandlungsvertrag geschlossen werden. Darauf gehe ich hier nicht nochmals ein.[194] Für jede Phase gelten sodann Regeln, gegen die bei «intuitivem» Verhandeln regelmäßig verstoßen wird. Ich will erst jeweils diese typischen Fehler nennen, und dann sagen, wie es besser gemacht werden sollte.

Der erste Fehler liegt in der häufigen Vorschaltung einer *Eröffnungsphase:* Oftmals beginnt S das Gespräch mit neutralen Erörterungen. Er fragt etwa nach dem Wohlergehen des M, nach dessen letzten Urlaub, nach beruflichen Erfolgen und dergleichen mehr. Das ist hier aus denselben Gründen verfehlt wie bei einer schlechten Mitarbeiterbeurteilung.[195] Schlechte Nachrichten müssen sofort übermittelt werden. S muß sofort zur Sache kommen.

Informationsphase: Mit dieser Phase muß die Verhandlung also begonnen werden. Häufig versucht S hier, den Fehler sprachlich zu verkleinern. Auch will er dem M nicht sofort die volle Wahrheit sagen; vielmehr will er ihm die schlechte Nachricht in kleinen Teilstücken und damit, wie er meint, auf schonende Weise beibringen. Der folgende Verhandlungsablauf ist hierfür typisch:

S: «Herr M, wir haben ein kleines Problem bei ihren Steuerbescheiden. Das Finanzamt hat nicht alle Ihre Schuldzinsen als Betriebsausgaben berücksichtigt.» An dieser Stelle hört S erst einmal auf und sieht M erwartungsvoll an.

Wie wird M reagieren? Er wird ergänzende Fragen stellen, und S wird sich im nächsten Augenblick in einer Verhörsituation befinden.

M: «Was heißt hier ‹kleines Problem›? Um welchen Zinsbetrag handelt es sich?»

S: «Um fünfzigtausend DM.»

M: «Fünfzigtausend? Das sind ja meine gesamten Schuldzinsen.»

---

[194] Siehe oben Teil F 1.
[195] Siehe oben Teil H 3.

S: «Ja.»

M: «Betrifft das nur den letzten Bescheid?»

S: «Nein, es betrifft auch frühere Bescheide.»

M: «Um welche Jahre handelt es sich?»

S: «Um die letzten acht Jahre.»

M: «Und das nennen Sie ein kleines Problem. Wie hoch ist mein steuerlicher Schaden?»

S: «Das muß ich erst noch ausrechnen.»

M: «Das hätten Sie längst tun müssen. Sie haben natürlich sofort Rechtsmittel eingelegt?»

S: «Ja, aber nur bezüglich des letzten Bescheides. Die anderen Bescheide sind ja längst rechtskräftig.»

M: «Soll das heißen, da ist nichts mehr zu machen?»

S: «Ja, so ist es leider.»

M: «Wie konnte das geschehen?»

S: «Nun, in unserem Büro war ein Sachbearbeiter, Herr Huber, der nicht immer mit der erforderlichen Sorgfalt vorgegangen ist. Er hat diese Betriebsausgaben leider übersehen. Aber zum Glück ist er im vorigen Jahr in Pension gegangen. Der Vorfall kann sich nicht wiederholen. Und meine Haftpflichtversicherung...»

M: «Herr S, wollen Sie damit sagen, daß Sie meine Steuererklärungen nicht selbst bearbeitet haben?»

S: «Ich kann mich nicht um alles selbst kümmern. Sie delegieren auch Aufgaben auf Ihre Mitarbeiter und müssen sich auf diese verlassen können.»

M: «Ich habe aber meine Mitarbeiter mit Sorgfalt ausgesucht, woran Sie es offensichtlich fehlen ließen...» Undsoweiter. Man sieht leicht, daß das Gespräch für S immer unerfreulicher verläuft. Von Verhandlungs-«führung» durch S kann keine Rede sein.

Analysiert man die Fehler des S und überlegt man, wie S es besser machen könnte, so erkennt man, daß bei der Mitteilung des Fehlers in der Informationsphase zwei Grundsätze beachtet werden müssen: Die schlechte Nachricht muß erstens vollständig übermittelt werden. Und sie muß zweitens sprachlich neutral formuliert werden.

Sie muß vollständig übermittelt werden, damit S nicht in eine Verhörsituation gerät. S braucht sich nur in die Lage des M zu versetzen, um zu erkennen, welche Fragen M ihm stellen wird. Er kann sich diese Fragen ausnahmslos selbst stellen, und er kann sie sämtlich von sich aus beantworten. Wenn er dazu zusätzliche Recherchen anstellen muß, muß er dies vor der Verhandlung tun. Es ist nachteilig, wenn S in der Verhandlung bei einer Uninformiertheit ertappt wird («Wie hoch ist mein steuerlicher Schaden?» – «Das muß ich erst noch ausrechnen.») Verhöre sollen einen Beschuldigten überführen, und hier erhält M den Beweis, daß S seine steuerlichen Angelegenheiten nicht mit der erforderlichen Sorgfalt betreut. (Später, wenn S die Verantwortung auf seinen früheren Mitarbeiter Huber abwälzt, erhält M einen weiteren Beweis für diese Tatsache.)

Die schlechte Nachricht muß sprachlich neutral übermittelt werden. Untertreibungen sind zu vermeiden («Fünfzigtausend DM» – das ist kein «kleines Problem».) Natürlich sind auch Übertreibungen zu vermeiden («Fünfhundert DM» – das ist keine «Katastrophe»). Man kann sich hier an den Sioux-Indianern orientieren. Ein Sioux-Steuerberater kennt keine Freude und keinen Schmerz. Er kennt nur die nackten Tatsachen.

S würde also etwa sagen: «Herr M, ich muß Ihnen leider mitteilen, daß wir es in den letzten Jahren versäumt haben, Ihre Schuldzinsen als Betriebsausgaben anzusetzen. Es handelt sich um einen Betrag von jährlich fünfzigtausend DM. Davon sind die letzten acht Jahre betroffen. Wir können den Fehler durch Einspruch nur für den letzten Bescheid, also den Bescheid des vergangenen Jahres, korrigieren. Die anderen Bescheide sind rechtskräftig geworden. Sie werden mich natürlich fragen, wie hoch der Gesamtschaden ist, der Ihnen aus unserem Versäumnis entstanden ist. Nun, es handelt sich um einen Betrag von 174.386.– DM.[196] Der Fehler ist, wie gesagt, bei uns passiert. Es tut mir leid, daß ich Ihnen dies eröffnen muß.»

M kann jetzt alles mögliche tun. Er kann die Information anzweifeln, er kann Fragen stellen, er kann sich empören. Nur eines kann er nicht mehr tun: Er kann S nicht mehr verhören, da S bereits ein vollständiges Geständnis abgelegt hat. Türen, die offenstehen, kann man nicht mehr eintreten.

Emotionsphase: Wie ich schon im Zusammenhang der Mitarbeiterbeurteilung[197] ausgeführt habe, muß auf eine solche schlechte Nachricht eine Emotionsphase folgen. Beim «intuitiven» Verhandeln unterbleibt das regelmäßig, aus verständlichen Gründen. S fürchtet die Emotionen

---

[196] Der Leser rechne nicht nach, ob dieser Betrag möglich ist. Ich habe ihn einfach gegriffen.
[197] Siehe oben Teil H 3.

des M, und er will rasch zu Sachargumenten kommen, also die Verantwortung seinem früheren Mitarbeiter Huber zuweisen und vor allem seine Haftpflichtversicherung ins Spiel bringen. Aber wenn die Emotion des M jetzt nicht ausgelebt wird, geschieht das eben später, und dann auf eine Weise, welche die sachliche Argumentation stört. S sollte also eine Emotionsphase vorsehen, und er sollte das auch aussprechen. S sagt also etwa: «Ich kann mir denken, das ist ein ziemlicher Schock für Sie. Ehrlich gesagt fällt es mir auch nicht leicht, Ihnen das zu sagen. Wir beide sollten das jetzt erst einmal verarbeiten.» Und dann sollte eine kurze Pause folgen.

Erklärungsphase: Natürlich muß der Fehler erklärt werden. Dafür ist eine eigene Phase nach der Emotionsphase vorzusehen. Es ist ungünstig, wenn S, wie im Beispiel geschehen, die Information mit Erklärungen (Verschulden des Huber) vermengt. Solange M die Information noch nicht vollständig erhalten und die Emotion noch nicht ausgelebt hat, ist er an Erklärungen noch nicht interessiert. Erst jetzt, nach vollständiger Information und nach ausgelebter Emotion, ist der Boden für Erklärungen bereitet.

In der Sache selbst hat S hier einen schweren Fehler begangen, indem er die Verantwortung von sich auf den inzwischen pensionierten Mitarbeiter Huber abgewälzt hat. Zu Recht hat M darauf erwidert, daß S die Verantwortung für die Auswahl seiner Mitarbeiter trage. Noch schlimmer wäre es gewesen, wenn S eigene Versäumnisse des M ins Spiel gebracht und diese gewissermaßen gegen seinen Fehler «aufgerechnet» hätte. Die Versuchung dazu ist groß. Kein Mandant liebt die Steuer. Niemand verbringt gerne seine Tage damit, Belege zu sammeln, Fahrtenbücher zu führen, und Buchhaltungen für das Finanzamt anzulegen. Demgemäß erhalten Steuerberater oftmals die abenteuerlichsten Zettelsammlungen in Schuhkartons und Plastiktüten. So war es auch bei M. Das mag S dazu verführen, dem M zu sagen, in welch unglaublichem Zustand die von ihm gelieferten Unterlagen gewesen seien, und daß es eigentlich ein Wunder sei, daß nicht ein noch viel größeres Unglück geschehen sei. Aber ein solcher Hinweis wäre eine schädliche Themaverfehlung. Der Fehler geschah in der Kanzlei des S. Für S als Inhaber der Kanzlei gilt das Prinzip Verantwortung. Das Vertrauen des M in S ist erschüttert. Nur darum geht es. Die Schuhkartons des M haben keinen Platz in dieser Verhandlung.

Das Prinzip Verantwortung gilt ohne Ausnahme in allen Unternehmen. Wenn Untergebene Fehler machen, müssen ihre Vorgesetzten den Kopf dafür hinhalten. Wenn der Fehler im eigenen Verantwortungsbereich begangen wurde, darf die Verantwortung nicht auf andere abgeschoben werden. Hiergegen hat S verstoßen. Die Verhandlung muß scheitern. Der Grund dafür liegt auf der Hand. Sobald man Verantwortung von sich abwälzt, wird man angreifbar, und wird man angegriffen. Die Menschen verzeihen (fast) alle sachlichen Fehler, weil sie wissen, daß auch ihnen selbst Fehler unterlaufen. Aber sie verzeihen es nicht, wenn man sich aus seiner Verantwortung für einen Fehler zu stehlen sucht. Deshalb sollte man sich zu seiner Verantwortung ohne Wenn und Aber bekennen. Dann wird man in diesem Punkt unverwundbar sein. Der, der sich selbst zu seiner Verantwortung bekennt, kann jedenfalls die Verantwortung nicht mehr von einem anderen zugewiesen bekommen. Auch hier öffnet er also eine Tür, die der andere nicht mehr eintreten kann.

Zukunftsphase: Die Erklärungsphase ist eine vergangenheitsbezogene, destruktive Phase. Deshalb sollte sie nicht zu lange dauern. Wenn S die Gründe für den Fehler vollständig dargelegt und sich zu seiner Verantwortlichkeit bekannt hat, sollte diese Phase beendet werden, und sollte S zur Zukunftsphase überleiten. Hier muß S zwei Dinge leisten. Zum einen muß er über die Reparatur des Fehlers sprechen. Zum anderen sollte er jetzt den (letzten) Grundstein legen, auf dem sich – hoffentlich – das erschütterte Vertrauen des M wieder festigen kann.

Die Reparatur des Fehlers ist rasch erledigt. S wird dem M sagen, daß er seine Haftpflichtversicherung bereits verständigt habe, und daß er annehme, daß es bei der Schadenregulierung keine Schwierigkeiten geben werde. (Natürlich muß er sich hier vor Zusagen hüten, die er nach den Versicherungsbedingungen nicht erteilen darf.)

Schwieriger ist der Punkt Vertrauen zu behandeln. Hilfreich ist es hier, wenn S konkrete Maßnahmen nennen kann, die er bereits eingeleitet hat, um eine Wiederholung dieses Fehlers oder anderer Fehler möglichst auszuschließen. Er kann etwa dem M sagen, daß er persönlich anhand des Einspruches die letzte Steuererklärung des M noch einmal vollständig mit Blick auf etwaige weitere Fehler überprüft und für einwandfrei befunden habe, und daß er auch in Zukunft so verfahren werde. Derartige konkrete Maßnahmen sind, wie immer, besser als allgemeine Absichtserklärungen und Versprechungen. – Mehr kann S nicht tun. Jetzt liegt es an M, sein Vertrauen wieder zu befestigen. Wie wird es nun weitergehen?

Ich habe es erlebt, daß ein Seminarteilnehmer in der Rolle des M am Schluß der Fehlerverhandlung den S fragte: «Können Sie mir versprechen, daß ein derartiger Fehler in meinen Steuererklärungen nie wieder vorkommt?» Wie lautet die richtige Antwort des S? Sie lautet: «Nein, das kann ich nicht, weil niemand das könnte. Ich kann Ihnen nur eines versprechen. Sollte wieder ein Fehler geschehen, werde ich ihn genau so behandeln wie den heute besprochenen Fehler.» Wenn dieses Versprechen für den M einen Wert hat, dann hat S die Fehlerverhandlung erfolgreich geführt. Dann wird M ihm auch künftig sein Vertrauen schenken.

6. Die Präsentation beruflichen Wissens

Wer einen anspruchsvollen Beruf ausübt, muß natürlich über Fachwissen verfügen. Dieses Wissen hat er sich regelmäßig in einer langen Ausbildung mühsam angeeignet und in seiner beruflichen Praxis vertieft. Jetzt beherrscht er seinen Beruf; er besitzt Faktenwissen, und er hat vor allem Regelwissen eingespeichert; er weiß, daß im Falle X die Maßnahme Y durchzuführen ist; er besitzt neben vielen anderen beruflichen Regeln eine X-Y-Regel, die besagt: «Wenn X geschieht, muß die Maßnahme Y durchgeführt werden».

Freilich ist er sich dessen oftmals nicht wirklich bewußt. Er beherrscht sein Regelwissen vorwiegend auf intuitiver Basis. Dies hat etwas mit der bereits besprochenen Entstehung des menschlichen informationsverarbeitenden Systemes zu tun. Das Regelwissen ist das älteste Wissen. Es entstand lange, ehe sich die verbale Sprache entwickelte, und diese zielte nicht auf eine Beherrschung des Regelwissens ab.[198]

Ich habe viele Seminare für Praktiker meines eigenen Berufes, also für Juristen, durchgeführt und mir steht dieser Befund deutlich vor Augen. Rechtsanwälte, Syndizi, Notare oder Richter wissen, was zu tun ist, wenn der Fall X geschieht. Aber sie wissen es auf intuitive, unbewußte, «automatische» Weise. Sie beherrschen zwar ihren Beruf, aber sie beherrschen nicht die Mechanismen, welche sie zu dieser Beherrschung befähigen.

Diese Mechanismen beherrschen zu wollen, ist aber ein lohnendes Ziel, aus drei Gründen. Zum ersten kann man sich selbst rationalisie-

---

[198] Siehe oben Teil C 3.

ren. Zum zweiten kann man sein Lernverhalten verbessern. Zum dritten, und darauf kommt es im vorliegenden Zusammenhang vor allem an, kann man sein Verhalten in Verhandlungen grundlegend verbessern.

Zur Selbstrationalisierung will ich nur einige wenige Hinweise geben. Jede anspruchsvolle Berufsausübung bringt heutzutage eine permanente Überforderung mit sich. Längst ist das Wissen, und zwar vor allem das Faktenwissen, in allen Berufen so groß geworden, daß niemand auch nur noch Teilgebiete seines Faches vollständig überblicken, geschweige denn beherrschen kann. Externe Hilfen, insbesondere elektronische Datenbanken und computergestützte Expertensysteme, sollen Abhilfe bringen. Aber der Nutzen dieser Techniken wird begrenzt bleiben, solange man nicht am Zentrum des Problemes ansetzt, am System der menschlichen Informationsverarbeitung. Erst wenn man hier das Geschichtendenken beim Umgang mit Komplexität überwindet und die möglichen Ansätze des Strukturdenkens entwickelt und ausbaut, wird man zu brauchbaren Lösungen kommen. Davon kann heute noch kaum die Rede sein. Man ändert sich selbst nicht, man benutzt weiterhin Denkweisen, die sich in den vergangenen zweitausend Jahren nicht geändert haben, überläßt das Problem vollständig den Datenverarbeitern, und wundert sich, daß keine wirklich tauglichen Lösungen gefunden werden. – Strukturdenken könnte hier Abhilfe bringen.

Auch zum Thema «Verbesserung des eigenen Lernverhaltens» will ich nur wenige Hinweise geben. «Lebenslanges Lernen» ist heute ein Schlagwort, das zu Recht in aller Munde ist. Die Zeiten, in denen das einmal in der Ausbildung erworbene Wissen für ein ganzes Berufsleben ausreichte, sind lange vorüber (wenn es sie überhaupt jemals gegeben haben sollte). In manchen Gebieten, etwa der Informatik, beträgt die Halbwertzeit, also die Zeit, in der das vorhandene Wissen verdoppelt wird, nur zwei bis drei Jahre. – Aber wie organisiert man dieses Lernen im Zeitalter der «Informationskrisen» und «Informationslawinen»? – Auch hier bietet das Strukturdenken einen brauchbaren Ansatz. Wenn man sich beim Lernen auf das Regelwissen konzentriert und das Faktenwissen radikal beschränkt, kann man sein Lernverhalten drastisch verbessern. Man trägt damit der aufgezeigten Tatsache Rechnung, daß das menschliche Langzeitgedächtnis primär ein Regelspeicher ist.[199] Beim Faktenwissen kommt es vor allem darauf an, den

---

[199] Siehe oben Teil C 2.

Verbund mit externen Speichern (Büchern, Akten, Datenbanken ...) sinnvoll zu organisieren. – Ich will das hier nicht weiter ausführen.[200] Ich will nur deutlich machen, daß die Bedeutung des Strukturdenkens auch insoweit über das Thema Verhandeln hinausreicht, und daß die hierfür aufgewandte Mühe auch an anderer Stelle Nutzen trägt.

Im vorliegenden Buch kommt es auf den Zusammenhang des Verhandelns an. Hier muß man sehen, daß in jeder Kommunikation mit anderen bei der Ausübung eines anspruchsvollen Berufs immer auch unausgesprochen eine Verhandlung über die eigene berufliche Qualifikation liegt. Verhandlungen finden nicht nur dann statt, wenn man ein Produkt verkauft oder einen neuen Mandanten gewinnt. Sie finden jeden Tag, jede Stunde statt. Ob man es in einem Unternehmen mit Kollegen und Vorgesetzten zu tun hat, ob man als Steuerberater mit Mandanten umgeht, ob man als Anwalt vor Gericht auftritt – immer präsentiert man auch sich selbst, und immer verhandelt man auch, ob man will oder nicht, über seine eigene fachliche und menschliche Qualifikation. Immer steht man auch selbst auf dem Prüfstand. Die Karriere im Unternehmen, die Gewinnung neuer Mandanten, der Erfolg im Rechtsstreit – dies hängt auch und entscheidend davon ab, wie erfolgreich man diese alltäglichen Situationen bestreitet. Wenn man sich dies klarmacht, kann das Ziel vernünftigerweise nur darin bestehen, nach einer Festigung und Steigerung des eigenen beruflichen Ansehens in diesen alltäglichen Verhandlungen zu streben.

Es ist zunächst einmal wichtig, diese Alltäglichkeit des Verhandelns überhaupt zu sehen. Verhandlungen über das eigene berufliche «Image» werden permanent geführt, und von diesen alltäglichen Verhandlungen hängt in der Summe mehr ab als von einzelnen, spektakulären, bewußt als solchen geführten «Verhandlungen». Das er-

---

[200] Ich verweise auf mein schon erwähntes Buch «Einführung in das juristische Lernen», 5. Aufl. Bielefeld 1991. – Während das juristische Studium heute im Schnitt etwa sechs (!) Jahre dauert, könnte es nach meiner Überzeugung durch eine optimierte Lernmethode in sechs Monaten, also einem Zehntel der gegenwärtig dafür benötigten Zeit, bewältigt werden, und zwar nicht nur ohne Qualitätsverlust, sondern mit deutlichem Qualitätsgewinn. – Ich bin gegenwärtig damit befaßt, ein computergestütztes Lernprogramm zum Allgemeinen Teil des Strafrechtes fertigzustellen. Es wird sämtliche «Regeln» dieses Gebietes enthalten. Es handelt sich nur um rund fünfhundert hierarchisch aus dem Begriff «Straftat» abgeleitete Regeln. Diese begrenzte Menge kann man in kurzer Zeit beherrschen, wenn man begreift, daß man nicht Faktenwissen (Begriffsdefinitionen, Streitfragen, Theorien, Fälle ...), sondern Regelwissen zu erwerben hat.

kennt man aber im allgemeinen nicht, weil dort, anders als hier, das Etikett «Verhandlung» auf der Veranstaltung fehlt.

Es ist sodann wichtig, dieses alltägliche Verhandeln zu optimieren. Dazu muß man sich zunächst klarmachen, um welches Thema es hier jeweils (auch) geht. Sodann muß man überlegen, wie man die Verhandlung über dieses Thema, dem «rationalen» Verhandlungsmodell entsprechend strukturieren kann.

Das Thema dieser alltäglichen Verhandlungen ist immer die berufliche Qualifikation des Verhandelnden. Darin sind zwei Aspekte enthalten, nämlich der fachliche und der persönliche Aspekt. Der Partner sieht auf das Fachwissen, und er sieht auf den Menschen. Erscheinen beide Bilder positiv, ist das Verhandlungsziel erreicht.

Diese Sichtweise kann man günstig beeinflussen, und der Punkt, an dem man ansetzen muß, ist das Fachwissen. Je besser man dieses strukturiert, desto kompetenter kann man es präsentieren, desto überzeugender wirkt man auch als Person.

Ich will dies an einem Beispiel aus den Steuerberaterseminaren verdeutlichen. Zu den Themen, mit denen Steuerberater immer wieder konfrontiert werden, gehört die Problematik der Ehegatten-Arbeitsverhältnisse. Diese können steuerlich vorteilhaft sein. Wegen der darin liegenden Gefahr des Mißbrauches erkennen die Finanzverwaltungen solche Arbeitsverhältnisse nur unter bestimmten, engen Voraussetzungen an. Diese muß der Steuerberater kennen. Bei diesem Fachwissen gibt es normalerweise keine Probleme. Er muß dieses Wissen aber auch überzeugend präsentieren können. Hier fangen die Schwierigkeiten an.

Nehmen wir an, ein niedergelassener Arzt (A) kommt zum Steuerberater (S) und sagt diesem, er gedenke, seine Ehefrau als Mitarbeiterin in seiner Praxis einzustellen. Er will wissen, worauf er hier zu achten habe. Wie wird S reagieren? Ich habe diese Frage in vielen Steuerberaterseminaren gestellt und immer gefunden, daß S nur zwei oder drei, höchstens vier Aspekte dieses komplexen Problemes nennen wird.

S wird also etwa sagen: «Sie müssen einen schriftlichen Vertrag abschließen. Ihre Frau muß tatsächlich in dem vorgesehenen Umfang in Ihrer Praxis mitarbeiten. Und Ihre Frau muß ein eigenes Bankkonto einrichten, auf welches der Arbeitslohn zu überweisen ist.»

Das Problem hat aber wesentlich mehr als drei Aspekte. Niemand ist imstande, sich alle Aspekte zu merken. Der menschliche Arbeitsprozessor ist hier überfordert (Stichwort «magische Sieben»). Deshalb werden in einer normalen Beratung nur zwei, drei Aspekte genannt. Entsprechend fragmentarisch fällt die Beratung aus. Entsprechend unvollständig ist die Präsentation des beruflichen Wissens durch S.

Will S an dieser Situation grundlegend etwas ändern, muß er sein gesamtes berufliches Wissen, also auch sein Wissen zum Problem «Ehegatten-Arbeitsverhältnisse» ein für allemal so organisieren, daß er jederzeit ohne Vorbereitung zu einer Beratung imstande ist, welche alle Aspekte des Themas umfaßt. Dazu muß er hierarchische Strukturen bilden und imstande sein, diese als Verhaltensprogramme für die Beratung zu verwenden. Gelingt dies dem S, wird er seine Beratung etwa wie folgt beginnen (ich will hier nur den Beginn skizzieren):

«Bei einem Ehegatten-Arbeitsverhältnis muß man auf drei grundlegende Dinge achten, nämlich erstens auf die Begründung des Arbeitsverhältnisses, zweitens auf dessen Durchführung und drittens auf dessen Anpassung an möglicherweise geänderte tatsächliche Gegebenheiten. Diese drei Aspekte möchte ich genauer untersuchen. Ich fange mit dem ersten Punkt an: «Begründung des Arbeitsverhältnisses». Hier kommt es wiederum auf drei Dinge an. Zum einen muß eine faktische Notwendigkeit für das Arbeitsverhältnis bestehen. Zum anderen müssen die Bedingungen des Arbeitsverhältnisses so gestaltet werden, wie das auch bei einem sonstigen Arbeitnehmer der Fall wäre. Schließlich müssen diese Bedingungen vertraglich festgelegt werden. Nun zum zweiten Punkt. . . (die Struktur wird weiter ausgeführt). Nun zum dritten Punkt. . . (wird ausgeführt). Über alle diese Punkte müssen wir sprechen. Wie steht es mit dem ersten Punkt – faktische Notwendigkeit des Arbeitsverhältnisses?»

Natürlich will ich damit nicht behaupten, die hier begonnene Struktur des Themas «Ehegatten-Arbeitsverhältnis» sei «richtig». Es gibt keine Instanz, welche über die Richtigkeit solcher Strukturen befinden könnte. Hier gibt es nur den Konsens, also die Zustimmung der Fachkollegen (hier vor allem des Finanzamtes) und die Einsichtigkeit für die Laien (hier des Arztes). Wenn A erkennt, daß S sein diffuses Gefühl (ein Ehegatten-Arbeitsverhältnis ist vielleicht möglich und steuerlich vorteilhaft) in Aspekte und Unteraspekte zerlegen kann, womit eine präzise Entscheidung dieses Problems möglich wird, dann hat S dem A nicht nur eine korrekte Beratung geliefert; er hat auch die Verhandlung über seine berufliche Qualifikation zu einem guten Ergebnis gebracht. Diese Chance besteht, wie gesagt, immer, und sie sollte genutzt werden.

Voraussetzung dafür ist eine entsprechende Selbstrationalisierung und eine Optimierung des beruflichen Lernverhaltens. Hier schließt sich der Kreis zu den oben angestellten Überlegungen. – Übrigens ist die Zahl der Regeln, die man auf diese Weise bewußt machen und trainieren muß, wesentlich kleiner als die Menge des jeweiligen Faktenwissens. Beim Ehegatten-Arbeitsverhältnis kommt man mit etwa sechzehn Regeln aus. Würde man sich dagegen mit den Fakten beschäftigen, hätte man es mit einer uferlosen Menge an Wissen zu tun. So existieren zur Problematik der Ehegatten-Arbeitsverhältnisse zahlreiche Entscheidungen des Bundesfinanzhofes, in denen die verschiedenartigsten Konstellationen behandelt sind. Niemand kann sich diese Fülle wirklich merken. Unzählige Steuerberater versuchen dies freilich. Sie tragen an den Freitagen gefüllte Aktentaschen mit Fachzeitschriften und Entscheidungssammlungen nach Hause, um diese an den Wochenenden zu studieren und auf dem laufenden zu bleiben. Zwar bleibt das eine oder andere hängen, aber insgesamt ist diese Mühe doch vergebens. Sie trägt zu wenig ein, als daß die verdorbenen Wochenenden gerechtfertigt wären.

Ich wäre von diesen Überlegungen nicht so überzeugt, wenn ich nicht mein eigenes Fachgebiet – das Strafrecht –, soweit es Prüfungsgegenstand des Ersten Juristischen Staatsexamens ist, vollständig in Strukturen und daraus abgeleitete Regeln zerlegt hätte. Deren Menge ist überschaubar und im Kopf beherrschbar. Alles andere gehört in die externen Speicher, in Bücher, Zeitschriften, elektronische Datenbanken. Ich habe juristische Lehrbücher geschrieben, welche diesen Überlegungen Rechnung tragen,[201] und ich bin davon überzeugt, der nächste Schritt wird in der Entwicklung von computergestützten Lehrprogrammen bestehen, die den Erwerb und das Training von Regelwissen erleichtern soll.[202]

Was ich damit sagen will, ist: die Methode des Strukturdenkens hilft beim Umgang mit Komplexität, beim Lernen, beim Arbeiten, beim Präsentieren, und sie hilft natürlich – dies zu zeigen ist der Zweck dieses Buches – beim Verhandeln.

---

[201] Außer dem schon erwähnten Buch «Strafrecht – Allgemeiner Teil, 8. Aufl. München 1998» noch ein Lehrbuch «Strafrecht – Besonderer Teil, 7. Aufl. München 1998» und eine Fallsammlung «Strafrechtliches Fallrepetitorium, 3. Aufl. München 1996».

[202] Ein Anfang für das Strafrecht ist, wie schon gesagt, in Arbeit.

I. Mediation

1. Überblick

Als die erste Auflage dieses Buches im Jahre 1992 erschien, war Mediation in Deutschland noch ein weitgehend unbekannter Begriff. Anders verhielt es sich schon damals in den USA, wo die Mediation seit den achtziger Jahren des vorigen Jahrhunderts als eine der drei Säulen von «Alternative Dispute Resolution (ADR)» neben Negotiation (Verhandlung) und Arbitration (Schiedsgerichtsbarkeit) entwikkelt worden war. In der jüngsten Vergangenheit ist die Mediation aber auch in Deutschland eingeführt geworden. Mediation ist geradezu zu einem Modewort geworden, dem ein Glamour anhaftet, den das gute alte «Verhandeln» nie hatte, und den es im Hinblick auf die Anrüchigkeit des «Feilschens» auch nie haben wird. Neben dem Glamour hat Mediation aber auch schon akademische Weihen erhalten. Die erste juristische Habilitationsschrift hierzu ist erschienen;[203] etliche Dissertationen befassen sich mit diesem Thema; an der FernUniversität Hagen wurde ein Fernstudiengang Mediation eingerichtet; am Universitätsinstitut Kurt Bösch in Sion (Schweiz) kann man neuerdings den Titel eines «European Master in Mediation» erwerben; Angehörige verschiedener Berufe – Rechtsanwälte, Notare, Richter, Psychologen, Politologen, Sozialarbeiter und andere – bemühen sich, den neuen Markt der Mediation zu besetzen oder erobern; kurz, Mediation ist ein aktuelles Thema geworden, und da eine passende Eindeutschung nicht gelungen und der Begriff Mediation schillernd ist, umgibt ihn auch ein gewisses Geheimnis, das sicherlich ebenfalls zu dem Erfolg der Mediationsbewegung beigetragen hat.

Mediation basiert auf der Verhandlung. Deshalb soll im folgenden kurz dargestellt werden, was Mediation ist, wie sie abläuft, und welche Rolle der Mediator dabei spielt.[204] Die rechtlichen Rahmenbe-

---

[203] Breidenbach, Mediation, Köln 1996.

[204] Die folgenden Ausführungen beruhen auf einem Beitrag, den Christian Duve und ich gemeinsam für das von Hartung/Römermann herausgegebene Handbuch für Rechtsanwälte Marketing und Management, München 1999,

dingungen der Mediation sollen dagegen hier nicht behandelt werden.[205]

2. Was ist Mediation?

Mediation bedeutet wörtlich «Vermittlung» und ist ein flexibles Streitbeilegungsverfahren, in dem ein Dritter – der Mediator – eine Verhandlung zwischen Parteien unterstützt. Daß sich die Mediation aus der Verhandlungsforschung entwickelt hat, zeigt sich an der Bezeichnung einschlägiger Universitätsprojekte wie «Harvard Negotiation Project», «Stanford Center on Conflict and Negotiation», «Tübinger Verhandlungsseminar». Die klassische US-amerikanische Definition von Frank Sander lautet: «Mediation is negotiation carried out with the assistance of a third party».[206] Im Gegensatz zu einem Schiedsrichter oder Richter ist ein Mediator nicht dazu berechtigt, den Parteien eine Entscheidung aufzuerlegen. Der Ausgang des Verfahrens wird vielmehr durch die Parteien bestimmt. Das heißt, die Parteien handeln eigenverantwortlich und, zumindest was die Einigung anbelangt, freiwillig. Die Einleitung einer Mediation erfolgt zwar nicht immer freiwillig. In manchen US-amerikanischen Court-ADR-Programmen ist die Teilnahme an einer Mediation, zumindest an einer ersten Sitzung, obligatorisch. Dies ändert allerdings nicht an der Freiwilligkeit der Verhandlungen und der Einigung Das Verfahren ist nicht förmlich. Der nicht förmliche Charakter erklärt sich daraus, daß es sich bei der Mediation um eine Verhandlung zwischen den Parteien handelt. Diese können frei über die Gestaltung der Verhandlungen entscheiden.

Für diese Art der Verhandlung wird gelegentlich auch der Begriff der *conciliation* benutzt, insbesondere bei der Beauftragung unparteiischer Dritter in Auseinandersetzungen zwischen Gewerkschaften und Unternehmen. In der deutschen Sprache wird von manchen der Begriff der Schlichtung verwendet, doch sollte dieser Begriff vermieden werden, zumal der Schlichtungsgedanke – von Einzelfällen abge-

---

S. 109 ff. unter dem Titel «Der Rechtsanwalt als Verhandlungs- und Konfliktmanager» verfaßt haben. Ich danke Christian Duve für die freundliche Erlaubnis, den Text hier verwenden zu dürfen.

[205] Näher dazu mit Nachweisen Duve/Haft aaO. S. 120 ff.

[206] Goldberg/Sander/Rogers, Dispute Resolution, 1992, S. 103.

sehen – insgesamt keine Erfolgsgeschichte in der deutschen Rechts-
kultur aufweist. Dem Begriff Mediation ist demgegenüber der Vor-
zug zu geben. Etymologisch ist bei dieser Wortwahl ersichtlich, daß
es um eine Vermittlungsaufgabe geht. Dennoch vermeidet der Begriff
vielleicht irreführende Assoziationen, wie sie hervorgerufen werden
könnten, wenn der eigentlich passende Begriff der Vermittlung benutzt würde, der möglicherweise an Vermittlungsverträge von Maklern und Eheanbahnungsinstituten erinnert. Der Begriff der Mediation ist auch gegenüber dem der Schlichtung vorzuziehen. Angesichts der verschwimmenden Grenzen zwischen der Rolle des
Schlichters und der des Schiedsrichters in Tarifkonflikten könnte
der Begriff der Schlichtung eine Entscheidungsgewalt implizieren,
die dem Mediator grundsätzlich nicht zur Verfügung steht. Schließlich genießt der Begriff der Mediation den Vorteil, im Einklang mit
dem internationalen Sprachgebrauch zu stehen.

Es ist nicht leicht, über die gegebene Definition hinaus die Mediation näher zu charakterisieren. Das liegt daran, daß angesichts der
Flexibilität der Mediation fast ebenso viele Formen und Stile existieren, wie es Mediatoren gibt. So gehört es beispielsweise zur Praxis
mancher Mediatoren, daß sie eine Bewertung, *Evaluation*, der Tatsa-
chen- oder Rechtsfragen aus ihrer Sicht abgeben, während andere
sich auf die Rolle des moderierenden Verhandlungsführers beschränken. Zudem wird die Mediation in den unterschiedlichsten Lebensbereichen, die von Mietstreitigkeiten über familienrechtliche Auseinandersetzungen insbesondere bei Ehescheidungen, und politische
Streitigkeiten, etwa über Umweltfragen bei öffentlichen Bauprojek-
ten, bis in das Wirtschaftsleben reichen, in verschiedenen Ausprägungen praktiziert.

3. Wie läuft eine Mediation ab?

Angesichts ihres nicht förmlichen Charakters gibt es keinen festen
Ablauf der Mediation. Jedoch können ganz grob fünf Phasen wie
folgt unterschieden werden. Grundlage ist meist eine schriftliche Me-
diationsvereinbarung, in der Regelungen insbesondere über die Si-
cherung der Vertraulichkeit und die gemeinsame Übernahme der Kosten des Mediators (regelmäßig auf der Basis eines Stundenhonorars)
getroffen werden.

a) Einleitungsphase

In der Einleitungsphase wird die Verhandlung durch ein gemeinsames Gespräch des Mediators mit den Parteien eröffnet. Der Mediator erläutert seine Rolle und den vorgesehenen Ablauf des Verfahrens. Die Parteien bekommen die Gelegenheit, Fragen hierzu zu stellen und die Spielregeln der Mediation zu besprechen. Diese Phase kann mit einem frühen ersten Termin im Prozeß oder, vielleicht passender, mit einem vorbereitenden Termin im Schiedsverfahren verglichen werden.

b) Informationsphase

Die Informationsphase dient der gemeinsamen Klärung der Sach- und Rechtslage. Auch diese Phase wird sich nicht wesentlich von einem Schiedsverfahren unterscheiden. Die Parteien oder, wenn sie durch Anwälte unterstützt werden, ihre Anwälte halten Eröffnungsplädoyers, in denen sie ihre Sicht von Sachverhalt und Rechtslage darstellen. Von besonderer Bedeutung ist, daß die Parteien in dieser Phase der Mediation selbst das Wort bekommen. Ihre stärkere Einbeziehung in der Mediation soll sicherstellen, daß die rechtlichen wie die wirtschaftlichen und last not least auch die emotionalen Aspekte hinreichende Berücksichtigung finden. Regelmäßig münden diese Ausführungen in miteinander unvereinbare Positionen der Parteien. In einem Gerichtsverfahren oder Schiedsverfahren würde nun ein Streit um die Positionen beginnen, und die Parteien würden versuchen, das staatliche Gericht oder das Schiedsgericht von der Richtigkeit ihrer Positionen zu überzeugen. Anders bei der Mediation. Der Mediator verhindert dies und lenkt das Augenmerk der Parteien auf deren hinter den Positionen verborgenen Interessen.

c) Interessenphase

In der Interessenphase müht sich der Mediator, die hinter den rechtlichen Positionen verborgenen materiellen und immateriellen Interessen der Parteien zu erforschen und die entscheidenden Probleme einzugrenzen. Ab dieser Phase verläuft die Mediation anders als ein streitiges Verfahren. Im streitigen Verfahren scheuen die Parteien regelmäßig davor zurück, ihre Interessen offenzulegen und Informationen preiszugeben. Sie sagen nicht, worum es ihnen geht, sondern

sie sagen, was sie erreichen wollen, weil sie fürchten, daß die Aufdek-
kung ihrer Interessen zu ihrem Nachteil verwendet werden könnten.
Da ihnen ein solcher Nachteil in der Mediation nicht entstehen kann,
sind die Parteien in der Regel dem Mediator gegenüber offener.
Wenn Parteien ihren Kontrahenten keine Informationen zukommen
lassen wollen, trifft der Mediator manchmal in Einzelgesprächen
mit den Parteien zusammen. Dabei wird er sorgfältig darauf achten,
daß er jeweils ungefähr denselben Zeitraum mit beiden Parteien verbringt und die gewonnenen Informationen vertraulich behandelt. Er
wird also Informationen der jeweils anderen Seite nur dann zugäng-
lich machen, wenn ihm dies ausdrücklich gestattet wird.

d) Brainstorming

An die Interessenphase schließt sich als vierte Phase ein Brainstorming. Damit beginnt der Prozeß der Problemlösung, der weit über
das hinaus gehen kann, was gewöhnlich in streitigen Verfahren geschieht. In dieser Phase versucht der Mediator die Parteien dazu an-
zuhalten, das Problem als gemeinsames Problem zu betrachten, das
in einer gemeinsamen Anstrengung gelöst werden muß. In diesem
Brainstorming werden die Ideen der Parteien zur Lösung des Problems zunächst unverbindlich gesammelt. Die Parteien werden eingeladen, so viele vorstellbare Lösungen wie möglich vorzuschlagen.
Selbst die entferntesten Ideen sind willkommen. Keine dieser Ideen
wird während des Sammlungsprozesses bewertet.
Die klare Trennung von Sammlung und Bewertung von Ideen soll
die Parteien daran hindern, frühzeitig Ideen auszuschließen, die auf
den ersten Blick unmöglich zu sein scheinen, auf den zweiten Blick
aber vielleicht doch den Keim zu einer Lösung in sich tragen.
Manchmal stellen die Parteien selbst zu ihrer Überraschung fest,
wie viele Lösungsmöglichkeiten ihnen einfallen können. Dies deshalb, weil sie in die Zukunft schauen statt wie bei einem herkömmlichen Verfahren die Vergangenheit aufzubereiten. Die Vergangenheit
steht immer fest. Die Zukunft ist immer offen. Kreativität ist hier
möglich, dort nicht.
Erst wenn alle Ideen gesammelt worden sind, werden sie in einem
systematischen Verfahren bewertet. Dabei werden zunächst irreale
Ideen wieder ausgeschieden und die verbleibenden «Optionen» daraufhin überprüft, inwieweit diese den Interessen aller Beteiligten ge-

recht werden. Das Ziel besteht darin, jedem möglichst viel zu geben und möglichst wenig zu nehmen. In den USA spricht man von Win-Win-Negotiation, was natürlich die Vergrößerung des Kuchens voraussetzt.

e) Einigungsphase

Im Erfolgsfall wird die Mediation in der fünften Phase durch eine Einigung und deren rechtliche Gestaltung abgeschlossen. Es muß also ein Vertrag geschlossen und dessen Durchsetzbarkeit gesichert werden. Insofern ergeben sich keine Unterschiede zu Vergleichsverhandlungen in anderem Kontext. Für den Fall des Scheiterns muß bereits im Mediationsvertrag Vorsorge getroffen werden, insbesondere dafür, daß die Vertraulichkeit auch dann gewahrt wird, wenn es zu einem Prozeß kommt.

4. Die Rolle des Mediators

Aus den Charakteristika und dem soeben geschilderten Ablauf der Mediation ergeben sich vier grundsätzliche Unterschiede zwischen der klassischen Rolle insbesondere des Rechtsanwalts als Parteivertreter und der Rolle des Mediators.

a) Neutralität statt Parteilichkeit

Der erste Unterschied zwischen der klassischen Rolle des Rechtsanwalts und derjenigen des Mediators besteht darin, daß der Mediator zur Unparteilichkeit verpflichtet ist, während der Rechtsanwalt Parteiinteressen vertritt.

Wenn man an politische Vermittler wie Richard Holbrooke in der Kosovo-Krise denkt, wird allerdings klar, daß die Neutralität des Mediators keineswegs selbstverständlich ist. Die Mediation spielt außerhalb der juristischen Praxis schon seit einiger Zeit bei Friedensbemühungen im Rahmen der internationalen Beziehungen eine besondere Rolle. In diesem Kontext muß die Definition der Mediation gegenüber derjenigen im juristischen Umfeld noch weiter gefaßt werden. Entsprechend definiert Moore,[207] die Mediation entsprechend

---

[207] The Mediation Process, 1996, S. 15.

breit als: «... eine Intervention in eine Verhandlung oder einen Konflikt durch eine akzeptable dritte Partei, die keine oder nur begrenzte
Entscheidungsgewalt hat, aber die Parteien in ihren freiwilligen Be-
strebungen darum, einen gegenseitig akzeptablen Vergleich zu erreichen, unterstützt.» Es ist in diesem Kontext nicht ungewöhnlich,
daß ein Mediator wie Dennis Ross, der von der amerikanischen Re-
gierung mit der Leitung der Verhandlungen zwischen Israelis und
Palästinensern beauftragt worden ist, eine Partei in den Verhandlungen in die eine oder andere Richtung zu beeinflussen versucht.

Geht man davon aus, daß die Parteien in einer Mediation von ihrer
Privatautonomie Gebrauch machen, könnten sie theoretisch auch
jemanden hinzuziehen, der nicht neutral ist. Im Regelfall wird die
Parteierwartung aber gerade dahingehen, daß der Mediator neutral,
unparteiisch und ausgewogen agieren soll. Anderenfalls werden sie
kein Vertrauen zu ihm entwickeln.

Es versteht sich von selbst, daß die Rolle des Unparteiischen eine
andere Vorgehensweise verlangt als die des Parteivertreters. Der
Mediator muß dafür sorgen, daß beide Seiten gleich behandelt werden, also beispielsweise in demselben Maß zu Wort kommen, wie
die jeweils andere Seite. Der Mediator muß ihre eigenen Interessen
und Bedürfnisse ebenso verstehen wie diejenigen der anderen Seite.
Unparteilichkeit verlangt jedoch auch, daß der Mediator sich mit seiner eigenen Bewertung zurückhält. Die Gleichbehandlung der Parteien wie die Zurückhaltung in der Sache fallen gerade Rechtsanwäl-
ten, die sich traditionell als Parteivertreter verstehen, nicht immer
leicht.

Während zwischen dem Rechtsanwalt als Parteivertreter und seinem Mandanten ein besonderes Vertrauensverhältnis besteht bzw.
bestehen sollte, ist der Mediator weder Interessenvertreter einer der
Parteien noch darf er es in derselben Sache zuvor aktiv gewesen
sein. Es ist von zentraler Bedeutung, daß der Mediator in der Lage
ist, das Vertrauen beider Parteien zu erwerben, um die Verhandlungen erfolgreich führen zu können. So selbstverständlich diese Zielsetzung klingen mag, so schwierig kann ihre Umsetzung in der Praxis
sein, da der Neutrale kein Vertrauen durch Sympathiebekundungen
aufbauen kann, sondern darauf angewiesen ist, daß die Parteien ihn
für fair halten. Dazu muß er fair sein. Eine faire Verhandlungsführung erfordert eine Gleichbehandlung der Parteien ebenso wie Zurückhaltung in der Sache. Letztlich darf der Mediator nie aus dem

Auge verlieren, daß nicht er es ist, der den Konflikt beilegt, sondern daß die Parteien es sind, die dies autonom tun. Der Mediator ist ein schlichter Dienstleister, keine Autorität, die den Parteien sagt, was sie zu tun haben. Diese Zurücknahme der eigenen Rolle fällt gerade Juristen oftmals nicht leicht.

b) Interessenerforschung statt Interessenvertretung

Während es dem Rechtsanwalt als Parteivertreter darum gehen muß, die Interessen seines Mandanten möglichst optimal zu vertreten, muß der Mediator versuchen, die Parteien in einer Weise in ihren Verhandlungen zu unterstützen, die es ihnen erlaubt, eine Lösung zu finden, die ihre jeweiligen Interessen möglichst weitgehend befriedigt. Dieser Gedanke mag, für sich genommen, nicht neu sein, ist aber in jüngster Zeit von der sogenannten integrativen Verhandlungslehre in das Zentrum der Aufmerksamkeit gerückt worden. Zu diesem Zweck kann ein Mediator sowohl nach gemeinsamen Interessen als auch nach unterschiedlichen Interessen, die für eine Lösung nutzbar gemacht werden, Ausschau halten.[208]

Empirische Untersuchungen in den USA haben gezeigt, daß die Parteien regelmäßig in direkten Verhandlungen nicht zu optimalen Ergebnissen gelangen. Einer der Hauptgründe dafür, daß die Parteien hinter optimalen Ergebnissen zurückbleiben, liegt darin, daß ihre Interessen nicht umfassend genug erforscht werden, und daß insbesondere nicht nach unterschiedlichen Interessen gesucht wird. In streitigen Verfahren werden optimale Ergebnisse deswegen nicht erzielt, weil die Parteien gewinnen wollen. Sie bemühen sich, den Richter von der Richtigkeit ihres Standpunkts, von der Stärke ihrer Argumente und von der Schwäche der Argumente der Gegenseite zu überzeugen. Das führt zu einer Konfrontation, die eine eloquente Debatte juristischer Argumente befördern mag, die Parteien jedoch von der Frage ablenkt, welche Lösung ihren Interessen am besten dient. Was nützt der gewonnene Nachbarstreit, wenn die Nachbarn weiterhin nebeneinander wohnen müssen? Durch Mediation kann demgegenüber versucht werden, das Sieg-Niederlage-Denken durch das Angebot zusätzlichen Nutzens zu überwinden.

---

[208] Zu den verschiedenen Möglichkeiten, Wertsteigerungen zu erzielen, siehe Eidenmüller, Ökonomische und spieltheoretische Grundlagen, in: Breidenbach/Henssler, Mediation für Juristen, S. 31, 40 ff.

Da der Mediator keine Entscheidung trifft, müssen die Parteien ihn *nicht* davon überzeugen, daß sie Recht haben. Das schließt nicht aus, daß die Parteien den Mediator von der Richtigkeit ihres Standpunkts überzeugen wollen. Möglich ist auch, daß die Parteien den Mediator darum ersuchen, die Rechtslage zu beurteilen. Sie wissen allerdings auch, daß der Ausgang des Verfahrens von einer derartigen Stellungnahme nur in dem Maße abhängt, wie sie eine solche wünschen. Dieses Wissen läßt genug Freiraum, um Lösungsvorschläge auch jenseits der rechtlichen Aspekte zu erörtern und gegebenenfalls zu akzeptieren.

Anders als im streitigen Verfahren sind die Parteien in der Mediation nicht gezwungen, den Sachverhalt aufzuklären. Dieser Umstand erleichtert es den Parteien, nach einer Erörterung der Sach- und Rechtslage zu überlegen, welche Interessen mit Blick auf die Zukunft sachgerecht wären. Zusätzliche Konfrontationen, wie sie nicht selten durch Zeugenvernehmungen oder sonstige Formen der Beweisaufnahme entstehen, können dadurch vermieden werden.

Häufig wird eingewandt, die Fälle, in denen sich derartige Interessen finden ließen, bildeten die Ausnahme. Die bisherige Erfahrung zeigt demgegenüber, daß sie in vielen Fällen vorhanden sind, aber nicht entdeckt werden, weil die Parteien – ebenso wie Richter oder Schiedsrichter – davon ausgehen, daß es sich in dem von ihnen zu behandelnden Konflikt um ein Nullsummenspiel handelt.[209]

c) Prozeßverantwortung statt Ergebnisverantwortung

Ein dritter Unterschied zwischen der klassischen Rolle des Rechtsanwalts als Parteivertreter und der Rolle des Rechtsanwalts als Mediator ergibt sich daraus, daß das Augenmerk des Rechtsanwalts als Parteivertreter in besonderer Weise dem Verhandlungsergebnis gelten wird. Dagegen trägt der Mediator die Verantwortung für den Verlauf der Verhandlungen. Wird ein Rechtsanwalt als Mediator tätig, so übernimmt er also eine sehr viel stärkere *Prozeßverantwortung*. Die Unterschiede zwischen der Prozeßverantwortung des Mediators und der Ergebnisverantwortung des Rechtsanwalts wirken sich in mehrfacher Hinsicht auf die Verhaltensweisen aus. Während der Rechtsanwalt als Parteivertreter gewohnt ist, seine Mandanten

---

[209] Für ein Fallbeispiel (Mich Fish Fall) siehe Duve, Mediation und Vergleich im Prozeß, S. 252 ff.

zu beraten und ihnen konkrete Vorschläge zu unterbreiten, muß sich ein Mediator in dieser Hinsicht zurückhalten. Konkreten Rechtsrat wird er nur dann erteilen, wenn die Parteien nicht durch Anwälte vertreten sind, oder wenn diese ihn ausdrücklich um eine rechtliche Bewertung bitten. Die Hauptaufgaben des Mediators bestehen vielmehr darin, die Kommunikation und das gegenseitige Verständnis der Parteien zu verbessern und sie in der Erforschung ihrer Interessen zu unterstützen. Schließlich liegt eine der Hauptursachen für eine Eskalation häufig in einem Rückgang, gelegentlich in einem Abbruch der Kommunikation. Das Vertrauen, so es jemals zwischen den Parteien bestanden hat, ist erschüttert. Informationen werden zurückgehalten, um keine Angriffsflächen zu bieten. Mißtrauen tritt an die Stelle offener Kommunikation. In vielen Fällen scheitern Verhandlungen, weil die Parteien emotional nicht in der Lage sind, mit der anderen Seite zu kommunizieren. Diese Schwierigkeiten zu überwinden, stellt eine der Hauptaufgaben des Mediators dar. Die Moderation von Verhandlungen durch einen Dritten eröffnet denn auch die Chance, in einer Situation, in der die Parteien nicht mehr oder nur noch eingeschränkt miteinander kommunizieren, den Gesprächsfaden wieder zu knüpfen. Die Anwesenheit des Mediators kann auch eine Eskalation vermeiden, die anderenfalls leicht entstehen könnte, wenn die Parteien ihren Gefühlen ungehinderten Lauf lassen.

d) Kreativität statt Anspruchsdenken

Häufig denken die Parteien, es gebe nur eine Lösung für ihren Konflikt. Mit Hilfe des Mediators können sie weiterblicken und verschiedene Lösungsmöglichkeiten erkennen. Wenn es beispielsweise um die Auseinandersetzung einer Gesellschaft geht, lohnt es sich, über verschiedene rechtliche Gestaltungsmöglichkeiten nachdenken. Der Mediator muß darauf achten, sich selbst nicht aufgrund seiner eigenen Erfahrungen und Einschätzungen vorschnell – und sei es nur innerlich – auf eine einzige Lösung festzulegen. Und er sollte den Parteien helfen, das Blickfeld erheblich weiter zu fassen. Er sollte, wie gesagt, die Kreativität der Parteien anregen. Zu diesem Zweck kann der Mediator beispielsweise Flipcharts, Metaplan-Karten oder Techniken wie Mind-Mapping nutzen. Er kann Computer und Software (z. B. Tabellenkalkulationsprogramme) nutzen, um etwa für die Auseinandersetzung einer Gesellschaft Vergleichsrechnungen aufzustellen. Als hilfreich hat es sich auch erwiesen, zu verteilende Gegenstände mit Punkten zu bewerten, um Verteilungsergebnisse durch Berücksichtigung der Präferenzen der Parteien zu optimieren. Auch durch eine günstige Gestaltung des räumlichen Umfeldes kann der Mediator dafür sorgen, daß die Voraussetzungen für einen offenen Austausch geschaffen werden.

e) Zusammenfassung

Zusammenfassend läßt sich folgendes festhalten: Die Rolle des Mediators erfordert ein großes Maß an Umstellung gerade von dem Rechtsanwalt. Dieser muß unparteiisch, nicht parteiisch agieren, nicht Interessen vertreten, sondern Interessen erforschen, nicht strategisch handeln, sondern Kreativität fördern. Und anders als vor Gericht trägt der Rechtsanwalt als Mediator die Verantwortung für den Verlauf der Verhandlungen (Prozeßverantwortung), nicht (jedenfalls nicht primär) für das Ergebnis.

5. Schlußbemerkung

Last not least: Bei jeder Mediation wird letztlich auch «gefeilscht». Peter Grilli, ein prominenter US-amerikanischer Mediator, der auch in Deutschland viele Seminare durchgeführt hat, erzählte mir einmal, für die Mediation bräuchte er vor allem gutes Schuhwerk. Mindestens siebenmal müsse er die Basarangebote der Parteien beim «Gobetween» von einem Raum zum anderen überbringen, ehe die Einigung zwischen den Ausgangszahlen erreicht sei. Das muß ja auch so sein. Denn Mediation ist, wie gesagt, nichts andres als eine Verhandlung, die durch einen Dritten unterstützt wird.